少数ではなく
多数のために
イギリス左派、
理想への挑戦の軌跡

オーウェン・ジョーンズ
依田卓巳 訳

海と月社

THIS LAND
The Struggle for the Left

by Owen Jones

キアとリックマンに。

愛するネコのきみたちが、パンデミックと本書の執筆という二重の苦難を乗り越えさせてくれた。

この国はきみの国
この国はぼくの国
この国はきみとぼくのために創られた
――ウディ・ガスリー（フォークシンガー）

私たちは手ちがいで労働党党首を選んだ。
――アッシュ・サルカール（ジャーナリスト）

どうしてこの偉大な党の運営権をみすみすジェレミー・コービンのような人物に渡して放っておくのか？　私はそれを望まない。いまそうなっているのが残念だし、毎日少しずつでもいまの党首の任期を終わらせるように努力している。メールひとつ送るにせよ、電話一本かけるにせよ、自分で一回会合を開くにせよ、とにかく毎日、この党首から労働党を救うために何かしている。

――ピーター・マンデルソン（ニューレイバーのスピンドクター）

JC
HOPE

第1部　興隆

第2部 衰退

二〇一五年　六月　ジェレミー・コービン、労働党党首選に立候補
　　　　　　九月　ジェレミー・コービン、労働党党首に
二〇一六年　六月　ＥＵ残留か離脱かを問う国民投票の結果、離脱票が上回る
　　　　　　七月　保守党党首・首相が、デイビッド・キャメロンからテリーザ・メイに
　　　　　　九月　ジェレミー・コービン、労働党党首選で再選
二〇一七年　六月　総選挙。労働党、大敗の予想を覆し大善戦を果たす
二〇一九年　七月　ボリス・ジョンソンが保守党党首および首相に
　　　　　　一二月　労働党、総選挙で歴史的大敗を喫す。コービン党首辞任

はじめに――混乱する国

「今年はイギリスにとって、すばらしい年になります」。二〇二〇年に入って二日目、ボリス・ジョンソンはツイッター（現X）でそう宣言した。そこに添えられた画像では、颯爽としたスーツ姿のジョンソン首相が両手の親指を立て、一か八かに賭けたブレグジット（EU離脱）後の新しいイギリスを築いていこう、という決意をにじませていた。だが四カ月後、何千人という人が新型コロナウイルスで死亡し、国はロックダウンに入り、経済は崩壊し、前例のない社会の混迷が生じて、ジョンソンは集中治療室に入っていた。

これほどの苦しみのさなかでは、少しまえの過去は遠い昔のように感じられる。しかし、二〇一五年からの五年間でイギリスは戦後最悪の政治的混乱に苦しめられたことを忘れてはならない。あれは、つらい分断と失意の五年間だった。

二〇一九年には、総選挙で保守党がジェレミー・コービンの率いる労働党を粉砕し、無数の人に不満を抱かせながらも、ある種の安定が実現したように見えた。だが、翌年の新型コロナウイルスの流行によって、公衆衛生、経済、社会のすべてに未曾有の危機が訪れたいまとなっては、あの五年間は本物の混乱に向けたただの準備運動にすぎなかったとわかる。

本書では、二〇〇八年の金融危機と、その後一〇年以上続いた徹底的な経費削減が政治に何をもたらしたのかを検証している。この間、イギリスの労働者は、一九世紀初頭のナポレオン戦争以来最長となる賃金の低下にあえぎ、先進国としては最悪の生活水準の低下に苦しめられた。これよりひどいのは、災難にみまわれたギリシャだけだ。

看護師、消防士、教師に代表される公共部門の労働者は、たった七年で最大一四パーセントもの賃金カットに耐えなければならなかった。[*1] 福祉予算は三七〇億ポンド（約五兆七三五〇億円）削減され、とくに低賃金労働者と障がい者が見捨てられた。[*2] 二〇一〇年代前半で、最富裕の一〇〇〇世帯の富が二倍以上になったのに対し、何十万もの人々が人間のもっとも根源的な欲求である食べることすらままならず、フードバンクに頼ることになった。「緊縮財政」として知られるこの長期の経済的攻撃を免れた公共生活はない。いくつか例をあげるだけでも、図書館、博物館、レジャーセンター、公園、芸術文化活動があおりを受けた。なかでも学生に対する支出削減は、彼らの未来、ひいてはイギリスそのものの未来を破壊する蛮行だった。[*3]

豊かな国に住む何百万という人々から安心と楽観的な見通しを奪うと、政治はどうなるか？　それが二〇一〇年代のイギリスでおこなわれた実験だった。この一〇年は、暴動、抗議、ストライキ、そしてもっとも破壊的な分断を招くブレグジットをめぐる長い争いの時代だった。ブレグジット論争は、家族、地域社会、さらには国全体に何度も激しい対立を引き起こし、イギリスの政治体制を崖っぷちに追いやった［訳注：イギリスが正式にEUを離脱したのは二〇二〇年一月三一日］。

◆―◆

そんな二〇一〇年代の中間点で、イギリスに画期的な政治革命が起きた。二〇一五年六月三日、労働党のむさ苦しくて気のいい一般議員が、党首選に打って出ると発表したのだ。その名はジェレミー・コービン。左派の仲間内以外ではほとんど知られておらず、ブックメーカーの最初のオッズでは二〇〇対一がつくほど期待薄だった。候補に立つのに必要な党内の推薦者も集められないのではないかと懸念されたほどだ。それでも、なんとかその敷居を越えると、コービンのチームは二〇パーセントの得票を達成して、緊縮財政、反福祉、反移民に傾きすぎた党の右傾化に一定のブレーキをかけた。その夏、コービンと支援者たちは強化スチールの扉を押し開けようとしたが、いざ押してみると、それはただの厚紙だった。

こうして、イギリスの民主主義で史上類を見ない政治の実験——主要政党の急進左派の新党首が政治変革に着手する、という実験が始まった。もし成功すれば、イギリスという国そのものの性格が変わるような変革だった。

しかし、それは失敗した。それも派手に。二〇一九年総選挙で労働党が惨敗すると、コービンに対する評価はがた落ちした。

一方では、正反対の評価もあった。すなわち、コービンと彼のプロジェクトが失敗したのは、ひとえに労働党内の意図的な妨害工作と、それと結びついたきわめて敵対的な既存メディアの悪質で容赦ない猛攻のせいである。誠実でまっとうな男コービンは、右派だけでなく「中道」リベラルをも巻きこんだ前例のない規模の中傷キャンペーンによって、政治的に葬られたのだ、と。

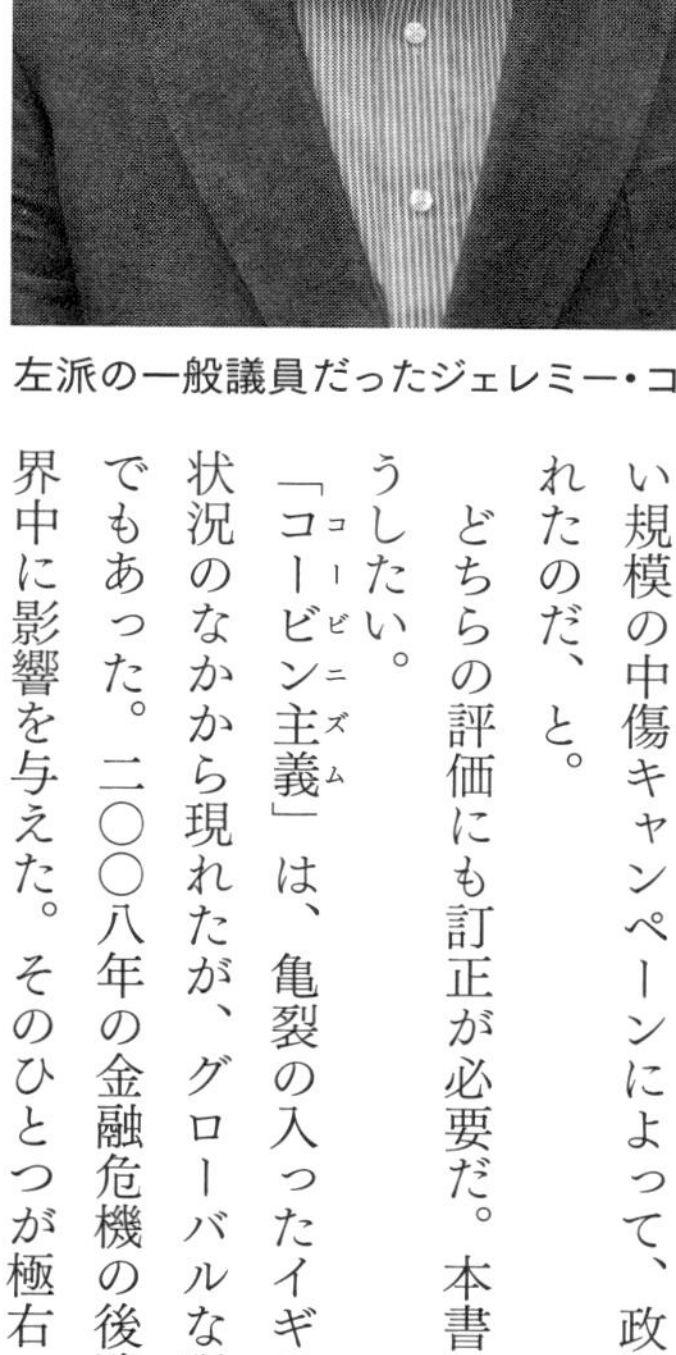

左派の一般議員だったジェレミー・コービン

どちらの評価にも訂正が必要だ。本書のなかでそうしたい。「コービン主義（コービニズム）」は、亀裂の入ったイギリスの政治状況のなかから現れたが、グローバルな現象の一部でもあった。二〇〇八年の金融危機の後遺症は、世界中に影響を与えた。そのひとつが極右の台頭だ。

彼らは社会にトラウマを広げるために、イスラム教徒や移民、難民、その他の抑圧、疎外された人々を責める。そうした流れから生まれたのが、アメリカのドナルド・トランプであり、フランスの国民戦線（現・国民連合）の再興であり、ドイツのＡｆＤ（ドイツのための選択肢）、イギリスのＵＫＩＰ（イギリス独立党）とブレグジット党、スペインのＶｏｘ、イタリアの北部同盟（現・同盟）、オーストリアの自由党だ。

しかし、この時代には左派の高まりも見られた。彼らは社会の危機を弱い立場の人々のせいにせず、責任は利権を与えられたエリートにあると考え、富と権力の大胆な再分配を主張した。アメリカではバーニー・サンダースの運動が、スペインでは反緊縮を唱えるポデモスが、ギリシャでは急進左派連合シリザが、ポルトガルでは左翼ブロックが、フランスでは〈不服従のフランス〉が、アイルランドではシン・フェイン党が、そしてもちろん、イギリスではコービニズム運動が起こった。つまり、コービンの隆盛は、きわめてイギリス的であると同時に、西洋世界全体の政治不安という大波のひとつの表れでもあったのだ。

さらに言えば、コービニズムはもうひとつのグローバルな現象——社会民主主義の危機の表れでもあった。一九九〇年代にトニー・ブレアの労働党やスペイン社会労働党、ドイツ社会民主党など、中道派が率いて成功していた政党は、二〇一〇年代の前半にゆっくりと衰退していった。蔓延する不平等、貧困、経済および環境の危機の時代には、彼らの唱える自由貿易とトリクルダウンによる繁栄は通用せず、党は分裂して、支持層も二極化した。本書執筆の時点で、社会民主主義政党が過半数を握る政権は、西洋世界にひとつも存在しない。

本書で示すとおり、コービニズムはブレグジットの時代とほとんど重なっている。ブレグジットはしばらくのあいだ、有利に働いた。コービンの労働党は、ＥＵ（欧州連合）離脱を認めて新たにヨーロッパ諸国と親密な関係を築くという妥協案を示しながら、富裕層への課税や公共投資、学費無料化、公有化の推進など、人気のある国内政策に力を入れることで、残留派と離脱派の双方から支持を得ていた。

しかし、ブレグジットがあらゆる政治的な議論から酸素を奪うにつれて、労働党は徐々に地位を落としていき、「他人にどう思われようと堂々と自説を述べる信念の人」というコービンのいちばんの長所も失われていった。労働党は、残留派の大多数を味方につけておかなければならないのに、離脱派の支持者抜きでは政権を握れないという現実に直面してもがくことになったのだ。

コービニズムは最初から失敗する運命だったのだろうか？　自らの破滅の種をずっと抱えこんでいたのだろうか？

コービンが労働党の党首になるまで、左派はすでに一世代以上にわたって無視されていた。残ったバラバラの集団は、どちらかというと「何に賛成するか」ではなく「何に反対するか」でまとまっており、彼らの活動には、たいてい社会はどうあるべきかという一貫したビジョンが欠けていた。さらに、コービンには頼りになる熟練の戦略家やコミュニケーター、マネジャーがほとんどついていなかった。コービニズムが当初から労働党内外の敵のすさまじい攻撃にさらされたことを考えると、このことはとりわけ重要だ。

この攻撃を過小評価してはならない。イギリスのほとんどの新聞を所有している裕福な権力者たちは、富と権力の再分配の「さ」の字でも出ようものなら敵対する。放送メディアの最上層部も、コービン・プロジェクトに反対する。労働党においても、サッチャリズムの新自由主義に染まったニュー・レイバー〔訳注：ブレアやブラウンなど、労働党を労働組合の政党から中道の国民政党に変革しようとした一派〕が、党の一部の国会議員や組織のあちこちに残る社会民主主義を、どれほど穏当なものであれ見下す慣行を根づかせ、自党が選んだリーダーに対して焦土作戦さながらの攻撃を仕掛けた。その結果、コービン自身はイギリスの政治史上、前代未聞の誹謗中傷の標的となり、これらが惨憺（さんたん）たる結果を招いたのだ。

とはいえ、コービン・プロジェクト自体が何度も墓穴を掘ったことは認めなければならない。ここは重要な点なので、本書をつうじて何度も強調する。そうしなければ、リベラルな政治活動はかならずエスタブリッシュメントが仕掛ける攻撃でつぶされるというただの悲観論になってしまう。コービンの指導体制には、経験不足や救いがたい戦略ミスがあった。

大きなミスはほかにもあった。反ユダヤ主義（ユダヤ人に対する嫌悪や偏見）には、コービンを含めほとんどの労働党員が反対していたにもかかわらず、この人種差別を最初から抑えこみ、党としてユダヤ系マイノリティに手を差し伸べなかったのは、破滅的な失策だった。

コービン・プロジェクトに加わった人々の大半は、理想主義と不正に対する燃えるような怒りに突き動かされた人々だったが、その多くが個人的に大きな犠牲を払った。まわりから容赦なく攻撃されれば、心身の負担になる。なかには身を守るすべもなく個人攻撃にさらされた人もいた。心の健康が損なわれ、人間関係も壊れた。

◆

新型コロナウイルスによるパンデミックは、社会の不公正を照明弾のように照らし、われわれは現実を思い知らされた。給与が一カ月遅れるだけで、百万もの人々がたいへんな苦境に陥ること。毎週木曜の夜、その驚異的な献身と勇気に拍手を送られるキーワーカーたちが、実際にはあまりに低賃金で、さほど評価もされず、財源不充分なサービスを支えるために懸命に働いていること。ヘルスケアや社会福祉にどうしようもなく人手や資金が不足していること。多くの自営業者や非正規雇用労働者が絶望的に不安定な生活を送っていること。そして、わが国の社会保障制度が痛ましいほど無力であることがわかったのだ。

新型コロナウイルスは、富める者にも貧しい者にも同じ影響を与えて、見事に社会の平等化を進めると言われたが、残念ながらそれは真実ではなかった。貧困層やマイノリティの死亡率は明らかに高かった。[*4] すでにある深刻な不平等を反映した残酷な統計結果だ。失業がいちばん増えたのも低賃金労働者層で、フードバンクの利用は三二六パーセントに跳ね上がった。[*5] 低賃金労働者は、たいてい健康や、ときに命まで危険にさらす仕事を選ばざるをえないが、専門職の中流階級の人々は自宅で安全に働くことができる。レストラン、劇場、休暇などのレジャーに出費しなくなったことで、貯金が増えた人すらいる。国家統計局の発表によると、二〇二〇年六月までの新型コロナウイルスの死者は、イングランドの最富裕地域で一七〇一人にひとりであるのに対し、最貧困地域では七七九人にひとりだった。[*6]

このパンデミックに対し、保守党政権は、何百万という労働者の賃金や自営業者の収入補償も含めて、平時の歴史では最大の財政支出をおこなった。これでわかったことがひとつある。国はその気さえあれば、社会的利益のために莫大な規模の介入ができるのだ。また、一〇年以上にわたる懲罰さながらの緊縮財政は、何千人もの命を奪い、さらに無数の人々の希望や夢を踏みにじってきたが、実態はイデオロギー的な詐欺であり、おこなうべきではなかったことも判明した。そう、おこなう必要などなかったのだ。二〇一七年、当時の首相テリーザ・メイは、八年間昇給がないという看護師に対して、「揺すれば欲しいものがなんでも落ちてくるような、金のなる魔法の木はありません」と話したが、実際にはあったのだ。

それなのに、人命より経済を優先させ、既得権益に支配された保守党は、対策を怠った。その結果、避けられたはずの何万人もの死をもたらした。新型コロナウイルスの最初の死者が報告された二〇二〇年三月五日、ボリス・ジョンソンは「手を洗って、いつもどおり働く」ことを勧告した。保守党による一〇年間の緊縮財政によって、前線に立つ労働者一人ひとりの安全をしっかり守る手段はすでになくなっていた。「集団免疫」という怖ろしい政策を推し進めたせいで、ロックダウンも遅れた。社会的ケアは慢性的な資金不足で、準備が不充分だった。

検査体制への投資もなかった。わが国を代表する疫学者で、政府の顧問も務めたニール・ファーガソン教授が六月に言ったように、ロックダウンがもう一週間早ければ、少なくともイギリスの死者の半分は救うことができた。[*7]元首席科学顧問のサー・デイビッド・キングはさらに手厳しく、ロックダウンが一週間早ければ、イギリスの死者は一万人に抑えられたかもしれないと述べている。[*8]おもに責められるべきは、緊縮財政と市場原理主義で空洞化した政府だ。こうしたイデオロギー的な失敗によって、イギリスがいまなお地上最悪の被害を受けている国に数えられることは、どれだけ強調してもしすぎることはない。

◆

最後に、情報の透明性の観点から、私が本書で扱う出来事の観察者であると同時に参加者でもあることを述べておこう。私にとって社会主義と労働党支持は、何世代にもまたがる家族の伝統だ。曾祖父はイングランド・サウスウェストの鉄道員で、一九二六年のゼネストで鉱山労働者と団結して工具を手に取らなかったため、給与を減らされた。大おじはウェールズのメソジストの説教師で社会主義者、一九三〇年代には独立労働党のリバプールのサッカーチームでプレーした。祖父は一九四一年のナチスのソ連侵攻のあと、ポーツマスの港湾労働者の見習いとして共産党に加わり、その後労働党員になった。祖母も労働党議員で、クリスマスに家主から立ち退きを迫られた一家族を救ったことを何よりも誇らしく思っていた。

私の両親は一九六九年、トゥーティング・ベック駅の外の雪嵐のなか、労働党の活動で戸別訪問をしていたときに知り合った。私はサウス・ヨークシャーでストライキ中の鉱山労働者にあやしてもらい、決起集会では父の胸に抱っこ紐でくくりつけられて、全国炭鉱労働組合委員長アーサー・スカーギルの力強い演説を聞いた。五歳のときには、マーガレット・サッチャーの悪名高い人頭税に反対するデモ行進に家族ともども参加した。父は組合の労働者代表幹部になり、一九九〇年代なかばには、成功はしなかったものの、シェフィールド市役所の何百という職員を守る活動を仲間と率いた。

私が家族の何十年もの政治活動から学んだのは、歴史が勝利や成功ばかりからなる直線的な物語ではないということだ。むしろ敗北や挫折が多く、勝利が続いたかと思うと、さらに敗北や挫折がある。だが最終的には、めざしていたあたりに近づけるかもしれない。理由あっての苦労というやつだ。

二〇〇五年に大学を卒業したあと、私は当時ほとんど無名だった左派の一般議員ジョン・マクドネルのもとで三年間働き、トニー・ブレアに代わって彼を労働党党首にしようという勝ち目のない運動にたずさわった。やがて国会での活動には限界があると感じ、社会的不公正に焦点を当てた原稿を書いて、不公正の克服をめざす活動を支援するようになった。そのためには著作や記事の執筆やテレビ出演もしてきた。

そして、二〇一五年にジェレミー・コービンが労働党の党首候補に立つと、ためらいなく彼の選挙運動に加わった。二〇一六年の党首選でもコービンに投票した。だが、二〇一七年の総選挙のまえには幻滅した時期もあった。

本書は、コービン党首に協力した人々と、より広い労働運動に従事した人々の経験が元になっている。彼らの多くは友人、仲間であり、私が成人してからほぼずっとつき合っている人たちもいる。そのことばや考えには、おのずと説得力がある。

本書の情報源についてもひとこと。私は、コービン・プロジェクトの裏にいた重要人物も含めて、ここに登場する何十人という人々に長時間のインタビューをおこなった。とはいえ、この時期にはイギリスの政治全体だけでなく、労働党のなかでも極端な二極化が進んでいたので、多くの人は名前を明かさないという条件つきだった。契約上、ジャーナリストと話すことを禁じられている人もいれば、元同僚について不愉快な発言をしたことが公になると、職業的、個人的に問題が生じると危惧する人もいた。ただし、彼らは匿名だからといって、心にもないことや真実と異なることを話したわけではないし、恐ろしい政治的敗北から何かを学びたいという願い以外の動機で口を開いたわけでもない。

これはあらゆる書き手に言えることだが、執筆の能力というものは非常にかぎられている。しかし、そのなかで私が書くものにはすべて、不正に対する闘いを支援したいという意図がある。本書も例外ではない。この五年間で、「エスタブリッシュメントは、富と権力の集中に抗おうとする運動に対しては、いかなるものであろうとあらゆる手立てを講じて阻止しようとする」ことが改めて示された。一方のコービン党首時代にも、数多くの失敗とまちがいがあった。それも冷静に分析している。腹を立てる人もいるかもしれないが、あやまちから学ばない解放計画に未来はない。

私たちはいま不穏な時代に生きている。社会的にも経済的にも激変しつつある。けれども、絶望している暇はない。この動乱の時代で何ができるか考えることは、いままで以上に重要になっている。経済学者で政治家のウィリアム・ベバリッジは「世界史における革命的な瞬間とは、文字どおり革命が起きるときのことであり、補修ではない」と言った。一九四二年に社会保障制度の土台を築いた彼は、混乱と危機の時代に小賢しい補修は答えにならないことを理解していたのだ。だが、彼は急進派ではなく、リベラル派の改革者だった。

私たちは不正や抑圧、搾取、偏見、人種差別、暴力のない世界を築くことができるが、そういう時代を到来させたいなら、過去から学ぶしかない。

第 1 部
興隆

1　コービン以前

まず、一九九七年五月までさかのぼろう。場面はウェストミンスター、ダウニング街一〇番地のエレガントなイギリス首相官邸だ。この五月の総選挙で勝利を収めてから数週間後、労働党新政権の首相トニー・ブレアは、まだまだ続く「ハネムーン」を楽しんでいた。

ともに廊下を歩いているのは、ルパート・マードック。右派のメディアの大立者で、所有する数々の新聞社は政敵（左派、労働組合、LGBT、移民、ヒルズボロの悲劇［訳注：一九八九年、ヒルズボロ・スタジアムでおこなわれたサッカーの試合で起きた群衆事故］で亡くなったリバプールのファン、などなど）を一〇年以上にわたって手際よく中傷してきた。マードックと腕を組んでいるのはブレアの側近のひとり、アンジ・ハンターだ。この日は、労働党を支持していたトリビューン誌の名物編集長マーク・セドンも官邸内にいた。「ここで見ることは決して他言するなと言われたよ」。セドンは、小気味よくスタッカートを刻む口調で当時を振り返った。

労働党左派にとっては、この政権ですべてが終わった――少なくともそう感じられた。労働党の新しいリーダー、テレビ映えのする右派のブレアは、すでに党綱領から生産・流通・交易手段の国営化に関する項目を削除していた。党史のうえでも重要な第四項だったというのに。彼はその代わりに、もっともらしいが空疎な「機会は少数ではなく多数の人の手のなかにある」という文言を入れた。

セドンはほどなく、当時労働党ロンドン本部があったミルバンク・タワーで、メール・オン・サンデー紙（保守系タブロイド紙）の政治部長サイモン・ウォルターズと出くわした。ウォルターズは「あと五年できみたちは根こそぎいなくなるな」と言った。冗談だったが、本気も混じっていた。「彼らは本当にわれわれみんなを追い出したかったのさ。だろう？」とセドンはいまなお恨めしそうに言う。

トニー・ブレアを前面に立てた政党は、長い道のりを経てここまで来た。二〇世紀の初め、労働党はイギリスの労働者を政治の代表にするために、労働組合の運動から誕生した。そして進化の過程で、既存の制度に人間味を与えようとする穏便な改革者の集団と、利益の追求より人間的要求を重んじる新しい社会を作ろうとする集団の連合体になった。後者が労働党左派である。一九五〇年代、その旗頭はウェールズ人のナイ・ベバンだった。元炭坑員でイギリスの国民保健サービス（ＮＨＳ）の創設者だ。二〇年後には、それが閣僚のトニー・ベンになった。

好んでパイプを吹かし、紅茶を飲むベンは、世襲貴族の地位を望まず、放棄したことで有名になった。彼は、年齢とともに保守的になる政治家のステレオタイプを打破した。一九七〇年代には地方遊説で名を上げ、ストライキ中の労働者のために紅茶を淹れ、民主主義を強く訴え、経営陣に対して次の五つの問いを掲げたのだ。「あなたはどんな権力を持っているか。どこからそれを得たか。誰の利益のためにそれを用いるか。誰に対して責任を負うか。どうすればあなたを追放できるか」

労働者と社会主義を尊重したことで、ベンは右派メディアの憎悪の対象となり、「ボリシェビキ・ベン」、「人民委員」、「今日のイギリスでもっとも危険な男」などと、さまざまな表現で書きたてられた。[*1]だが、彼はマルクス主義の信奉者ではなかった。熱心な読書家でもなく、ひたすら生きた経験にもとづいて自分の意見を生み出していた。「一九六八年まで、私はただの職業政治家だった」と彼はのちに書いている。多くの政治家は権力をみずから体験すると改革に踏み出せなくなるが、ベンは逆に、もっと広範な政治の変化が必要だと確信したのだった。[*2]

しかし一九九〇年代なかば、ブレアが絶頂期に入ると、労働党の左派は消え去った。一九九六年、ブレアはある記者に、「ジェレミー・コービンがいきなり党首を引き継ぐ心配はないよ」と冗談交じりに言った。当時のコービンは党体制にしたがわない左派の一般議員で、ぼさぼさのひげと手編みのセーター、アパルトヘイトや湾岸戦争への抗議活動を支持していることでよく知られていた。当の記者はブレアの発言を記事にしなかった。彼に言わせれば、「あのころのジェレミー・コービンはあまりに小物で、党首にかぎらず何かを彼が引き継ぐという考え自体が馬鹿げていた」からだ。[*3] 労働党の政治的な重心は、それほど極端に移動していた。

◆―◆

トニー・ブレアが現れる二〇年ほどまえ、労働党左派は楽観的に、歴史は自分たちの望む方向に進んでいると信じていた。一九七四年、政権を奪回したときには、それまでイギリスの選挙民が目にしたなかでおそらくいちばん先鋭的なマニフェストを掲げ、「労働者とその家族に有利な、権力と富の根本的で不可逆の再配分」を約束していた。[*4]

だが、それは実現しなかった。世界的なオイルショックがイギリス経済に危機をもたらしたせいだ。このとき、停滞する経済を刺激し、インフレの悪循環を断ち切るために、労働党政権にはふたつの方策があった。ひとつは、急進左派の政治家トニー・ベンが先駆けとなった「代替経済戦略」だ。ここには、富裕層への課税強化、銀行の管理、「積極的な小口投資計画」を提案し、具体的には複数の有力企業の国有化や、ほかの私企業に強制的な計画契約〔訳注：鉄鋼や造船などの停滞産業分野で、国、企業、労働組合が三者契約を結び、国が経営に関与する政策〕を結ばせることなどが含まれていた。しかし、政府はもうひとつの道を選んだ。

現在、組合員が一〇〇万人を超えるイギリス第二の労働組合〈ユナイト〉の首席補佐官で、労働党左派の主要人物であるアンドリュー・マレーは、一〇代だった一九七〇年代後半に初めて政治活動にたずさわったころのことを憶えているという。そのころ、国は不安定な移行期への入口で動揺していた。労働組合活動が盛んだったから、左派は市民社会に深く入りこんでいた。しかしマレーが見たところ、当時は労働党政権だったにもかかわらず、左派は政治的に日の出の勢いではなかった。

ホルボーンにある〈ユナイト〉本部で、ロンドン中央部の街並みを背景に、オフィスチェアの背にもたれてマレーは言った。「イギリスで『新自由主義』が始まったのは、一九七九年にサッチャーが首相になったときではなかった」。落ち着き払ったきまじめな態度で、一語一語の重みをきちんと確かめてから正確に話す。「始まったのは、労働党の首相ジム・キャラハンと財務相のデニス・ヒーリーが、ベンの提案を拒否して、実質賃金の圧縮と公共支出の大削減を含む『マネタリスト』の計画を支持したときだよ」

労働党の急進的な活動家たちは、政権を握った自党のこの経済政策にひどく裏切られたと感じたという。その記憶は、マーガレット・サッチャーが一九七九年に権力の座につき、着任後の二年間で経済的な猛攻を仕掛けたあいだにも消えなかった。

労働党上層部に対する反感も募った。「私に言わせれば、あれは民主主義を危うくする運動だった」と元国会議員のクリス・マリンは言う。陽気で話がうまく、一九八〇年代の労働党左派を代表する人物だ。「一九六〇年代から七〇年代にかけて、国会にいる労働党員と、外にいる労働党員のあいだの溝が広がっていたことを示す証拠はたくさんある。安全な席に坐った使えない怠け者の国会議員が大勢いたよ」

マリンの見解では、そのもっとも顕著な例が、彼自身の住んでいたサウス・ロンドンのボクソール選挙区だった。驚いたことに、地元の国会議員ジョージ・ストラウスは、一九二四年からずっと労働党の公認候補だった。労働党の規則で現職を退かせることがむずかしいのをいいことに、新人を排除することに全力を尽くした結果で、地方の党組織は停滞していた。「あの選挙区で労働党は実際上死んでいた」とマリンは言う。「『トロット』〔訳注：マルクス主義革命とトロツキーを支持する社会主義者〕でなくても、この状況はどこかおかし

トニー・ベン（1925－2014）

いとわかったよ」

トニー・ベンが副党首の座をめざしたのは一九八一年、急進左派の代表として、労働党政権の政策に対する活動家たちの怒りと幻滅の声に応えようとしてのことだった。「一九七九年五月の労働党の敗北について」とベンは総選挙の一年半後に述べた。「考えれば考えるほど、あれは敗北ではなく降伏だったと思えてくる……去年、サッチャー女史と保守党は、彼女の説く考えにほとんど反論されることなく勝利したのだから」[*5]

ベン以前の労働党左派は、民衆運動というより議員団に近かった。ベンの副党首キャンペーンはそれを変えようと草の根の活動家たちを動員したが、惜しくも敗れ（党員の八一パーセントは彼に投票したが、仲間であるはずの労働党国会議員に反対された）、左派はそこから続く二五年間、衰勢に傾いた。さらに、再度党首選に挑んだあとの数十年は、ベン自身が変わってしまった。もはや真剣に政権をめざす運動の旗手ではなく、敗れてバラバラになった左派を慰める役まわりになったのだ。

これが私のなじんだトニー・ベンの物語だ。自由市場を掲げる自由民主主義が人類の発展の終着点である、と論じた政治学者フランシス・フクヤマの一九八九年の著作『歴史の終わり』（三笠書房）［訳注：民主主義と自由経済が国際社会で勝利し、以後は体制を崩壊させるほどの歴史的事件は起きなくなるという仮説を唱えた］の時代に育った私から見ると、ベンは頼もしいくらいふてぶてしく、しかし孤立していて、新自由主義のドグマ「この道しかない」に挑戦しつづけていた。私も集会や決起大会で最晩年の彼と知り合うことができたが、その人間的な温かみ、楽天主義、紅茶とパイプの習慣はそのままだった。

二〇一四年四月に亡くなる数カ月前、彼を敬愛する支持者が集まったロンドン中央部での公開イベントで、私は彼に「〝イギリスでもっとも危険な男〟から、国の宝、親切で無害な老紳士になりましたね」と言った。そのときベンは拍手喝采に微笑み、「老いたかもしれないし、親切な紳士かもしれない。だが、無害ではないぞ！」と答えたが、急進左派の代表者から国の宝という地位になったことは、彼の信奉する政治が去勢されたこととセットだった。ベンの政策ははるか昔に脅威でなくなり、結果として本人も脅威ではなくなった。かつて政治的なエスタブリッシュメントを怖がらせた男は、人を惹きつけて夢中にさせる好奇の対象になっていた。

一九八〇年代から九〇年代初めにかけては、サッチャーが国の改造に乗り出した。労働党は左右に分かれて内戦状態。右派のかなりの数が分離して社会民主党を結成し、反保守党の票を致命的に二分することになった。知的で浮き世離れした労働党党首マイケル・フットは、サッチャーの民衆扇動の熱弁のまえでは無力だった。一九八三年には、それまできわめて不人気だったサッチャー政権が、前年のフォークランド戦争でアルゼンチンに勝って国をあげての好戦的ナショナリズムの波に乗り、総選挙で地滑り的勝利を収めた。分裂した労働党は見事に敗れ、党内の右派と同調したメディアが正面切って左派を責めたてた。以後、労働党の進路は、新党首ニール・キノックに託される。キノックは当初左派だったが、その後、急進的な政策を捨て、右に舵を切った。

一九八五年、戦後のイギリス史上もっとも重要な労資闘争である炭鉱労働者ストライキが、労働者側の壊滅的な敗北に終わった。サッチャリズムは、民営化、規制緩和、労働組合の無力化、大企業と富裕層への減税という新しい政治のコンセンサスを作ることに熱心だったが、炭鉱労働者を叩きつぶしたことでそれに成功した。勝利は揺るぎないように見えた。「あれが二〇世紀イギリスにおける左派の終焉だった」とアンドリュー・マレーは肩をすくめる。

脅しに屈した労働党は、それまで大切にしていた国有化や富裕層への増税といった方針を捨てていった。

労働党左派の最後の砦だった地方議会もサッチャー政府に力を奪われ、メディアに「いかれた左」呼ばわりされた。とりわけ目の敵（かたき）にされたのは、人種差別を批判したり同性愛者を支援したりする政策で、これが文化戦争に火をつけたい右派の初期の試みだった。

一九八六年、労働党左派が優勢だった地方自治体、グレーター・ロンドン・カウンシルが廃止された。その間、鉱山労働者のストライキの後遺症で劣勢だった労働組合は、争議に訴える戦略を次々と捨てて、「ニュー・リアリズム」の名のもと、雇用主とパートナーシップ契約を結ぶ防御手段をとるようになった。

マレーは、一九八〇年代の終わりにイギリスから社会主義の亡霊が追い払われたと喜んだデイリー・メール紙の記事を憶えていた。「将来どこかで歴史の方向が変わるという感覚だけはあったけれど、説得力のある反論はできなかった」と彼は言う。暗いこの時期に左派の心の支えになったのは、そんな頼りない希望だけだった。新自由主義者が自分たちの永遠の勝利を確信して「歴史の終わり」を語っているときに、左派は「歴史はめぐる」という考えにしがみついていたのだ。社会全体に、亡くなった文化批評家マーク・フィッシャーが「資本主義リアリズム」と呼んだ新しいコンセンサス、すなわち「資本主義が唯一存続可能な政治経済システムであり、もはや筋道立ったほかの選択肢を想像することすらできないという通念」[*6]が広がっていた。

◆―――◆

恰幅のいいリバプール出身者で、四角い眼鏡が知的な用心棒という雰囲気のレン・マクラスキーは〈ユナイト〉書記長、現代でもっとも有力な労働組合のリーダーだ。彼が演説をすると、その内容が冷たい怒りやすさまじい非難だろうと、あるいは気軽な楽観論や痛烈な皮肉だろうと、支持者たちが熱狂的な拍手喝采を送る。本人曰く「六〇年代の子」で、「大気のなかに革命が漂っていた」時代を憶えている。無類の戦略好きでもあり、事務所で私と向かい合って坐ったときにも、あいだにあるガラスのテーブルにはチェス盤の飾りだけが置かれていた。

マクラスキーは、リバプールの埠頭で一一年間働いたときのことを語った。「あれはおそらく人生でいちばん幸せな時期だったよ。すばらしい仲間に囲まれ、連帯感のあるひとつの共同体としてまとまり、大きな目標のために闘った。あそこではそういうことを学んだ」。一九六八年、共産主義国チェコスロバキアの大衆が、政治的自由と市民の自由を実現しようと立ち上がった。その「プラハの春」をつぶすために、ソ連が同国に侵攻すると、マクラスキーはスターリニズムと訣別し、二年後にトニー・ベンの演説を聞いたのを機に労働党に加わる。「彼のことが気に入った。心をつかまれたんだ」。さらに、サッチャーが政権につく三カ月前に、フルタイムの労働党職員になった。「あとは過去の歴史だ」と彼は言う。「マージーサイド［訳注：リバプールを中心都市とするイングランド・ノースウェストの州］はサッチャリズムによって破壊された」。炭鉱労働者のストライキが瓦解したあと、労働運動が右傾化したことは記憶に新しい。「九〇年代後半は、私もものすごく悲観的になって、完敗した気分だったのを憶えている」

追い討ちをかけるように、労働党にはまた別の、党の存立にかかわるような困難が降りかかった。

一九〇〇年代前半の結党時には、労働者階級の大半は鉱山や製鉄所、埠頭、工場といった工業関連の職場で働き、その職場のまわりに地域社会が築かれていた。危険な労働環境下で過酷な労働を課されることも多く、栄光に満ちた時代とは言いがたかった。女性の多くも、工員や家庭の使用人として（たいてい男性よりさらに厳しい環境と低い給料で）働き、自宅で料理や掃除、子育てなどの無給労働を大量にこなしていた。それでも、多くの労働者が一箇所に集まって働くこのような工業生産の場には、組織的な連帯感があった。労働者たちは互いに同じ階級の利益で結びついていると感じ、その利益を促進するために存在すると信じていた労働党を強固に支持した。

ところが、二〇世紀の終わりには、そうした仕事や、そのまわりに形作られた共同体はすっかり消え去っていた。

労働者階級の人々は、いまやスーパーマーケットやコールセンター、作業現場や事務所で働くほうがはるかに多い。この流れはすでに一九九〇年代には始まっていた。サービス業の労働者の組合加入率は低く、たとえば小売業界で組合員は一二パーセントほどしかいない。[*7] 一方、離職率は高く、全体で見ても毎年一五パーセントの人が転職し、コールセンターに至っては二五パーセント以上となる。一九九〇年代以降増えてきた「ゼロ時間契約」〔訳注：週あたりの労働時間が保証されない雇用契約〕や、臨時雇い、派遣社員、やむなくパートタイムで働かざるをえない労働者が増え、とりわけ若年層の労働人口は個別化して不安定になっている。

こうして労働者階級の細分化が進むと、一体としてのアイデンティティ、共通の目標を持ったひとつの階級という感覚が薄れ、経営層から譲歩を引き出す力が失われていく。実際、階級政治はもはや多くの人の現実を改善する役に立たず、時代遅れで意味のない遺物だとだんだん思われるようになっていった。この思いこみこそが、「資本主義リアリズム」の大黒柱だ。党首トニー・ブレアのイメージどおりに作り替えられた労働党、ニュー・レイバーは、これを誰よりも熱烈に信奉した。

一九九四年にブレアが党首になった時点で、労働党左派はほぼ絶滅した。ブレア派は『ゼロ年』を望んだ。労働党を永遠に変えてしまいたかったのだ」とトリビューン紙編集長のマーク・セドンは言う。ブレア党首のもと、労働党はサッチャーが生み出した新しい政治的コンセンサスの大前提を進んで受け入れた。ブレア自身が言ったように、「私の仕事は、彼女がなしとげたことを覆す（くつがえす）というより、その上にいくつか築くことだとつねに思っていました」[*8]。ニュー・レイバーの一部の幹部にとって、その「いくつか」——民営化、裕福な個人とイギリス企業への減税、労働者の権利の削減——は揺るぎない確信だった。二〇〇一年の労働党大会でトニー・ブレアは、かつての同僚から「ニュー・レイバーにかかわることはいっさい捨てて、われわれが正しいと信じていることをしてくれ」と懇願されてこう答えた。「きみが考えているより問題は深刻だな。私はニュー・レイバーが正しいと本気で信じているから」[*9]

ブレアほど極端ではない労働党員たちも、権力を手にして維持するにはサッチャー派の現状維持（ステイタス・クオ）にしたがうしかないという悲観主義から、右派に流れた。しかしブレア体制が長引くにつれ、一八年間の保守党支配を打破した草の根の労働党員たちの当初の喜びが、落胆と怒りへと変わっていった。その結果、労働党が政権を奪取してから一〇年後には、半数を軽く超える労働党員が脱退し、党員数は創設以来最低の一七万六八九一人まで落ちこんだ。二〇一〇年代の終わりには五〇万人を超えるのだから、その少なさは際立っている。[*10]

その間、取り残されて数も減った労働党左派は、参加人数も少なく不平不満だらけの集会に割り当てられた。「集会に参加するのは毎回代わり映えのしないわれわれで、ロンドンのコンウェイ・ホールの同じ部屋、土曜の雨の午後だった」とマーク・セドンは振り返り、笑ってつけ加えた。「ジェレミー（コービン）がいまと同じ演説をしていたよ！」。党の主流派からすれば、左派は政治的になんの影響力もない集団で、家族の集まりにときどき不機嫌に割りこんでくる困った親戚のようなものだった。反論せずに目を天井に向けてやりすごすしかないが、だいたい無視しても差し支えないような。「われわれは衰退して、資本主義に対するただの道徳的な批判者になっていた」とアンドリュー・マレーは言う。「でもいつか歴史の歯車がまわって、資本主義がなんらかのかたちで墓穴を掘るという共通認識があった」

ブレアの政府は、最低賃金の導入、公共投資の増加、反同性愛法の廃止など、サッチャリズムに人間味を加える政策も実施したが、その反面、公共サービスへの民間セクターの進出を加速させ、大企業の法人税を大幅に引き下げ、アメリカ共和党大統領ジョージ・W・ブッシュと手を組んで二〇〇三年の悲惨なイラク侵攻に踏みきった。それでも残った筋金入りの左派は、いつかまた突然政治の潮目が変わる、左派が報われるときは近いという信念に支えられていたが、実際には復権の見込みはなくなったように見えた。

「二〇〇〇年代全体をつうじて、社会主義者が労働党に残っている価値が本当にあるだろうかという議論が盛んに交わされていた」とかつてコービンの思慮深い政策責任者だったアンドリュー・フィッシャーは言う。「労働党左派のなかでさえ、そういう議論が盛んだった。それほど状況はひどかったんだ。イラク戦争がそれに拍車をかけた。多くの人にとって、あれは歴史上の転機だった」

◆―――◆

二〇〇〇年代なかば、労働党左派の瓦礫のなかの重要人物になったのは、ジョン・マクドネルである。白髪、スーツ姿、柔らかな口調、細身、やさしげな銀行頭取のような雰囲気からは典型的な左派の扇動者には見えなかったが、彼には計画があった。

マクドネルは労働党の国会議員のうち、二五名ほどの反逆児や異端児からなる社会主義活動グループの議長だった。その母体は一九八〇年代前半、トニー・ベンの支持者たちが下院での戦略を取りまとめるために作った会だったが、二〇年間で数が激減し、労働党議員のわずか七パーセントが政治的な暖を求めて集まっていた。毎週の会合に顔を出す議員もひと握りで、その泡沫のような会のなかでもイデオロギー的、戦略的、個人的な対立があった。

二〇〇五年の夏、私は歴史の学位を取得して大学を卒業し、人生で何をすべきか、まだ見当もつかない状態だった。数カ月間、マンチェスターのバーでビールを飲み、外国に渡って英語でも教えようかと考えながら、イラク戦争に反対票を投じた労働党議員に片っ端からメールで履歴書を送った。不採用の通知ばかりだったが、その中の一通に、ジョン・マクドネルの手書きの文字で、採用できるかもしれないと書いてあった。

緊張して眠れない夜をすごしたのち、私は政治家やそのスタッフ、ロビイストらが集まる「ウェストミンスター村」に足を踏み入れた。いたるところガラスとコンクリートで、武装警備員に守られたポートカリス・ハウス［訳注：国会議員と職員の事務所棟］に入ると、アトリウムでマクドネルの右腕、禿頭で赤ら顔、左の耳たぶからゴシック・クロスを垂らしたシミオン・アンドリューズが迎えてくれた。こうして、窮地に追いこまれた労働党左派とのつき合いが始まったが、そこから波瀾万丈の一五年になるとは、そのときの私には知る由もなかった。

同年一一月、私はノーマン・ショー・サウスの薄暗い廊下の奥にあるマクドネルの窮屈な事務室で働きはじめた。かつてロンドン市警が入っていたが、国会所有の物件となって久しい赤と白の煉瓦の建物だった（国会内の事務室の配分は規律を重んじる院内幹事の管轄で、彼らは反抗者にあまり寛大ではなかったようだ。マクドネルの部屋は国会内でのシベリア追放に相当した）。同僚としてともに働いたのは、アンドリュー・フィッシャーという恐ろしいくらい有能でさっぱりした顔立ちの調査員だった。

消えてしまいそうなほどちっぽけな存在感ではあったけれど、マクドネルの仕事は、ニュー・レイバーのとくに有害な政策に対する一般議員からの反論をまとめるのに役立った。私がチームに加わって数日後、ブレアはテロリストの疑いのある者を罪状なしで九〇日間拘束できる法律を通そうとした。市民の自由を著しく侵害する攻撃だ。私たちは当然行動を起こし、左右を問わず労働党議員に働きかけて、党首の法案に反対するよう説得した。一一月九日、この一般議員たちの反対によって、ニュー・レイバーは初めて議会で敗北し、九〇日間の拘束は廃案となった。[*11]

労働党左派の表看板ジョン・マクドネル

ただ、こうした勝利はまれだった。多くの議員はマクドネルの掲げる目標に共感すると言いはするものの、そのことばどおりの行動をとって労働党執行部の怒りを買う危険は冒したがらなかった。二〇〇七年、ニュー・レイバーが国の保護観察制度を民営化する法案を提出した際に、マクドネル寄りの一般議員のひとりが異を唱えたことがある。その議員は複数の大臣と会合し、法案を酷評して、国会での議論をうながしたが、いざ投票となると賛成票を投じた。なぜ？　ここで政府が負ければ地方選挙を間近に控えて悪い印象を与える、と院内幹事に説得されたからだ。当時マクドネルは怒りをこめて、「またしても福祉国家を切り売りするこの法案に対して、労働党議員たちはわずかな良心の呵責もなく、粛々とロビーを通って賛成票を投じに行った」と書いた。[*12]　そのように気概に欠けた行動をとる同僚の多くを、マクドネルはつねづね軽蔑し、嫌悪感を口にしてはばからなかった。

キャリア志向の議員たちは国会内の喫茶室やバーで同僚と親交を深めることに忙しかったが、マクドネルは違った。彼は軽視されがちな活動や闘争や動向を議論する場を設けようと議会内に活動グループをいくつか作り、年金、労働者の権利、政府の立法など、さまざまな問題について左派の労働組合の利益を守るロビー活動をおこなった。別の選択肢となる左派の経済政策をまとめるために、専門家の諮問委員会も招集した。さらに、草の根左派の復活をめざして、〈労働代表委員会〉を再創設した。この名称は、一九〇〇年に生まれてやがて労働党となった歴史的な圧力団体からとった。その後、委員会の綱領は、ニュー・レイバーの裏切りで労働者階級が危機にさらされ、対処が必要になった二〇〇〇年代の状況に合わせて書き換えられたが、新鮮さはすぐに失われ、委員会は労働党左派の年老いた残党の避難所のようになってしまった。会議を開いても当たりまえの議論しか出てこず、気力も活力もなく、話題になるのは党の現状に対する心からの怒りと苛立ちと落胆ばかりだった。

劇的な行動を起こさなければ、労働党左派は死に絶えてしまう。そこでマクドネルは、ブレアの党首引退が迫った二〇〇六年の夏、左派代表として後継者に名乗り出る決意を固めた。政策方針が一致する左派の議員たちでさえ、うまくいく可能性は低いと思っていて、七月のある会合では本人に面と向かってそう言いさえしたが、マクドネルはひるまず、翌日、議事堂前のコレッジ・グリーンに出ていくと、待ち構えた報道陣のカメラに向かって立候補の意向を宣言した。対抗馬はただひとり、ゴードン・ブラウンだろうと言われていた。ブラウンは現職の財務相でニュー・レイバーの共同提唱者、ブレアとは個人的にかなり対立していたが、それでも首相公認の後継者だった。

マクドネルの行動を真剣に受け止めたメディアはほとんどなかった。実際、候補者になるために必要な、労働党国会議員の一二・五パーセントにあたる四五名の支持を得るのもひと苦労だった。報道が最小限にとどまるなか、マクドネルのチームは唯一できることをした。党首選を少年ダビデと巨人ゴリアテの闘いと位置づけ、勝ち目がないなかでもできるだけ草の根の支持を集めようとしたのだ。労働党内での議論を深めるためだけでもマクドネルを候補者にしなければならない、そう議員たちに感じさせることが、われわれの狙い（と願い）だった。

マクドネルのチームといっても、じつのところはアンドリュー・フィッシャーと私だけだった。大衆向けのソーシャルメディアの時代が訪れるまえだったが、マクドネルは国会議員の先陣を切ってブログを始め、フェイスブックのアカウントを作った。私たちはウェブサイトを開設し、支持者のメールをデータベースにまとめ、イギリス全土での集会や会合を手配し、労働組合や協力してくれそうなジャーナリストに声をかけた。もっとも、そういうジャーナリストはいないも同然で、目立った例外はガーディアン紙の主筆シェイマス・ミルンだけだった。

マクドネル自身は、非の打ちどころのない演説者だった。ある公開討論では、期待以上の活躍にブラウンが目に見えて狼狽（ろうばい）した。当時ブラウンの上級補佐だったある人物もマクドネルの話しぶりを見て驚き、この男は選挙運動でいい演説をするだろうから阻止しなければならないと確信したそうだ。このときマクドネルは、移民向けの英語教育の予算削減についてブラウンを激しく非難した。討論会のあと、ブラウンは舞台裏に飛びこんで、不安そうな自分のチームに、「あの話が出るとは聞いてなかったぞ！」と怒鳴り散らしたらしい。マクドネルが対立候補になることを本気で心配する彼に、首席院内幹事だったニック・ブラウン（彼の親戚ではない）が、そんなことにはならないと請け合った。

その後、マクドネルが候補になったら政治の議論も労働党自体も左傾化すると懸念したブラウン陣営は、議員たちに、マクドネルに少しでも肩入れすると将来のキャリアが台なしになるぞとはっきりと伝えた。かくしてブラウンは正式に戴冠し、労働党左派はたんに無意味な存在になった。

二〇〇七年なかばには、マクドネルはかつてないほど孤立していたが、仲間がひとりいた――くだけたユーモアを交えながら社会主義の原則を語る、ひげ面の労働党一般議員だ。「ジェレミー・コービンは国会にいる私のいちばんの友人だ」とマクドネルはよく言っていた（私はあるとき、彼の妻のシンシア・ピントがすぐに「たったひとりの友人でしょ！」と訂正するのを聞いたことがある）。

ふたりはうまく補完し合う関係だった。マクドネルは国内問題に集中していたが、コービンの政治家としてのキャリアはすべて国際問題に捧げられていた。コービンは左派の「外相」と見なされ、二〇〇三年のイラク侵攻に対する反対運動の広がりから現れた〈ストップ・ザ・ウォー〉運動や、クルド人、パキスタン人、チャゴス諸島民など、抑圧された民族の自決を支援する連帯活動を後押ししていた。マクドネルは議員たちに嫌われていたが（「人好きのしない独断論者だと思われていたようだ」とアンドリュー・フィッシャーは振り返る）、コービンのほうは少なくとも個人レベルでは好かれた。議院内でも明るく、気取らず、率直で、自由にふるまうことも多いが、相手を萎縮させない。「知り合ってからずっと好感を抱いているよ」とクリス・マリンは言う。彼がコービンに初めて会ったのは一九七〇年代後半、「本当に立派な大人で、ほとんど聖人のようだ」。とはいえ、二回の党首選ではコービンに投票しなかった。

コービンは多くの点で党の方針にしたがわなかったが、まわりが安心するくらい政治的野心を見せず、友人たちが遠慮なく認めるとおり、独立心の副作用として明らかに「几帳面」からかけ離れていた。「スケジュール管理という点では、彼は悪夢そのものよ」と現在ランカスター・アンド・フリートウッド選挙区の労働党議員キャット・スミスは言う。「言われたことをしないの。国会議員の下で働く人はみんな、議員とつねに携帯電話やメールで連絡がとれるようにして、頼んだことをきちんとしてもらいたいものでしょう？でも、ジェレミーにはそれができない。携帯電話もよくなくすし。こっちから電話をかけていると、事務所に入ってきて、『フィンズベリー・パークのカフェに携帯を忘れてきたようだ』と言うの」。こんなふうにコービンは混乱のもとだったが、異常に忙しい人でもあった。スケジュールを埋め尽くす予定が、ありえないくらい重なり合っていて、疲れ知らずの体力でどうにかこなしているような状況だった。

彼はイズリントン・ノース選挙区の議員を長く務めた。多文化で、よく「シャンパン社会主義」〔訳注：社会的公正や正義を謳いながら、みずからは優雅な生活を送りつづける左派を侮蔑した表現〕の例とされる地域だが、その実態は不正義に満ちていて、イズリントンの子どもの半数近くが貧困のなかで育つ。[*13] そんななか、コービンはスポットライトが当たらないところで政治をしていた。彼のもとで働いていた調査員のひとりは、ある夜、コービンからかかってきた電話を憶えている。選挙区のホームレスの人と話して、その夜寝るところがないと聞いたので、宿泊できるところを探したいというのだ。イギリス全体にも言えることだが、彼の選挙区を含むインナー・ロンドン（ロンドン中心部）でとくに深刻だった住宅危機は、コービンが取り組んできた大きな課題のひとつだ。彼の有権者にとってもそれは同じで、毎週土曜二時にイズリントンの旧消防署内に設けられた相談所は、最後の相談者がいなくなるまで開いていたが、それはときに真夜中にまで及んだ。

コービンとマクドネルは、労働党左派の旧来の考え方や戦略を代表すると同時に、それぞれ議院外の社会的公正活動や平和活動に深くかかわっていた。それらは、国内ではサッチャリズムを克服できず国外では無謀な軍事作戦を支援しているニュー・レイバーの方針と真っ向から対立したので、大半の労働党議員がふたりから距離を置いたのも無理はなかった。マクドネルとコービンはたびたびストライキのピケラインに立ち、労働組合の会議、抗議デモや集会に参加し、暴力によらない市民的不服従の支援までした。

ニュー・レイバー政権下で無視されたり、庇護者ぶられたりした労働組合員の多くは、ふたりを国会での自分たちの代表と見なすようになった。とりわけコービンはどんな集会にも、たとえ遅刻して短いあいだしかいられなくても、出席することを旨とした。「ジェレミー・コービンはもっともオ
ルガズム的な国会議員だ」と労働党左派の元議員アラン・シンプソンはよく冗談で言った。これには、うならざるをえないオチがつく。「どんな集まり、どんなイベントがあっても、かならずイクからね」

だいたい無視されるほど小さな急進派の活動と、マクドネル、コービンの結びつきは、彼らが政治的に別の時代にいる証拠（「七〇年代」とあざ笑われた）、少なくとも極端な非主流派に属している証拠としてよく引き合いに出された。それでも連帯をうながす活動に真剣に取り組んだことで、彼らは本気だという印象が広がり、ふだんは労働党の政治家を疑ってかかるか、ひどくすると敵意を向ける草の根の活動家たちの信頼を得ていった。気候危機の活動家、平和活動家、急進的な労働組合員、租税回避や学校の授業料に反対する活動家……主流の政治に完全に幻滅したこういう人々と象徴的に結びつき、本物だと思われたふたりに、やがてチャンスが訪れる。

◆―――◆

二〇〇〇年代最初の一〇年間に、イギリスでは各地で新たな層が静かに生まれていた。そこから経済格差や戦争、緊縮財政、学生ローン、租税回避、気候危機、労働者の生活水準を大幅に下げる施策などに反対する運動が生じ、それら全体が、政治から見放されたと感じる何十万人ものイギリス市民が声をあげるきっかけとなったのだ。その先頭に立ったのは若者たちだ。無理もない。彼らは「自分の親よりは幸運に恵まれるだろう」という、昔ながらの楽観的な見通しを奪われたのだから。

二〇〇八年九月に起きたリーマン・ブラザーズの破綻に続く経済崩壊は、多くの若者にとってトラウマになるほどの経験だった。二〇一一年には失業した若年層が一〇〇万人を超えた。経済危機のつけを払わされるのは彼らなのに、生活水準は先進国でギリシャに次いで大きく落ちこんだ。[*14] 若者のあいだで持ち家率が劇的に下がり、一九九〇年代から二〇一〇年代なかばのあいだに、若年中間所得層では半分以下になった。[*15] 足りない公営住宅の補充がなかったことから、残る選択肢は、規制がゆるく家賃が不当に高い民間の賃貸住宅しかなかった。

若者を支援するサービスはことごとく廃止され、[*16] とりわけ生活保護の削減は、若い貧困層に大打撃を与えた。サッチャーが推進し、ニュー・レイバーも支持した自由市場革命は、意欲のある人々を国家と集産主義の重しから解放し、低利金融のバブルで若者たちの意気も大いに上がったが、金融危機でバブルがはじけ、経済が崩壊すると、「自由」を生きる代償は経済的な不安定であることがわかった。それはじつのところ自由でもなんでもなく、とくに若い人たちにとっては、確固たる基盤に見えたものが蒸発したようなものだった。永遠の陽光に思えた新自由主義は「偽物」という真の姿を現した。それを理解した人々が、ふたたび政治と歴史を振り返って抗議を始めたのだ。

　このころには、「歴史の終わり」を信奉するブレア政権や、世界じゅうの似たような中道派政権のメッキがすっかりはがれていた。二〇世紀末の主流のニュース放送では、プラハ、シアトル、ジェノア、ヨーテボリなどで起きた大規模な抗議活動に対して、だんだん「反資本主義」ということばが使われるようになった。既存の政治権力はこうしたデモを、いまや世の中に定着した「グローバリゼーション」システムに対するむなしい抵抗と考えたが、抵抗する側の見方はちがった。彼らがデモにくり出したのは、そのシステムが露骨に大多数の人々の要求を軽視し、財務的な利益を優先させたからだった。

　人々の抗議は世界銀行、国際通貨基金（ＩＭＦ）、世界貿易機関（ＷＴＯ）といったグローバル機関に集中した。それらの組織が民営化と規制緩和の政策を育て、労働より資本の利益を考え、資本力のない市場を多国籍企業に開放して国内産業を犠牲にし、環境を破壊し、その過程で無数の人々の生活を計り知れないほど貧しくしたことを非難したのだ。プラカードや横断幕はだいたいこうなった——「われわれの抵抗は彼らの資本と同じくらいグローバルだ」、「ＷＴＯにノー」、そして資本主義リアリズムに抵抗し、心からの希望で打ち勝つ永続的なスローガンとして「別の世界は可能」。

　こうした運動は散発的で相互に結びついていなかったため、ほどなく下火になった。それでも、既存秩序に対する根深い不満があることは明らかになり、新しい急進派の声には多数の聞き手ができて、現代の消費資本主義に対する心の叫び(クリ・ド・クール)であるナオミ・クラインの著書『ブランドなんか、いらない』(大月書店)、が一世代を代表する本になった。いま思えば、これらの運動は、窒息しそうになる市場勝利主義の覆(おお)いをはぎ取ろうという初めての協調行動だった。

だが、そこで残虐な九・一一テロが起きる。続く何カ月、何年ものあいだ、反資本主義の運動は脇に追いやられた。ジョージ・W・ブッシュのアメリカ政府と、思慮もなくすぐにあとに続いたブレアの政府は、世界秩序を自分たちの望みどおりに変えるチャンスとばかりに、二〇〇三年、イラクに侵攻する。この違法なむき出しの攻撃に世界じゅうの人々が愕然(がくぜん)とした。

イギリスでは、九・一一の数日後に組織された反戦の新しい運動〈ストップ・ザ・ウォー〉が、先行きを懸念する大衆、とりわけ労働党員の心をすぐにとらえた。*17

戦争の準備が進んでいた二〇〇二年末の数カ月、イギリスでは抗議や平和な市民的不服従が相次いだ。ハロウィーンの夜には国会議事堂に反戦スローガンが映し出され、魔女や悪鬼の扮装をした抗議者たちが沿道のホワイトホール［訳注：省庁が集まるエリア］を封鎖した。その演説者のなかに、むさ苦しく情熱的なジェレミー・コービンの姿があった。*18

「コービンは反戦運動でとても目立っていた」と〈ユナイト〉のアンドリュー・マレーは思い出す。「あれでロンドンの急進的な一議員の殻を破って、全国的な有名人になった」。左派でここまで有名になった人物はおそらくコービンだけだ。一般大衆にはまだほとんど知られていなかったものの、首都の急進派の枠を超えて称賛された。

運動に長くたずさわった人はみな、コービンは時間を気にせず国じゅうの集会やデモに参加していたと口をそろえる。〈ストップ・ザ・ウォー〉の事務所が自分のと同じ建物にあるのがわかると、四年間そこの会長も務め、大規模な決起集会や抗議活動を主導した。まるで一〇年以上先の党首選の運動を先取りしたかのようだった。「反戦運動が教えてくれたのは、左派も大規模な運動を起こせるということだった」と活動家

2003年、イラク戦争に反対し、ロンドンでは200万人がデモ行進をした

でジョン・マクドネルの顧問だったジェイムズ・ミードウェイは言う。「われわれ左派としても、つまらない口論はやめて、いくらかでも役に立つことができるのがわかった」

二〇〇三年二月の凍てつく晴天の日、ロンドンはイギリス史上最大の抗議活動の舞台となった。間近に迫ったイラク侵攻に反対して二〇〇万人がデモ行進をしたのだ。さらに何百万もの人が世界じゅうでデモをおこなった。反資本主義運動の大規模動員の経験を経て、大きなデモを組織できるノウハウと経験を積んだ活動家のネットワークはすでに築かれていたとはいえ、この二月のデモの参加者は主催者の期待を上まわった。「私の名前で参戦するな」や「戦争ではなくお茶を」など、さまざまなプラカードを掲げた抗議者の数が増えすぎて、行進というよりただの大混乱になったほどだ。それでもウェストミンスターの政治家たちには無視され、その後数週間のうちに幻滅が広がった。

ついにイラクが爆撃されると、多くの人にとって初の積極的な抗議体験となったこの大規模デモも、無意味だったように思われた。デモ行進が失敗したのは抗議のしかたが時代遅れだったせいだ、と考える人もいた。プラカードを振りながら街中をある場所から別の場所まで練り歩き、演説者の熱弁を聞いて家に帰るのはもう古い。たしかに画期的な新しい戦略が必要だった。そしてそれは、二〇〇八年の悲惨な金融危機のあとで現れた。

◆―――◆

二〇〇八年の金融危機は新たな時代を到来させた。ニュー・レイバーの政治モデルは、公共サービスに投資した金融機関が経済を成長させ、それによって税収が増えるというものだったが、倒れかかった国内の銀行をなかば国有化して支えたことで、その目論見は崩れた。野党だった保守党は、二〇〇八年までは労働党の財政支出計画をそのまま支持していたが、[19]経済崩壊のあと、歴史を書き換えた。保守党の影の財務相ジョージ・オズボーンが、イギリスの危機の直近の原因はじつは労働党の無駄な支出にあったと論じ、政府が「晴れているあいだに屋根の修理を怠った」せいだと主張したのだ。[20]

この批判は、崩壊後の財政赤字は極端な支出削減によって解消されるという考えを示していた。労働党と自由民主党はこの考えを熱烈に支持した。やがて労働党はサッチャー時代より「徹底した厳しい」支出削減に踏みきり、[21]自由民主党の党首ニック・クレッグも「問答無用の」削減を約束する。[22]壊れたシステムに苦しむ人々は、政府に救済を求めることができず、通りに出ていくしかなかった。

こうした動きに対して、二〇〇〇年代後半の新しい抗議の形として最初に大きく注目されたのが、〈気候変動に関するキャンプ〉、もっと広く知られた呼び名では〈気候キャンプ〉だった。報道に強い二～三〇〇〇人の活動家がゆるやかにまとまり、メディアの興味を惹いて記事の見出しになるような派手な直接行動を起こすと、狙いどおりの効果をあげた。たとえば、二〇〇八年のターゲットは、ヒースロー空港だった。すでにヨーロッパで利用者数が最大だったこの空港が第三滑走路の建設を計画していて、イギリスの炭素排出量がさらに一気に増えるだけでなく、人口稠密なイングランド南東部の大気汚染も進むことが見込まれていた。

ヒースローはジョン・マクドネルの選挙区であるヘイズ・アンド・ハーリントンにあったので、マクドネルも抗議活動に積極的に参加した。その結果、シミオン・アンドリューズがサッカー用語で表現したように、「フェンスを跳び越えた［訳注：一線を越えた行動をとること］男」になった。活動家たちに交じって話を聞き、彼らの代わりに警察と交渉し、みずから下院で行動を起こすことまでした。このときは、空港拡大の議論のさなか、地域の反対を無視して計画を進めようとする政府に抗議するために、王権の象徴である儀杖を手に取った。伝統に背くこの行為にウェストミンスターの古参の議員はみな驚愕した。「この国の民主主義にとって恥ずかしいことだ！」と叫んだマクドネルは、[*23]議場への五日間の立入禁止を命じられたが、活動家たちからは長く信頼され、敬意を払われることになった。

〈気候キャンプ〉はさらに続いた。世界的な金融危機から数カ月後の二〇〇九年春、ロンドンでG20サミットが開かれ、主要国のリーダーが集まった。抗議者にとってはまたとない機会だった。さっそくお祭り騒ぎのような動員をかけた。今回はデモ行進ではなく、新しい形態の直接行動――というより、太古の昔に起源のある新しい形態、すなわち「空間の占拠」だった（彼らが占拠した場所のひとつは、一三八一年のワット・タイラーの乱で農民たちが集結したブラックヒースだった。歴史への配慮だとしたら気が利いている）。一帯にはテントがいくつも張られ、ワークショップや集会、有名人の演説などが平和裡におこなわれていたが、「都市でのキャンプ」と称して、首都ロンドンの金融の中心地であるビショップスゲートにも集まった。それも日が暮れるまでだった。夜になると警官が活動家たちを包囲しはじめ、メディアが機材を片づけて引きあげたとたんに、キャンプに襲いかかった。抗議者たちは両手をあげ、「これは暴動じゃない」と声を合わせたが、[*24]警官たちは手をゆるめず、警棒で活動家の頭や背中を殴ったり、何人かを引きずって逮捕したりした。その様子を見ていた四七歳のホームレスの新聞売り、イアン・トムリンソンは、警官に殴られたあと、倒れて死亡した。

結局、〈気候キャンプ〉は二年足らずで解散したが、その大胆な抗議によって、ますます高まる気候危機にエスタブリッシュメントの注意を向けさせることに成功した。何より意味があったのは、デモ行進ではなく占拠という抗議の形態と、同時に用いた戦略だ。直接行動が抗議に欠かせないのは変わらないが、活動の終結宣言は、そこから進化して協力するという意志を示していた。ほかの進歩的な活動とつながって「将来の革命の時代に重要な役割を果たす」チャンスがあると宣言したのだ。[*25]

たしかに時代は変わりつつあった。二〇一〇年五月の総選挙では、保守党が一三年ぶりに政権に返り咲いた。彼らはさっそくサッチャーがやり残したことから取りかかった。社会保障制度を後退させ、裕福な権力者に有利になるように社会を作り替えるために、猛攻を開始したのである。

◆

保守党に投票したいとは夢にも思わないが、労働党から見捨てられたと感じていた多くの有権者は、自由民主党に流れた。自由民主党は、みずからを失敗した二大政党制への果敢な挑戦者と位置づける「中道派」の政党で、とくに初めて投票する若い有権者の人気が高かった。このときの投票率は二五歳未満の層で急に上がり（といっても、わずか三七パーセントから四四パーセントにだが）、午後一〇時の投票終了時には、何時間も列に並んで怒った市民たちが、人であふれかえる投票所から閉め出された。[*26] 学費を無料にする公約から、逆累進の付加価値税［訳注：日本の消費税に相当］の税率を上げないという誓いに至るまで、自由民主党は幻滅した人々を巧みに招き寄せた。党の政見放送で、純真そうな目をした党首ニック・クレッグは、労働党と保守党が果たさなかった約束をあれこれ指摘しながら、ロンドンの通りを歩きまわった。

しかし、これが皮肉な結果となる。政権の行方を握った自由民主党は、保守党主導の新政府に協力し、その新政府はすぐに一致団結して社会福祉費の大削減に取り組んだのだ。選挙後ほどなく、保守党の新財務相ジョージ・オズボーンは、歳出見直しのなかで一連の支出削減を明らかにしたが、そこには七〇億ポンド（約一兆八五〇〇億円）もの社会保障費削減が含まれていた。こうして、イギリスの緊縮財政の時代が幕を開けた。

これはきわめて重大な瞬間だった。保守党主導の政権は、投機と空売りによる大儲けで危機の引き金を引いた向こう見ずな金融機関を責める代わりに、この機に乗じて、金融崩壊にはなんのかかわりもなかったのにその代償を払わされることになった人々、とりわけ障がいを持つ人や、ひとり親、公共部門の労働者、低賃金労働者に矛先を向けることにしたのだ。しかも、その攻撃は生半可ではなかった。

〈気候キャンプ〉元メンバーのトム・コステロは、自信にあふれ、いたずらっ子のようなユーモア感覚を持っていて、見た目も若々しい。二〇一〇年の総選挙から数カ月後、彼はプライベート・アイ誌で、イギリスの税務当局と携帯電話サービスの巨人ボーダフォンとのあいだのなれ合い協定に関する記事を目にした。それによると、六〇億ポンド（約九三〇〇億円）もの法人税が未払いとされていた。ボーダフォン側は金額に激しく異議を唱えていたが、プライベート・アイ誌の記者リチャード・ブルックスはのちに私に、見積もりとしてはむしろ少ないほうだと語った。真偽はともかく、コステロは、法の精神に背いて毎年何十億ポンドも租税回避をしている企業はもっとたくさんあるにちがいないと考えた。一年後の下院の公会計委員会で、彼のその確信が正しかったことがわかる。[*27] コステロと仲間の活動家スティーブン・リードは、政治的な金脈を掘り当てたと思った。

コステロらが租税回避の問題に取り組んだ理由は、歴代（とくに二〇〇八年の危機以降）のイギリス政府が、国民に対してついてきた大きな嘘がふたつ明らかになるからだ。第一に、その気になれば納税できる企業が何十億ポンドもの税金を回避していたとなると、経済災害が訪れた際に保守党が主張した、富める者も貧しい者もみな同じ打撃を受けるのだから「みんなでこれを乗りきろう」という呼びかけに説得力がなくなる。第二に、国庫が空っぽで公共投資や社会保障にまわす金はないという国の主張にも疑義が生じる。どう抗議しようかと考えているうちに、リードはひとつひらめいた。ボーダフォンの店を占拠したらどうだ？コステロは、そんなことをすれば「客が激怒する」と心配したが、最終的には同意した。社会にインパクトを与えるには目立たなければならない。

当時まだ黎明期だったツイッターを駆使してコステロが活動家のネットワークに呼びかけると、前向きな返答が山のように来た。最初の行動は二〇一〇年一〇月二七日水曜日に決まったが、コステロは「このターゲットと行動はくり返せるように設定してある」と強調した。「つまり、この日がモデルになったあと、主催した秘密のチームは解散し、抗議はほかの人に引き継がれる」。コステロは「これがうまくいったら次々と衝撃波が起きるぞ」と予言した。その読みは正しかった。

一〇月二七日、霧雨のオックスフォード・ストリートを七〇人ほどの抗議者が歩き、ボーダフォンの旗艦店の内外にいっせいに坐りこんで動かなくなった。みなで「税金を払え、ボーダフォン！」と連呼し、「ボーダフォンの未払いの税金六〇億ポンド。社会保障費の削減七〇億ポンド」とか「あなたは私たちに六〇億ポンドの借りがある」と書かれた巨大な横断幕を掲げた。警察が呼ばれると、まず「恥を知れ！」と叫ぶ活動家たちが店のなかから引きずりだされた。ツイッターでこの抗議につけられた#UK Uncutというハッシュタグがトレンド入りした。総じて敵対的な主流メディアを飛び越え、ソーシャルメディアを利用する手法の走りだった。ほかの多くのソーシャルメディアもこれに続いた。

またたく間にこのハッシュタグが新しい運動の呼び名になった。〈UKアンカット〉は、租税回避をしていると目されるほかの有名企業、たとえばフィリップ・グリーンの〈トップショップ〉や〈トップマン〉［訳注：ファストファッション店］を占拠しはじめた（グリーン自身は租税回避はしていないと主張した）。占拠方法は工夫に満ち、突飛で楽しかった。抗議者たちが看護師に扮して店内を病院のように変え、わが国で愛されるNHSへの予算削減の危険性を訴えたりもした。さらに、この抗議活動は従来とまったく異なる新しい参加者も引き寄せた——それまでこういう活動に加わったことがなかった、とくに子どものいる家族を。

「気候変動の抗議活動を始めてから、われわれは一般大衆に『どっかへ行け！　仕事をしろ！』と言われるのには慣れっこになっていた」とコステロは言う。なのに、〈UKアンカット〉は全くちがった。買い物客が活動家に近づいて会話を始め、支持を表明した。つまるところ、人はみな税金を納めなければならないのに、どうやら大企業には別のルールが適用されているということに納得がいかないのだ。保守党の支出削減の影響が各方面に及びはじめた時期だったから、なおさらだった。

突然、租税回避があらゆるニュースに取り上げられ、ホットな政治問題になった。抗議者たちは、近づきやすく理解しやすいメッセージ、誰もがわがこととして感じられるメッセージを目標にすることに成功した。しかも、新世代の活動家をひとつにまとめあげたのはきわめて重要だった。

〈UKアンカット〉が注目されだしたころ、また別の活動も生まれた。二〇〇〇年代の最初の一〇年で、イギリス人のあいだには、お先真っ暗という感覚が広がっていた。ことにミレニアル世代の前途は険しく、一方で福祉や社会サービスを切りつめられ、他方で右肩上がりの大学授業料のローンを抱えたまま、低賃金の不安定な仕事が支配的になってきた労働市場に入らざるをえない状況だった。二〇一〇年代が終わるころには、義務教育修了者の半分以上が大学に進むこともあって、この見通しがミレニアル世代の左傾化に大きな役割を果たした。

二〇一〇年の総選挙で自由民主党が訴えた目玉政策のひとつは学費免除の実現だったが、保守党と連立政権に入ったとたん、その誓いは見事なまでに破られた。党首ニック・クレッグは、免除どころか学費を三倍にする法案を党として支持した。当時の学生たちの抗議は的を射ていた。二〇一九年には、大学卒業者は平均五万ポンド（約七七五万円）の借金を抱えることになる。[*28]「高等教育の財務的持続可能性の新時代」[*29]というふれこみが実際にもたらしたのは、二〇一〇年代に大学職員の実質賃金が二〇パーセント下がったことと、イギリス国内の大学の四分の一が赤字になったことだけだった。[*30]学生数と同じ比率で職員数が伸びなかったために教育活動に支障が生じ、学生の下宿代も三〇パーセント以上値上がりした。[*31]自由民主党の裏切りは、期せずして何十万もの若者の政治意識を高めることに大いに貢献した。そうして一九六〇年代以降最大の学生運動が起きる。

二〇一〇年一一月一〇日、大半が学生からなる約五万二〇〇〇人が、手作りのプラカードや横断幕を掲げてロンドン中央部の通りを行進した。私とアンドリュー・フィッシャーも労働党左派の数少ない代表に交じって参加し、〈労働代表委員会〉の横断幕の下を歩いた。当然ながら、行進している群衆のなかで、いまや野党になった労働党が救ってくれるかもしれないと考えている人はほとんどいなかった。彼らにとって労働党は、外国で戦争し、市場優先主義に毒された政党だった。半年前には、この学生たちのかなりの割合が自由民主党に投票し、だからこそ保守党連立政権のパートナーになった自由民主党のふるまいにいっそう幻滅し、軽蔑を新たにしていた。また、彼らの大多数はデモ行進に初めて参加していた。七年前の反イラク戦争のデモに加わるには若すぎたし、おそらくそれを憶えてもいないような年齢だった。多くの学生は、それまで経験したことのない集団の力を目にして驚いていた。

人出こそ多かったものの、その抗議活動は最初のうち旧来の退屈なデモ行進となんら変わらないように見えた。行進のクライマックスはパーラメント・スクウェアで開かれたありきたりの集会で、退屈した抗議者たちは引きあげはじめた。

雰囲気が変わったのは、保守党の運動本部が入った巨大なガラスのビル、ミルバンク・タワーのまえを何千人もの学生たちが通りすぎたときだった。そのビルが抗議の標的にされないように、ピンク色の胸当てをつけた全国学生組合（NUS）の幹事たちが若い参加者たちを必死で先に進めようとしたが、ほどなく人の波に呑まれてあきらめた。デモの企画者や、新たな行動に夢中になって勢いづいた学生たちはそれを避けたかったのだが、いたしかたなかった。占拠は自然に発生した。何百人という学生がミルバンク・タワーに入っていくと、場の空気は一変した。警備員との争いが生じ、ガラスの割れる音が響いた。

急進左派の多くは建物の外に立ち、だんだん広がる混乱をあっけにとられて見ていた。タワーを占拠した学生たちの大半は、市民的不服従どころか、抗議に加わったのも初めてだった。なにしろ数カ月前には自由民主党に投票していたのだ。そんな彼らがいまや窓ガラスを叩き割り、新聞一面に載る事件を起こしていた。

この占拠が起爆剤となって、秋には全国的な抗議の波がわき立った。国じゅうの約八〇の大学が自校の学生に占拠され、キャンパスが新しい運動の中心地になったのだ。ジョン・マクドネルを含む急進派の政治家が演説に招かれた。支援する学者や活動家をパネラーとする討論会が開かれた。連帯を示すために労働組合員も現れ、お返しに学生たちが運輸関係の労働者のストライキでピケラインに立った。注目すべきは、彼らの占拠活動にはこれといったリーダーがいなかった点だ。活動家の用語で言えば、みな「横並び（ホリゾンタル）」で、決定は全会一致でなされた。

予想できたことだが、メディアや政府は、抗議する学生たちに頭のおかしいならず者というレッテルを貼ろうとした。憤然とした見出しで、「恥ずかしい学生フーリガン」、「不名誉なごろつき」、「頭がからっぽな連中」などとさまざまに書きたてた。長年、若者は無関心だ、政治よりも昼間からテレビを見て酒を飲み、携帯をいじることに関心がある、と馬鹿にされてきた。それがいざ政治に関心を示しはじめると、案の定、わが国のエスタブリッシュメントはいい顔をしなかったのだ。

活動の規模が大きくなると、警察は学生たちに暴力をふるった。大怪我をした人もいたし、[*32]何人もの人が警官に包囲されて移動できなくなった。凍える寒さのなか何時間も動けず、トイレにすら行けなくなるような抑圧的な群衆整理は、両陣営の緊張を減らすどころか高めた。国会で労働党議員のデイビッド・ラミーは、「包囲（ケトル）の目的は物事を沸騰させることではないでしょう?」[*33]と皮肉を言った［訳注：ケトルには「やかん」の意味もある］。予想どおり対立は深まり、警察が最初からそれを望んでいたのではないかと思うほどだった。[*34]

学生たちは警察の厳しい取り締まりにも屈さず活動しつづけていたが、政府は彼らの抗議にいっさい耳を貸さなかった。一二月九日、警察が国会議事堂のまえで怒った学生たちと対峙しているあいだ、議員たちは学費を三倍にする法案を可決した。

以後、学生運動は徐々に消えていったが、その数週間の騒乱は航跡を残した。緊縮財政で結びついた連立政府ができてまもないうちに学生たちがキャンパスや通りで大規模な運動を起こしたことは、社会に広がっていたあきらめと無気力を打破し、彼らに続くほかの者たちの行動をうながした。〈ユナイト〉書記長のレン・マクラスキーは、学生運動が労働組合を「現場に」引き戻したと語る。金融危機に対して手をこまねいていた労働組合に、進むべき方向を示してくれた、と。[*35]

こうして労働組合はバトンを引き継いだ。一年後の二〇一一年一一月、一九二六年のゼネスト以来最大規模のストライキを決行したのだ。二〇一三年には、労働組合と単一争点運動グループからなる連合が〈反緊縮民衆会議〉を立ち上げ、国じゅうで大規模集会や政府への抗議活動をおこなった。ほかにもいろいろな運動が発生し、たとえば〈支出削減に反対する障がい者〉のデモでは、政府の壊滅的な社会保障費削減に抗議するために、車椅子に乗った参加者たちが道路を封鎖した。

多くのイギリス国民、とくに一九八〇年代の出来事を歴史の教科書でしか知らない新世代にとって、こうした抗議は大衆向けの政治教育の役割を果たした。活動に加わった人々は、政治というもの、そしてそれが自分や家族、友人たちの生活に与える影響について、初めて理解しはじめた。労働党であれ、保守党であれ、そのときの政府にただ反対するだけでなく、支配的な社会秩序に質問をぶつけ、対決しなければならないことがわかってきたのだ。

また、こうした運動や動員は、成果の有無にかかわりなく、参加することに意義があった。活動家たちはいわば急進派の胞子のようなもので、それぞれの地域や職場、学校、大学に戻って新しい政治活動を始める。二〇〇〇年代前半の反戦運動から二〇一〇年代前半の学生運動、反緊縮運動までのあいだに、レーダーには引っかからないが、政治意識の高い大きな有権者層が生まれはじめていた。彼らは、反対した個々の不正義が根っこでは結びついており、問題があるのは現行政府だけではなく制度全体だということを理解していた。彼らは、社会制度は不正かもしれないが、ほかに有効な選択肢はないと考える「資本主義リアリズム」の呪いから解き放たれていた。のちにコービンの広報担当幹部のひとりになるジェイムズ・シュナイダーが振り返ったように、「毎回の苦労と抵抗」が人々の能力を高めたのだ。

とはいえ、この時点ではまだ、急激な変化を求める草の根の有権者層を組織的に代表し、導く存在はなかった。それがまもなく変わろうとしていた。

2 焼け跡からよみがえる

二〇一五年五月八日の未明、総選挙の結果が判明したときほどの政治的失望はなかなか記憶にない——むろん、労働党に期待を寄せていた人にとってだが。

霧雨のなか、ゴシック建築の議事堂の道向かいにあるコレッジ・グリーンで報道陣が野営していた。最後の世論調査では接戦が予想された。エド・ミリバンド率いる労働党が僅差で勝つかもしれないという予測すらあり、ほとんどの人は絶対多数政党のない結果になるだろうと思っていた。少なくとも、過去五年間の大規模な支出削減と長引く生活水準の低下をもたらした保守党主導の連立政権は倒れ、代わりに別種の政府が生まれるという期待があった。

だが選挙の結果は？　たしかに別種の政府にはなったが、中身は大方の想像を超えていた。七日の夜の投票締め切りが近づくにつれ、出口調査はほとんどの識者の予想に反して、保守党三一六議席、労働党二三九議席と、保守党の大幅リードとなったのだ。私はライブで政治評論を届けるために、この夜はキングス・クロスのＩＴＶのスタジオにいたが、出口調査にもとづく見通しが画面に現れたとたん、場の雰囲気が変わった。結婚式に出席した保守党支持者に囲まれて、ひとり葬儀に参列しているような気分だった。放送中の司会者はこちらを向いて、「出口調査の結果が出たとき、顔が青ざめましたね」と言った。

数時間後、マイクを持ったBBCのラジオ司会者に手招きされて議事堂前のコレッジ・グリーンを歩くころには、悲劇の規模が徐々に明らかになった。保守党の議席数は出口調査をさらに上まわり、ついに過半数を獲得したのだ［訳注：下院の定員数は六五〇なので過半数は三二六議席以上］。五年間の緊縮財政、生活水準の低下、社会保障費の大削減があって、なお保守党が正しかったと選挙で認められるとは。

今後さらに五年間の保守党支配が続くことによる暗い見通しについて考えていると、ラジオ司会者がもうひとりのゲストを迎えた。イアン・ダンカン・スミス、障がい者を事実上不利に扱う懲罰的な福祉制度で悪名をとどろかせた保守党の閣僚だった。私は以前、全国ネットのテレビ番組で、誤って就労可能と認定されたのちに亡くなった生活保護受給者の名前をあげて彼に迫ったことがあった。司会者はダンカン・スミスを紹介すると、「公平を期すために」私が彼の大ファンではないことを言い添えた。勝ち誇ったダンカン・スミスは、穏やかな笑い声をマイクに乗せた。

◆

その五年足らずまえの二〇一〇年の総選挙で敗北した労働党では、ゴードン・ブラウンが辞任し、その後の党首選でエド・ミリバンドが兄のデイビッドを破って党首になっていた。兄弟は、傑出したマルクス主義の知識人で亡命ユダヤ人だったラルフ・ミリバンドの息子で、どちらもニュー・レイバー・プロジェクトの中心で顧問を務めたあと、北部の当選確実な選挙区で立候補して国会議員となった。しかし、政治的な類似性はそこで終わる。

兄のデイビッドが自他ともに認めるブレア派になったのに対し、弟のエドは、ニュー・レイバーは「死んだ」と公言し、社会の不平等にきちんと立ち向かわなかったことを厳しく批判した。「銀行家が清掃員の二〇〇倍の給与をもらっていることを漫然と放置して、強い社会を築けると思ったら大まちがいだ」と言い、*1

「野蛮なアメリカ流の資本主義」の糾弾もした。こうしたエド・ミリバンドの考え方のヒントになったのは、疫学者のリチャード・ウィルキンソンとケイト・ピケットによるきわめて影響力の大きな著書『平等社会：経済成長に代わる、次の目標』（東洋経済新報社）だった。不平等が少ない社会では、犯罪や心身の不健康、子どもの貧困といった社会問題も少ないという証拠を示した本である。党首選の選挙運動中に、エド・ミリバンドはおもだった労働組合、とくにもっとも政治力のある〈ユナイト〉の支持を取りつけ、勝利を決定づけた。ブレア派にとっての苦い経験だった。

とはいえ、ミリバンドが救世主になって党を本来あるべき姿に戻してくれると思っていたとしたら、落胆することになる。リーダーとしてのエド・ミリバンドは、父親の急進主義と、ニュー・レイバーのなかで育った出自とのあいだで引き裂かれ、政治的に苦しんだ。それがもっとも如実に表れたのが、彼の救いがたい優柔不断だった。当時ミリバンドの首席戦略コミュニケーション顧問だったトム・ボールドウィンは、私のキッチンで紅茶を飲みながら考えこみ、ミリバンドが党首として成功するには自分らしくふるまう必要があったが、気弱でそれができなかったと振り返った。そうして「ロバート・ケネディの悪いものまね」、さらに残念なことに、「正確に言えば、ときどきデイビッド・ミリバンドの悪いものまね」になってしまった、と続けた。

さすがにこれは言いすぎだ。実際、エド・ミリバンドは熱意と、誠実で進歩的な直感を備えた本物の政治家だった。相変わらずブレアリズムに向かいがちな労働党と、より広い社会というふたつの敵対的な環境のなかに囚われたように感じていたはずである。

しかし、ボールドウィンの厳しい評価にも一理ある。ミリバンドの影の財務相エド・ボールズは、経済危機の解決策として、緊縮財政に反対する印象的な演説をしたが[*2]、ほどなく予想どおり右傾化し、財政支出と公共サービスの削減というヨーロッパで支配的だった政策を支持した（保守党主導の連立政府ほど過激ではなく、ゆるやかな削減だったが）。この「軽めの緊縮財政」は事実上、労働党公認の政策になったが、「保守党のように、だがそれよりは控えめに」は、労働党の変容にすっかり幻滅した人心をふたたびつかむには、あまりにも説得力のないメッセージだった。

ミリバンドとボールズは政治的な見解が一致せず、やがて個人的にも仲たがいし、二〇一五年の総選挙のころには、ほとんど話もしなくなっていた。それでもミリバンドは、政府の政策に対するボールズの中途半端な批判を放置していた。ミリバンド自身は影の内閣のなかでもっとも左寄りだったが（唯一の例外は、北部出身の荒々しい閣外相［訳注：特定の省や局に属さず閣議に参加する閣僚］ジョン・トリケット）、自分の信念を貫く勇気がなかった。派閥争い（と彼が考えるもの）を避けようとするあまり、中道寄りの左派や右派にもいい顔をし、結局誰も満足させることができなかった。ミリバンドの問題のひとつは、顧問のひとりだったサイモン・フレッチャーがまとめたように、まわりと活発な議論ができないことだった。「自分の政策に自信が持てないから、まわりに味方を作れなかった。実際に味方になったのは右派のほうだった」

つまり、ブレア時代の労働党には少なくとも熱烈な新自由主義のビジョンがあったが、ミリバンドには一貫したビジョンが何ひとつなかったということだ。一連の複雑な政策の立案にそれがよく表れている。問題点の分析は知識のひけらかしに終始し、一般大衆はおろかミリバンド自身のチームですら理解に苦しんでいた。労働党のもとで社会がいかに改善されるかを示す大胆で希望が湧くビジョンは、どこにも見当たらなかった。

みずからの定義をおろそかにすると、敵から都合よく定義されることになるのは政治の常識だ。ミリバンドにもそれが残酷なまでに当てはまった。称賛に値する志を持ちながら、理屈っぽく、よそよそしく、イギリスの大衆の気持ちがわからないと見なされたのだ。敵対的な報道機関からも不当に吊し上げられた。

総選挙の一年前、労働党はアメリカの著名な政治コンサルタント、デイビッド・アクセルロッドを雇った。その初日、ミリバンドの顧問たちに囲まれたアクセルロッドが、ふいに質問した。「今日は皆さんからいろいろな話をしてもらった。ところでエド、なぜ首相になりたいのか、そこを聞かせてもらえないかな？」。

部屋はしんと静まりかえった。居心地の悪い沈黙だった。やがてミリバンドが一二分間にわたって、兄に対抗して党首選に立った理由を説明した。長い間ができたあと、アクセルロッドは言った。「いまの話は、デイビッドに対抗して立候補した理由だった。首相官邸をめざしたい理由はまだ聞いていない」

　このようにリーダーシップが不安定だったにせよ、ミリバンド党首の時代は、本人ものちに語ったように、ニュー・レイバーと、より社会主義的な変化を求める声のあいだを取り持つ役割を果たした。そうした声は、労働党の草の根の党員や国全体でますます大きくなっていた。

　二〇一一年、ミリバンドが「ハイエナ」企業と新自由主義的な社会のコンセンサスに闘いを挑むと宣言すると、保守党から辛辣（しんらつ）に批判され、労働党内のブレア派からも軽蔑された。[*3] 労働党政権になったら光熱費の値上げを禁じると発表した際には、保守党の首相デイビッド・キャメロンが「マルクス主義者」の政策だと非難した（皮肉にも、彼の後継者のテリーザ・メイがのちにその政策を横取りする）。また、民間住宅の家賃の値上げを禁止するというミリバンドの決意は、保守党と多くの太鼓持ちメディアから「ベネズエラ流の」家賃統制だとけなされた。一九八〇年代後半からのサッチャリズムの浸透で、国家の介入は政治の越権行為だという合意ができていたからだ。たとえ一時的であれ、ミリバンドが社会民主主義の控えめな復活を提案しただけで、政治エスタブリッシュメントはそれを脅威と見なし、激しく反応した。彼らにとって、「ミリバンディズム」は布地の裂け目とは言わないまでも、放置できないほつれだった。

　二〇一五年の総選挙に向けた活動中もミリバンドは気弱で、保守党はそれをいいことにマイペースで論陣を張った。二〇〇八年のあとイギリスが悲惨な状況に陥ったのは世界的な金融崩壊のせいではなく、ニュー・レイバー政府の支離滅裂で過大な財政支出のせいだと主張したのだ。驚いたことに、労働党のブレア派は、ブレア自身も含めてその主張に賛成した（彼らの政治的な立ち位置から考えると、そう驚くべきことではないのかもしれないが）。ブレアは回顧録のなかで、自分の政府は二〇〇五年以降支出を減らすべきだったと失敗を認め、そうしなかったゴードン・ブラウンを責めている。[*4] わざわざ後継者の党首を殴りつけるところが彼らしい。

この完全に誤った考えに対し、二〇一〇年の選挙運動中に党として反証できなかったことで、労働党の経済的な信用は地に墜ちた。野党になったいま、政権時代の記録は「すさまじい国庫の浪費」というプリズムを通して見られている。総選挙が終わってからも、保守党はことあるごとに、無駄遣いされた公費は救う価値のない貧困者にばらまかれたと主張しつづけた。膨張しすぎた福祉国家が大切な納税者の金を仕事嫌いの怠け者に垂れ流したという言説で、人々はいっそうの黙従を強いられた。こうして、保守党の緊縮財政が「労働党時代の混乱の収拾」として正当化されたのだ。これは保守党政府がつねに用いてきたやり方で、恐ろしく効果があった。世論調査によると、まる五年のあいだ、財政支出削減の責任は、それを実施した連立政府ではなく、そのまえの労働党政府にあると国民は考えていた。[*5] 社会民主主義政党が右派のデマに屈するとどうなるかという、悲劇的な実例だった。

コービン党首の前任エド・ミリバンド

かくしてイギリス国民は連立政府のもとで五年間、身も細るほどの緊縮財政にさらされ、先の見通しも立たない状態だったが、労働党は二〇一五年になってもあてどなく漂流していた。ミリバンドの側近だったひとりは、保守党の選挙戦術に労働党は不意を突かれたと、驚くほど素直に認めた。「保守党が労働党の公費の無駄遣いを責めてきたのは衝撃だった。たしかに過去四年間、そこをきちんと総括していなかったから。その責任はいくつかの派閥にある。影の財務相として何もせず、ミリバンドをどことなく見下していたエド・ボールズも問題だが、ミリバンド自身の優柔不断も問題だった」と苦々しく言った。

それでもまだ足りないかのように、二〇一五年の総選挙前、労働党は別の政治的災難にもみまわれた。スコットランド独立に関する二〇一四年の国民投票で、保守党と組んでイギリス残留派を支持する運動をおこなったせいだ。エスタブリッシュメントによる脅しのようなデマがあふれたその運動は、トニー・ブレアの時代からすでにそうとう幻滅していたスコットランドの労働党支持者たちにとって、とどめの一撃になった。彼らは労働党に完全に愛想を尽かし、スコットランド国民党（SNP）に大挙して流れた。イギリスから独立して主権国家スコットランドの建国をめざすSNPは、自党を労働党より進歩的な選択肢として位置づけていた。

従来安定した票田だったスコットランド中心部を失った労働党は、単独過半数を得られそうになく、政府を作れるかどうかはSNPの協力次第ということになった。これに保守党陣営が色めきたった。選挙運動でさっそく、「SNP執行部に首根っこを押さえられた気の毒なミリバンド」というイメージを広め、もし労働党政権になれば、連立に必要なSNPの支持と引き換えにイギリスの分割に賛成するだろうという終末論的なシナリオを描いてみせた。

二〇一五年の選挙では、イギリスの平均的な有権者は労働党のビジョンを知らず、そのビジョンが自分や家族や地域社会にどういう利益をもたらすのかもわかっていなかった。「ほかの党とあまりちがわない、臆病すぎる選挙運動だったわ」と言うのは、二〇一五年総選挙でブライトン・ケンプタウン選挙区の労働党候補になり、僅差で敗れたナンシー・プラッツだ。「労働党は、急進的になりすぎて投票してもらえなくなることを怖れていた。でも負けた理由は、充分急進的でなかったからよ。希望を与えることができず、ほかとあまり変わらなかった。いまの人生を変えてくれそうだから投票しようと人々に思わせる説明が、本当に何ひとつできなかった」。戸別訪問すると、失望した有権者が「政治なんかでは何も変わらない」と語った。こうして、労働党の支持層はあらゆる方向に崩れていった——移民嫌いの右派のUKIPに、シビック・ナショナリズムのSNPに、そして反緊縮左派の緑の党に。

当然ながら、総選挙で無残に敗れたミリバンドは党首を辞任した。騒ぎがおさまった二〇一五年の晩春、労働党は党首選をおこなうと発表した。新党首には、いまや瀕死の党に新しいビジョンを示すことが求められたが、その間続いていた選挙後の分析ではミリバンドの失敗がいつまでもけなされていた。

それなのに、驚くべきことに労働党内では、選挙で負けたのはミリバンドの政治的な及び腰のせいではなく、左派の政策のせいだという説が有力だった。言い換えれば、ミリバンドが保守党とのちがいを充分打ち出せなかったから負けたのではなく、保守党に充分似ることができなかったから負けたというのだ。ミリバンドは人々が経済、移民、社会保障に求めているものを理解していなかった。人々はさらなる緊縮財政、移民の減少、社会保障費削減を求めていたのだ、と労働党内の雑多な声は結論づけた。

この考え方によれば、労働党が政治的に成功したいなら、右に方向転換しなければならない。神話の桃源郷のような中道に向かえば、そこには豊かな選挙の果実がある――声を大にしてこのように論じる人士は労働党右派に多く、たとえば、新しい影の財務相クリス・レスリーは、ミリバンド時代の労働党はあまりにも国家統制主義、介入主義、反ビジネスで、家主を不当に悪者扱いしていたと非難した。[*6]

その五月、党内で新党首探しが始まったときには、多数の国会議員が候補にあがった。貴族で歴史家のトリストラム・ハント、キャリア重視で自在に姿を変えるチュカ・ウムンナ、その派手なことば遣いからひそかに「罵り(ののし)のメアリー」と呼ばれていたウェイクフィールドのメアリー・クレイらだが、結局彼らは退き、三人の議員が残った。ニュー・レイバー右派を代表するリズ・ケンドール、経済学者のイベット・クーパー、そして決定的に重要な労働組合を含む左派のために立候補した、影の保健相アンディ・バーナムである。だがそのバーナムでさえ、主流派に無批判にしたがっていた。選挙事務所を構えたのは〈アーンスト・アンド・ヤング〉のなか。産業規模の租税回避を手引きしていることで悪名高い会計事務所である。バーナムは労働組合からの献金も受け取らず、まわりにいるのは、レン・マクラスキーの簡潔な表現を借りれば「われわれを非難したがる連中」ばかりだった。

当然ながら、労働党左派は絶望ムードだった。「一九五一年にアトリー政府が倒れて以降、イギリスの社会主義者が直面したもっとも暗い時代だった」とジョン・マクドネルは書いている。*7 そのころのイギリスは世界大恐慌後いちばん深刻な資本主義の危機を迎えていたのだから、社会的正義と富の再配分に関する左派的な思想が広がる余地は充分あったはずだが、メディアに登場する労働党幹部は、選挙に勝つには親ビジネス、反福祉、反移民をもっと進めるしかないとオウムのようにくり返していた。落胆した私はガーディアン紙のために「いまの労働党は何がしたいのか?」という動画を作成した。*8

左派の重鎮たちは恐怖に打たれて党首選の展開を見守りながら、必死で候補者を探した。候補者を立てるには、労働党国会議員の一五パーセントにあたる三五名の推薦が必要で、二〇〇七年にジョン・マクドネル、二〇一〇年にダイアン・アボットが党首をめざしたときより厳しい状況だった。さまざまな名前があがり、私も可能性のあるひとりをツイートした。ミリバンドの職務上の優柔不断を非公式に批判していたワイガン選挙区の国会議員、リサ・ナンディだが、当時彼女は党首の仕事に興味がなかった。ミリバンドの影の内閣で左派の良心の役割を果たしたジョン・トリケットを候補に推す人もいた。しかしトリケットも立候補はせず、代わりにその夏、急進的な政策を議論するために私と国内をまわる計画を立てた。選ばれた党首にプレッシャーをかけ、労働党左派の運動を一から立て直すことが目的だった。

立候補の締め切りが近づくにつれ、探す側も、必要な推薦者をかき集められそうな候補者を見つけ出すことぐらいしか考えなくなった。左派にとっての最低条件は、政治的に生き残ること。左に寄りすぎたから総選挙に負けたという党内主流派の意見がまかり通るなら、労働党左派の声は事実上抹殺され、党も根こそぎ崩壊してしまう。「議論は急速に右寄りになっていた」とサイモン・フレッチャーは説明する。「そういう議論をほんの少しでも引き戻して、左派を将来に向けてまとめられる候補者がいたら、それだけで勝利と言ってよかった」

そうして候補者探しが最終的に行き着いたのは、きわめて意外な政治家だった。その人物、ジェレミー・コービンは、話し方が穏やかで、外見に無頓着で、伝統からかけ離れていて、通常の党派政治とは無縁だった。つまるところ、彼のいちばんの関心事はクルド人やパレスチナ人など、国外で抑圧された人々を支援することであり、左派の活動家だということのほかにはほとんど知られていなかった。一世代を超える期間、左派が政治の表舞台から消えていたせいで、コービンは議会の最前列で主要な役割を果たしたことも、組織を運営したこともなく、旧来の意味での名演説家でもなかった。リーダーらしからぬ人物であることはまちがいない。

だが、有利な点もあった。前述したように、ジョン・マクドネルが多くの労働党国会議員と反目していたのに対し、コービンには個人的な敵がおらず、みなに好かれていた。どこまでも明るく、反対者にもかぎりなく寛大で、誠実さがにじみ出るような人柄だった。そのスタンスで、労働党の一般議員として六〇代なかばまでの三〇年間、ぶれることなく（「頑固に」と言う人もいるが）自分の政治をしていた。

党首選が進んでいる最中の左派議員の会合で、マクドネルはみずから立候補しないと表明し、そもそも左派の候補者が立つことに疑問を呈した。誰が立とうと叩きつぶされるというのだ。しかしコービンは、長いあいだ誠実に彼のオフィスマネジャーを務めていたニコレット・ピーターセンに強く勧められて、胸中真剣に立候補を考えていた。それを知ったマクドネルは驚き、会合のあとでコービンと紅茶を飲んだ。ある法案への投票を知らせるベルが鳴ると、コービンはお茶を飲み干して、マクドネルに「私の選挙運動を仕切ってくれないか？」と尋ねた。マクドネルは「まちがっている」と切り返した。「われわれは滅ぼされて一世代のあいだ排除されるぞ」

マクドネルは私に電話をかけてきた。私も同じことを心配した。左派はわずかな票しか得られず、永遠に信用を失って無視されるのではないか。マクドネルの考えでは、候補者が出ないことより悪いのは、出たうえで惨敗することだった。あとでわかったのだが、コービンにもその考えはあった。ただ、説得してやめさせることはできないとわかったマクドネルは支援を約束し、「私はまちがいだと思うが、きみの心は決まっているようだ」と友人たるコービンに言った。

支持を表明した左派の労働党議員のなかには、直近の選挙で議席についた人たちもいた。リチャード・バーゴン、元兵士からBBCの記者になったテレビ映えするクライブ・ルイス、コービンのもとで長く調査員をしていた若いキャット・スミスらだ。コービン、マクドネル、ダイアン・アボットらの古参の議員も含めて、彼らは六月三日に会合を開き、マクドネルが芝居がかった仕種でコービンの党首選出馬を発表した。

とはいえ、出席者の多くは懐疑的だった。コービンの下で長年働いたキャット・スミスも心配して、「本当に望んでいるの？」とコービンに穏やかに尋ねたという。元上司のことを気遣っただけでなく、まわりの人たちと同じように、必要な数の推薦人が集まらないと思っていたのだ。ただ一方で、「社会主義の政策について話し、問題提起し、議論を左に寄せて、国営化などの話題にふれるチャンスになる」というプラスの面も考えていた。また、コービンがこてんぱんにされて左派が弱く見えるという懸念については、ルイスが肩をすくめて、「そもそもわれわれは弱いんだから」と反論した。「候補者もいないとなれば、いっそう弱く見える」

ついに全会一致でコービン擁立が決まった。もっとも、スミスは元上司に、ひげをきちんと刈りそろえてスマートに見せるようにと言い渡した。一同はテムズ川に面した下院のテラスに出て、ビール片手に話している労働党の仲間たちに、コービンを支持してもらえるかどうか慎重に打診してみた。少なくとも非公式のレベルでは反対されなかった。なかには、政論を活発にするためにコービンを立てるという考えに賛成する議員もいた。どうこう言ってもコービンはみなに好かれていたし、誰も彼が本当に党首になるとは思っていなかったのだ。

私自身は、ひとまわりしてもとの場所に戻ったようなものだった。職業人生はマクドネルの事務所から始まったものの、国会は政治的に不毛に思えてなじめなかった。力を発揮できない場所から飛び出したほうがより効果的に政治を変えられそうだと感じ、メディアをつうじて、それまで無視されていた考えを公に論じていた。それが突然、労働党の急速な右傾化を懸命に止めようとする昔の仲間に引き戻されたのだから。

翌六月、私はミルトン・キーンズで開かれた反緊縮財政の集会で話をして、人々の反応が驚くほどよくなっているのに気づいた。労働党が総選挙で敗北したことで、草の根の支持者層はすっかりやる気をなくし、誰も来ないのではないかと怖れていたのに、蓋を開けてみると大勢の人が詰めかけた。彼らはみな、労働党が何十年もまるで提供できなかった希望と大きな変化を心から欲していた。イラク戦争から経済危機、緊縮財政に至るまでの出来事を経験した人々は、もうたくさんだと思っていた。そして、たんに抗議するだけでなく、国会内に自分たちの政治的な声が反映されることを求めていた。

ミルトン・キーンズでの集会が始まる少しまえに、私の携帯電話が鳴った。コービンの党首選立候補を支持したばかりのマクドネルからだった。彼はすぐに本題に入り、ソーシャルメディアを使ってコービンを候補に推す労働党議員を増やしてもらえないかと言った。現行の政治秩序を大胆に変えることに成人以降の人生を捧げてきた私の答えは「イエス」だった。個人的に思うところはあったとしても、やるからには中途半端にしたくない。コービンが立つのであれば、得票数は最大にしなければならなかった。彼が票を獲得すればするほど、労働党内での左派の存在感は高まる。たとえ党首になれなくてもだ。なれるとは思えなかった。

翌朝、さっそく私は主流メディアのガーディアン紙に、コービンを応援する最初のコラムを書いた。タイトルは、「ジェレミー・コービンが党首選出馬。ここから本当の議論が始まる」。

ソーシャルメディアをつうじて、労働党支持者や党員たちは、コービン支持に向けて労働党の国会議員に積極的に働きかけようと呼びかけられた。同時に、左派の政治家や主要な活動家、労働組合員、評論家（私も含めて）がいっせいに国会議員に対するロビー活動を開始した。われわれの主張はシンプルで聞き慣れたものだった――党の将来の進路についてできるだけ広く議論するために、コービンを候補者にする必要がある。これが功を奏した。勝つチャンスがあると主張したら、ほとんどの人が彼を推さなかっただろう。労働党右派のなかには、左派に実情を思い知らせるためにコービンを推薦するという議員さえいた。党首選でのコービンの得票がきわめて少なければ、自分たちがなんの影響力もない些末（さまつ）な集団であることをついに悟るだろうというわけだ。[*9]

六月一五日の立候補締め切りまであと一二日となった。それまでに、コービンは三五名の推薦者を集めなければならない。ちょっとしたもめごともあった。左派の議員グレアム・モリスはバーナムを推薦していたが、コービンの立候補を知って突然、オフィスマネジャーのキャリー・マーフィに推薦を変更させたのだ。これが院内幹事事務局との大喧嘩に発展した。重要な役割を果たしたのは、ソーシャルメディアだった。コービンの支持者たちはツイッターやフェイスブックを使って労働党員に働きかけ、党の将来の方向性を民主的に議論するためにコービンを候補者にするよう議員たちに圧力をかけた。だが、そうした懸命の努力にもかかわらず、締め切り二日前になってもコービンの推薦人は一八名で、そこからほぼ動かなかった。「必要数には達しないという結論だった」とコービンの国会秘書ジャック・ボンドは振り返る。「もうあきらめムードだった」

あと二日というところでコービンは、年長の協力者のひとりが言う「神経衰弱としか表現のしようがない状態」に陥った。友人たちから見ても非常にそわそわしていて、言うことが首尾一貫していない。コービンが無理に担ぎ上げられたと思っていたマクドネルは、政界でのいちばんの親友を守るために、そろそろあきらめどきだと宣言し、仲間たちには「ジェレミーをこんなふうに使うのはフェアじゃない」と語った。コービン自身は、支持してくれそうな人に電話をかけることを拒み、自分のイズリントンの選挙区で開かれる難民支援集会に出かけた。[*10] コービンから直接電話で依頼されれば推薦してもいいと言っていた議員たちも、なんの連絡も受けなかった。

労働党左派のジョン・ランズマンがコービン宅を訪ねたのは、締め切りまで二日を切ったときだった。白髪に眼鏡で山羊ひげ、カラフルなシャツでおなじみのこのベテラン議員は、ベンの副党首キャンペーンで主要な役割を果たしていた。コービンは彼に党首選のことを話さず、話題をそらして、本を執筆しようと思っていると言った。ランズマンはタオルを投げ入れる頃合いだと確信して辞去した。

ところが、その週末が終わるころに事態が動きはじめた。副党首候補に立っていたルシャナラ・アリが、コービン陣営ふたりからの支持と引き換えに、コービンを推薦することになったのだ。六月一五日月曜日はじつにドラマティックだった。前週金曜に立候補を断念したメアリー・クレイの九人の推薦人が行き場を失い、ふたりがコービン支持にまわった。コービン自身も元気を回復し、候補になれたらすばらしいと記者たちに語った。[*11] それでも残り一時間で推薦人はまだ九人不足していたが、そのとき突然、左派の扇動家からブレア派に転身し、当時は労働党の選挙敗北を分析していたマーガレット・ベケットが、頼まれもしないのにコービンの事務所に入ってきて支持を表明した。

ロンドン市長選の労働党候補選びが同時に進んでいたことも幸いした。候補者たちは党首選の競争をうながすことで党員から民主的と見なされるのを期待したのだ。最終的に市長になるサディク・カーンも、ガレス・トーマスやデイビッド・ラミーも、コービンの政策に賛同はしていなかったが、みな彼を推薦した。

それでも、正午の締め切りの一五分前で推薦人はふたり足りなかった、マクドネルは文字どおり涙を浮かべて懸命に推薦を懇願した。そしてあと数分というところで、コービンはぎりぎり三六名の推薦人を確保して候補者になった。彼はランズマンに、「私が選ばれないように、クソしっかりしろよ」と言ったという。コービンが卑語を使った記録は、その時点でおそらくこれだけだ。

とはいえ、党首選が本格的に始まってからも、コービンが党首に選ばれるオッズは二〇〇対一だった。ほかの三人の候補者は総選挙のはるかまえから活動準備をしていたのに、コービン陣営にはスタッフもいなければ、本部も報道対策も、発信すべきメッセージもなかった。労働党傘下の主要な労働組合が支持してくれるかどうかもわからない。

コービンが候補者になった翌日、私たちはおおまかな政策やメッセージ、戦略をまとめるために、ジョン・トリケットの事務所に集まった。「とても運動と呼べる代物ではなかったよ。大混乱だった」と当時、公共民間サービス組合の政策担当部門から出向してきたアンドリュー・フィッシャーは振り返る。コービンにとってよい結果とは？　というテーマで話し合って出てきた目標は、控えめだった。「最下位にならなければよかった！」とフィッシャーは思い出す。私も当時そう思っていた。「リズ・ケンドールを破って三位になれればいい」、ブレア派の候補者に勝てば、それは立派な結果だと。

コービン自身はいきなりむずかしいところに飛びこんだ。六月一七日水曜日、ＢＢＣで全国中継される党首候補の第一回討論会に初めて出席することになったのだ。開催地は、直近の総選挙で有権者の動向を示すとされたヌニートン（労働党は敗北）。私はコービンのメディア経験の不足が心配になり、「首相への質問」［訳注：国会開会中、毎週水曜に設けられる首相への質問時間で、実質的な党首討論の場］に出席していた彼をあわてて連れ出し、テレビのしつこい司会者をまねて矢継ぎ早に質問を浴びせた。するとコービンは途中で答えるのをやめ、いつもの気まぐれで、「二〇から二五パーセント支持されれば成功だろう？」とつぶやきながら出ていった。

その夜の討論会では、総選挙で労働党を見捨てた元支持者たちが観客としてスタジオに入っていた。バーナム、クーパー、ケンドールはみな原稿の棒読みに終始した。彼らはその後の数週間でも同じことをくり返す。視聴者に好印象を与えようという努力は大いになされ、「党が第一です」とバーナムが言えば、ケンドールが「国が第一です」と言い返し、評論家はおもしろがったが、観客からは不満の声があがった。

しかし、コービンの話が始まると、人々は真剣な態度になってきた。コービンはぶっつけ本番で住宅問題や民営化の失敗や失業の話をした。「みんなの要望や願望について、まったく台本なしで語った」と言ったのは、コービンにできるだけの事前説明をして舞台袖から見守っていたアンドリュー・フィッシャーだ。テレビ放送後におこなわれた観客の意見調査では、四人のレースでコービンが四〇パーセントの支持を得た。元閣僚で、トニー・ブレアと一時同居していたこともあり、バーナムの運動を手伝っていたチャーリー・ファルコナーが、アンドリュー・フィッシャーに近づいてきて、「今回はおたくらの勝ちだ。じつにうまくやった」としぶしぶ認めた。コービンのチームにも希望が生まれた。

続く数日で、労働組合が彼につきはじめた。〈ユナイト〉は当初バーナムになびいていたが、コービンが立候補を宣言すれば支持するのは当然だった。これで国内最大の労働組合の人や資金が流れこんだ。驚いたことに、おもな労働組合のなかでは昔からもっとも「穏健」と考えられていた〈ユニゾン〉までもコービンを支持した。「あれでコービンは有力候補になった。誰もが知る存在になったの」とコービンの選挙チームに出向した〈ユナイト〉職員のアネリーゼ・ミッジリーは言う。

運動の責任者になったサイモン・フレッチャーは、ケン・リビングストン元ロンドン市長の首席補佐官時代に得た経験を存分に生かした。活動開始後一一日目で一五〇〇〇人のボランティアがオンライン登録し、最初のボランティアの集会は軽く定員オーバーになった。

◆―◆

コービンが明言した目標は、労働党の直近のふたつの時代は失敗だったとはっきり認めることだった。まずニュー・レイバーの時代。「第三の道」と喧伝された政策と情報操作（スピン）の弊害は、二〇〇三年のイラク戦の参戦準備でもっとも顕著に表れた。そして第二に、ミリバンド党首の苦悩と臆病の時代。「エネルギーにあふれ、オープンで、多くの人を取りこむ運動にしたかった」とミジリーは説明する。既存の左派の活動団体に連絡が行き、各地域のまとめ役のネットワークができあがった。ボランティアによる電話勧誘の計画と、戸別訪問アプリを含むデジタル戦略が立てられた。その間、マクドネルは戦略の要となって、メッセージを点検し、互いに関連のなかった運動を結びつけ、争いを仲裁し、党の各部門と交渉した。

コービンのまわりですごいことが起きているという感覚は、党首選の集会が開かれるたびにますます強くなった。従来、労働党の党首候補のイベントは小規模、演出つきで、政治マニアと野心的な政治記者だけが詰めかけていたが、コービンの集会はまったく様相がちがった。七月上旬のバーケンヘッドには何百という人が集まった。北部出身の若い労働組合職員アレックス・ハリガンによると、ウィラル地区は何世代ものあいだ、人々が政治家の話を聞くために集まるようなところではなかったが、「何か異常なことが起きているのがわかった」。

数週間後、リバプールのアデルフィ・ホテルは満員になった。毎年開かれるイギリス最大の労働者文化の祭典、ダラム鉱山労働者祭りでは、焼けそうに暑い日にコービンがステージに立つのを、私は舞台袖から見ていた。空中には昂揚感(こうようかん)が漂っていた。人々が一世代ものあいだ待ちつづけ、それでも見られないだろうととっくにあきらめていた瞬間だった。そこには何よりも安堵の気持ちがあった。

私はコービンを応援する国じゅうの集会で演説をしながら、変化を手に取るように感じた。群衆は日ごとに増え、熱狂的になった。しかも彼らはふだんウェストミンスターの政治とはなんのかかわりもない人たちだった。八月の初め、ロンドンのカムデン・センターの大規模集会では、前例のない政治現象を目にしていると気づいた。「ジェレミー・コービンが話すのを見ようと、何百、何千という人がキングス・クロスのこのブロックに並んでいる。信じられない」と私はツイートした。演説者は人であふれる部屋を順にまわって、入りきれなかった人たちにも話を聞かせなければならなかった。一〇代の少年三人が建物の窓によじのぼって、なかの様子をのぞいている写真は、この選挙運動を代表する一枚になった。

コービンはみなに愛されているようだった。ほかの候補者が質問に直接答えず、みずからの信条と政治的妥協のあいだをうろうろしているのに対し、コービンは直截で、ときに本筋から離れながらもつねに誠実で情熱的だった。保守党が設けた福祉手当の上限についても、ほかの候補者は廃止を明言しなかったが、コービンは撤廃すると答えた。自分の信条に忠実なわかりやすい話し手になったことが、この党首選をつうじてのコービンの最大の長所になった。地方では、味方につくと予想すらしていなかった労働党組織が、大挙してコービンを推薦しはじめた。「あの推薦の増え方は尋常じゃなかった」とフレッチャーは当時を思い出して言う。

さらに、こうした集会から具体的な支持が生まれた。人々がコービンに投票するために労働党員になりはじめたのだ。それを可能にしたのは、エド・ミリバンドが党首時代に強力に推し進めた労働党の選挙制度の大改革だった。党首を選ぶ際に、国会議員、労働組合員、労働党員の三集団に均等に割り振られていた投票方式を廃止したのだ。左派のなかでもジョン・ランズマンらは、党内で労働組合の立場が弱くなると考えて、この改革案に反対していた（少なくとも労働党支持者はそう見ていた）が、ミリバンドは「一党員一票」の新たな制度が正しいと心から信じていた。労働組合との折衝役だったサイモン・フレッチャーを含む主要な顧問も同じ意見だった。

かくして、三ポンド（約四六五円）を支払えば誰でも労働党員として党首選に一票を投じられることになった。党内の右派はこれをチャンスと見た。党員と労働組合の活動家は明らかに世論の左寄りなので、世論全体に発言権を与えれば、将来の党首選は「現実離れした」党員の気まぐれに左右されず、もっぱら「中道」での闘いになると考えたのだ。コービンが候補者に決まるまえ、ケンドールの支持者はタイムズ紙にこう語っていた。「われわれには新たに何十万という支持者がつくでしょう。ソーシャルメディアがコミュニケーションの方法を変え、こちらでは把握できなくなった。さらに党首選の仕組みまでも吹き飛ばしてしまったのです」[*12]

ケンドールは正しかったが、その変化は彼女が期待していたものとはちがった。加入三ポンドの仕組みは、別の新しい支持層を掘り起こしたのだ。政治経済的な危機と過去数年の活動家たちの運動で政治化した多くの人々が、ここに至って洪水のように党に流れこんだが、彼らはリズ・ケンドールに投票するために加わったのではなかった。結果的に党首選の制度改革は、イギリスにおける選挙の歴史上最大の「見込みはずれ」になった。

コービン陣営には多数の新規党員が集まったが、手続きに疑義が生じて不利な条件で再選挙になったりしないように、全体の進め方には慎重を要した。バーナムの口の悪い選挙運動担当責任者のマイケル・ダガーはとりわけ左派が嫌いで、何千人もの新規加入はかつて労働党を敵視していたトロツキストの「潜入要員」だなどと大騒ぎしていた。こうした状況に対応して、コービンのチームは党組織にできるだけ近づき、党の方針にしたがっていることを理解してもらおうとした。メディアが新規加入について派手に書こうとしたときには、コービン自身が東北部の党事務所を訪ね、党員の登録手続きを担当する職員たちの協力に感謝した。

コービンの選挙運動の核となる戦略は、過去数十年のあいだにだんだん党に幻滅してきた支持者層を回復することだった。「これから加入するかた、ようこそ。ふたたび加入するかた、お帰りなさい」とガーディアン紙に全面広告を打つと、何千人もの加入があった。

ライバルたちにこれといったアイデアがなかったのに対し、コービンは一〇項目の計画を発表した。それはブレア時代に落胆した人々と、保守党の政策に怒っている人々の両方に宛てたラブレターのような内容だった。二〇一〇年代に盛り上がった運動に惹かれた人々ももちろん含まれる。緊縮財政の終了、国立投資銀行、税の公正化、適正な給与の仕事を増やし、公営住宅を大々的に建設することによる社会保障支出の減少、国営化の推進、学費無料化、違法な戦争の終結といったコービンの大胆な政策提言の裏で働いたのは、几帳面なアンドリュー・フィッシャーだった。このときの功績から、フィッシャーはのちに労働党のマニフェストを策定することになる。

運動に注ぎこまれたエネルギーと創意工夫は、現状否定の政策と相まって、〈UKアンカット〉など二〇一〇年代初期の運動のエネルギーも取りこんだ。「政治にちょっとした楽しみを注入したの」とミジリーは振り返る。党員には、「警告：新しいタイプの政治」と印刷された封書が送られた。サイモン・フレッチャーはスタッフに、「封筒にものを詰めるだけじゃない。どうすれば過去最高の運動になるだろうといつも考えてほしい」と言った。ほかの候補者の運動が安全第一の政策にこだわりつづけるなか、ちがいは一目瞭然だった。

コービン自身の人柄のよさと、不正に対する心からの怒りも好結果につながった。元党幹部ではなく、一見実りのない運動に何十年も根気強く取り組んできた活動家だったので、ライバルにはとてもないような熱意と目標があった。ほかの候補者は練習しすぎたメッセージをカメラに向かって口にするだけだが、コービンは人があふれる集会や、熱烈な演説の模様をカメラに見せた。ソーシャルメディアも大きな役割を果たした。オンラインの活動家たちがツイッターやフェイスブックで党首選のメッセージを流し、党に加入してコービンに投票しようと呼びかけ、ライバル候補からの攻撃に反論し、コービンの社会民主主義のマニフェストに敵対的なメディアを出し抜いた。

ほかの候補者たちは、コービンがリードしているというデータを見て徐々にパニックに陥った。コービンのチームも独自のくわしい集計から、「信じられない、勝てるかもしれないと思った」とベテランの活動家ジョン・ランズマンは振り返る。「ありえないことのように思えて、まだ誰にも言いたくなかった。集計方法がまちがっていないか、何日も悩みながら確認した」。コービンにそのデータを見せると、「ほう！」と驚いて、目が飛び出しそうになったという。

それらすべてに労働党内のエスタブリッシュメントは震え上がった。そのなかには、議論の幅を広げるためにコービンを推薦したが党首にするつもりは毛頭なかった国会議員たちも含まれた。クライブ・ルイスは、そうした議員のひとりがコービンのチームに書き送った手紙を憶えている。もう目的は果たしたのだからコービンは立候補を取り下げるべきだという内容だった。その議員はルイスに直接会って、「いますぐやめろ」とも言った。「どういう意味です？」とルイスが素知らぬ顔で訊くと、相手は、「悪い結果になる。ジェレミーはいい男だが、まわりにはそうでない者もいる。ろくなことにはならない」と答えた。ルイスは、「私は自分で判断します。それがまちがいだったとしても、しかたがない。われわれは党を民主化して、権限を党員に引き戻し、緊縮財政を抑えようとしている。どうして賛成せずにいられます？」と言い返した。両者は折り合えないままで別れた。

コービンが勝利へと猛進するには、草の根の運動をひとつにまとめることも不可欠だった。一九九四年にトニー・ブレアが党首になった際には、支持者が彼の政策を党内に広めることを目的とした〈プログレス（進歩）〉という組織を作ったが、コービンにも同じものが必要だった。党内でかならず生じる反動に対してコービンの政策を増強し、支持者のなかから国会と地方議会の立候補者を選び、無気力で想像力に欠ける党の階層構造を迂回して、急拡大中の党員基盤を活性化させるために。

それに加えて、もうひとつ重要な仕事があった。過去数週間でコービンの運動は、左派のまったく異質な考えを持つ老若男女の集団をひとつにまとめて取りこむことに成功していた。一九七〇年代から八〇年代にかけてトニー・ベンの運動に加わったベテランや、〈気候キャンプ〉や〈UKアンカット〉から学生の学費に対する抗議まで、二〇〇〇年代のさまざまな運動にかかわった若い活動家、年季の入った労働組合員、労働組合から距離を置く労働者、アナーキスト、トロツキスト、コミュニストなどだ。こうした異質の集団を結びつけたのは、過去の労働党に対する根深い嫌悪感だった。「彼が立候補するまで私は党員ではなかった」とファドゥマ・ハッサンは言った。反戦と反緊縮の運動のころからコービンを知っていて、最終的に労働党内で働くようになった若い活動家だ。「将来、労働党の仕事に深くかかわるようになると言われてたら、冗談はよしてと笑い飛ばしてたでしょうね」と彼女は微笑む。こうした人々を呼び入れたコービンの運動は、この新しい草の根の傘の下にみなをまとめておかなければならなかった。

晴れた七月のある日の午後、私はこれから生まれる組織の名前を考えるために、ジョン・ランズマンやほかの活動家たちと議事堂内の一室に集まった。ランズマンにとって、当初はこの新組織こそが党首選の運動の目的だった。コービンは勝ちそうにないけれど、選挙運動によって労働党左派が復活する、運動はその支持者の組織化のために必要だったのだ。

すでに運動にかかわっていた広告代理店の代表たちが、「群衆」や「率直な対話」といったさまざまなキーワードを書き出していた。私たちはそれらのなかから気に入らないものをひとつずつあげ、消していった。残ったなかのひとつが、その夏の雰囲気を要約していた――「推進力（モメンタム）」。これはのちにイギリスの政治のなかでも格段に目立つことば、イギリスのメディアと労働党の国会議員にことさら嫌われることばになった。

この熱狂的な数カ月の出来事は、長く確立していた国内政治のルールを覆したのみならず、奔流のように国境を越えて波及した。世界じゅうの社会民主主義者が、国家主導の投資、公共事業の国有化、包括的な社会福祉制度、そして公共支出といった、核となる価値や原則を放棄していたが、そこにできた真空を新たな政治勢力が埋めはじめた。たとえば、スペインのポデモスの設立。これは「怒れる者たち（インディグナドス）」という抗議活動のあとで生まれた。ギリシャの急進左派連合シリザの大躍進もあった。そしてイギリスでは、社会民主主義を信じる人々が救命筏（いかだ）のようにコービニズムにすがりついたのだ。

労働党のエスタブリッシュメントは、草の根の党員に対して、人生にくたびれた親が世間知らずで理想主義の子どもにつらい真実を言って聞かせるような態度で接していた。妄想たくましい活動家たちに選挙の現実を教える、あるいは、ケンドールのことばを借りれば、「野菜嫌いはだめよ」と諭すような。ケンドールに与するチュカ・ウムンナは、反抗的な党員を「お菓子屋でお菓子を買ってはいけないと言われた聞き分けのない子が、足を踏み鳴らして店のなかを走りだした」とたとえた。[*13]

ブレアその人も、コービンに心惹かれる人々は「心臓移植手術を受けるべきだ」と冷笑した。[*14] いかにも彼らしく鈍感で非生産的なひとことだが、皮肉にもそれでコービンの運動はますます活気づいた。ブレア元首相のコメントのあと、メディアは公の場での喧嘩を期待して、コービンがマクドネルと経済政策を発表することになっていたブルームズベリーの王立看護協会のまえに押し寄せた。だがコービンは彼らに、「個人的なことは言わない」と穏やかに話した。「彼には彼の意見がある。さあ、政治について議論しよう」。コービンの場合、政治のやり方そのものもちがっていた。ミシェル・オバマのことばを借りれば、彼らが卑しい（ロウ）ほうへ進んだとき、コービンは気高い（ハイ）ほうへ進んだ。彼は正直なのだ。

コービンは、ハリガンに言わせると、「すでにあったもの」を引き出した。「同じ考え方をする人は元から大勢いた」とハリガンはつけ加えた。「たんに組織化されていなかっただけだ」。二〇一五年のその夏、コービンはそうした人々が求めていた「焦点」になった。

コービンの圧勝かと思わせるほど運動が盛り上がると、党組織は必死になって国会議員の説得を始めた。草の根の活動家から見れば、議員それぞれのキャリアのために党の方針にしたがえという説得で、言うなれば暗黙の脅しである。

労働党党首選の運動のさなか、保守党が社会保障費を一二〇億ポンド（約一兆八六〇〇億円）削減する福祉法案を提出した。そこには低賃金労働者の生活を支えているタックスクレジット〔訳注：給付つき税額控除。控除しきれなかった所得税の一定割合を現金で支給する制度〕の減額も含まれていた。これに対して労働党の暫定党首ハリエット・ハーマンは、党議員に投票棄権を指示して、草の根の活動家たちを震え上がらせた。なかには、毎週おこなわれる議員会合でわざわざ起立して法案支持を呼びかける労働党議員までいた。労働者階級の利益のために創設された党が事実上、政治とモラルの放棄を申し立てたのだ。

クライブ・ルイスはこのとき院内幹事の部屋に呼び出され、首席幹事のロージー・ウィンタートンから、「クライブ、あなたが正しいことをしたいのはわかってる。とにかく、あなたを悪く言う人たちはまちがっていたと証明して」とせっつかれた。ルイスは、自分を悪く言う人というのは誰だろう（おそらく彼を危険な左派と見なしていた人々か）と困惑したが、要するに「モラルも気骨もとりあえず脇に置いて、お上（かみ）の金を受け取れ」と言われたのだろうと解釈した。リチャード・バーゴンには、セッジフィールド選挙区でブレアの跡を継いだフィル・ウィルソンから電話がかかってきた。「きみの意に添わないのはわかっている。私にだって、ときどき意に添わない場合はある。だが、やるべきことはやらなければならない。だから労働党の党首が望むとおりに投票すること。それが正しい道だ」

新人議員向けの懇親会で、ハリエット・ハーマンはさも当然のごとく議員たちに言い渡した。「ここにいる何人かが院内幹事の意向に反する投票をするために列車やバスに乗ってきたと考えると、胸が痛みます。そういう人たちはここにいる必要はありません」。大半の国会議員については集団戦略が功を奏して、法案に反対票を投じたのは四八名だけだった。党首候補で反対したのはコービンひとりだったが、のちにバーナムとクーパーが遺憾の意を表明した。この一件で草の根の活動家たちは、過去の党とは訣別しなければならないと改めて痛感した。労働党の議員たちも、左右を問わず、この瞬間がコービンの勝利を決定的にしたと語っている。

七月末には、コービンが地滑り的に勝つことが明らかになった。ライバル陣営はこぞってパニックを起こした。「コービン阻止」の統一候補を立てるという噂もあったが、やるだけ時間の無駄だった。党の選挙制度で、投票者は候補者に順位をつけて投票することができたからだ。選挙日が近づいた九月、私がジョン・マクドネルのチームと国会のポートカリス・ハウスにいると、妙に明るいアンディ・バーナムがコーヒーふたつを手に通りかかって、「影の内閣を決める打ち合わせかな？」と皮肉をこめて言った。

そのころ、保守党とその配下のメディア関係者たちは大喜びしていた。労働党内の右派の多くと同じように、労働党は左に寄りすぎて二〇一五年の総選挙に負けたと考えていたからだ。それがまた同じ理由で失敗を重ねようとしている。保守党支持のテレグラフ紙は、「ジェレミー・コービンを助けて労働党を破壊する方法」という見出しを立てて冷笑し、読者に労働党加入とコービンへの投票を勧めた。[*15] 同様に、右派のジャーナリストのトビー・ヤングもコービンの運動を応援した。「コービンが舵取りをすれば、労働党は破滅的な大敗を喫し、あまりに恥ずかしいその結果に党内の左派はようやく永遠に黙らされるだろう……テレビでオーウェン・ジョーンズを見ることも多少減るのではないか」[*16]

だが、その一方で事情通の右派の声もあった。「労働党首選でコービンが勝つと悲惨なことになる」とテレグラフ紙の副編集長アリスター・ヒースは予言した。社会主義は長く敗北していたかもしれないが、「私のような論説者にとって悲しむべきことに、その後、左派の思想は復活をとげた」。コービンの勝利が「悲惨なことになる」のは、「広い産業分野の国有化、大規模な増税、ビジネスの敵視を訴えることがまた復活するからだ。議論の中央値が国家統制主義のほうに移動することは避けられない」[*17]。

著名な保守党の活動家オリバー・クーパーも同じことを懸念した。「政治の議論全体が左に移動し」、「現実を見ようとしない極左に信頼性を与え」、「コービン・ブランドの社会主義が一世代にわたってイギリス政治の地下水を毒し、政治の領域全体、とくに若い人たちに影響を与える」ことを怖れていた[*18]。この警告は未来を言い当てていた。

九月一〇日、投票が締め切られると、コービンの選挙区であるイズリントンのユニオン・チャペルには、赤地に白で「新しいタイプの政治に投票しました」と書かれたプラカードを持つ人々が何百人も集まった。その夜、コービンの前座を務めた私が彼を紹介すると、拍手喝采が会場にこだました。私自身は、これからのことに対する不安を抑えようとしていた。政治的なハリケーンがイギリスを直撃するはずだからだ。

二日後、私は同僚と下院の真向かいにある醜い灰色の建物、クイーン・エリザベス二世カンファレンス・センターのなかにいた。熱狂的な歓声のなか、党首選の結果が発表された。有効投票数の六割近くがコービンに流れた。最後の数週間に必死で左傾化した次点のバーナムは、二割足らずの票しか得られなかった。建物の外では大群衆が勝利の歓声をあげ、てんでに祝おうと近隣のパブを埋め尽くした。涙を流している支持者もいた。室内ではライバルの運動にたずさわった人々が歩きまわり、いったい何が起きたのだろうと考えていた。

コービンと彼のチームの面々も、有頂天ではあったが、同じくらい当惑していた。数カ月前にやっとのことで推薦人を集めて候補に立ったのだ。ところが圧倒的な不利を跳ね返して、ジェレミー・コービンは労働党党首になった。

2015年9月、コービン党首誕生の瞬間

祝賀ムードのなかにも不安があった。イベント担当責任者のキャット・フレッチャーは、シェフィールドに住む両親に新党首のもとで働くと告げたあと、「でも、この仕事が三カ月で終わるのか、三年続くのかわからないから、とてもみじめ。いろんな意味で恐ろしい仕事になるけれど、やらなきゃ。歴史に残る瞬間だから、ほかに選択肢はないの」と言った。彼女は大いに興奮して、今後は「大人たち」が計画を練ることになると考えていた。

労働党にとって、騒々しい政治の新時代の幕開けだった。党内のエスタブリッシュメントは驚き、怒り、怖れているが、かならず反撃してくる。それは誰もが感じていた。「すぐそこに巨大な脅威があるという感覚だった」とコービンの若い国会調査員ジョス・マクドナルドは言う。「どうしよう、われわれの誰も労働党執行部に近づいたことすらないのにどうすればいい？　というような」。これからの難題に対して新党首はほとんど無防備だった。

3 「野蛮な闘いになる」――内部抗争

二〇一五年九月、国会内の事務局で働きはじめたジェレミー・コービン新党首のチームは、文字どおりドアを打ち破って入った。通常なら出ていくチームからの引き継ぎがあるが、コービンの前任者エド・ミリバンドは四カ月前の世論調査で党が酷評された直後に辞めていたので、コンピュータのパスワードはこれこれ、プリンターはあそこ、重要なファイルの保管場所はここ、というふうに執務室の案内をしてくれる前党首のスタッフがひとりもいなかった。すぐに仕事に取りかかりたいコービンの顧問たちは苛立った。なお悪いことに、党首の執務室そのものにも入れなかった。

「国会では、登録されていない鍵でどこかのドアを開けようとすると、その鍵はほかのあらゆるドアでも使えなくなるシステムなの。だから警備室に行ってロックを解除してもらわなければいけない」とアンジー・ウィリアムズは言う。彼女とサイモン・フレッチャーだけが、ミリバンド時代から継続してコービンのチームに入ったスタッフで、ほかのスタッフは国会の入館証すら持っていなかった。

ウィリアムズはミリバンド時代に、体を強くぶつければドアのひとつが鍵なしでも開くことを学んでいたが、今回はそれもうまくいかなかった。明らかに安全上の再点検があって、当局がドアを修理していたのだ。コービンのスタッフが居並ぶまえで面目を失いたくなかったウィリアムズは、何度もドアに体当たりし、ついに木っ端や金具をそこらじゅうに散らして開けることに成功した。一同はそうしてなかに入ったのだ。

◆

イギリスの大政党の歴代党首のなかで、ジェレミー・コービンほど選挙前の予想を大きく覆すと同時に、なんの準備もなくその地位についた人物はいなかった。野心に燃えるリーダーはたいてい何年も、ときには何十年も、トップの座を視野に入れている。そこにつく瞬間のために、人によっては一〇代初めからバスルームの鏡のまえで将来の演説の練習をしている。加えて党の国会議員の多くからも支援され、党役員の忠誠と支持を期待することができる。なのに、コービンにはそれらがいっさいなかった。党首になろうなどという野望は抱いたこともなく、内閣のいかなる役職の経験もゼロ、議事堂で代表質問に立って、喧嘩っ早く攻撃的な議員たちに演説をしたこともなかった。

メディアの問題もあった。イギリスの報道機関について少しでも知っている人なら、彼らが右派の党派政治を積極的に擁護して広める、西洋世界でも非常にユニークな存在であることは先刻承知だろう。それだけでなく、一部の報道機関はあからさまに保守党のメディア操作に加担している。だから驚くにはあたらないが、イギリスの報道機関にとって労働党の党首を攻撃することはキツネ狩りのようなものなのだ。

唯一目立った例外は、もちろんトニー・ブレアで、彼はマードック帝国に魂を売るような契約を結び、社会秩序を揺るがしたり、世の中に広がったサッチャー派のコンセンサスを壊したりしないことを約束することでメディアに優遇された。サッチャーが他界した折には、「私の仕事は、彼女がなしとげたことを覆すというより、その上にいくつか築くことだとつねに思っていました」と述べた男だ。一方、コービンはブレアの対極にいるような人物だから、二〇一五年に党首になった際のメディアの総攻撃は、その敵意の激しさとともに予測可能なことだった。

ほとんどの有権者は、政治に目を向けるのは人生のごく短いあいだだけだ。だから、野党党首は三つのタイミングで印象を残さなければならない。まず党首になったとき、次に毎年の党大会、そして総選挙だ。とくに最初の印象は持続しがちだ（少なくとも消し去るのがむずかしい）から、勝利後の数週間が非常に大事になる。そこで右派の報道機関は、その数週間内に足並みをそろえて、人々の頭にコービンのマイナスイメージを植えつけようとした。そのやり方は乱暴で、事実をねじ曲げることも多かった。

たとえばコービン勝利の二日後、サン紙は一面に「コービンが軍を廃止」という見出しを躍らせたが、それは三年前に、いつの日か地球上のすべての国が自国軍を廃止するときが来ることを願うと彼が言ったことにもとづいていた。[*1] 二〇一五年一一月の戦没者追悼記念日には、ジェレミー・コービンがイギリスの戦没者の慰霊碑のまえで一礼しなかった、と同じサン紙が糾弾した。同紙は「戦没者記念日を侮辱」、「平和主義者コービンが一礼せず」、「国のためにお辞儀しろ」と大騒ぎしたが、これもまったくのでたらめだった。動画を見れば、コービンがはっきりと一礼しているのがわかる。

戦没者記念日の作法に関してコービンを根拠なくおとしめることは、毎年恒例の行事になった。翌年、サン紙とデイリー・メール紙オンラインは、コービンがダウニング街を踊りながら記念式典に向かったという偽りの記事を掲載し、取り下げを余儀なくされた。[*2] イギリスの戦没者を真に冒瀆（ぼうとく）したのは、彼らの死を悼む日をハイジャックして嘘を垂れ流し、野党党首を追いつめようとした右派の新聞であることはまちがいない。

二〇一六年、ロンドン・スクール・オブ・エコノミクスの学者たちが、コービン党首の最初の数週間の報道内容を調査して、報告書にまとめた。それによると、イギリスの報道機関は「通常の民主主義における公平な議論や不賛成の限度を超えた中傷」によって、「組織ぐるみで政治指導者としてのジェレミー・コービンを否定した」。客観的であるべきニュース記事の五七パーセントが批判的または敵対的な論調で、「辛辣、不誠実、無礼、あるいは馬鹿にしたような」内容だった。彼らの分析によると、三〇パーセントの「ニュース記事、社説、論説、特集、投書が、野党党首を馬鹿にするか、彼の考え、政策、経歴、個人的な生活、さらに驚いたことには見た目まであざけっていた」。全記事の半分以上がコービン自身の見解を含んでおらず、加えて二二パーセントが文脈を無視して引用するか、ゆがめて伝えていた。

コービンは、くり返し滑稽なキャラクターとして描かれた。たとえば、「道化師（ジェズスター）」（ジェレミーの短縮形「ジェズ」と、道化師の「ジェスター」をかけた）、「ミスター・コービーン」（ドタバタコメディの主人公ミスター・ビーンのもじり）、「グリンチ」（他人のクリスマスを台なしにする童話の生き物。デイリー・テレグラフ紙は、コービンが「クリスマスをキャンセル」し、「祝祭のメッセージを送ることを拒否」と書いたが、それは彼がデイリー・ミラー紙にクリスマスのメッセージを送った四日後のことだった）、「毛沢東主席」（コービンの乗るごくありふれた自転車が国家主席のそれに似ている、と大新聞のタイムズ紙が報じた）[*3]などだ。彼をテロリストのシンパと見なす新聞すらあり、「テロ集団とのつながりが疑われる」とデイリー・エクスプレス紙が報じたほか、サン紙はコービンをＩＲＡ（アイルランド共和国軍）の支援者と決めつけ、「西洋の破壊を願う、濃いひげ面で聖戦好きの異常者の類い」[*4]とまで書いた。あげれば切りがない。

公共料金で運営され、中立を標榜しているＢＢＣからも、コービンは強い敵意を向けられた。といっても、ＢＢＣ幹部のある番組司会者から聞いた話では、局内には「ブレア派」が浸透していたし、当時政治番組を統括していたロビー・ギブをはじめとする幹部職員の多くが保守党で働くことになったから、驚くことではない（テリーザ・メイ、デイビッド・キャメロン、ジョージ・オズボーン、ボリス・ジョンソンはみな、自分のメディア顧問をＢＢＣから引き抜いた）。

コービンが党首に選ばれてから半年後、ＢＢＣトラスト元会長のサー・マイケル・ライオンズは、「労働党で選ばれた党首に対してかなり異常な攻撃があった」と発言した。「この件について、ＢＢＣの編集の最上層部が公平性を欠いているのではないかと心配されるのはわかる。すでにほかの人たちも懸念を表明している」[*5]

コービンの労働党は、外部から攻撃されただけではなかった。敵は党内にもいた。労働党国会議員の大多数は、コービンを支持しないだけでなく、彼が党首になったことに恐怖を覚え、ディストピア的な悪夢はすぐに終わらせなければならない、クリスマスまでにはすべて終わるだろうと考えていた。コービンのチームがウェストミンスターのドアを打ち壊すまえから、党内の政敵は党首に対して焦土作戦を展開していたのだ。あきらめるわけがなかった。

労働党の日々の業務をこなす職員たちは、セント・ジェイムズ・パークにほど近い赤煉瓦のブルワーズ・グリーンに本部があった短い期間を除いて、ほとんどを、ビクトリア・ストリートの「サウスサイド」と呼ばれる殺風景なガラスのビルですごしていた。国会議事堂から歩いて一二分のところにある。彼らはいわば労働党内の公務員で、誰が党首に選ばれようと厳密に中立な立場で奉仕することが求められる。ところが実際には、コービンを党首の座からおろすだけでなく、党自体の選挙の見通しが悪くなることまで望んでいた。

こうした官僚組織の政治的悪意については、いくら強調してもしすぎることはない。労働党本部のスタッフはメッセージング・サービスを使っていたらしく、そのやりとりから、彼らの多くがコービン党首をひそかに陥れようと集団で計略を練っていたことが明らかになったという。[*6] それは、労働党本部内の機能不全で有害な文化を暗示する出来事だった（ここでの引用は、労働党本部にコメントを求める報告書の漏洩によるものだが、その時点で労働党は勅撰弁護士マーティン・フォードを議長とする委員会に調査を依頼し、結果が出るまでコメントは控えていた。現在の党首キア・スターマーと副党首アンジェラ・レイナーは声明を発表し、関係者全員に「調査が終了するまで結論を出さない」ことを依頼した。委員会に託された調査項目は三つ。「当該報告書が作成された背景と状況」を調べること、「報告書の内容と、そこで言及されている党内の文化と慣行」を精査すること、そして「報告書が公に流出した経緯」を探ることである）。

公平を期して言えば、この陰謀団は左派だけに罵言（ばげん）を浴びせたのではない。自分たちの派閥の有名人、おもにブレア派とブラウン派の政治家たちも標的になっていた。二〇一五年の総選挙で労働党が敗れてから一週間後、エド・ミリバンドの後任を選ぶ党首選が始まっていたとき（コービンがレースに加わるのは三週間ほど先）、職員たちは候補者への失望を語り合っていた。「（チュカ）ウムンナは止めなければ」とひとりが言えば、「（イベット）クーパーと（アンディ）バーナムも」「みなひどい」と別の職員が応じた。「リズ・ケンドールもヤバい」とブレア派の候補にも容赦なかった。「マジで誰もいない？　トム・ワトソンが副党首になったら党は終わりだ。党の将来についてこれほど悲観的になったことはない」「われわれはクソまみれだ」と最初の職員が返信した。

彼らは、候補者に対する中傷や根拠薄弱な非難について噂し合った。チュカが「ゲイの話をメール紙に嗅ぎつけられて」党首選からおりた、という類いのゴシップだ。「そう、ゲイとコカインについて元男性の愛人が喜んで証言するらしい」とすぐさま別の職員が応じた。「どうして報道しなかったんだろう？」、「次の党首選で彼が立つときのために取っておくとか？」。バーナムが「大差で」党首選に勝つと言われはじめると、また別の職員が「じつは彼は馬鹿だったとわかる」のを心配した。「そうなったら、われわれは勇気を出して任期終了前に党首を追い出し、別の誰かに替えないと」。自分たちにはそんなことが可能だと考えていた職員のコービンへの態度は、まったく別のレベルに達した。

二〇一五年六月一五日、党首候補になるために国会議員の推薦人を必要数集めなければならない締め切り日に、ひとりの職員が同僚に宛てて、「『議論の幅を広げる』ためにコービンを推す人間は、誰だろうと引っ張り出して銃殺していい」というメッセージを送った。相手も同意して、次のように書いた。「まさに。左派が候補を立てられないなら、それはたんに消滅しかけてるってこと……議論に加えてやると、彼らの考えに正当性を与えることになる」。以後、職員のあいだで「銃殺」という妄想がくり返し語られる。コービンが党首になったあと、ある職員は、コービンの勝利宣言に「声援を送った」職員は「銃殺されるべきだ」と述べた。

「トロツキスト」の短縮形である「トロット」ということばが、あきれるほど乱暴に使われた。ひとりの職員が、ある労働党議員を「あのトロット」と呼べば、もうひとりが、「そう、労働党国会議員（PLP）はほとんどそれ」と応じた。党首選の終盤では、コービンが最初の妻と別れたのは「彼があまりにも退屈なトロットだったから」と誰かが書き、また別の誰かが「JC（ジェレミー・コービン）には本気で吐きそうになる」と言い放った。労働党の年次党大会で「トロットが暴れまわる」ので、「世話役には唐辛子スプレーや防弾チョッキが必要」と警告する者もいた。ある職員は、少しでも左派的な考えを持つ人に「トロット」のレッテルが貼られることを認めたうえで、「ここでは（ゴードン）ブラウンより左の人間は誰でもトロットと見なされる」と書いた。ちなみに、エド・ミリバンドは「痛々しく」、「たぶんジェレミーをひそかに愛している」と書かれた。

その夏、完全に想定外だったコービンの勝利がほぼ避けられない情勢になると、パニックに陥った職員たちは党首選の延期や中止について議論しはじめた。「延期についてイアン（マクニコル党書記長）とマイク（クレイトン首席危機管理・会計顧問）の考えは？」とひとりが訊くと、「いま微妙なところ……来週ほかの三人の候補が撤退すれば、すべて中止になる」という答えが来た。質問者は、「それはすばらしい」「いいアイデア」と熱狂的に支持した。数日後、別のひとりが、「この党は完全に頭がいかれた連中に支配されようとしている」と不満をもらした。さらに、二〇一五年八月一三日には、「彼（コービン）を始末しなければならない」と言う者がいた。別の職員は珍しく用心して、「絞首刑と火刑はやりすぎだろうね」と書いたが、もうひとりはその内容を確認するように、「文字どおりではなく、比喩的にそうする」とつけ加えた。

二〇一五年九月にコービンが選挙勝利後初めて本部を訪れ、職員たちのまえで話したときには、ひとりが文句をつけた。「演説のなかで、いっそわれわれみんなが彼を嫌っていることにふれるべきだった。そしたらまちがいなく、ますます嫌いになってたけど」。彼らは鉄道の国有化に嚙みつき（「トロットがやりそうなことをすべてやるようだ」）、影の財務相になったジョン・マクドネルが法人税を上げると約束したことにもふてくされた（「冗談だろう……本当に信じられない」）。

二〇一六年四月には、ある職員がマンチェスターの保守党のウェブサイトにつながるリンクを紹介した。

その記事は、「増税すると労働意欲がそれだけ減退するので、かならずしも歳入は増えない。コービンは、イギリスが実際に昔より平等になっていることを理解していない」という内容だった。それに対して政策部門の別の職員が、「まさにそのとおり」と返答した。

彼らの最悪の敵意はＢＡＭＥ〔訳注：黒人、アジア人、少数民族の略称〕の政治家のために取ってあった。コービンを支持する国会議員のクライブ・ルイスは「党内最大のクソ野郎」と呼ばれた。

女性嫌悪（ミソジニー）と人種差別の容赦ない標的にされてきた政治家ダイアン・アボットが、二〇一七年初期にＢＢＣの『クエスチョン・タイム』に出演したときには、ある職員が彼女のことを「怒り爆発の女」と非難し、同じ年に別の職員は「本当にむかつく」と評した。アボットが「トイレで泣いているのを見た」とある者が言えば、別の者がその話をチャンネル４の政治記者マイケル・クリックにしてやれと焚きつけた（クリックはかつて、「ロンドンのタクシー運転手、あなたたちはコービンに投票できないだろう？　ダイアン・アボットとつき合うような人間に投票はできないはずだ」とツイートしたことがあった）。すると別の職員が、「もう話した」と答えた。

コービンの首席補佐官キャリー・マーフィと秘書官ケイティ・クラークに対する暴言にも、ミソジニーが見て取れる。批判のことばには、「メドゥーサ」、「大まぬけ」、「マクベス夫人」、「思春期脳」、「デブ」、「臭い雌牛」、「クレイジーなヘビ頭」、「いかれた女」などが並ぶ。

彼らはメンタルヘルスについても遠慮がなかった。二〇一七年二月、「メンタルヘルスの問題」を抱えていると彼らが認めた若い労働党の活動家について、ある職員が「火に焼かれて死ねばいいのに」と言うと、すぐに別の職員が「それはひどい願いごとだ……でも、そうなったら小便をかけて消してやろうとは思わない」と返し、最初の提案者は「ガソリンの絵文字があればなあ」と答えた。

私も好かれてはいなかった。コービンが党首になって初の二〇一五年党大会で、「ヤング・レイバー」の分科会に招かれて話をしたとき、職員のひとりに「ケツの穴」呼ばわりされ、パネラーからおりろと言われた。「ヤング・レイバーがトロットになる必要はない」とも彼らはつけ加えた。「われわれが彼をケツ男だと思っていることは、パネラーからおろす理由にはならないが」とめったになく合理的なことも言ったが、代わりに彼らの同僚が「トロット追放(パージ)について話す」と司会役に請け合った。

「トロット・パージ」は、労働党から左派の支持者を追放することに取り憑(つ)かれた職員たちの合いことばだった(彼らにとってそれはスポーツのようなもので、ある職員は「何よりもトロット・バッシングを愛している」と言っていた)。「トロット狩り(ハンティング)」という言い方もあった。労働党に加わろうとしている人のソーシャルメディアのアカウントをくわしく調べて(彼らの言う「ストーキング」)、排除する理由を探すのだ。

緑の党や国民健康行動党の提言に賛成してリツイートしたり、彼らのフェイスブックのページに「いいね」をつけたりしていると、誰であろうと「トロット」に認定される。労働党の「管理・法務部門」は所属国会議員を中傷するツイートを追跡していたが、保護の対象となるのは彼らが好きな議員だけだった。これは重要な点だ。コービンを支持する議員はもちろん、影の内閣を支持する議員さえ対象にはならなかった。言うまでもなく、コービン自身や、圧倒されるほど多くの暴言を浴びせられていたダイアン・アボットも含まれなかった。*7

コービンを党首の座からおろして党運営を失敗させるために、職員たちはことあるごとに所属議員に働きかけた。また、「トロット」が執行部に入ったり、ウェールズ・スコットランド労働党の幹部になったりしないように、方策を話し合った。また、一九八一年に労働党から分離独立した社会民主党に倣おうと誰かが提案すると、別の誰かが「いやいや、みんな残って闘おう。長く壮絶な闘いになるけど、それが唯一の道だ」と応じたりもした。

コービンが勝利した直後には、彼を党首として成功させる方法を論じる代わりに、ウェールズ首相のカーウィン・ジョーンズが「テレビでJCをこてんぱんにやっつける」可能性について話し合い、「本当にそうなるといい」と願った。そして世論調査で党の支持率が「二〇パーセントほど落ちる」ことを臆面もなく祈り、二〇一五年一〇月にコービンに触発された草の根の運動〈モメンタム〉が生まれると、ある職員は「数カ月以内に彼を排除しないとトロットが居坐る」と警告した。

彼らはこうしたメッセージのやりとりに勤しむばかりか、意図的に本来業務から手を抜いて、イギリス最大の野党の事務手続きを実質上滞らせ、左派を排除しようとした。その挙げ句、実際には働いていないのに懸命に働いているふりをする相談までしていた。「懸命に働く」ことについて、プレイベートなメッセージング・サービスでジョークを飛ばし、「とにかくキーボードを叩きつづけていれば、超忙しそうに見える」と提案していたのだ。一部の職員は本当に最低限しか働かず、午後四時に職場を出てパブに直行した。

だが、コービンの運動からサウスサイドに入った人たちにとっては、こうしたことはまったく驚きではなかった。コービンの二度目の党首選でボランティアとして働き、〈モメンタム〉の報道担当を経て、テリーザ・メイが二〇一七年の総選挙実施を発表した一週間後に労働党本部に入ったジョージー・ロビンソンは、こう語った。「敵に囲まれているような、まるで保守党の人たちといっしょにいるような気がした。サボりや情報漏洩、保守党関係者への状況説明はもうしょっちゅう」

保守党候補を攻撃できる決定的な資料がサウスサイドに保管されていると聞いていたので、見せてほしいとジョージーが職員たちに何度も頼んだときも、結局見せてもらえなかった。「労働党の多くのスタッフは信じられないくらい敵対的で意地悪だった。ジェレミーがテレビに出ると野次を飛ばすし、私たち、とくに若い女性を頭ごなしに叱りつけた」。党がマニフェストを発表したときに、左派の同僚を泣かした職員もいた。「本当につらい状況だった。職場で誰かに何かを教えてもらおうとしても、梨のつぶてで」

たしかにコービンの党運営には不充分な点が多々あったが、党員が彼をリーダーに選んだ以上、党職員の役割は、移行を円滑に進め、初期のぎくしゃくする段階から運営を助け、決定事項を忠実に実行して党を成功に導くために尽力することだったはずだ。ところが彼らは、選ばれた党首にあらんかぎりの憎悪をぶつけ、後退や失敗の可能性がわずかでもあれば大喜びし、成功にはひたすら絶望した。誠実な官僚として働く代わりに、敵意もあらわな政治派閥として難破する方向に船を進めたのだ。最終的にコービン・プロジェクトが挫折した理由は多々あるが、これもそのひとつである。

とはいえ、コービニズムはこのあと、これらすらかわいく思えるほど恐ろしい内部の脅威に直面した。コービニズムの労働党内の基盤はただひとつ、コービンの勝利によってふくれ上がった党員の数だった。一方、党の国会議員の大半はコービニズムを忌まわしい脱線と見なし、どんな犠牲を払っても終わらせるつもりだった。

◆―――◆

アンディ・マクドナルドの口調は穏やかだ。イングランド北東部の強い訛りで、一つひとつのことばを注意深く選んで話す。「大人になるまでにはっきりと引き継いだ政治的遺産はなかった」と彼は語った。マクドナルドが左派に移行したきっかけは通常とはちがった。「よく『誰に刺激された？　アトリー？　ガンジー？』と訊かれるよ。私はつねに『ちがう、マーガレット・サッチャーだ』と答える。そこはいつも強調する」。反面教師と言っていいかもしれない。サッチャーの政策に対する嫌悪が彼を「政治化」したのだ。

二〇一二年、故郷のミドルズブラ選挙区から国会議員に選ばれ、心のなかで熱く燃えている問題のために闘う機会を与えられたのは、誇らしい瞬間だった。マクドナルドは、いわゆる「寝室税」に反対する熱心な活動家になった。その税制度は、住んでいる公共賃貸住宅に予備の部屋があると見なされた貧しい市民に罰を科す、保守党の有害な政策だった。

国の幹線鉄道であるイースト・コースト本線の民営化にも反対していた彼は、二〇一五年の党首選では「民主的な社会主義という点で最良の候補だと感じたので」アンディ・バーナムを支持した。多くの人と同じようにコービンに勝ち目はないと思っていた。コービンとは知り合いだし、好感も抱いていたが、「正直なところ、立候補には意味がないと思っていた。勝てるわけがない、現実を直視して実利を考えよう、コービンにとてつもない支持が集まることはありえない、とね。大まちがいだったよ！」

根っからのコービン派ではなくても、選ばれた党首の権限を認めて成功をめざすのは労働党国会議員の義務だ、とマクドナルドは思っていた。だから、コービンに対する議員仲間の態度には傷ついた。「一九七〇年代から政治の世界にいるけれど、正直に言えば、人生であれほど苦々しく不快な思いをしたことはなかった。気は滅入るし、心は引き裂かれるし、根本的に精神をやられそうになった。同志だと思っていた人たちのあんなに嫌な面を見たことがなかったんだ」。彼はそう言って、最後に強調した。「ジェレミーが受けた扱いには心底ぞっとした」

党内抗争の悪名高い舞台のひとつは、下院の第一四委員会室だった。毎週月曜の午後六時、大きな絵やシャンデリアで飾られたこの長い部屋で、労働党国会議員団の会合がおこなわれる。私たちの多くは下院の議事の激しいやりとりに慣れている。与党と野党が向かい合って、叫び、耳障りな音を立て、馬鹿笑いし、弱者をいじめ、野次を飛ばし、けなし、暴言を吐き、ときにはにぎやかな農場を髣髴（ほうふつ）とするような奇声をあげるのだ。しかしコービン党首の時代、テレビカメラの監視がない労働党の議員会合はあれより口汚く、しかも参加者は同じ側に立つことが求められた。

伝統的には、党首が部屋に入ってくると喝采で迎えられ、机や床を叩く音が響きわたるが、コービンの場合にはちがった。「敵意に満ちていて、それが非常に長く続いた」とマクドナルドは言う。中央ロビーから委員会室に歩いていくと、気分が沈んだ。コービンが現れるころには「すごく嫌な雰囲気になっていた」。そうして議員たちは「コービンをなじり、罵り、怒鳴りつけた」。当時のコービンの私設秘書スティーブ・ロザラムを党の全国執行委員会（NEC）から排除しようという議論になったときには、マクドナルドも悪意を向けられる側にまわった。彼がロザラムを守ろうと立ち上がると、部屋じゅうから抗議の声があがり、ひとりの議員が「おっと、まぬけが出てきたぞ！」と言ったのだ。以来、党首派のほかの議員と同じく、マクドナルドも避けられるようになった。同僚は彼を無視するか、黙ってにらみつけた。

党首派のほかの議員たちも似たような目に遭った。のちに影の法務相になるリチャード・バーゴンは、ある同僚から面と向かって「女々しいクソめ」と怒鳴られたのを憶えている。こうした行動をとがめる者は、いたとしてもわずかだった。マクドナルドが言うように、ふつうの職場ならこの種の態度は許されない。コービンのイベント担当責任者キャット・フレッチャーも、初めて議員会合に出席したときには、怒鳴り散らす議員たちが怖くて部屋の隅で縮こまっていた。

そのとき、彼女に気づいた痩せ型で青い目のブレア派議員、トリストラム・ハントは、新人議員かどうか確かめたかったのだろう、じろじろ見たあと近づいてきた。そして彼女が首から紐でさげていた入館許可証を無言でつかみ取り、コービンの下で働いていることがわかると、あわてて手を離し、冷笑を浮かべてさっさと遠ざかっていった。「悪意に満ちた場所だと思った」とフレッチャーは振り返る。「ジェレミーはいつも冷静に立っていたけれど、どうしてあんなことができるのかしら。ジェレミーだけじゃなくて、スタッフにも被害者意識が広がった。当然よね」

これに加えて、水面下の逆流のようにコービンを党首の地位から引きずりおろそうという企みがあった。それは彼が選ばれるまえから始まっていて、二〇一五年七月末には、影の閣僚のひとりが右派のテレグラフ紙に、党首選の結果が出て数日以内に党内でクーデタが起きるかもしれないともらした。「彼を即刻追放するか、一、二年の猶予を与えて悲惨な成果を出させたうえで二〇一八年までに排除するかを決めなければならない」。匿名の情報源はそう言った。また、強硬な右派の労働党国会議員ジョン・マンは、「トロツキストが潜入している」と主張して、党首選そのものの中止を求めた。[*8]

数週間後、同じ労働党右派で、のちに一七歳の就職希望者に性的なメッセージを送った疑惑で党員資格停止となるサイモン・ダンチュクは、党首就任初日から排除の動きが始まるのかと訊かれて、堂々と「ああ、それよりまえかもしれないが」と答えた。「とにかく結果が出たらすぐだ。彼が提案しているクレイジーな左派の政策に耐え、彼を支えるためにあちこちで選挙運動をする？　この私が？　それはない。だろう？もし彼が党首になったら、一年ほど時間を与えてみるつもりだ」[*9]。その直後に複数の労働党議員がガーディアン紙に語った話では、コービンが党首になるなり一二人の議員が離党し、いずれにせよクーデタの動きがすぐ生じるということだった[*10]。

当時の労働党国会議員二三二名のなかで、コービンを支持する者はわずかだった。三六名は彼を推薦したが、それはあくまで労働党内の「議論の幅を広げる」ためで、何人かはコービンをもっとも厳しく批判する敵になった。そのひとりがロンドンの議員ニール・コイルだ。彼は、夜遅くにうんざりする感情的なツイートで党首を長々と攻撃することで有名になった。

要するに、コービンを推薦した議員の多くは、党首選のまぶしいスポットライトのなかでコービンが大恥をかかされ、左派を無視することが確定するのを願っていたのだ。左派の労働党議員リチャード・バーゴンは党首選の期間中、「労働党国会議員とメディア・エスタブリッシュメントの非情さと手際のよさをぜったいに過小評価してはいけない。彼らは手に手を取って勝利し、それを機に左派を組織的、イデオロギー的に破壊しようとしている」と私に言った。そこで私は当時の記事にこう書いた。「敵対する国会議員は取り憑かれたように情報をリークしている。コービンの反抗的な過去の行動をとらえて、規則にしたがわない男だと決めつけ、その指導力を傷つけて出血多量で殺してしまう戦略だ」[*11]

陰謀はコービンのチームが党首事務局に入るなり始まった。まず、九月一二日のコービンの勝利演説のさなかに、ほとんど知られていなかった影の保健相ジェイミー・リードが退任した際、メディアはその小さな異動を大々的に報じた。

党内の派閥争いという批判を避けるために、コービンの最初の影の内閣は、幅広いイデオロギーを反映した陣容にした。党首選で大敗した右派が協力を拒んで組閣を難航させたが、執行部では大きな役割を与えられた。逆に、コービン派で影の大臣になった議員はわずかだった。新党首はジョン・マクドネルを影の財務相に指名することにはこだわったが、残るふたりの重要な支援者、ダイアン・アボットとジョン・トリケットについては、アボットがそれほど高いポジションではない国際開発担当、トリケットも地域社会と地方自治体の担当だった。敵対的な国会議員たちは最初から、コービニズムは政治的に不寛容で党の自由な雰囲気を破壊し、敵を「政治亡命」に追いやったという言説を広めたが、実際にコービンが指名した影の閣僚は、ほぼ全員が彼を党首にしたくなかった人たちだった。四日後、そうした新しい影の大臣のひとりが匿名でチャンネル4ニュースの記者にこう語った。今後かならず訪れる抗争のクライマックスは「激烈で、左派は三〇年封印されるか、党から追放される」[*12]。

影の内閣にいる協力者があまりに少ないので、コービン・プロジェクトは当初、野心的な政策を実行する能力に欠け、停滞しがちだった。たとえば二〇一六年春、ポート・タルボットのタタ製鉄所で何千人もの従業員の雇用が脅かされたとき、コービン派は国有化を進めたかった。世論調査でも回答の六二パーセントが国有化を支持し、反対はわずか一七パーセント、保守党の支持者でさえ賛成していた。それなのに、当時の影のビジネス・イノベーション・技能相だったアンジェラ・イーグルが反対した（しかし保守党のビジネス相アナ・ソーブリーが、国有化もひとつの選択肢だと言ったのを機に、イーグルも突然賛意を示した）[*13]。

影の保健相ハイディ・アレクサンダーも、世論調査で国民の大多数が支持していた若い医師たちのストライキを、党として公式に支持することに反対し[*14]、閣僚たちにピケラインに加わらないよう要請した。また、影の労働・年金相オーウェン・スミスは、保守党による福祉手当の恣意的で懲罰的な上限規制に賛成した。こんなふうに、労働党執行部がきわめて穏当な社会民主主義的政策にまで反対するので、本物の改革をもたらす提言が出てくる可能性などないように見えた。

それでも、労働党国会議員全体のなかでの立場と比べれば、影の内閣のなかでの孤立ははるかにましだった。コービンのもとで働いていた一部の人たちは当初、党の国会議員も裏でこっそり接近してくるだろうと思っていた。みなヒエラルキーを気にするほうだし、仕事を得るためならなんでもするはずだ、と。だがそれは「労働党とその国会議員に関しての認識が甘すぎた」とジョス・マクドナルドも認めた。「われわれがいかに部外者だったかということに関してもね」

コービンが党首になると、「労働党国会議員団はショックを受け、恐怖し、信じられないというムードだった」と自称「左派のブラウン派」ジョナサン・アッシュワースは回想する。党首選ではイベット・クーパーを支持したが、コービンの影の内閣に最初から最後までとどまっていた人物だ。

二〇一五年秋の喫茶室やバーでの雑談では、コービンはクリスマスまでもたないだろうという話だった。ベテラン議員マイケル・ミーチャーの死去にともない、彼の選挙区オールダム・ウェスト・アンド・ロイトンで一二月三日に補欠選挙がおこなわれた際には、労働党が叩きつぶされるか、そこまでいかなくても大差で負けるだろうと誰もがひそかに思っていた。ところが現実には労働党の得票率は上がり、みな困惑した。「何が起きているのか、議員たちにはわからなかった」とアッシュワースは語る。「それまでの選挙運動の経験と、コービンの人柄や政策にもとづく直感では、選挙民に拒絶されるはずだったから」

労働党の大半の議員は「裏側の世界」（人気ＳＦドラマ『ストレンジャー・シングス　未知の世界』のディストピア的平行宇宙）に囚われた気分だったが、そこから逃れる戦略は見つからなかった。あえて合理的に考えれば、ひとつの方法は、コービンを党首に押し上げた草の根の党員たちの心をつかむことだったかもしれない。いや、それが唯一の道だったはずだが、議員たちはそこまで民主的ではなく、ことばの端々に党員への侮蔑をにじませ、コービンへの支持をいっそう強固にするだけに終わった。

コービンの大敵たちが推し進めた外交政策は、ほとんどの党員の考えと真っ向から対立した。二〇一五年末に保守党政権がシリア爆撃の計画を発表した際、労働党の影の外相ヒラリー・ベンは、ほかの多くの影の閣僚や国会議員らとともに賛成にまわって党会合を紛糾させた。反対派のひとり、アフガニスタンへの従軍経験のあるクライブ・ルイスは、起立してこう主張した。「私は連合軍が一般市民に爆弾を落とすのを見てきました。爆撃が市民に何をするかを。だからこれには賛成できない。どうしてわが国の最初の反応は、つねにどこかを爆撃することなんですか？」

国会では、戦禍に苦しむ中東の国にイギリスの爆弾を落とすことについて、ベンが情熱的な演説をして喝采を浴びたあと、労働党党首の隣の席に戻った。コービンは青ざめた顔で腕を組み、保守党議員たちの賛同と拍手を明らかに不快そうに受け止めていた。戦争推進派の労働党議員は、労働党の亀裂と党首の指導力低下を喜ぶ保守党と右派のメディアにもてはやされた。テレグラフ紙は、「ジェレミー・コービンに恥辱。シリア攻撃に関して一〇〇人以上の労働党議員が離反」と書いた。*15

クライブ・ルイスから見ると、戦争推進派の議員は、すでに充分痛めつけられたシリアをさらに悲惨な状況に追いこむことよりも、反コービンで政治的な点数を稼ぐことのほうに関心がありそうだった。「ベンたちは、これで自分たちが正しくてジェレミーがまちがっていることを証明できると思ったんだろう」と、イラク派兵に関する労働党内の一〇年以上にわたる内紛を振り返って彼は言った。つまるところ、アメリカのイラク侵攻にブレアが加担した惨禍（さんか）によって、コービンの反戦の立場が見事なまでに正しかったことが証明されていたからだ。

「党内には、イラクでとった行動のなかにも正しいものはあった、党首に歴史の主導権は握らせないという雰囲気があった……イラクに関してジェレミーに結論は出させないということだ」。言い換えれば、守旧派はイラクの惨状と、さらには反戦の党首が選ばれたことで信頼されなくなった西洋の国際介入の原則を、シリアの件で復活させようとしたのだ。実際、党内の多くがコービンを受け入れない大きな理由は、彼が西洋の軍事介入に反対していることだった。

だが、草の根の党員の信頼を得るという意味では、それは最悪の戦略だった。党員の大多数は反戦の立場ゆえにコービンを支持していたのだから。その後の数週間から数カ月、戦争に賛成した労働党国会議員は、失望した党員たちから容赦なくソーシャルメディアで叩かれた。アンドリュー・フィッシャーの提案で、党執行部は党員に爆撃の賛否を問う独自の意識調査をおこなったが、結果は予想どおり圧倒的に反対だった。

これに党首周辺は力づけられた。

「終始心強かったのは、われわれのうしろに草の根の運動の力が感じられたことだ」と、当時コービンの私信の処理をまかされていたジョス・マクドナルドは言う。国会議員からどんなに敵意を向けられても、「党員は支持してくれる、ほとんどの労働組合もわれわれの立場に賛成してくれるとわかっていた。二〇一五年の勝利のエネルギーはまだ残っていたから、自信を失うことはなかった」。こうした状況は、その後、何度もくり返される。多くの党員が党首に深く幻滅したことは一度や二度ではなかったが、そのたびに労働党国会議員のあまりにも敵対的な態度が彼らを結束させ、苛立ちはもっぱらそちらにぶつけられた。

結局、シリアに関する決議は、国会の重要な決議でコービンは自党から支持されないという前例になった。労働党の議員団は、どれほど重要な問題に関する決議だろうと、党首の指導力を危うくすることに用いた。一〇カ月後には、イエメンにおけるサウジアラビアの戦争犯罪を国連に調査してもらおうというコービンの呼びかけに、一〇〇名以上の労働党議員が反対した。[*16] 議員たちがこのように反発し、往々にしてパロディのような反動政治（殺人すらいとわないサウジアラビアの神権独裁政治には、革命的な社会主義者でなくとも反対するだろう）が展開されるたびに、意図せずそれと対抗する同じくらい大きな運動が生じ、党員たちはいっそうコービニズムを支持するようになった。

二〇一六年七月、イギリスのイラク参戦について調査し、トニー・ブレアが果たした役割を明らかにしたチルコット委員会の質問にコービンが答えた折には、右派の労働党議員だったイアン・オースティンが議事堂で彼に向かって「黙れ」「あんたは恥だ」と叫んだ。同じ年、イラク戦争前夜にブレアが国会を誤った方向に導いたかどうかを改めて調査する提案にも、一五〇名の労働党議員が反対票を投じた。[*17] 戦争を支持し、反移民感情に浸り、国より大企業の利益を優先し……と、労働党議員は嫌というほど党員を遠ざける態度をとって、ますます彼らを党首のもとに結集させた。

もう少し知恵が働く敵もいた。彼らはコービンと党員たちを結びつけている要因のひとつが、イギリスの

EU残留に対する強い決意であることを知っていた。二〇一六年六月二三日の国民投票で出た、残留四八パーセント対離脱五二パーセントという結果に、多くの労働党議員は落胆したが、それでもそこにコービンを攻撃するチャンスを見いだした。理屈はこうだ。おおむね信頼できる世論調査会社〈ユーガブ〉によれば、国民投票の少しまえには、七二パーセントの労働党員が「コービンはよくやっている」とし、二七パーセントが「よくやっていない」と考えていた。ところが、国民投票の数日後に数字は大きく変わり、「よくやっている」が五一パーセント、「よくやっていない」が四八パーセントになった。国民投票に関するコービンの対応が「よかった」と評価したのはわずか四七パーセント、「よくなかった」は五二パーセントにのぼった。[*18] そこで反コービンの労働党議員は、この草の根の党員の大きな幻滅を利用しようと考えたのだ。

国民投票後の労働党の分裂に、いくらか「善意」の要素があったことは強調していい。みずから実施した国民投票で残留の結果を出せなかった親EUの保守党首相デイビッド・キャメロンは辞任し、すべてから手を洗って、回想録を書くためにオクスフォードシャーの庭に建てた二万五〇〇〇ポンド（約三八七万五〇〇〇円）の小屋に隠居した。このとき多くの労働党議員は、キャメロンの後継者が総選挙に打って出て、伝統的に労働党が優位だが離脱には賛成した選挙区を、保守党のブレグジット派が根こそぎさらっていくことを怖れた。

「完全な崩壊だった」とジョナサン・アッシュワースは言う。「議員たちは意気消沈していた。伝統的な労働党の選挙区でこれほど多くの離脱票が出たからには、保守党の新しい党首は就任するなり総選挙をおこなって、われわれは五〇議席を失う、とね。パニックが始まった。みな口々に、『ジェレミーのもとで総選挙に突入するわけにはいかない。党が壊滅する』と言っていた。あれは正真正銘のパニックだった」

影の内閣の閣議にはどうにもやりきれない雰囲気が漂い、コービン自身も疲労困憊して見えた。何人かの影の大臣は、コービンが国民投票の結果が出た数時間後にリスボン条約第五〇条の発動を公式提案したことに憤慨していた。これは、EU脱退の権利を保障し、通告後二年以内で脱退が完了するという条項である。

「イギリス国民は決断を下しました」とコービンは宣言した。「われわれはその決断を尊重し、EU脱退の交渉を始めるために、第五〇条を発動しなければなりません」。多くの人の目には、イギリスの脱退条件に関する民主的な議論がまだまったく始まっていない時点でコービンが第五〇条の発動を求めたのは、彼の政治色が如実に表れた失態と映った。実態はさておき、ジョナサン・アッシュワースに言わせると、この宣言が「彼に対するクーデタの引き金」になった。

◆―◆

一部の議員にとってこれは待ちかねたチャンスであり、すでに計画も立てていた。クーデタは、国民投票の結果が出て二日以内に進行しはじめた。きっかけを作ったのはシリア爆撃で有名になったヒラリー・ベン。彼は党首不信任を支持してほしいと、影の大臣をひとりずつ説得してまわった。その情報を得たコービンは、六月二六日の日曜早朝にベンに電話をかけた。それでも、この影の外相は党首に不支持を表明し、当然ながら労働党の幹部からはずされた。この政治的「殉教」行為はベンの狙いでもあったようだ。ほどなく影の閣僚の辞任が相次ぎ、驚いたことにベンの事件のあと三六時間で三一人中二三人もの大臣が退いた。ある意味で、これは党首に最大限のプレッシャーをかける企てだった。強硬な反コービン派は、自分たちの行動が、辞任をためらっている大臣たちの背中を押すと計算していたのだ。

しかし、ある上級顧問は、大きな計画があったという考えを一蹴し、「クーデタが計画されていたというのは、労働党国会議員団を買いかぶりすぎだ。彼らはただの馬鹿だろう。見ればわかる」と私にオフレコで語った。「議員団があれを企んだ、これを計画したという話をよく党首周辺で聞いたが、彼らはそんなことをするほど利口じゃない」。それでも、国家的危機で保守党政府が舵を失って分裂していたとき、最大野党はそこに注力する代わりに内紛に突入したのは事実だった。

コービンの上級顧問のアンドリュー・フィッシャーは毎年、友人たちといっしょにウェスト・サセックス・ダウンズに旅行していた。彼の言う「年に一度の巡礼」だ。六月二六日日曜のベン辞任の知らせを受けたときも、そこにいた。その朝、携帯電話の受信状態がいいところを探して、歴史的な市場の町アランデルの駐車場に行き着いた。それから、コービン、マクドネル、シェイマス・ミルン、キャリー・マーフィ、秘書官ケイティ・クラークによる会議通話が始まった。「ここは耐え抜くしかないという結論だった。ほかの考えはなかった」とフィッシャーは私に語った。「立ち直りは早かったよ。辞任が続くだろうと予測がついたので、実際に始まったときには、やはりという感じだった」。彼らは迷っていそうな影の大臣にひとり残らず電話をかけることで合意した。同日午後には、影の内閣を維持するために欠員を埋める人選が話し合われた。

国民投票の翌日には、党首批判の筆頭に立つマーガレット・ホッジ議員とアン・コフィ議員がコービンの不信任動議を提出した。コフィはのちに、短命に終わった中道新政党、チェンジUKに移籍する。投票は影の大臣の辞任が相次いだ四日後、不信任が一七二対四〇で信任を上まわった。動議に法的な拘束力はないものの、この数字は重かった。「ふつうの」状況下の「ふつうの」党首なら、とうてい地位を維持できずに辞任するところだ。

だが、コービンはふつうの党首ではなかった。コービニズムは国会議員に焦点を当てる伝統的な労働党の考え方とはちがう。何よりも国会外の活動を主とし、リーダーシップの正当性を議員からではなく、多数の党員から得ていた。その結果、党首不信任が行き着く先は、労働党の国会議員と一般党員の正面対決であり、そうなると議員たちに勝ち目はなかったのだ。

コービンが党首になってからの九カ月で、スタッフたちは党内右派と比較的良好な関係を保ち、反コービン派の議員やその補佐たちとも知り合って、親密とは言えないまでも（親密になるのは無理だ）廊下やロビーで楽しく雑談するくらいにはなっていた（もちろんそれは諸刃の剣だった。当初からコービンの党運営にたずさわっていたマイク・ハチェットは、影の内閣の政治顧問からやたらと自分たちの側につけと言われたことを憶えている。「ジェレミーは役立たずで、別の党首が必要だと言われたよ」)。

しかし、不信任投票のあとは、それがふりだしに戻った。国会内の雰囲気は暗かった。まえより悪化したと言ってもいい。「あれは基本的に、党首選をもう一度する勇気のない者がコービンを辞めさせようとする、いじめだった」とアンドリュー・フィッシャーは言う。「選挙で打ち負かす自信がないものだから、正攻法でないやり方で党首に挑戦する戦略をとったんだ」

こうしたことから、コービン派はこの謀反を「チキン・クープ（クーデタ）」と呼び、そのフレーズがソーシャルメディアでまたたく間に広まった。コービンのスタッフがユーモアを忘れなかったのはいいことだが、影の大臣たちが辞表を持って党首の執務室にほとんど一時間おきに入ってくるのを目にしたスタッフには不安が広がった。マクドネルの補佐ロリー・マクイーンが言ったように、「初めてみんなが、コービンは生き残れるのだろうかと疑問に思った」のだ。

とくに若いスタッフは労働党の空中分解を心配し、コービンが退くしかなさそうだと考えるようになった。「自分が党内の左派出身で、組織としての労働党の将来を本気で心配すればこそ、『ああ、ジェレミーが党首ではうまくいかない』という感覚があった」とひとりの補佐は私に言った。「党全体をまとめられる穏健左派の候補を立てるべきかもしれないという疑念が、自分のなかに生まれた」

混乱は解決しそうにないし、党首の周囲から情報も入ってこないので、自暴自棄になったこの補佐はジョン・マクドネルの部屋を訪ねて訊いた。「次の計画は？　これからどうします？　まるでローマ最後の日のようだ。ここから抜け出して労働党を救う計画が必要です」。マクドネルは、計画はあると答えたが、それが何かは言わなかった。補佐はもっと情報が得られないかとアンドリュー・フィッシャーに相談した。しかしフィッシャーはただ、「心配するな。いまわれわれはじっと我慢している。きみも我慢してくれ」と言っただけだった。

では、コービン自身は何を考えていたのか？　説は分かれる。辞任を考えていたと言う人もいる。「ジェレミーは本気で去るつもりだと感じられる瞬間があった」。一方、強い意志を持ちつづけたと言う人たちもいる。彼らの記憶では、コービンが事務局の心配そうなスタッフたちのなかを歩き、穏やかな口調でシェイマス・ミルンに、「みんなずいぶん動揺しているようだが、いままで闘ったことがないのか？」と言ったらしい。ここでも彼の有名な禅の精神が発揮されたのだろう。別の補佐はこう言う。「ジェレミーはかなり超然としていた。打たれ強いのか、日々の生活から精神が切り離されているのかはわからないけれど」

いずれにせよ、このときコービンにかかった重圧に耐えられる政治家はほとんどいないだろう。あらゆる方向から圧力がかかり、ふだんは労働党を擁護するデイリー・ミラー紙でさえ、二〇一六年六月二七日の一面で、コービンの写真の横に「イギリスの危機。いまこそ過去のどんなときにも増して団結した強力な労働党が必要だ。よって本日、ジェレミー・コービンに心からのメッセージを送る。あなたは品位ある人だが、あなたの党のために……そしてあなたの国のために……いますぐ去れ」と書いた。

すべてがバラバラになりそうな状況のなか、〈ユナイト〉書記長のレン・マクラスキーが国会にやってきた。元ルームメイトの労働党副党首トム・ワトソン、労働党国会議員団議長のジョン・クライヤー、首席院内幹事ロージー・ウィンタートンと話し合うためだ。このときマクラスキーは、党首の交替を避けるための案を提示した。それは、「コービンに改めて二年間の猶予を与え、その間に新たな委員会を設置して、得票の分布や主要選挙区での労働党支持の状況など、選挙実績をくわしく分析する。党首の存続を問うのは、その調査結果が出てからにする」というものだった。マクラスキーはコービンにも同じ提案をした。

ワトソンは、数日以内にまたブライトンで会合を持ちたいと言った。父親の誕生日を祝うためにブライトン近郊に出向くから、と。だがその日、マクラスキーは帰りの車のラジオで、ワトソンが考えを変えて話し合いから撤退したというニュースを聞いた。彼はすぐさまUターンし、国会に引き返した。「ワトソンは私と話そうとしなかった。あの日以来、私たちは一度も話していない」

そういう状況で、コービンの事務局は唯一できることをした——前年九月にコービンに投票し、その後も揺るぎなく支持してくれている圧倒的な人数の党員たちに訴えかけたのだ。

六月二四日の早朝、コービンのひとりの補佐は、グラストンベリー音楽祭で違法薬物をやってハイになり、木に登っていたが、携帯電話でニュースを見ていた友人から、国民投票の結果はEU離脱だったと知らされた。「パニック発作を起こしそうになったのは人生で数回しかないけれど、あのときはそれだった」と彼は私に語った。「その後半年がどうなるかは、火を見るより明らかだったからね。彼らはジェレミーを攻撃してくる。それは最初から計画されていた」

しらふに戻ると、彼は一日早く音楽祭から戻り、ロンドンに向かう列車内でフェイスブックとチャットアプリのワッツアップを使って、六月二七日月曜にトラファルガー・スクウェアで「キープ・コービン」集会を開くと通知した。労働党国会議員による信任投票の前日である。

集会の日、コービンは下院で現状について演説した。「わが国は分裂しています。この時期に国内の党派的な駆け引きに明け暮れていた与党も野党も、国に感謝されることはないでしょう」。彼がそう述べると、議場のあちこちでため息がもれ、あらゆる方向から野次が飛んだ。すぐそばのトラファルガー・スクエアには一万人の大群衆が集結し、期待に満ちた晴天の夜、手作りのプラカードを掲げ、消防組合が提供した消防車のうしろに立って、「ジェズ・ウイ・キャン」〔訳注：二〇〇八年アメリカ大統領選挙でのオバマ陣営のキャッチフレーズをコービンの愛称「ジェズ」にかけた〕と唱えた。

その光景は、コービンが党首として下院で演説した数時間後の第一四委員会室とはあまりに対照的だった。あそこでは、満員の部屋でコービンがみなのまえに立つと、労働党の怒った議員や重鎮たちが代わる代わる党首を責めたてた。「あなたは党首にふさわしくない」とひとりが言えば、別の者は「あなたは労働党の未来にとって深刻な脅威だ」と言い放った。矢継ぎ早に怒りの発言が続き、ほかに聞こえるのは拍手と怒号だけだった。「辞任しろ！」、「ジェレミー、いまになってもきみたちのチームは壊滅的な結果から何も学んでいないのか」。自分のスタッフがコービン派の草の根組織〈モメンタム〉の支持者たちから「脅された」、とひとりが言うと、何人かが「あのクソども！」と吐き捨てた。党首の発言をさえぎったことを議員団議長のジョン・クライヤーからとがめられた議員は、「やめないぞ！」と相手にしなかった。温厚で話し方も丁寧なバリー・ガーディナー議員が同僚たちに静粛をうながし、党首の話の続きを聞こうとしたが、別の議員が「黙って坐ってろ」と怒鳴りつけるありさまだった。

部屋から出た議員たちは、待ち構えていた記者たちになかの雰囲気を率直に話したものの、自慢しているのか、反省しているのかはっきりしなかった。「大荒れだった」とひとりは言った。「吊し上げだよ、いままで見たなかで最悪の」と別の議員も言った。「圧力鍋のなかにいるようだった」とアベラボン選挙区選出の議員スティーブン・キノックは結論した。[19] 数日後にダイアン・アボットは次のように書いた。「あとでコービン派ではない議員から、あれほど恐ろしいものは見たことがなかった、自分のほうが泣きそうだったと言われた。ジェレミー・コービンの政策については誰ひとり話さなかった。意図したことはただひとつ、彼という人間を破壊することだった」[20]

このふたつの光景は、労働党の内紛の隠喩（メタファー）だった。多数の党員が党首の「近衛兵」となって、党議員の圧倒的な敵意から彼を守っていた。イギリスの民主政治の歴史で先例のない事態である。コービンが側近たちと国会から出ると（もしかすると、彼の耳にはまだ怒りと非難の声が響いていたかもしれない）、待っていた群衆は大歓声で迎えた。コービンの演説はいつもどおりだった——理路整然とはしていないが情熱的で、人々は大いに喜んだ。「ともに闘いましょう。私たちが住みたい世界のために、強く、団結して」とコービンは叫んだ。[21] こうして力強さを示すことが、彼の決意を高める重要な役割を果たしていたと補佐たちは断言する。

振り返ると、その一週間は非常に重要だった。ある日の午後、トム・ワトソンがキャリー・マーフィに電話をかけた。マーフィはかつて彼のオフィスマネジャーだったが、このときにはコービンの首席補佐官として副党首との連絡調整係を務めていた。「個人レベルで伝えておく。終わったよ」とワトソンは静かに言った。「新たに指名された影の大臣たちはもうすぐ辞任する。アンディ・バーナムが代表者を連れてコービンに会いにいく。きみには知らせておく」

たしかにコービンとバーナムの打ち合わせがスケジュールに入っていたが、納得できなかったマーフィはただちに打ち合わせをキャンセルし、コービンのスタッフに今日は誰も来ないと告げた。そして閣僚候補者にひとりずつ電話をかけ、これから状況は改善するから辞めないでほしいと説得した。事務局から出ると、ちょうど閣僚のひとりが入るところだったので、マーフィは「辞表を提出に来たのね、なんて厚かましい！」と捨て台詞を吐いた。

もっとも、コービン派ではない幹部へのプレッシャーが拷問並みに高まっていたこの時期に、バーナムが辞めなかったことは特筆すべきだろう。同じころ、ジョナサン・アッシュワースも、なぜ辞めないのだという怒りのメッセージの集中砲火を浴びていた。「しまいには携帯を機内モードにして、誰からもメッセージや電話が来ないようにした。誰とも話せないようにするしかなかったよ」

包囲されたコービンのチームが流れをせき止めようとしているあいだに、左派の大物たちは団結して彼を支持した。六月二九日水曜日、全スタッフの会合が開かれた。ジョン・マクドネルと腹を割って話し合ったコービンが、見るからに動揺して部屋に入ってきた。「ジョンはあきらめずに残りつづけると彼に約束したの」とスタッフのひとりは言う。「多くのスタッフも同じ気持ちだった。本当にぎりぎりの状況だった」

コービンがごくありふれた演説をしたあとは（彼は自分のことを話すのが嫌いで、集まったスタッフのなかにも内心辞任を求めている者がいると思っていた）、マクドネルとキャリー・マーフィのふたりがみなを元気づけた。この時期のマーフィは、クライブ・ルイスに言わせれば「上級曹長」のようだった。元兵士のルイスが言うのだからまちがいない。マーフィは「それにふさわしい性格で、かなり勇猛だった」。あるとき、影の大臣が党首事務局に現れて、ストレスがひどい、自分の精神状態が心配だとこぼしたところ、マーフィは彼を揺さぶって、「あなたは男なの、それともオスネズミ？　さっさとブレア派を捕まえてきなさい！」と叱咤した。大臣は「わかった」とつぶやいたという。

コービンにとって大きな課題は、もう一度フロントベンチ［訳注：議会で有力議員が坐る最前列］を埋めることだった。二〇人を超える閣僚と副大臣の多くが辞め、ひとり辞任するたびに、残ると決めた者たちへのプレッシャーは強まった。「仲間が減っていくなかで、とどまろうとする議員たちが緊張しているのがわかった」とアンディ・マクドナルドは思い出す。「私自身の決意も揺らいだよ。もうだめだ、こんなにひどい状況はない、みんなもたない、と音をあげる寸前だった。爪の先でしがみついていたようなものだ。政界で、というより人生で、あれほどつらい時期はなかった。本当に最悪だった」と認める。

選挙運動責任者のナイル・スークーはいっとき混乱から逃れて、ウェスト・ロンドンのチズウィックの自宅近くで日光浴をしていた。短パンにTシャツ、サンダル姿でくつろいでいたところ、シェイマス・ミルンから電話があり、イズリントンの自宅にいるコービンを連れてきてほしいと言われた。家に行ってみると、そこは悲惨な状況だった。何十台ものカメラがフラッシュを焚き、記者の群れが怒鳴っている。群衆をかき分けて車で国会に向かった。

そこで待っていたシェイマス・ミルンとジョン・マクドネルは、フロントベンチのメンバーをそろえている最中だった。喜劇さながらの場面もあった。コービンの支援者たちは、「フロントベンチに誰もいない。誰かを坐らせろ！」と叫んだが、同時に危機的な状況を若者の初めての車の運転にたとえていた。そこここにチューインガムがくっついたお祖父さんのポンコツ車だ。穴ぼこに入るなよ、ガタンときたら車がバラバラになるぞ。だが、車はそうならずになんとか走りつづけた。

何もかもがあり合わせのその場しのぎだった。複数の仕事を兼任する者もいた。エミリー・ソーンベリーは影の外相と影のブレグジット相、イングランド・ノースイースト選出の議員デイブ・アンダーソンは影のスコットランド相と北アイルランド相、ポール・フリンは影の下院院内総務とウェールズ相を掛け持ちしていた。クライブ・ルイスやレベッカ・ロング＝ベイリーのように、ほんの一年前に選出された議員が影の閣外相に任命されて、国会で吠えまくる数百人の保守党議員のまえで答弁することになった者もいた。「（秘書官の）ケイティ・クラークから電話がかかってきたのを憶えているよ」とルイスは振り返る。「用件はわかっていた。そして生涯恥じ入ることだが、私は電話を切ってしまった。影の内閣に入りたくなかったんだ」。結局、彼も選択の余地はほとんどないと観念したが、本物の試練はここからだった。

◆―――◆

コービンの敵たちは、彼を本線からおろして辞任に進ませる戦略に失敗したので、プランBに移った。辞任しないなら改めて党首選をおこない、コービンが候補になるのを妨げるという案だ。その案は以前から温めていた。労働党内の規則では、対立候補が労働党国会議員か欧州議会議員の二〇パーセントの推薦を得れば、自動的に党首選となる。党首側は、現職として当然そのまま候補者になるべきだと主張したが、まわりの敵対者は、コービンももう一度議員の推薦を得なければならないと宣言した。それに比べれば二〇一五年の立候補などたやすかったと思えるほどのハードルだった。

現職が辞任して自動的に党首選が始まった一年前とはかなり状況が異なるので、判断は党の意思決定機関である全国執行委員会（NEC）にゆだねられることになった。今回のコービンは、政治的議論の幅を広げるという大義名分で議員団の推薦は得られそうにない。自動的に候補にならないかぎり前途は暗かった。反対陣営はその自動立候補を断固阻止する構えだった。

七月一二日火曜日、サウスサイドの労働党本部で、党員、労働組合などの支援組織、地方議員や国会議員の代表からなるNECが非公開で開かれると、過半数の賛成によって、立候補の手続きは無記名投票で決めることになった。コービンにとっては万事休すに思えた。この投票で現党首を排除したい勢力の思うつぼである。コービン陣営は不安で押しつぶされそうだった。あらゆることが崩壊につながって見えた。

コービンの中傷者は口々に、会合中は脅されて息が詰まりそうな雰囲気だったと述べた。あとでひとりのメンバーは涙を浮かべて、チャンネル4ニュースの記者に語った。「ある著名ジャーナリストがNECの人たちに携帯でメッセージを送って、ジェレミーに投票しろと言うし、労働組合の書記長も次々と電話して、ジェレミーに投票しろと。あれは脅しでした。しかも党首も見て見ぬふりだったんです」

だが、これは根も葉もない嘘だ。その「ジャーナリスト」は私自身だったから、わかるのだ。それに、くだんの「労働組合の書記長」はGMB（全国都市一般労働組合）のティム・ローチだが、コービンの支持者ではなかった。NEC会合の前日、たしかに私は丁寧なことばで、コービンが候補からはずされたら労働党は崩壊するとメンバーたちに意見し、ローチにも彼らと連絡をとるようながしたが、ショートメッセージについては脅しからはかけ離れていた。コービンが候補にならなければ党内に内紛が生じ、若い世代は幻滅し、労働党は政治エリートによる政治エリートのための背信行為の見本となって、次の党首は（誰になろうと）正当性を失うだろうと、ただ丁寧に指摘したにすぎない。私の結論は、「ジェレミーの指導力にどんな欠点があったにせよ」、候補には入るべきだということだった。

これはいじめでも脅しでもない。NECメンバーのひとり、アリス・ペリーは、「オーウェンの助力は本当にありがたかった。まったく脅しなんかじゃありませんでした！」とツイッターで公式につぶやいている。*22 真剣な告発には、つねに真剣に対処する必要がある。だから、党派的利益の追求のために告発を安易に用いてはならないが、実際には、コービン陣営が悪辣で不寛容なカルトだというデマを広めるために、たびたび皮肉混じりに用いられていた。

その夜、不安でたまらないスタッフが下院の党首事務局に集まっていると、キャリー・マーフィに電話がかかってきた。投票の結果、NECが一八対一四でコービンを自動的に党首選の候補者にしたという。ひいきのサッカーチームが試合でゴールを決めたときのように、歓喜が湧き上がった。裕福な実業家で労働党に献金しているマイケル・フォスターがその決定を覆そうと、自分の党を相手どって訴訟を起こしたが失敗し、コービンの立候補は確定した。

この党首選では、ほかにふたりの候補者が名乗り出た。どちらも申し分のない「穏健左派」の経歴の持ち主だった。ひとりは穏やかな口調で話すウォラシー選出の国会議員、アンジェラ・イーグル。もうひとりはウェールズ出身のオーウェン・スミス、小柄で眼鏡の元特別顧問である。

ブレア派の多くはイーグルのまわりに結集していた（その証拠に、かつての「プリンス・オブ・ダークネス（闇の王子）」ピーター・マンデルソンが彼女の事務所から出るところを目撃された）。スミスのほうは、労働党史上最強の労働組合のリーダーで陰の実力者であるレン・マクラスキーに立候補はしないと告げていたが、七月上旬にホルボーンの〈ユナイト〉本部でマクラスキーに会った際、前言を翻した。このときマクラスキーは「立候補は大まちがいだと思うが、立つなと説得もできないようだから、せめてジェレミーは攻撃しないように」と言った。スミスは、政策上コービンと同じ土台に立ったうえで、有力な別の選択肢になりたいと応じた。とはいえ、イーグルが推薦で出遅れたために、スミスは自然に反コービン運動の旗手となった。

スミスのチームは、ブレグジットをめぐる国民投票の結果とその後の状況に、コービン支持者のかなり多くが幻滅していたことで自信を深めていた。さらに、一三万人いる新規の党員について、加入後六カ月以上たたないと党首選には投票できないと高等法院が裁定したので、なおさら有利だった。彼らの大多数がコービンに投票するために加入したのは、ほぼまちがいなかったからだ。この裁判所の決定は、イアン・マクニコルと労働党本部にいる同志たちが勝ち取ったものだった。彼らはみなコービン党首を悪夢のような逸脱と見なし、できるだけ早く辞めさせなければならないと考えていた。

ところが、スミスの選挙運動は壊滅的に失敗した。コービン側の運動によって、草の根の党員たちが、保守党の福祉改革法案（低賃金労働者の在職給付を大幅に減らすこの法案に、スミスは反対票を投じず棄権した）からシリア爆撃の決議（スミス自身は反対したものの、彼の著名な支援者の多くは賛成した）に至るさまざまな案件を、しっかりと思い出したからだ。スミスが製薬会社ファイザーのロビイストだったこと、薬の研究開発の意欲を妨げるという理由から、ＮＨＳによるジェネリック薬品の使用に反対していたことも、改めて注目された。[*23]

これだけでもコービン支持者の大半はスミスを信頼しなくなるだろうが、彼にはあやまたず墓穴を掘る才能があった。選挙運動中の失言が相次いだのだ。テリーザ・メイ首相を「ひっぱたいて服従させる」とあからさまな性差別的な発言をして謝罪に追いこまれたのをはじめ、自由民主党と保守党の連立合意に関するコメント（「もちろん化粧の下から傷が見えてくれば、自由民主党はすぐに離婚調停に入るだろう」）や、スコットランド国民党党首のニコラ・スタージョンに「最適なプレゼントはゴブストッパー〔訳注：大きな球形のキャンディ。「口をふさげ」の暗喩〕だ」という「ジョーク」のツイートでも謝ることになった。さらにあろうことか、ファイザーのもっとも有名な薬であるバイアグラを使う必要は一度もなかったとテレビ司会者に語り、選挙運動のあるイベントでは、ペニスが七四センチあるというジョークまで言った（七四センチのペニスのジョークはその後否定され、第三者からスミスの股下丈のことだったという説明があった）。[*24]

理由はともかく、彼のイベントに参加する人々は少なかった。スミスはコービンの政策を引き継ぐと約束していたが、党員たちは信じず、彼の長所であるはずの「有能さ」はすぐに色あせた。コービンへの不満はあるにせよ、党員たちは、コービンがいなくなれば労働党はまた以前の体制に戻り、左派はつぶされるか追い払われ、外国での戦争と経済政策の「第三の道」がよみがえって、党は選挙で負けつづけると判断した。党首選終盤では、スミスを推薦した多くの議員まで落胆し、個人的に彼に投票しない者も現れるほどだった。

だが、スミスを公平に評価するなら、あの時点では誰が対立候補に立ってもコービンには勝てなかっただろう。選挙運動がうまく、情熱もあるコービンは、党首選でよみがえったかのようだったから。再選される一カ月前の〈ユーガブ〉の世論調査では、四分の三を超える党員が彼には信念があると答え、三分の二近くが彼は正直だと感じ、六割が「自分の政治観と一致する」と考えていた。大きな疑念がなかったわけではない。コービンから「有能さ」を連想した党員はわずか三五パーセントだったし、「次の総選挙で労働党に勝利をもたらすだろう」と思っていたのは三三パーセントにすぎなかった。しかし、スミスの数字のほうが悲惨で、有能さでもコービンに劣り、信念についてはわずか一八パーセント、正直さでは一七パーセントが認めただけだった。[*25]

コービン支持者たちの見解は異なるが、結局のところ、クーデタの試みは逆説的にさまざまな点でコービンに有利に働いた。まず決定的だったのは、コービンの支持基盤を刺激して、徐々に幻滅していた支持者たちを活性化させたことだ。「ジェレミーの党運営は完全に機能不全だと思っていた」とジョン・ランズマンは私に認める。それでも、党内右派のクーデタ計画は大失敗に終わった。「彼らはあらゆる点でミスを犯していた。計画も立てていなかったし、滑稽なほど大がかりで、コービンに投票したけれど失望している大勢の人を無視していた。あのクーデタで彼らがわれわれのところに戻ってきたんだ。みな扇動者たちの行動に嫌気がさし、疎外感を覚えていた」。この二度目の党首選で協力した別の幹部は、もっと露骨に言う。「クーデタが始まるまで、ジェレミーの組織はごちゃごちゃで、彼自身も党首になったプレッシャーから仕事らしい仕事ができていなかった。あのクーデタは、ジェレミーにとって考えうるかぎり最高の宣伝活動になった」

このあと、敵対的な影の内閣から解放されたフロントベンチは、コービンに忠実な議員で埋め尽くされ、コービン自身、ようやく念願の野心的で急進的な政策を推し進められるようになった。二〇一六年九月の再選後の党会合では、党首選の活動中にコービンが示した政策、たとえば国有化、累進課税、全国教育制度、家賃統制などの公約が執行部の全会一致で支持された。「クーデタとジェレミーの再選によって、彼の指導力は強化され、変化をもたらす権限がいっそう与えられた」と、ある上級顧問は言った。

これは第二のチャンスであり、今度こそ党上層部は変わらなければならないという意識も共有された。だが、問題はそこが変わらないことだった。

4 機能不全

コービンが一回目の党首選で信じられないような勝利を収めたとき、喜びと興奮のさなか、おもだった顧問たちは「作戦指令室」を立ち上げ、最初の怒濤の一週間を切り抜ける方法を相談していた。最初から容赦なく内外の攻撃が始まることが予測されたが、なにしろほんの三カ月前、党首選でよくて三位かという期待で選挙運動を始めたので、明確な計画もなければ、「最初の一〇〇日」の青写真もなかった。

会議机のまわりには、コービンの首席補佐官サイモン・フレッチャー、次席補佐官アネリーゼ・ミッジリー、新任の政策責任者ニール・コールマンらがいた。元ロンドン市長のケン・リビングストンのもとで働いた彼らには、少なくともマネジメントの経験があった。賢明にも、一同は最初の一週間を鉄道の国有化の発表に絞ることにした。世論調査でもつねに国民から絶大な支持を得ている、コービンの主要な政策のひとつだ。また、新党首に関する報道の方向性をある程度作るため、新聞に記事を寄せることも含めてメディア戦略も立てることにした。

ところが、新党首その人が計画の足を引っ張った。二〇一五年九月一二日、クイーン・エリザベス二世カンファレンス・センターで勝ち誇った支持者たちに囲まれ、盛大な拍手を送られて勝利宣言をしたときから、コービンの演説には明らかに改善の余地があった。その演説は、国じゅうに彼の人となりを知らせる最初の絶好の機会だったのに、首尾一貫性がなく、事態が理解できずに戸惑っている国民に強く印象づけるようなメッセージもなかった。コービンは例によってプロンプターを使おうとせず、手書きで未整理な要点メモに頼っていて、脱線しがちだった。

やはり全国放送された三日後の労働組合会議での演説は、さらに長くて要領を得なかった。それが終わったあと、〈ユナイト〉の首席補佐官アンドリュー・マレーは、コービンの補佐にはっきりと、あの演説はひどかったと伝えた。そのとき補佐は「いまは大目に見てほしい」と返した。もっともな反応だが、まったく適切ではない。コービン自身のチームの外に「大目に見てくれる」人などいなかったからだ。

続いて、いろいろなところで経験不足が目立ちはじめた。勝利の翌日の夜、コービンがウェストミンスター・ブリッジを歩いているところを〈スカイ・ニュース〉の取材班が追いかけた。数時間前に影の閣僚が発表されたばかりで、トップのポストに女性がいないことについて記者たちが大声で質問したが、コービンはそれを無視し、無表情で歩きつづけた。どんどん雰囲気が悪くなる沈黙の二分四三秒を見ているのもつらかったが、クライマックスで新党首は、迎えに来た末息子に、「トミー、彼らにうるさくつきまとわれているんだ」と不平をこぼし、タクシーに乗りこんで自宅に走り去った。[*1]

これは控えめに言っても、良好なつき合いの始まりではなかった。たしかにメディアはときに厚かましく、苛立たしい。あからさまな政治的動機から行動することも多すぎるほどだが、それでもこのときのコービンのような態度は、労働党の新党首に対する一般視聴者の印象をひどく悪化させる怖れがあった。さらに基本的なことを言えば、労働党党首が気軽にウェストミンスターを歩きまわって政治記者に取り囲まれるような事態は、そもそも避けなければならなかった。経験豊富なチームであれば、政治家がひそかに国会から去りたいときによく利用するニュー・パレス・ヤードに車をまわしていただろう。

とはいえ、もっと大きな問題は、コービンのこの種の対応が一度きりではなかったことだ。時とともに彼も仕事に慣れ、メディアの介入にも落ち着いて対応することが増えて、くつろいで見えることすらあったが、ときおり示すメディアへの露骨な不寛容は、党運営上のコミュニケーションの機能不全とも相まって、決して彼の大胆な政治プロジェクトの役には立たなかった。

党首になって一週目の九月一五日火曜日、コービンは党首として初めて国の式典に参加した。セント・ポール大聖堂でおこなわれた、第二次世界大戦時の英国空中戦の慰霊祭で、全国のテレビ視聴者にリーダーとしての威厳を示すまたとない機会だった。コービンには若いウェールズ人のスタッフ、ギャビン・シブソープが付き添い、適切な服装から聖堂への入り方まで、作法をこまごまと説明していた。すべては計画どおりに進んでいたが、それも会衆が起立して国歌を斉唱するまでだった。まわりのみなが『ゴッド・セイブ・ザ・クイーン』を歌っているなかで、コービンが口を固く閉じているのをテレビカメラがとらえた。左派の労働党党首を痛めつける理由を貪欲に探していたメディアは、これに食らいついた。悪意に満ちた報道が何日も続き、党からのあらゆるメッセージはかき消されてしまった。労働党国会議員は左右を問わず、今日に至るまで、あの場面は考えうるかぎり最悪の打撃だったと言う。

この式典は、長く非主流派として虐げられたのち、いまや自分が嫌いなルールや期待にしたがわなければならなくなった左派の一般議員の心情が、端的に表れた事例だった。偶然だが、『ゴッド・セイブ・ザ・クイーン』は国歌にはあまり似つかわしくない哀歌である。共和主義者でなくても、君主だけを称える国歌にはいくぶん気が滅入るのではないだろうか。

いずれにせよ、ほとんどの人は、ナチスのイギリス征服の野望を最初期に打ち砕いた王立空軍を称える式典で、最大野党の党首が国歌を歌うことを当然期待していた。保守党やメディアがコービンに「母国嫌いの過激主義者」というレッテルを貼ったのは不当だが、コービン側にも大きな落ち度はあった。労働党の新党首には、移行経済政策や、平和と正義にもとづいた新しい外交政策など、取り組む価値のある闘いがほかにたくさんあったはずだ。

コービンの行動は最初からジョン・マクドネルと好対照だった。マクドネルには国有化を基礎とする経済ビジョン、公正な税制と投資など、どうしても譲れない一線はあったものの、無意味な論争は避けた。セント・ポールでの失態のあと、マクドネルは火消し役としてテレビ局をまわり、コービンが国歌を歌わなかったのは礼拝で感無量になっていたからだと説明した。「あれはいろいろあったなかで最悪の事態ではなかったけれど、ある意味で、最後まで消えなかった何かを象徴していた」と、コービンの無作法についてアネリーゼ・ミッジリーは言った。「糸の先を引っ張るとどんどん繰り出してくるような」

党首という新しい役割で「ルールにしたがう」ことへの嫌悪感が何よりも如実に表れたのは、翌月の習近平国家主席の訪英時だった。このときコービンは、バッキンガム宮殿で開かれた最上級の格式の晩餐会に招かれた。政策責任者のニール・コールマンはコービンに、式次第はこうなっていて、会場はこんな感じ、席順はこれこれで、テーブルにはボウルがありますが小銭や鍵は入れないでくださいというふうに、細かく説明していた。最初の頭痛の種は、コービンが断固としてドレスコードで指定されているホワイトタイをつけようとしないことだった。自棄になったコールマンは、アイルランド共和軍（ＩＲＡ）の伝説の司令官マーティン・マクギネスが白いタイを着用している画像を検索して、「イギリスの敵マーティン・マクギネスでさえ、女王のために白いタイをつけたんですよ！」と懇願した。

ついに、リバプールの堂々たる労働者階級の家族の出であるミッジリーが割りこんだ。「ジェレミー、これは中産階級の気取りなの。労働者階級の人たちは、あなたが国賓晩餐会にコーデュロイハットとジャンパーで行ったってわからない。これは敬意の問題よ。お葬式にジーンズでは行かないでしょう。それじゃヒッピーすぎるから」。コービンはようやく折れた。

公式行事での作法についてコービン流を貫こうとする事例はほかにもあった。二〇一六年四月にはエリザベス女王の九〇歳の誕生日があった。チームは集まってその祝い方を検討し、コービン自身は見るからに不機嫌だったが、例の「アンセムゲート」［訳注：国歌（アンセム）の一件をニクソンのウォーターゲート事件にひっかけた表現］があったので、今回はきちんと対応することがきわめて重要だと説得された。そこへ、ひとりの補佐が「あなたの自家菜園で作ったジャムを差し上げたらどうです？」と提案すると、コービンの気分は一変して、「それはいい！」と喜んだ。「リンゴとブラックベリーのジャムを持ってこよう」

だが翌朝、大得意でジャムを持ってきて机に置いたそれは、ラベルがはげかかった古いインスタントコーヒーの壜に入っていて、多少努力した証に赤いビニールのリボンが巻かれていた。それを見て報道担当のひとりは、「これはデイリー・メール紙の一面トップにおあつらえ向きだ」と感想を述べた。

困ったスタッフが壜を何個か買いに行かされたが、そのスタッフは〈セインズベリーズ〉の既製品のジャムを買って戻ってきた。それでは話にならない。別のひとりがデパートに送られ、ギンガム生地を張ったバスケットとそれらしい壜を持ち帰った。すぐに殺菌消毒をしたものの、スタッフがコービンのジャムを移そうと壜の蓋を開けると、表面にそれとわかるカビが生えていた。彼はその部分をすくって捨て、残りを新しい壜に入れたが、「女王が死んだらどうしよう」と不安になり、コービンの国会調査員ジョス・マクドナルドが自転車でバッキンガム宮殿にジャムを直接届けに行ったあとも、気が重かった。幸い女王は体調を崩さず、労働党党首のもとには、心のこもったプレゼントに感謝する独特の手書きの礼状が送られてきた。

◆

政治家やメディアから集中砲火を受けたコービンとチームは、本能的に防御と猜疑(さいぎ)で対応し、それはすぐに習慣として定着した。内部の脅威に対しても、コービンのまわりにすべてを検問するネットワークが築かれ、彼が仕事に慣れるにつれ、それはゆるめられるどころか強化された。そのせいで、敵を閉め出すだけでなく、貴重な同情の声も届かなくなってしまった。閉め出された人の中には、もっとも身近な協力者も含まれていた。また役職の指名も、本人の才能より組織への忠誠心でおこなわれることが多かった。最初から顕著だった士気の低下はさらに広がり、補佐たちの精神的な負担が大きくなることもままあった。その結果、最初から、コービンのチームは数多くのミスを犯した。

コービン党首の初期には、彼の旧友で協力者のジョン・マクドネルの存在が際立っていた。グレーター・ロンドン・カウンシルの副議長やロンドン自治体協議会の会長も務めたことのあるマクドネルは、コービンのチームにどうしても必要だった管理上の専門知識を持っていた。彼が影の財務相に任命されたときには、労働組合から強い反対の声があがった。妥協を許さない態度が、労働党国会議員に対して闘牛のまえの赤い布のように働くのではないかと多くの組合員が懸念したのだ（コービンが党首に選ばれる少しまえ、強大な〈ユナイト〉のある職員は、影の財務相候補としてマクドネルではなく、のちに党首選でコービンに対抗するオーウェン・スミスを推していた）。しかし、最初の数カ月はマクドネルがコービンの事実上の副官となったおかげで、彼がいなければ混乱していたであろう党の運営に安定感が与えられた。

コービンの事務局で働くために高給の公務員の職を捨てた、マイク・ハチェットの就職面接をおこなったのは、ニール・コールマンとジョン・マクドネルだった。すぐ党首事務局の経済政策の責任者になるハチェットを、マクドネルは面接後に脇に呼び、「いまのうちに言っておくが、ここで働くのは本当にクソたいへんだ。われわれは肥だめに浸かっている。タフな仕事だ。それは覚悟しておいてくれ」と言った。

ハチェットはその率直な助言に感謝したが、コービンの党運営がどれほど乱雑かは誰も説明してくれなかった。「なんてことをしてしまったんだ」と彼は考えた。「あれほど申し分のない公務員のキャリアだったのに。外交官のあと財務省の上級政策顧問になって、仕事は退屈だったけれど評価も抜群だったのに」と。彼の担当は「政策」ということになっていたが、事務局の誰も、政策とは何かを理解していないようだった。政策のうしろ盾がなかったら政治はなんのためにあるのだろう、とハチェットは思った。

経済学の博士課程の学生で社会主義者、労働党活動家のロリー・マクイーンは、ぜひとも新党首に協力したいと思っていた。そこへチャンスが訪れる。二〇一五年九月、コービンが党首になって初の労働党大会の折、彼はたまたまインド料理店で、ＰＣＳ［訳注：政府各省の公務員を代表する組合］書記長マーク・サーウォトカと食事をしているジョン・マクドネルを見かけたのだ。「経済学者は必要ありませんか?」とマクイーン申し出た。知り合いに頼りになる専門家がいなかったマクドネルは、これを渡りに船と受け入れ、マクイーンはさっそく博士課程を三カ月間休むことにした。だが、「それはもう悲惨でした」と彼は回想する。「陣営はなんの発表もしないし、左派の政策を推し進めるどころではなかった。文字どおり明日まで生きるのが精いっぱいだったんです」。毎日が政治的な存続をかけた闘いだった。

カオスの原因のひとつは、資金と人材の不足だった。労働党本部がコービンのチーム維持のために提供した資金は、前任者のエド・ミリバンドの時代とは比較にならないほど少なかった。加えて、担当者の職位や役割も不明確だった。とくに若いスタッフは、自分が何をしているのか見当もつかないまま働いていることが多かった。そのほとんどにとって、これほど大規模で影響力の大きな仕事にたずさわるのは初めてで、うまくいっていないことはすぐにわかった。適材適所でなく雇用された者や、政治経験が足りない者が、コービンのプロジェクトに真っ向から反対する政治観の持ち主たちと席を並べていたのだ。党を揺さぶるメディアへの情報リークは日常茶飯事だった。

コービン自身も、生まれもっての管理者タイプではなかった。彼の一般議員時代の雑然とした国会事務局を知る者にとっては、驚きでもなんでもないが。党首選の選挙運動中には、側近たちがコービンの年長の協力者に、面会予約を入れる権限をコービンから取り上げてくれと頼みこんだほどだった。彼の善意につけこんだスタッフが、過去に何人もいたからだ。

実際、コービンの主要な強みの多くが弱みでもあることが判明した。膨大な数の人々がこのきわめて型破りなリーダーに魅力を感じた理由は、政策を除くと、品性と誠実さだった。しかしそれは裏を返せば、他人との対決を極度に嫌うということだ。異論の多い困難な決定をして反対を抑えこむことがリーダーシップの基本条件である以上、これは問題になる。

「彼の弱点は人がよすぎること。人生のあらゆる面で平和主義者だから、それがマイナスに働くこともあるの」と、イベント・チームを手伝った若いマンチェスター人のフランキー・リーチは言う。「事務局内のいざこざでも、ぜったいに彼が口を出してこないものがあった。つまらない口喧嘩みたいなものにかかわりたくなかったのね。とにかく対立を避けようとする。必要なら決定を下すけれど、そのときには全員が賛成することを望んだ。政策とか決定が議論になると、延期、延期よ。なにしろ自分で決めたがらなかった」

コービンは影の内閣の閣議を仕切るのも不得意だった。話し合いは議題も焦点も定まらず、コービンは論争になりそうな案件について決定を下すのを嫌がった。また、たびたび遅刻し、よくわからない別件で途中退席し、自分の考えをなかなか言わないか押し黙ったままだった。最初から顔を出さず、完全に姿を消して携帯電話の電源を切り、まったく連絡がつかなくなることさえあった。「執務室は散らかり放題だった」と協力的だった影の大臣のひとりは言う。「あれは彼の人柄のせいだ。どんなことにもノーと言えないたちだから」

頑固さも、チームのメンバーを苛立たせた。元報道担当のひとりは、コービンの大きな弱点は主流メディアへの対応を拒みつづけたことだと言う。「彼はメディア対応をしないし、そのための訓練も受けようとしなかった。メディア対応を、あちらに寝返ることのように感じていたようだ。ありのままの自分でいたかったんだね」。珍しくBBCの『アンドリュー・マー・ショー』のような人気政治番組に出演しても、チームが考案した主要ニュースに使われそうなひとことをたびたび言いそこねた。「ジェレミーの話の出来不出来は振れ幅が大きくてね」と、コービンの元広報担当者で首席戦略コミュニケーション顧問だったジェイムズ・シュナイダーは言った。「いいときには最高によくて、悪いときにはとんでもなく悪い。口の達者な政治家じゃないんだ。それにはいい面も悪い面もある」

◆

◆

コービンの党運営で最初から明らかに欠けていたのは、メディア関連の経験だった。総じて左派に敵対的なイギリスのメディアで働いている社会主義者はほとんどいなかったが、いたとしても労働党の新しい党首事務局への転職は考えにくかった。私も含めてだ。

コービンが党首に選ばれる数週間前、ガーディアン紙のジャーナリスト、シェイマス・ミルンと私はセント・パンクラス駅のバーに招かれた。同席したのは、サイモン・フレッチャー、アネリーゼ・ミッジリー、アンドリュー・マレー。フレッチャーはその場で私たちふたりに就職を打診したが、私は即座に断った。理由のひとつは、それだけの技能を持っているという自信がなかったからだ（コービンの勝利のあと、マクドネルから非公式の顧問として週に一、二回来てくれないかとも言われたが、これはジャーナリストの倫理に反すると考えた）。一方、ミルンはフレッチャーの提案を受け入れ、ガーディアン紙から無給休暇をとった。その後、二〇一七年初めには正式に退職する。

二〇一五年一〇月、ミルンは新たに首席戦略コミュニケーション顧問の地位についた。あらゆる点で自分ががかかわらなければいけないと感じていたのだ。新党首にメディア対応の基礎がないのはわかっていたし、労働党内に党首への敵意があることも理解していた。求められている役割に自分が適任かどうかは、彼としては二の次だった（ほかに適任者がいただろうか?）。とにかく政治的な熱意とイギリスのメディアの内部知識を頼りに着任したのだった。

イデオロギー色の強い頑固なスターリン主義者としてのミルンがとらえるメディアの姿は、現実のメディアから大きく隔たっている。彼は「エスタブリッシュメントの中心で生まれる反エスタブリッシュメントの抵抗」という、イギリスの長い伝統を受け継いでいた。父親はBBC会長、ミルンは権威あるパブリックスクール、ウィンチェスター・コレッジで教育を受け、校内の模擬選挙では毛沢東主義者として立候補した。急進的なストレート・レフト誌の編集者としてジャーナリズムの道に入り、イギリスや世界の政治が右傾化しても、みずからの信念を貫いた。

一九九〇年代にガーディアン紙で労働関係の記者を務めたことから、すでに強かった労働組合とのつながりがさらに強化され、二〇〇一年に主筆に任命されたときには、ニュー・レイバー寄りのコラムニストたちから怒りと驚愕の声が湧き起こった。カナダの著名ジャーナリスト、ナオミ・クラインによると、シェイマス・ミルン時代のガーディアン紙の社説は「真にグローバルな議論の場」になった。保守党の政治家ダニエル・ハンナンでさえ、ミルンが「ガーディアン紙の社説のページを最大限活用」して、「イギリスでもっとも思考を刺激される意見欄にした」ことを称えている。

窒息しそうな政治環境のなかで一〇代をすごした私にとっても、ミルンは現状に異を唱えるガーディアン紙のゲイリー・ヤングやクラインと並んで、政治的な救命ボートだった。社会に広がった政治的コンセンサスに、メディアのプラットフォームを用いて大声で挑戦するまれな例で、私が二〇一四年にガーディアン紙の執筆陣に加わったときにも、彼は協力者であり、導師だった。

コービン・プロジェクトにたずさわった五年間の苦難の体験のあとでも、ミルンは鋭い頬骨とエルフ的な顔立ちのせいで、とても六〇代前半には見えないくらい若々しい。いつもペストリーを頬張っているらしいのに、うらやましいほどすらっとした体型を維持している。どんなときにも礼儀正しく、人への興味を失わず、イギリスのパブリックスクール出身者らしい茶目っ気とウィットに富んだ魅力の持ち主だ。彼にしっかり注意を向けられると、自分が部屋のなかでいちばん偉くなったような気がする。

ある影の大臣のように、彼を「いくらか知的スノッブ」と見なす人々もいる。「彼と同じくらいの切れ者になるには、知的に遜色ないレベルでなければならない」と。しかし魅力的な人物なので、ミルンに長いあいだ腹を立てることはむずかしい。あるとき、コービンの私設秘書のローラ・パーカーはミルンに激怒し、涙ながらに「あの愚かな上流気取りの顔をぶん殴ってやる」と宣言したが、彼が部屋に入ってきて、すこぶるにこやかに「調子はどう？」と訊いたとたん、「ええ、上々よ、ありがとう」と答えていた。

コービンのチームに加わったとき、ミルンは当然メディアとの対決を覚悟していたが、あれほどの猛攻撃は誰も予想できなかった。新聞は彼のあらゆる私生活を掘り返し、家族や子どもまで巻きこんだ。街で買い物をしていようが、旅行中だろうが、おかまいなしに襲ってきた。自宅の外に一週間キャンプを張られたこともあった。記者たちはミルンの写真を手に近所の家々のドアをノックしつづけた。

彼が着任した際のチーム内での評判は、非常によかった。左派のなかでは有名人だったし、頭が切れて、常識はずれに博識で、ライターとしても定評があり、純粋な政治的忠誠心を持っていたからだ。なかんずく重要なのは、コービン自身が彼を高く評価し、信頼していることだった。

コービンの主要な関心は国際関係にあった。ミルンも同じだ。ふたりに共通する政治的発想は、いわゆる「反帝国主義」の伝統から生まれていた。植民地主義は、西欧諸国が地球上の広大な地域を暴力的に征服し、犠牲者の資源を略奪して富を蓄積することで成り立っていたという、正しい考え方だ。たとえば、インドはイギリスの帝国主義政策によって何百万人もの国民を失ったと言われる。ベルギー領コンゴでも最大一〇〇〇万人がこの世から消えた。

左派ジャーナリスト、シェイマス・ミルン

植民地主義が公式に終わっても西洋による支配が終わったとはかぎらない、という理解も正しい。世界の覇者アメリカとその同盟国はほとんど、経済的、戦略的な自己利益にもとづいて行動している。その戦略には、戦争、野蛮な独裁政権の擁護、クーデタや、極端な場合にはテロ集団への支援が含まれる。ただし、この考え方には、西洋の利益と対立する粗暴な政権を正当化しかねない危険性もある。

ともあれ、コービンはミルンに最大級の敬意を払っていた。彼を人に紹介する際、「こちらはシェイマス・ミルン、われわれの頭脳役だ」と言うこともあった。そんなとき、戦略コミュニケーションの責任者ミルンは、控えめに微笑んでいた。「ジェレミーは彼に全幅の信頼を置いていた」と元スピーチライターのジョス・マクドナルドは言う。「われわれが演説の原稿を書いたとき、ジェレミーが最初にする質問は、『シェイマスは見たか？　これでいいと言ったか？』だった。やることなすことすべてに、ミルンの同意を求めていた」

ミルンはコービンを知的に引き寄せる磁石だった。コービンは彼のことを「ザ・グレート・ミルン」、ときに略して「ＴＧＭ」と呼んだ。一部の人間に言わせれば、これはまさしく党首の自信のなさに由来していた。「ミルンが利用したのは、ジェレミーの知的面での不安感だった」と左派の影の大臣のひとりは言った。「ジェレミーは大学の学位を持っていないからね」

ミルンは、己に課した厳しいルールを報道機関に伝えた――嘘をつかない、ということだ。並はずれて熱心に働き（日に一二時間労働は当たりまえ）、プレッシャーがかかっても、決定的に重要な瞬間でも、落ち着いて対処することで知られた。「ほとんど休憩もとらず、週七日働いていたわ」と彼の補佐だったアンジュラ・シンは言う。「何かを編集すると、かならずもとの文章よりよくなる。ブレグジットや労働党国会議員の分裂のせいで、本来主導するはずだった政策を実現可能な戦略にまとめることはできなかったけれど、知性が高いことはまちがいない」

ミルンはクリエイティブだった。記者たちが記事の書き方に迷っていると、重要なタイミングで口を挟んで彼らの士気を高めた。擁護者に言わせれば、党首を補佐して政治課題を解決する方向に進ませた。「シェイマスは明らかに力強いメッセージを送る男だった。つねに正しい政治をおこなっていた」と年長の補佐は言う。

重要な時期にも何度か、議論を呼んでものちに正しかったとわかる判断をうながした。たとえば、二〇一七年のマンチェスター・アリーナでの自爆テロ事件のあと、ミルンは、労働党はテロの危険性の高まりをイギリスの外交政策に反映させるべきだ、ともっとも声高に唱えたが、その立場はイギリスの世論と一致していた。また、みずからは左派でヨーロッパ懐疑派であることを公言しており、僅差で争われる地域ではEU離脱派の票を取りこむことが大切であるという選挙分析も的確だった。彼の補佐だったジェイムズ・シュナイダーも、その点についてミルンは「誰よりも正しかった」と主張する。ミルン自身もまちがいなく同意するだろう。

さらに弁護すると、少なくとも最初は、党としてミルンにチームをつける余裕はなかった。政治家は、たとえば保守党の「ブレグジットをやりきる」のように、同じメッセージを何度も伝えて国民の意識に浸透させなければならないが、コービン自身も含めた労働党の有力政治家たちは、合意したことを根気よくくり返すことを拒んだ。そのために、メッセージに一貫性を持たせる活動はむずかしかった。

◆―――◆

とはいえ、これらの点を除くと、ミルンは悲しいことに力不足だった。毎週新聞のコラムを書くことはお手のものだが、政党の戦略とコミュニケーションを管理することには不慣れだったのだ。「彼は週七日、二四時間のニュースサイクルを理解しているタイプではなかった」と元補佐のひとりは言う。「コラムを書くのは自分の好きな話題についてだ。その日のニュースに取り上げられた話題じゃないからね。でも人々が気にかけているのは後者のほうだ。彼は締め切りも守らないし、長期的なことも考えない。未来を先取りした行動はあまりとらず、物事の進め方や作法や規則は理解していなかったと思う」。このような批判は、何度も耳にした。

職場の同僚がたびたびもらした不満は、ミルンのまわりくどさだった。プレスリリース、演説、その他の公式発表でミルンの了解を得ることは不可能に近かった。彼が決裁しないことで、党運営全体が急停止してしまうこともよくあった。「何かでサインをもらうことが冗談みたいにむずかしくなった」と補佐のひとりは言う。「笑うしかなかったよ。何がどうなっているのかわからなかった」。ミルンはすべての案件について自分を通すよう言い渡していたが、それは不必要に効率が悪く、本人がいないことも多いので、リーダーシップの空白がずっと続くことになる。「彼の管理スタイルをひとことで言えば、『不在の父親の雰囲気』だ」と別の補佐は言った。「家族の誕生日にも遅れて帰ってくるし、一年の大部分は家にいない」

ミルンは戦略会議に遅れて現れ、よく何かを食べながら部屋を出たり入ったりして、ほかの出席者を苛立たせた。ミルン（または遅刻の常習犯として有名なコービン）の到着を待つあいだ、トップレベルの幹部会議が何時間も先延ばしになることが頻繁にあった。「彼は刹那的な発想の人だと思う。アイデアレベルのことには一生懸命になるのに、実行のレベルでは考えない」とある補佐は言った。

二〇一六年一一月、産業界の大物たちの組織であるイギリス産業連盟で、コービンが初めて演説をしたときの計画が、その典型だった。通常こういう機会では、チームの若いメンバーが数週間前から準備を始める。コービンの到着のしかた、会う相手、式次第、質疑応答の手順などについて全会一致で決めておくのだ。しかし、ミルンはそうした打ち合わせにいっさい出なかった。きわめて懐疑的な聴衆がそろい、メディアの注目も集まる演説だったのに、彼は当日の朝も、どうしてそんなに早く現地入りしなければならないのだと文句を言い、三〇分前に集合すれば充分だと提案した。スタッフのあいだには怒りと不満が広がった。

ミルンの反応はいつも悪く、ワッツアップのメッセージにもたまにしか答えないし、メールに返信があることはまれだった。しかも話題はつねに自分で選び、国際関係かブレグジットの状況を改善させること以外にはほとんど関心を示さなかった。

「組織のことは完全無視で、時間は守らず、現れないこともよくあった」と別の元補佐は言う。「メールの返信も来ない。四年間いっしょに働いて私のメールに返信したのはたった一回だったと思う。アイデアを認めるという内容だった。そんな調子だから、まわりの人間は疲弊した」。みなで決めた締め切りは無視された。打ち合わせをする意味もなくなった。何かを決定しても、あとでミルンがコービンにこっそり助言して覆してしまうからだ。合意事項を反故にしたい者たちはそれを知っているので、打ち合わせのあと真っ先にミルンのところに駆けつけた。

ミルンが承認を最後の瞬間まで引き延ばすのには政治的理由があるのではないか、と疑う者もいた。演説の草稿に関して、コービンの上級政策顧問だったアンドリュー・フィッシャーはこう振り返る。「彼がどこに手を入れたか確認しようとメールを見ても、変えたところをハイライトしていないから、原稿を最初から読まなきゃならなかった。だから本番直前に大騒ぎになる。それはジェレミーのためにならなかった」

ミルン自身が判断ミスをすることもあった。初期の深刻なミスの例として、二〇一六年春、党運営の舞台裏のドキュメンタリー撮影をカナダの〈ヴァイス・メディア〉に許可したことがあげられる。政治はソーセージの製造のようなものだ。食べるまえにことさら製造過程を目にする必要はないが、このとき「ソーセージ工場」はカメラに映る準備すらさせてもらえなかった。

ある日、アネリーゼ・ミッジリーが事務局に入ると、いきなりカメラが突きつけられた。彼女は抗議したが、撮影クルーはミルンの許可を得ていると説明した。たしかにミルンは許可して、チームのほかのメンバーに伝えていなかったのだ。コービンの事務局には最終的な編集権限があるというのが彼の言い分だったが、結局それはまちがいだった。サイモン・フレッチャーもミルンも、できたドキュメンタリーの内容に大反対したものの、すでに契約は結ばれていた。かりにうまくいっている組織でも、この撮影は何ひとつ得るものがない失策だった。ましてコービンの組織はうまくいっていないし、党内外から包囲攻撃を受けていたのだ。年配層は出演を拒み、若い同僚たちは演技でごまかそうとした。

そのドキュメンタリーには、悪名高い場面がひとつある。コービンのイベント担当責任者だったギャビン・シブソープが撮影者に、「いちばんいいのは、ジェレミーが勝手に失敗するのを待つことだろうね。そうなるとは思わないけど。それでも、都合よく失敗してくれることはあるだろう？」と言ったのだ。悪意があったわけではない。ことばの選択に難はあるものの、労働党内の反乱分子の戦略は非生産的だと言いたかっただけだ。しかし、シブソープのこのコメントはまたたく間に広まり、コービン懐疑派から「シブソープ・ドクトリン」と呼ばれた。

シブソープ自身は大いに反省したが、彼の責任を問うには無理がある。元NHS管理職員で、こうした職場環境に足を踏み入れたのは初めてだったし、ろくに支援も訓練も受けていなかったのだから。それに、「どっちみち足元を見られていた。相手は〈ヴァイス〉だから」というシブソープの指摘は正しい。この世でそれを理解していなかったのはミルンだけのようだ。そのドキュメンタリーは世界各地で物笑いの種になった。

つまるところ、多くの人を怒らせたのは、ミルンのプロ意識の欠如だった。「管理者、それもコミュニケーションや宣伝活動や迅速な意思決定が不可欠の地位にある管理者として、残念ながら彼は合格水準にとうてい達していなかった」と同じ補佐は匿名を条件に語った。「そう言わざるをえないのは胸が痛む。私は誰に対してもシェイマスを弁護する。とりわけ彼のことを知った気になって、いろいろ非難する人にはぜったい譲らない。でも、彼は優秀な管理者ではなかった。本当に胸が痛む」

管理技術だけの問題ではない。コービン・プロジェクトには明らかに戦略が欠けていた。首席戦略コミュニケーション顧問のミルンがその責任を担うべきだったのに、それがなかった。「方向感覚を得ること、シェイマスの頭のなかを探ることに、みな悪戦苦闘していた」と同じ補佐は言った。「いつもそう。何をするにも時間がかかりすぎ、すべてがブラックホールに吸いこまれて消えてしまうから、何も起きなかった」

「シェイマスには強みがたくさんあった。政治に真剣に取り組むことも含めてね」とジョス・マクドナルドは言う。「熱心なマルクス主義者と言われるわれわれだけど、シェイマスは党首事務局のオフィスで本当に社会主義者の理論について議論できるひとりだった。まずいのは、いつもいないことだ。みなつねに彼を探しているけれど、なかなか捕まらない。自分の仕事をしない、それが戦略担当幹部としての大きな弱みだった。戦略に関する文書なんて一度も見せられたことがなかったしね。シェイマスは戦略を説明しないし、将来を見越した決定もしなかった。たんに誰かがした決定に賛成するか、反対するかだ。腰をすえて、必要なことをわれわれと話し合わなかった」

こうして戦略を実行に移すスタッフには、その材料も手段もほとんど与えられなかった。「コービンの執務室からは何も戦略の指示が出てこなかった」とコミュニケーション・チームのひとりは言う。「シェイマスはわれわれに戦略の方向性も示さないし、これを目標に活動しろという説明もしなかった」。記者会見に備える朝の打ち合わせもしたことがなかった。どんな組織でも、その日の戦略を立てるために欠かせない集まりだ。「首席顧問が打ち合わせの議長を務めないどころか、開こうともしないのはちょっと理解できない」。選挙分析やフォーカス・グループによる調査が大量に外注されたが、それらの結果が党の行動につながる計画に変わることはなく、報道関係のスタッフがまとめた仕事も無視されているように見えた。

内部のコミュニケーションも不充分だった。なぜある決定がなされたのか、どうしてそれを実行しなければならないのかについて、党本部のメディア担当が知らされることはなかった。決定は、ミルンがめったにやってこない事務局でもれ聞いた会話にもとづいてなされた。「多くの人がやみくもに何かを壁にピンで留めているような仕事のやり方だった。目隠しをしてボードにダーツを投げているような」と戦略担当だったひとりは言う。「そして実際の業務をこなすのは、権力を持たない人か、自分には権力がないと思っている人たちだった」

組織を円滑に運営するには、短期、中期、長期の戦略が必要だ。さまざまな報道機関と戦略チームに情報や仕事を割り当てる流れを作り、特定の目標を達成するために、党首が党本部と明確に役割分担してうまく協力することも必要である。しかし、コービンの労働党にはこれらが絶望的に欠けていた。

たとえば、半年先まで日ごと週ごとの計画を設定したスケジュール表、いわゆる「グリッド」をきちんと作っておくべきだった。そこに労働党として広めたいさまざまなストーリーを書きこんでおく。ところが実際には、毎朝一本の電話がかかってきて、報道担当の幹部がその日のニュースを知らせ、それに対するコメントを提案するだけだった。長期計画についても、報道担当が気候変動や国際問題など、個人的に興味のある分野をわれ先に盛りこもうとするので、その場しのぎになる。そんな調子だから「グリッドはぐちゃぐちゃだった」とある担当者は言う。「狙いや目標がある戦略的なグリッドというより、項目がバラバラに並んだスケジュール表という感じだった」

これは構造的な問題だった。戦略は、党の選挙での目標や、ターゲットとする主要選挙区、現地での組織、政策の位置づけ、そしてまさに数々のコミュニケーションから生まれる。戦略をコミュニケーションの下位に置いてはいけないのだ。だがこの場合、戦略はコミュニケーションの延長でしかなかった。たとえば、北部の地域社会に安定した高給の仕事を取り戻そうという演説のまえに、グリッドを作成してもよかった。そこには、その目的に応じた政策の発表や、メディアに注目される党首の訪問などが含まれていただろう。影の内閣の面々も同様の活動にたずさわる。ひとつの戦略的目標が定められ、その週のすべての活動は特定の結果を導くように設計される（たとえば、うまく機能する組織を見慣れた人なら、強み（S）、弱み（W）、機会（O）、脅威（T）を特定するSWOT分析をよく使っているかもしれない）。だがコービン党首のもとでは、これが完全に欠けていた。

それでいてコービンは毎週、異なる選挙区の全党員集会に送りこまれた。たしかに議席を獲得したい選挙区も多かったが、地域社会全体ではなく、すでに党員になった人たちに改めて党首の話を聞かせるのは資源の有効活用とは言えない。「接戦地域で部屋に三〇〇人が集まったとする」とコミュニケーション・チームのひとりが説明した。「その三〇〇人のうち二〇〇人が党の運動員になったり頻繁に運動に出たりするようになれば、価値はある。でも私には、ボスがただ町に行って演説し、自撮りにつき合い、くじ引きの景品にサインして帰っていくように見えた」

新しい宣言の内容を考えて、どこかの選挙区で発表する合意を得ればいいものを、党のやり方は荷馬車を馬のまえにつけるような混乱ぶりだった。ある町への訪問が決まると、チームはメディアの取材のきっかけを探すように要請された。そこで彼らは訪問に関連づけたなんらかのストーリーを押しこみ、メディアに声をかけて取材されることを祈る。コミュニケーションと戦略が機能不全に陥っていたので、グリッドの運営はイベント・チームが担うことになったが、戦略がないせいで、それはグリッドというよりただのスケジュール帳のようだった。

ミルンの党運営は、彼の事実上のナンバーツー、ジェイムズ・シュナイダーがいなければ、さらにひどいことになっていただろう。シュナイダーは二〇一六年一〇月に〈モメンタム〉からリクルートされた元ジャーナリストだ。ミルンと同様、エリート校のパブリックスクール、ウィンチェスター・コレッジの出身で、ふたりは次第に緊密な関係となり、ときに「ジェイマス」と揶揄されるほどだったが、ミルンとちがってシュナイダーは几帳面で、もちろん頭もよく、コービンの幹部のなかでもきわめて有能なメンバーとなった。

だが究極の問題は、ミルンが権限を手放そうとしなかったことだった。自分の限界を認めて責任を誰かに譲るのではなく、さまざまな執行権を自分だけに集めようとした。二〇一七年の総選挙のあと、アンドリュー・マレーが戦略とコミュニケーションを切り分ける戦略提言書を書いた。提案のひとつは元メディア担当責任者のケビン・スローカムを呼び戻すことだったが、スローカムは条件として首席コミュニケーション顧問になることを望んでいた。つまり、その部分のミルンの仕事を奪うことになる。これにミルンは抵抗した。屈辱的な降格と世間に見られることを怖れたのだ。

別の問題もあった。二〇一七年の総選挙の勝利を受けて、チームは新規党員の申しこみが殺到すると信じていたが、実際にはそうならなかった。ついに二〇一八年五月、元BBC幹部のアンジュラ・シンがコミュニケーション顧問として雇用された。スタッフは彼女の勤務初日を憶えている。机に案内され、IT担当がパソコンの設定をしますからと言われて、それで終わりだった。パソコンでトランプゲームをしていた幹部スタッフに、シンがみんなでコーヒーでもどうと尋ねると、「なぜ？」とぶっきらぼうに返された。そのままふつうの自己紹介もなく、シンはほとんど無視された。役割分担はじつにいいかげんで、彼女の責任は明確に定義されず、宙ぶらりんの状態で、スタッフを管理する権限もなかった。シンは憤慨して三度辞めようとしたが、コービンへの忠誠心だけから、かろうじてとどまったのだった。

同じことはほかの任命にも言えた。必死でチームにプロを増やそうとして、ジョン・マクドネルは元国家公務員担当相のボブ・カースレイクを呼び入れた。カースレイクはミルンに、戦略を扱うスタッフを雇う必要があると話した。たんに日々の業務をこなすだけでなく、未来を見すえて事前に計画し、影の閣僚を緊密に結びつけるスタッフだ。かくして、インディペンデント紙からカースティ・メジャーが雇われ、NGOの〈ウォー・オン・ウォント〉からマーク・ダーンが加わった。

一般議員デイビッド・ラミーのチームにいたジャック・マッケンナも、ヘッドハントされた。グレンフェル・タワー火災や、ウィンドラッシュ事件［訳注：イギリスに移住していたカリブ海諸国出身のイギリス人に対する強制送還に関連した政治スキャンダル］、教育の不平等、移民排斥、人種差別などの不正への対処で称賛された人物だ。勤務初日、マッケンナは午前九時に党首事務局にやってきた。だが、まだ誰も出勤しておらず、鍵がかかっていたので外で待たされた。ようやくなかに入っても彼の机やパソコンはなく、話はぜんぜん通っていなかった。マッケンナの新しい任務はコービン・プロジェクトの成功に欠かせないと言われていたが、あいにくそう言われたのは彼だけのようだった。

幹部議員の政治顧問たちとの顔合わせのミーティングも設定されず、影の内閣のチームの打ち合わせに出てみると、誰も彼を知らないし、なぜ彼がそこにいるのかも理解していなかった。ふだん党内からの支援が足りない影の大臣たちは、マッケンナはプレスリリースを書いてメディア対応をする人というイメージでいたが、彼はそんなことのためにまえの政治運動の仕事を辞めてきたわけではなかった。才能の無駄遣いとはこのことだ。

政策部を除いて新任スタッフのオリエンテーションはなく、みな最初は手探りでワッツアップのどのグループに参加するかといったことから始めなければならなかった。どの仕事にどう時間を配分するかという指示もない。私がある上級補佐から聞いたところでは、手続きの欠如は自分たちがぎりぎりの状態で働いていた症状の表れだというが、オリエンテーションがあったほうが時間の節約にはなる。新しいスタッフに三時間かけて職場の仕事のやり方を説明すれば、その後何週間も本人が暗中模索せずに、ただちに仕事に集中することができるのだから。私立校育ちで自信に満ちた白人男性なら、そうした無用の困難もわりにうまく切り抜けられるのかもしれないが、ほかの人たちはそうもいかない。

ミルンの才能と技術は否定のしようがなく、コービンの信頼できる顧問、あるいは雄弁なコラムニストとしてなら成功したかもしれない。だが、ある上級補佐が言ったように、「シェイマスはあの地位についていたあいだ、わかりやすい戦略を示したことがただの一度もなかった」。別の補佐はミルンをアーセナルのサッカー選手メスト・エジルになぞらえる。「才能にあふれ、繊細な動きと嗅覚、試合の流れを作る能力は比類ないけれど、汚れ仕事はしない。ミルンといっしょのチームにいるなら、ゴールラインまで下がって守るといった彼がしない仕事は、ほかの選手が引き受けなきゃならない」

とはいえ、ミルンにすべての責めを負わすのは不当だ。つまるところ、彼もまじめに働くつもりで職についたが、必要とされる経験が足りなかっただけなのだから。長く政治の荒野に追いやられたせいで、左派には適切な政治力と技能を明らかに持ち合わせた人材がいなかった。最終的にはリーダーがリーダーシップを発揮すべきだったが、それもなかった。「そもそも、ジェレミーはきわめて戦略的な人物というわけではない。問題はトップから発生していた」と最上層部の顧問のひとりは言う。明確な将来計画がなかったために、チームは毎日その場を乗りきるしかなかった。これはとうてい政党のまともな運営方法ではない。

◆―――◆

労働党内のコービンの敵の多くにとって、彼が党首にふさわしくないと思う理由は、国内より国外の政策方針だった。コービンの今日までの政治活動で、その方針の多くは正しかったことが証明されている。イラン・イラク戦争でサダム・フセインの独裁政権が国内のクルド人にガス攻撃を加えたときには、フセインを支援していたイギリス政府を批判したし、イギリスの保守党政権がアフリカ民族会議をテロ集団と見なしていたときにも、反アパルトヘイトの抗議活動をおこなって逮捕され（一九八四年）、二〇〇三年のイラク侵攻には強行に反対していた。しかし、国際情勢に関してミルンとコービンに共通する政治的気質は、労働党執行部にとって悩みの種だった。

二〇一八年三月初旬、事件が起きた。かつてロシアの軍幹部だったころに二重スパイとしてイギリスに情報を流し、その後大聖堂の町ソールズベリーに移住して静かに暮らしていたセルゲイ・スクリパリと、その娘のユリアが神経剤で襲撃されたのだ。すぐさまロシアの関与が疑われた。イギリス国内で反体制派ロシア人の暗殺を図る前例があったからだ。二〇〇六年には元ＫＧＢのスパイ、アレクサンドル・リトビネンコが、ロンドンの飲食店で放射性ポロニウム２１０を飲まされて死亡していた。

ミルンは、新冷戦主義者が指摘するようなプーチン擁護派ではなく、ロシア指導者の「権威主義的保守主義」を含めて何度も公式にプーチンを批判していた。彼の見解は、西欧諸国によるロシア包囲網は世界平和にとって脅威だということであり、ロシアのような強国の出現はアメリカの覇権に対する重要な歯止めになるという考えに近かった。[*2]

しかし敵対的なメディアは、労働党の対応について報道するたびに、コービンの反戦運動だけでなく、ミルンが持っているとされる「思想」にふれた。二〇一四年一〇月、ロシアの黒海沿岸の都市ソチで開かれたバルダイ国際討論クラブの年次総会で、ミルンがプーチンと並んで議論の司会を務めたときには、ふたりが握手している写真が多くの新聞の紙面を飾った。

こうした背景はあるにせよ、ソールズベリーの凶行に対してミルンが指揮した労働党の反応は、党に無用のダメージを与えた。補佐たちから内密に聞いた話では、ミルンは事件について、「ロシアがこんなことをするわけがない。彼らの利益にならないのだから」と言っていたという。

二〇一八年三月一四日水曜日、国会でコービンは、この「すさまじい暴力行為」を非難し、市中での神経剤の使用を「忌まわしく、無謀きわまりない」と評して、ロシアの新興財閥（オリガルヒ）から保守党への献金を糾弾した。しかし、犯人はロシア政府以外にいるかもしれないという余地を残し、プーチンが「不注意で管理できなかった」のかもしれないと述べた。保守党の席からは「恥だ」の野次が飛んだが、じつはその二日前にテリーザ・メイ首相も同じ可能性をほのめかしていた（もっとも、二日後には「ロシア政府の責任」を追及していたが）。

何より労働党に大きなダメージを与えたのは、報道陣に対するミルンの説明だった。「大量破壊兵器と諜報活動の結びつきには歴史があり、控えめに言ってもそれが問題です」と言ったのち、問題の神経剤はソビエト時代に製造され、「何者かの手に」落ちたのかもしれないと指摘したのだ。これは多くの労働党の補佐をくり返し苛立たせた事例の典型だった。ミルンは事前に党内で調整した説明ではなく、自分自身の（その延長線上でコービンの）政治的見解を記者たちに伝え、彼らに充分な攻撃材料を与えてしまった。保守党の国会議員たちはここぞとばかりにミルンのこのコメントを責めたが、コービンの政策担当者が考案した質問で、事態はさらにややこしくなった。コービンは首相に「ソールズベリーの攻撃で使われた神経剤を独自に検査したい、というロシア政府からの要請にどう応えたのか」と尋ねたのだ。

最終的には労働党も、事件の裏にロシア政府がいることを受け入れざるをえなかったのを考えると、こういう質問をして何を得たかったのかがわからない。新聞の見出しでは「コービンはクレムリンのカモ」とか「プーチンの操り人形」と書かれ、労働党党首はイギリス嫌いの過激主義者扱いされてしまった。

例によって、コービンの報道チームは事前に何も知らされていなかった。「あれにはひとこと言わざるをえなかった。本当に腹が立ったから」とコービンを支持していた報道担当者は言う。「シェイマスと一対一で対決したことはほとんどなかったけれど、あのときにはしかたがなかった。わざわざ墓穴を掘っているように思えたんだ。労働党国会議員も、影の内閣も、党首事務局のスタッフも、あの立場は支持できなかった。シェイマスとジェレミーの意見だけがひとり歩きしていた。彼らはあのとおり信じていたからね」

スクリパリ事件のあと、世論調査でコービンの評価は急降下した。[*3] 対応策として、労働党はロシア外交官の追放を支持し、ロシアのオリガルヒからの「ダーティ」マネーを取り締まる「マグニッキー法」の発動という、保守党よりはるかに厳しい措置を提案したが、騒動のあとではそれもすっかり影がかすんでしまった。

このスクリパリ事件は、する必要のない闘いを党首があえてした典型例であるだけでなく、コービン、ミルンの政治的見解と重鎮ジョン・マクドネルの考え方のあいだに広がりつつある溝をあらわにした。とくにコービンは〈ストップ・ザ・ウォー〉運動に長くかかわり、二〇一五年の党首選まで議長も務めていたことから、マクドネルと比べるとはるかに親ソビエト思想の「タンキー」〔訳注：イギリス共産党内のソ連支持者〕や、完全な反帝国主義を唱えるトロツキスト寄りだった。一方、マクドネルの考え方はもっと柔軟で、反西欧の強権国による人権侵害を強調しすぎて主戦論者の術中にはまることを怖れる昔ながらのコービン派とはちがい、たとえば、イランの権威主義的政権に対抗する民主化運動を支援するグループを結成し、その代表として国会内で発言することもあった。

だからマクドネルも、党首のスクリパリ事件への対応にかなり苛立っていた。だが、公の場では相変わらずの忠誠心の高さで、コービンの見解は「誤解されている」と擁護し、労働党としては「ロシアに責任がある」という認識で一致していると軌道修正した。[*4] また、労働党国会議員には、ロシア国営の国際報道番組〈ロシア・トゥデイ〉に出演しないよう呼びかけた。[*5] このように、越えるべきでない重要なラインを守り、ダメージにつながる不要な争いを避けるマクドネルの戦術をうまく使えば、コービン・プロジェクトが負う傷もずいぶん少なくすんだはずだが、あいにく、そうはならなかった。時がたつにつれ、影の財務相と党首事務局のあいだの隔たりは大きくなるばかりだった。

党首事務局と労働党の官僚組織との関係は最初から悪く、コービンが何をしようと大部分は折り合いがつかなかったが、コービンと周囲の人々の行動は、状況を改善するどころか、ますます悪化させた。

労働党国会議員のなかには、コービンとイデオロギー的にどうしても相容れず、党首と誠実に接することができない者もいたが、それほど確固とした政見を持たない者もおり、当初は後者のグループをコービン陣営に取りこもうという努力もなされた。ある補佐は、労働党国会議員の事実上全員とコーヒーや酒を飲み、食事をした。毎週水曜は、首相への質問のあと、午後は「オープン・デイ」とされ、国会議員たちは党首を訪ねることができた。その日の夜はいつも、新人や地域別など、さまざまな国会議員の集団を招くパーティも開かれ、一部のコービン派は、そのときに話しかけるべき国会議員を割り当てられた。

だがこの戦略は「コア・グループ」の多くの議員を苛立たせた。味方について当たりまえと見なされ軽視されてきた、コービン派の国会議員たちである。「彼らには注力しなかった。すでに身内のようなものだから。それより協力者を増やすことが必要だった」と当時の次席補佐官アネリーゼ・ミッジリーは言う。結局、この方針は結果の良し悪しが判明するまえに放棄された。

コービンが党首になって二カ月後、秘書官に任命されたケイティ・クラーク（ノース・エアシャー・アンド・アラン選挙区選出の左派国会議員だった）は、パーティや水曜の「オープン・デイ」を廃止した。まずはコア・グループに力を入れ、そのあとで外との関係を築くことにしたのだ。もちろん、政策面で妥協しなくても、より大きな議員グループと良好な関係を築くことはできたはずだ。有能な組織であれば、少なくとも「誠実な」批判者を、悪意だけの批判者から切り分けることができただろう。

ただ、コービンの党内の敵は事情がちがった。彼が党首になって数カ月たつと、支持者のなかにも幻滅が広がった。たとえば、ジョン・ランズマンは一九八一年にトニー・ベンの副党首立候補を支え、コービンの二〇一五年の選挙運動でも重要な役割を果たして草の根運動〈モメンタム〉を立ち上げていたが、二〇一六年の春ごろには党首に失望していた。「党は明らかに機能していなかった」と彼は私に語った。ランズマンは、マクドネルに党首を引き継いでほしいとまで進言して、まだコービンへの忠誠心がある影の財務相を困らせた。

落胆したのはランズマンだけではなかった。私もその夏、プロジェクト全体の行方を心配していた。コービン体制は崩壊し、左派は復讐に燃える反対者たちに粉砕されてしまうのではないか、と。気づくとひそかに、労働党党首に同情するほかの仲間や左派の評論家と同じことを考えていた。すなわち、コービンは過渡期の党首であり、二〇二〇年に予定されている次の総選挙のために、同じビジョンを持つもっと若い政治家にバトンを渡せばいいのではないか?

その最有力候補はクライブ・ルイスであるように思えた。ノリッジ・サウス選挙区から選ばれた新人議員で、声高にコービン支持を表明しているひとりだった。私は二〇一五年の総選挙のはるかまえに彼の運動を手伝ったことがある。

労働者階級出身で、さまざまな人種的ルーツを持ち、ノーサンプトンの公営住宅で育ったという出自も魅力的だった。軍役中に、左派の政治家はイギリス嫌いだとか国の安全保障上の脅威だと決めつけるメディアの中傷に抵抗するようになったらしい。まだ経験は浅いが、BBCの記者だったことから一部の熟練政治家よりメディア慣れしており、ハンサムと言えるほど見映えもよくて、想像上の政治ドラマで首相役を演じそうなタイプである。党首になる用意ができているとはとうてい言いがたいが、総選挙はしばらくない。それに、ルイスにはもうひとつ有利な点があった。この左派の新しいリーダーは、コービンの準備不足のチームで働いた経験から学び、選挙区でも早くから好印象を持たれていたのだ。

ところが、ブレグジットに関する二〇一六年六月の国民投票ののち、コービンに対して党内のクーデタが起きたことで、その幻のタイムテーブルは反故になった。保守党が急遽、総選挙に打って出るという噂もあった。翌七月、保守党はデイビッド・キャメロンが退いたあとの党首選をおこない、元内相のテリーザ・メイを選出した。彼女は国会で初めて演説したときから「鉄の女」のイメージを打ち出し、メディアのまえで新しいマーガレット・サッチャーのようにふるまった。[*6] 似ているのはそこまでだったが、とにかく新首相を掲げて自信満々の保守党は、これで労働党を選挙で圧倒できると舌なめずりしていた。

その夏は、すべてが混沌としていた。コービンにもっとも近い人たちでさえ、国会議員の約九割が彼に反対するなかでどう先に進めばいいのかわからなかった。そのひとりが、かつてコービンの国会調査員を務め、二〇一五年にランカスター・アンド・フリートウッド選挙区から国会議員になったキャット・スミスだった。クーデタの引き金になった影の大臣の相次ぐ辞任を受け、スミスはコービンと一対一で話し合おうとした。コービンのチームは極度に心配し、彼女が何を話すつもりか知りたがったが、最終的にスミスはチームを説得し、六月下旬にコービンの国会内の事務局に入ってふたりきりで話した。彼女の提案は、左派の思想を議論する新たな下地を作っただけでも充分な業績なのだから、党首を辞任してもいいのではないかというものだった。コービンは何も言わず、内にこもって静かに聞いていた。

後継候補と噂されたクライブ・ルイス

その間、クライブ・ルイスの噂話は続いていた。このころシェイマス・ミルンが彼に電話をかけ、調子はどうだと訊いている。「まずまずです。そちらはどうですか?」とクライブが緊張して応じると、ミルンは、「そう、なんというか、あまりよくない」と答えた。「聞いた話では、党首にならないかと打診されているようだね」

ルイスは一気に不安になって言った。「ええ、そんな話がありますね。ですが、私が言っているわけじゃない。望んでもいませんし」。すると、ミルンはこう訊いてルイスを驚かした。「やってみたいか?」。虚を衝かれたルイスは一瞬ことばを失ったが、「私がやらなければならないのなら、そしてほかに選択肢がなければ、もちろんやります」と答えた。ミルンは、「オーケイ、それが知りたかった」と言った。「電話を手放さないでくれ。事態は急速に動いているから」。しかし、あとでミルンに訊くと、そんな電話をかけた憶えはなく、そういう提案をしてもいないと答えた。そして、コービンが辞任することなど考えもしなかったと強調した。

事実はどうあれ、何も起きなかったのは確かだった。すでに述べたように、党の全国執行委員会（NEC）は、次の党首選でコービンを候補者にすることを決め、コービンは草の根党員からの圧倒的な支持を得て再選を果たした。ルイスと同様、私もコービンに二度目の投票をした。

選挙が終わると、党首のまわりに漂っていたトラウマの感覚はたちどころに消え、勝利感に置き換わった。雰囲気が片方の極端からもう一方の極端に振れたのだ。党首事務局では、どちらも不確かな「勝利と破滅」という双子をどう扱えばいいかわからないようだった。私は、彼らが過去数カ月の出来事から何も学んでいないのではないかと怖れた。この機能不全の党運営が続いて、最終的には総選挙で大敗し、左派が永遠に政界から追放されるのではないだろうか、と。

そこで、「評論家であり、徐々に党首に幻滅してきた友人」という自分の立場をもっとも活かす方法として、私は七月の終わりに「ジェレミー・コービンの支持者全員が答えなければならない質問」というタイトルのブログを書いた。そのなかで、「左派が敗れて永遠に消えてしまう」危険性にふれ、「ここ数カ月は、エスタブリッシュメントの敵意が容赦なくコービンの党運営に向けられた」ものの、「それに対処する戦略はまったく非効率であり、人々を惹きつけるメッセージを発して事態を打開することができなかった」と指摘したうえで、次のような大きな質問を投げかけた。「悲惨な世論調査結果を好転させるには？」、「明確なビジョンは？」、「直近の総選挙から大きく変わった政策は？」、「メディア戦略は？」、「四五歳以上の有権者（コービン・プロジェクトにもっとも反対している年齢層）を獲得する戦略は？」[*7]

コービンの中核的な支持者たちはこのブログに激怒し、私は労働運動のある著名な指導者の事務所に呼び出されて叱りつけられた。「いったいどういうつもりだ？　きみは左派から事実上脱退した。もう一度入る方法を探すことだな」

もちろん、それには賛成できなかった。私の行動は世間知らずと見なされうるし、実際にそうだったのだろうが、誠意からしたことだ。二〇一六年後半から二〇一七年前半にかけて、左派の評論家やコービンのチームの若いメンバーは私のアパートメントに集まり、コービン・プロジェクトを救済する方法を議論した。党首事務局内の勝利感は長続きしなかった。テリーザ・メイは早期の解散総選挙はしないと公言していたが、世論調査で保守党のリードが広がり、コービン個人の評価が下がりつづけたことで、彼女のことばの信憑性が疑わしくなっていたからだ。加えて、コービンの有能な報道官だったマット・ザーブ＝カズン、元首席補佐官のサイモン・フレッチャー、労働組合との連絡担当のナンシー・プラッツ、イベント担当責任者のギャビン・シブソープ、経済政策責任者のマイク・ハチェット、ステークホルダー管理を担当していたジェイン・フィッシャー、メディア担当責任者のケビン・スローカムらの離脱が相次いで、運営チームの士気も低下した。公の場ではコービン・プロジェクトを支援しつづけても、個人的にはあきらめる人まで出てきた。すべてがバラバラになりかけているように思えた。二度目の党首選は、それまでなかった「再起動」の機会だったのだ。

後継者をめぐる噂話はその後も続いた。コービンに対する私の疑念も消えなかった。二〇一七年二月末の補欠選挙のひとつで労働党が大勝し、もうひとつで負けかけたときにも、疑念は深まる一方だった。その時点で確信していたことはあまりないが、ひとつはっきりしていたのは、ガーディアン紙の当時の記事に書いたように、コービン率いる労働党は、次の選挙がいつであれ、そこで敗れ、労働党は急激に右傾化するということだった。だから、コービンが党の混乱を収拾できないなら、党首の地位はコービン支持者が最初に勇気づけられた政策を果敢に実行できる若い国会議員に譲るべきであると、私はその記事で結論した。[*8]

二〇一七年三月になってもまだ、コービンの後継者についての憶測は乱れ飛んでいた。しびれを切らした〈ユナイト〉指導部は、半年から一年以内に状況が改善しないならエミリー・ソーンベリーを推すと言いはじめた。これは、労働党右派の一部にとって魅力的な提案だった。コービン派ではないソーンベリーがようやく党を中道に戻してくれるというわけだ。コービン・ブロジェクトが崩壊の瀬戸際にあると考えた私は、何人かの労働党国会議員と話し合った。そのときクライブ・ルイスの名前があがったが、それはすぐさまテレグラフ紙にリークされた。[*9]

コービンのおもだった協力者たちは、私が裏工作をおこなっていると見てひそかに激高した。一方、新しい首席補佐官はただちにクライブ・ルイスを脇に呼んで、「ひとつアドバイスがあるの」とグラスゴー訛りで告げた。「オーウェンを黙らせなさい。もう余計なことはしゃべらせないで。でないと、あなたもそれを追認していると考えざるをえなくなる。いいわね?」。ルイスがコービンへの忠誠心はあると反論しても、相手にされなかった。「聞いて。あなたはいつか党首になる。そのときには私も選挙運動を支援する。でも、それはいまじゃないの」

◆―――◆

これは党首事務局の新しい態度だった。直接的で、決然としていて、脅迫めいたものも感じられる。コービンの党運営に秩序をもたらそうと、執行部はこの時期、もっとも特異なキャラクターを要職につけていた。労働党史上、最強クラスの人物、それが首席補佐官のキャリー・マーフィだった。

「彼女は野生児だ」。キャリー・マーフィについて考えるとき、側近のひとりによるこの人物評に反論することは不可能だ。ある上級顧問も、「稲妻だよ」と同意する。マーフィはグラスゴーのイースト・エンドに住むアイルランド系カトリックの家族に生まれた。一〇代のころ盛んにテレビで報道されていた北アイルランド問題が、彼女の政治教育に大きな影響を及ぼしたという。看護師および保健師になる訓練を受け、市内でも貧しい地区であるイースト・エンドで四半世紀近く看護師として働いているうちに、そこで目にした貧困のすさまじさから、深刻な不平等と不正がはびこる社会で生きることへの疑問が深まった。

労働組合運動にたずさわるようになったマーフィは、最終的に活動の場をスコットランド最大の都市から労働党の全国規模の政治に移した。労働党がまだ政権を握っていた二〇〇〇年代には、ふたりの国会議員のもとで働いた。そして、二番目の議員である元炭鉱労働者のデイビッド・アンダーソンをつうじて、もうひとりの労働党国会議員トム・ワトソンとのつながりができた。

政治はテレビのホームドラマとはちがう。社会のなかで関心の異なる複数の集団が力を競い合い、対立するのが政治だ。しかし、個人が果たす役割も重要になりうるのも事実だ。この時期の労働党で起きた内紛を理解するには、キャリー・マーフィ、トム・ワトソン、レン・マクラスキーらのあいだでくり広げられた心理劇を確実に考慮に入れなければならない。

まずワトソンから始めよう。彼は労働党の「旧右派」と呼べそうな派閥に属していた。この派閥は、トニー・ブレアのニュー・レイバーよりまえの時代に、社会民主主義的な政策と労働組合運動を支持していたが、左派には敵意を燃やしていた。ワトソンは、国会議員になるまえには合同機械電気労働組合の政治委員だった。その書記長のサー・ケン・ジャクソンはストライキのないイギリスをめざし、労働組合会議に年次総会の廃止を呼びかけて、雇用者側の組織である英国産業連盟と合同の大会を開こうとした。驚くにはあたらないが、ブレア好みの労働組合書記長と言われていた。

しかしワトソンは、二〇〇六年にゴードン・ブラウンを立て、ブレアに対するクーデタを試みた。ウルバーハンプトンでインドの炊きこみご飯を食べながら計画されたことから、「カレー店の陰謀」として知られる。当時首相だったトニー・ブレアは、ワトソンに「不誠実で、失礼で、まちがっている」というレッテルを貼った。そこから、たびたび労働党党首に反乱を企てるワトソンの経歴が始まる。さらに、数年後のエド・ミリバンドのもとでは党内右派から離れ、反エスタブリッシュメントの政策に向かう政治的な旅に乗り出したようにも見えた。

そして二〇一〇年代初期のそのころ、ワトソンは、マードック帝国所有の新聞社による電話盗聴という事件に対処する運動を立ち上げ、キャリー・マーフィに「いっしょに働かないか」と声をかけた。ワトソンより政治観がはるかに左寄りだったマーフィは当初ためらったが、ワトソンには好感を抱いた。「知性が魅力的だった。引き寄せられたわ」。ブレアが嫌いなところも共通していた。「彼が言うには、ニュー・レイバーは死んで埋葬ずみだって」。ふたりは関係を深め、マーフィはワトソンのオフィスマネジャーになった。

ワトソンと同様、彼女にも心血を注ぐ運動があった。コロンビアの正義のための運動、ヒルズボロ・スタジアムの事故で犠牲になった家族のための運動、悪名高い「オーグリーブの闘い」で警察に攻撃された炭鉱労働者のための運動などだ。ワトソンにもそれらを応援してくれるよううながした。

少しまえに離婚していたワトソンは、オールド・ケント・ロードのアパートメントを借りていた。家主はジム・モワットという〈ユナイト〉職員のスコットランド人で、レン・マクラスキーの朋友だった。というわけで、ワトソンとマクラスキーはしばらく同じアパートメントに住んでいた。このふたりとマーフィは「本当に仲がよかった」とジョナサン・アッシュワースは言う。「よく笑ったわ」とGMBの政治委員リサ・ジョンソンも振り返る。「彼らといっしょにいるととても楽しかった。仲間に入りたいと思わせる方法を心得ていたのね」。激しい政論の合間には、ソーホーでのカラオケの夜があった。やがて、マーフィは〈ユナイト〉の職員だったエイミー・ジャクソンにワトソンの事務所の仕事を紹介し、ふたりの女性はすっかり仲よくなって今日に至る。

もっとも、ワトソンには衝動的なところがあった。誰かを親友のように扱ったかと思えば、すぐほかの人に注意を向ける。活動目標についても同じだった。盗聴に対する運動であれ、サイクリングであれ、のちに驚くほどの効果をあげたダイエットであれ、次々と何かに熱中した。エド・ミリバンドと親しかったので労働党議長に任命された際は、徐々にミリバンドの党運営と、とくに彼のまわりにいた人々に苛立ちを募らせた。キャリー・マーフィがスコットランドのフォルカークから国会議員に立候補して不正選挙疑惑で猛攻撃を受けたときには（結局無実だった）、責める党首周辺に対してマーフィを援護し、まるで吊し上げのような彼女の扱いに嫌悪感を隠さなかった。

二〇一三年七月の暑い日、私はグラストンベリー音楽祭で、著名ミュージシャンのビリー・ブラッグが企画した一連の討論会と公演に呼ばれ、ワトソンと労働党の将来を論じたことがある。のちにワトソンはそのときのことを「老若男女を問わずほぼ全員が、また労働党を支持して信じるためのルートマップを示してほしいと言っていた」と〈ヴァイス・ニュース〉（エンターテインメント系ウェブメディア）に書いた。人々は保守党の緊縮財政に対して、労働党がもっと徹底的な選択肢を提案することを望んでいた。「けれど私は、自分の口から出ることばと、頭のなかの声のあいだの深い裂け目を越えることができなかった。聴衆は私の天敵である左派の論客、ミスター・オーウェン・ジョーンズに喝采した。もちろん彼らは私にも礼儀正しかったが、明らかに私のことばには熱中していなかった」[*10]。長く続いた幻滅がついに耐えられないところまで来て、ワトソンは一週間後に党の役職を辞任した。「きみは労働者階級のヒーローになった」とマクラスキーは彼に言った。「だが左派を裏切ったら、彼らはぜったいにきみを赦さないぞ」

一方、ワトソンとマーフィの関係にも緊張感が漂いだした。マーフィは自分の社会主義者としての信念をワトソンが共有していないと思った。さらに言えば、ワトソンには包括的なビジョンがなく、そのときどきで興味を覚えた政治目標を追いかけているだけで、いわば危険なミスター・トード［訳注：ケネス・グレアムの『たのしい川べ』に登場するひきがえる。陽気な金持ちだが、わがままでうぬぼれ屋］であると感じた。

たとえば二〇一二年、国会議員のなかに小児性愛者の一団がいると主張するカール・ビーチなる人物がワトソンに接近した。ワトソンはその話を信じ、それが彼の新たな一大政治目標になった。そして事務所には、子どものころ虐待された人や、刑務所から助けを求める人のためのホットラインが設けられた。「その種の対応をする準備はまったくできていなかった」とワトソンの元補佐は言う。「いきなり児童虐待の犠牲者と話してくれと言われた。そんな訓練は受けていないのに。まちがいなく精神科医の仕事だと思った」。カール・ビーチは嘘つきの詐欺師だっただけでなく、彼自身が小児性愛者だったことがわかる。話はすべてでっちあげで、のちに彼は一八年の禁固刑を言い渡された。

二〇一四年一〇月、マーフィはドナーとして腎臓を提供するとみなに伝えた。かなりまえから計画していたことで、しばらく離職しなければならなかったが、そのときワトソンが反対して、彼女を驚かせた。次の総選挙に向けてエド・ミリバンドが予定していた遊説のあとについて、ワトソンも副党首立候補のために全国をまわることになっていたからだ（ワトソンは最高体重が一四〇キロの糖尿病予備軍で、党首候補にはなりたくないと明言していた。「私は太っている。太った人間は選挙に勝てない。誰でもわかる」）。それでもマーフィは二〇一四年一二月一〇日に腎臓を提供し、通知していた期間後に職場復帰した。ふたりはそこから疎遠になり、マーフィは左派の一般議員グレアム・モリスの事務所で働くことになる。

一方、マクラスキーとワトソンの親密な関係は続き、〈ユナイト〉は二〇一五年のワトソンの副党首選では資金提供した。ワトソンは想定どおり勝利し、コービンの右腕に（理論上は）なった。だが、それから一年もたたない二〇一六年のクーデタ騒ぎのころには、まだ党首事務局にはいるものの、コービンの党運営からは徐々に離れ、自分に党首のお鉢がまわってくるのではないかと期待していたようだ。

「昔仲がよかった人間として正直に言わなければならないが、彼には我慢ならない」とワトソンの元協力者で影の大臣にもなった人物は言う。「利己主義、身勝手で、自分のことしか考えていない」。そんな結論に至ったのは、この人物を支援した歴代労働党党首にワトソンが次々と逆らったことが原因かもしれない。マクラスキーが指摘したように、ワトソンはクーデタで左派を決定的に裏切った。そうしてふたりは仲たがいし、マーフィとマクラスキーが組んで、ワトソンと対立する構図になった。さらに、ワトソンが二〇一七年の初めにマクラスキーの〈ユナイト〉書記長の座に挑戦したジェラード・コインを応援すると、両者の関係は決定的に悪化した。

その反面、コービンが党首になった最初の年に、マクラスキーとマーフィのあいだには真に強力な同盟が生まれた。ほかの多くの人と同じく、マクラスキーもコービンの無秩序な党運営に徐々に苛立っていた。コービンの政敵があふれる影の内閣や院内幹事たちの敵意に憤慨した労働党の重鎮たちも、コービンにはどうしても変化が必要だと考えていた。当時の首席補佐官サイモン・フレッチャーがきわめて優秀なアナリストでありながら、党首と同様に争いを嫌う性質だったことも災いした。結局、重鎮たちが望む「変化」は、マーフィという形をとって現れたのだった。

マーフィは争いを嫌うどころか、逆に楽しむほうだった。二〇一六年二月、〈ユナイト〉の支援とジョン・マクドネルの了承を得て、彼女は党首事務局の首席補佐官になった。その夏の事務局は、マーフィ、ミルン、秘書官のケイティ・クラークらにフレッチャーも加えた新しい「フラット構造」の党首チームを発表した。だが、ソーシャルメディア担当責任者のジャック・ボンドによれば、この刷新の意味はただひとつ、「キャリーが引き継いだということだった。あれはたんにキャリーに権力を握らせるための方策だった」。実際、そこから彼女は少しずつ力を蓄え、支配を強めていく。

マーフィは自分の評判に対して敏感だ。「私が（コービンの事務局に）入って、全員の役割と責任が明確になるように人事を設計した。そしてそれを守らせた。厳しすぎると不満を言う人もいたけれど、そんなに私は攻撃的？　その言い方はあんまりだと思う。私はスコットランド人よ。労働党右派に肩入れして社会主義者のプロジェクトの邪魔をしたりしなければ、何も私を怖れる必要なんてない。でも、戦争に行くとしたら、勝つために戦う。それはジョン・マクドネルと同じ。頑固で、こうと決めたらあとに退かないの」。マ

「野生児」キャリー・マーフィ

ーフィが首席補佐官になったとき、コービンは三つのことを望んだ——社会運動、より民主的な党、そして左派の政策と政治を進める党を。彼女はコービンにその三つすべてを与えたと言う。

マーフィに実行力と実現力があることは誰しも認める。事務局長として働きはじめ、首席補佐官となるや、彼女は着々と自分にとっての邪魔者を排除しはじめた。ある補佐のことばを借りれば、客人がひとりずつ死んでいくアガサ・クリスティーの小説『そして誰もいなくなった』のように。「彼女は誰からでも決定を引き出すことができた」とイベント・チームで働いていたフランキー・リーチは言う。「シェイマスの承認が必要なのに彼がためらっているときには、キャリーに頼めば彼女が決断させてくれた。もめごとをすぱっと解決する能力があったよ」。味方になれば彼女ほど頼りになる人はいない、というのが一致した意見だ。安心して背後をまかせることができる。

「お母さんみたいに思いやりがあって温かいけれど、気性が激しくてすぐカッとなるグラスゴー人」と、かつてコービンのステークホルダー管理者だったローラ・マリーは説明する。「本当にそうなの。とてもやさしくて親身になってくれる。味方になってくれると大助かりよ。争いごとにすごく強いし。国会議員を叱りつけるのも、的確な人たちと話をするのもとても上手」。マーフィは若い才能、とりわけ若い女性を育てることに熱心だった。その反面、報道担当の元補佐が私にもらしたように、「彼女に失礼なことをしたら、そいつは終わりだ」。

マーフィが実権を握ったとき、党首事務局は党本部から敬意を払われておらず、人も少なくて、包囲攻撃を受けているような状態だった。だが彼女はそれをひっくり返したので、スタッフからは英雄視された。「最高に手際のいいまとめ役だった」とアンドリュー・フィッシャーは語った。本物の手際のよさこそ、まさにコービンに必要なものだった。

スタッフたちの記憶によると、マーフィが来るまえは受付に誰もいないことが多く、人が勝手に出入りしていて、誰かが責任を持って仕事に取り組んでいるという雰囲気はなかった。そんな事務局の運営が、マーフィの登場で変わった。プロ意識と規律がともない、仕事もきちんと定義されるようになったのだ。コービンがなかなか決断できないときには、マーフィが代わりに決めた。「トップダウンの仕事のやり方が非常にうまかった」と影の大臣にもなったコービンの元側近は言う。「彼女は決定をうながした。とはいえ、議論に勝つのではなく、うまく困難をくぐり抜けることによって物事を解決した」

激しく敵対した相手ですら、彼女を称賛するしかなかった。エド・ミリバンドのもとでミルンの前任者だったトム・ボールドウィンは、〈ピープルズ・ヴォート〉〔訳注：EU離脱に関する国民投票の実施を求める市民団体〕のコミュニケーション担当責任者になっていたが、マーフィは彼らの目標に強く反対した。二〇一八年一二月、クリスマスツリーの飾りが輝く党首執務室でふたりが会ったとき、マーフィは彼に食ってかかった。といっても、ウィットを利かせ、皮肉をこめ、図々しく、改めて国民投票をすることが労働党の選挙での勝利にどう結びつくのか説明してほしいとボールドウィンに迫ったのだ。

「私とボクシングのリングに上がっていることをわかってもらうために、自分の考えをすべて伝えたわ」と彼女は私に言った。ボールドウィンのほうはマーフィに圧倒された。クリスマスだから誰かを称えたい気分だったわけではないが、「ある意味で彼女は最高にすばらしいと思った」と残念そうに認める。「まちがっているけれど、最高にすばらしい。もしこちらの味方だったら大好きになっただろうね」

マーフィがもっとも誇らしく思う業績は、コービンの党内の敵を黙らせたことだった。それは彼女にとって楽しい仕事だった。敵のひとりは、党首を明らかに支持していない首席院内幹事のロージー・ウィンタートンだった。コービンは二〇一六年のクーデタのあいだでさえ、彼女をその地位につけたままだったのだ。その年の一〇月初旬、マーフィはコービンのために台本を書いた。コービンはウィンタートンに電話をかけ、台本にしたがって影の下院院内総務への異動を打診した。するとウィンタートンは事実上の降格だと反発し、コービンに直接会って話したいと主張した。横でマーフィが「だめ、だめ！」と口の形を作っていたが、コービンは断る理由を見つけられなかった。ウィンタートンは党首事務局の役員室に乗りこんできて、そこにいた補佐に退室を命じた。

マーフィとコービンが並んで坐っているまえで、ウィンタートンは懸命に自分の地位を守ろうとした。コービンは話を聞きながら、「わかる、そうだね、ありがとう」と相槌を打ってばかりで、最後のひとことが言えない。それを見かねたマーフィは、あっさりと「残念だけど、ロージー、終わりなの」と言い渡した。退任させられたウィンタートンは驚き、コービンがもごもごと欧州評議会や上院のほかのポストについて話し合ってもいいと言ったものの、泣きだした。

打ち合わせが終わると、コービンはあっという間にいなくなった。しょげかえったウィンタートンは退任発表の文言を相談するためにミルンの部屋に連れていかれ、マーフィはジョン・マクドネルの部屋に入って、集まっていたアンドリュー・フィッシャー、ジョン・トリケット、ダイアン・アボットらに、コービンの口数少ない態度を報告した。一同は党首のこの典型的なためらいを笑った。そのあとマーフィはマーカーペンを取ると、ボードにヘビの絵を描き、斜め線を引いてその頭を切り落とした。

このようにしてマーフィは、敵意を示す党内組織を屈服させるうえで大きな役割を果たしていった。二〇一八年一月には、コービンの支持者たちは党の全国執行委員会（ＮＥＣ）で過半数を獲得し、書記長のイアン・マクニコルをコービン派の誰かに置き換える力を得た。翌月、コービンは自室でマクニコルと話し合ったが、ここでもマーフィが党首のために台本を書いた。彼女とマクドネルも同席していたが、コービンはやはり最後のひとことを発することができず、雑談で一〇分以上時間をつぶした。マーフィとマクドネルは不本意ながら横から口を出して、マクニコルにあなたは終わったと告げざるをえなかった。

マーフィは、マクニコルの仲間が大挙して辞任し、党から組織的な知識が失われるのではないかと内心気が気ではなかったが、それは覚悟していたリスクだった。この騒ぎのあとの誰でも参加できる送別会で、辞めるスタッフのひとりが、「われわれはまえにもトロットを一掃したことがある。今度もやるまでだ」と宣言した。マーフィは勝利したものの、彼らは機をうかがっていた。

◆―――◆

その後の数カ月で、マーフィは党首事務局内の権力を一手に握った。だが多くの人にとって、彼女の統治にはダークサイドがあった。「あの何年かの彼女を見て思ったよ、こうして独裁が生まれるんだってね」と元補佐のひとりは言った。「誰かがあんなふうになるのを見たことがなかった。こうやってスターリンの体制が生まれたんだなと思った。きちんとしたビジョンからスタートするのに、最後には自分の権力がすべてになる。すべてにおいて目からぼろぼろうろこが落ちたよ」。しかし、マーフィはひたすら親切で支援してくれたと言って譲らない人も多い。たとえば、ジェイムズ・シュナイダーにとって彼女は「興味を持って理解してくれたただひとりの人」だった。

とはいえ、同調者も含めたみなの不満は、マーフィが人事を対象者の才能や能力ではなく、彼女への個人的な忠誠心にもとづいて決めることだった。一部の人事については面接もなく、ほとんど選定プロセスもなかった。マーフィを怒らせた者は脇に追いやられた。「仕事上のどんな貢献より彼女への忠誠心が重視された」と元スタッフは言う。

マーフィと対立した人たちのなかには、理想を抱いていた若いスタッフもいた。リーダーのいない運動のなかで政治に目覚めた彼らは、マーフィが課す厳しいトップダウンの規律に苦しめられた。たとえば二〇一八年のクリスマス・パーティで、夜遅く影の大臣の調査員のひとりが自由民主党のメンバーを連れてきたとマーフィに言われ、責められた。調査員はそんなことはしていないと懸命に否定したが、マーフィは時間をかけて事情を調べるかわりに、みなのまえで彼女を長々と攻撃し、ついには泣かせてしまった。これはマーフィ自身も反省した出来事だった。

また、マーフィと対立した別の補佐はアルコール依存症だと責められ、医者に診てもらいなさいと言われた（マーフィはそんなことはしていないと否定するが）。結局、医者には行ったが、それはアルコール依存症の診察ではなく、病休を認めてもらうためだった。「医者に行ってジェレミー・コービンのところで働いていると言ったら、いきなり休暇はどのくらい必要だねと訊かれたよ」と彼は回想する。

シニア・マネジメント・チームの外にいる一部のスタッフは、子ども扱いされて権限も力もないと感じていた。「自己満足が垣間見えた」と言ったのは、コービンの国際問題と平等政策の責任者だったジェニファー・ラービーだ。「シニア・マネジメント・チームに権力と統制が集中していたの。権限の委譲がなくて上層部が不可侵の力になっていた。もちろん彼らが緊密に連携して働くことは大切だけど、時がたつうちにジェレミーやほかのチームから離れていると感じることもあった」

スタッフの不満が爆発しそうになると、マーフィはチームで打ち合わせをして、いまの職場で働けるのは幸運だと強調した。自分に逆らう人間に対する不満の声を収集していたという噂もある（本人は強く否定している）。「全体にびくびくした雰囲気があった」と、ある補佐は言う。「彼女が部屋に入ってくると、みんな緊張し、彼女がたいていグラスゴーにいる金曜には安堵のため息をつく。そんなことをスタッフがしょっちゅう話していた。組織内に恐怖が広がって、党運営にたずさわる多くの人の自信ややる気を奪っていった」

事務局内での仕事の進め方に対する職場の不満がたまって、ついに二四人が「いじめと脅し」に抗議する署名入りの手紙を提出した。しかしマーフィは、この種の告発はどれも完全にまちがっていたと主張する。

自分は大混乱の職場に規律をもたらすしかなかった、ほぼつねに政治的な包囲攻撃を受けて切迫した雰囲気のなかで、むずかしい決断をせざるをえなかった、と。その説明には一理も二理もある。ミルンのような幹部が、ある補佐の言うように「汚れ仕事」をしないのなら、マーフィの出番が来るのはもっともだ。その仕事はさらに汚れていった。

5 選挙運動の進め方

二〇一七年四月一八日の午前九時、明るく穏やかな朝、私は不安な気持ちでテレビを見ていた。ダウニング街の戸外にあわただしく演壇が設けられるところだった。イギリス保守党の首相テリーザ・メイが急遽、国民に向けた演説をするという。ほかの人たちと同様、私も彼女がこれから何を言うか、固唾を呑んで見守っていた。

イギリスは春だったが、ジェレミー・コービンの労働党はあからさまな内紛で分裂して、わびしい政治的な冬の時代だった。その月の世論調査で、労働党は与党の保守党に支持率二四ポイントの差をつけられ[*1]、コービン個人の支持率はなお悲惨なことになっていた[*2]。直近の補欠選挙でも、労働党が一九三〇年代から握っていた北部のコープランド選挙区で保守党に敗れたばかりだった。二年前の総選挙で極右のポピュリストUKIPに投票した人々が保守党に流れたのだ。

補欠選挙で与党が勝利したのは一九八一年以来だった。コービンの若き戦略コミュニケーション顧問ジェイムズ・シュナイダーは、職場でひと晩じゅうその選挙結果を待っていた。彼が思い出したのは、労働党の元首相ハロルド・ウィルソンのことばだった――「労働党は駅馬車のようなものだ。ものすごいスピードで走れば誰もが車酔いになって、あらゆる問題が生じる。だが、停まったら停まったで、みなそこからおりて次にどこへ行こうか相談する」。選挙の数カ月前から、コービン・プロジェクトは激しく揺れて急停止した状態だった。

そこへ来てテリーザ・メイのこの発表である。六週間後の六月八日に総選挙をおこなうという提案だった。それまで断固拒否していたのに、メイとその顧問たちは突然、選挙が必要だと判断したのだ。前年の国民投票後に国論が大分裂しているのを受けて、EU離脱交渉に向けた国民の意志をより強固にするために、また「確信、安定、強いリーダーシップ」を得るために。それが本音だと信じている人は、労働党内にも、国全体を見渡しても誰ひとりいなかった。メイの計画は、敵対者を根絶すること、保守党支持のデイリー・メール紙の文言を借りれば「邪魔者を叩きつぶす」ことだった。つまり、各党に残る「うじうじ残留派」を押さえこみ、一気にコービンの労働党にとどめを刺そうとしたのだ。

労働党の党首事務局では、闘志満々の首席補佐官キャリー・マーフィがテレビを見ながら、「ああ、くそ」とつぶやいていた。近くにある労働党本部は大騒ぎになった。「あのときは、あわてるな！　パニックになるな！　とみんなが騒いで、まるで『ダッズ・アーミー』〔訳注：第二次世界大戦中の国防市民軍で老齢の兵士たちが活躍する、イギリスのコメディドラマ〕の一場面だった」と影の大臣で労働党のキャンペーン・選挙対策の責任者だったアンドリュー・グウィンは振り返った。メイは来る総選挙を、ブレグジットに関する二度目の国民投票と説明した。ブレグジットは労働党を分裂させた。労働党の報道担当ジョー・ライルが思い出して言ったように、それは「われわれにとって最悪の悪夢」だった。

その日の午後、国会の向かいにある美しく刈られた芝生の広場コレッジ・グリーンは、テレビカメラや緊張したプロデューサー、顔色の悪い労働党議員、チェシャ猫のようにニヤニヤしている保守党議員で混み合っていた。右派の評論家ふたりと〈スカイ・ニュース〉の司会者のタッグチームは、そこにいた私の行く手をふさぎ、ジェレミー・コービンは党首として適格かと訊いてきた。「彼は人々のための住宅が充分建っていないこと、安定した高給の仕事がないこと、この国の富裕層が税金を払っていないことを心配して、夜も寝られないと思いますよ」。私はそう答えた。本当に追いつめられて選択肢がもうないと感じているときにしか出てこない、開き直った態度だった。保守党支持のサン紙の論説委員が、「でも、それで首相になれますか？」と割りこんできたので、私は「ええ、なれると思います。首相の定義が『この国の大多数の人々の要求に懸命に応えようとする人』であるならば」と返した。

党首になってからの一年半ほどで、コービンが「首相の器」と見なされたことはほとんどなかった。つまり、「首相の器」が、ピカピカのスーツを着て広報活動のうまい伝統的な気取り屋を指すのであればだ。今度の選挙運動でコービンに多少なりともチャンスを与えたいなら、その定義を変える必要があった。

ところが、コービンのチームの一部の人たちは、彼にそのチャンスを与えていなかった。すでに悪者扱いされている党運営のなかで、メイの発表の数週間前からスタッフの流出が始まっていたのだ。次の選挙で労働党が消されることを見越した直接行動だった。多くのスタッフは、選挙での大敗はまちがいなくコービンが推し進めた左派の政策のせいにされ、コービンは去らなければならず、左派はまた政治の荒野に追放されると信じていた。

労働党本部の統計担当が直近の世論調査にもとづいて選挙結果を予測したところ、二四ポイントほど遅れをとっていることがわかり、見通しは絶望的だった。コレッジ・グリーンで労働党の希望的観測を述べ、記者たちのまえで笑ってみせたアンドリュー・グウィンも、本部に戻るとデントン・アンド・レディッシュ選挙区の自分の議席について調べた。そこは、一九四五年以来どんな状態でも労働党が勝ってきた選挙区で、彼もほんの二年足らずまえに過半数の一万五一一票を獲得して楽勝したばかりだったが、今回の予測では保守党に負けるとされていた。グウィンの顔から血の気が引いた。

メイの発表の翌日、ショックを隠せない労働党議員たちが下院の第一四委員会室からぞろぞろと出てきた。数カ月間、党首派と敵対的な議員が怒りをぶつけ合ってきた部屋である。だがこのときには、コービンのために運動した者たちのなかにさえ、彼を首相候補に立ててやっていけるのかという懸念があった。かつてスペインの急進派ポデモスの運動にかかわり、その後左派の〈ノバラ・メディア〉で働いたことのあるマイケル・ウォーカーは、コービンの党運営を海外の左派の運動と比較して次のように述べた。「ポデモスのリーダー、パブロ・イグレシアスは知るかぎり最高クラスの演説の達人で、どんな質問にも見事に答え、つねに戦略を考え、決してまちがいは犯さず、政治プロジェクトに一〇年間たずさわった小集団に補佐され、政治コミュニケーションの博士号を持ち、機械を組み立てたこともある。アメリカのバーニー・サンダースを見ても、驚くべき雄弁家だ」。しかしコービンは、「たまたまいまの地位につき、まわりにいるのは雑多な取り巻きでしかない」。要するに、「彼では心許なかった」というのがウォーカーの結論だった。

◆

イギリスの政治において、総選挙はもはや昔のように首相の専権事項ではない。二〇一一年にデイビッド・キャメロンの連立内閣が成立させた議会任期固定法によって、五年ごとの任期のほかに解散総選挙を実施するには、下院議員の三分の二以上の賛成か、過半数の議員による内閣不信任決議の可決が必要とされる。とはいえ、労働党としてはメイの総選挙の提案を受け入れるしかなかった。拒否すれば怖れていると思われるからだ。

メイはすでに、EU離脱を決めた国民の意志を労働党が覆そうとしていると主張していた。事実認識としてはまちがっているが、そういう状況のなかで少しでも総選挙を妨げるそぶりを見せるのは、政治的自滅に等しい。コービンはただちにテレビカメラのまえで選挙実施を支持すると表明し、労働党の勝機について強気な発言をつけ加えた。これを揶揄するのはたやすく、メディアは待ってましたとばかりにからかった。

一方、労働党本部の暗い雰囲気はほどなく消えた。キャリー・マーフィが軍の上級曹長さながら「週に六日、一日一〇時間働くわよ」とスタッフに気合いを入れると、「やるしかない。すべてをここに投入する。

あと六週間、このプロジェクトが生きるか死ぬかの瀬戸際だ。ほかのことはどうでもいい」という感覚がみなに生まれた。逆境でスタッフの結束が固まったのだ。「われわれは目標に向かって一致団結した。これが最後の努力になるのなら、派手にやろうじゃないかと思った」と報道担当のジョー・ライルは言った。コービン自身も気力が奮い立ったようで、「一世一代の闘いだ」とチームを激励した。

この闘いの多くを占めるのは、コービンの労働党が本来めざしたものを効率よく一般の人々に伝えることだった。コービンが党首になってからの二年間、党内の混乱と分裂や、彼のリーダーシップに対するメディアの集中砲火で妨げられてきた目標をもう一度、世に知らしめるのだ。労働党は防御的な態度を捨て、攻撃に転じなければならなかった。

政治的な議論の進め方を変えることは、とりわけ重要だった。メイは総選挙の争点をブレグジットにするつもりだが、労働党はＥＵ離脱の国民投票後の分裂に大いに悩まされていた。労働党の支持者のなかには、とくにロンドンやマンチェスターなど大都市の若い有権者を中心として、国民投票の結果に失望した残留派もいれば、典型的には北部やミッドランズの元工業地帯の年配の労働者層など、投票結果を喜んでいる離脱派もいた。そのため、反ブレグジットの自由民主党が労働党の残留派をすくい上げ、離脱派はメイの保守党や右派ポピュリスト政党のＵＫＩＰに流れて、すでに減っている投票基盤がさらに崩壊する可能性があった。だが、選挙運動が「ブレグジットをうまく切り抜けられる人は誰か」を決めるだけのものになってしまったら、「メイが地滑り的勝利を収める。だからわれわれはブレグジットを争点にしてはならなかった。別の国内問題に議論を移すことが、残された唯一の希望だった」とアンドリュー・フィッシャーは語った。

実際、そこにチャンスもあった。何十年ものあいだ、人々は市場原理主義の理想をしかたなく受け入れていたが、トニー・ブレアの熱に浮かされたような時代でさえ、それを熱烈に支持したわけではなかった。たとえば世論調査では、水道、ガス、電気や鉄道などの公益事業の再国有化を、たびたび過半数の回答者が支持していた。ＮＨＳの資金調達のための増税、規制の拡大、企業の最高経営責任者の給与に上限を設けること、上級管理者や役員レベルに労働者の代表を送りこむこと、そしてゼロ時間契約の廃止にも、過半数の支持があった。

国民はまた、資本主義を「強欲」で「腐敗」していると信じており、資本主義より社会主義を好意的に見ていた。[*3] 社会主義的な理想は「社会の進歩にとって高い価値がある」と考える人も半数近くいた。[*4] こうした統計からわかるのは、マーガレット・サッチャーはまちがっていたということだ。かつて彼女は、「経済は手段です。目標は人々の心と魂を変えることです」と言った。[*5] 多くの人はそれを人生の避けられない事実として受け入れるようになったが、サッチャーが築いた社会秩序は気に入らなかった。ほかの選択肢もあると人々が本気で確信すれば、すべてが変わるはずだった。

◆―――◆

四月二〇日、コービンはウェストミンスターのチャーチ・ハウスで初の大きな選挙前演説をした。どれほどのプレッシャーを感じていたにしろ、颯爽と壇上に立ち、慎重にブレグジットの話題を避けながら、エリートたちに遠慮なく攻撃を加えた。エスタブリッシュメントのルールにはしたがわないと宣言し、悪名高い鉄道フランチャイズ［訳注：民間運行会社にフランチャイズ制で旅客列車の運行権を与える仕組み。一九九〇年代の国鉄民営化で成立した］と、悪名高い実業界の大物ふたりを名指しして、こう言った。「私がサザン鉄道やフィリップ・グリーン［訳注：〈トップショップ〉などを擁するアルカディア・グループ会長］だったら、労働党の政府に不安になるでしょう。マーク・アシュリー［訳注：大手法律事務所〈パンプコート・チェンバース〉の弁護士］や租税回避の多国籍企業のCEOだったら、保守党に勝ってほしいと思うでしょう。労働党は大多数の人々の利益を第一に考える党です」[*6]

内紛に明け暮れ、党として一貫した選択肢を示せなかった一年半のあとで、コービニズムは突如として目標を見いだした。反乱者としてエリートと闘うポピュリズム、国民対エスタブリッシュメントという構図を前面に打ち出したのだ。演壇に立ったコービンは本領を発揮し、メッセージの焦点を絞ったその演説はまさしく彼のチームが切実に求めていたものだった。「自信にあふれ、われわれの政治をわかりやすく、大局的に伝えていた」とジェイムズ・シュナイダーは言う。おかげで、ごくわずかながら、保守党が自分たちの望む土俵で戦えなくなる可能性も見えてきた。「保守党はわれわれの足元を見ていた。まさか原点に立ち戻って攻めてくるとは思わなかったんだろうね」とジョー・ライルは言った。「ジャーナリストはわれわれのメッセージを受け止めた。二四時間たたないうちに、労働党は選挙を再定義したんだ」

それでも世論調査ではまだ、保守党が過半数を超える議席を獲得し、労働党は二〇〇議席を割りこむ予測になっていた。これだけ差が開くのは一九三五年以来で、労働党から見れば気が遠くなるような道のりだった。調査結果がリークされたとき、私は労働党が弱い選挙区に資金投入するために、「保守党の大勝利を止めよう」というクラウドファンディングを立ち上げた。すると数日で三万ポンド（約四六五万円）が集まった。このことからも、多くの人がどれだけ状況を悲観していたかがわかる。

一方、労働党が大敗すれば、また党内右派によるクーデタの試みがあるだろうという見込みのもと、党首事務局とコービン派の運動〈モメンタム〉の有志たちは、三回目の党首選の準備を慎重に進めはじめた。選挙に敗れるのは避けられず、そうなると次は党首選だと考えたのだ。ただ、楽観主義者もまれにいた。ジョン・マクドネルの経済顧問ジェイムズ・ミードウェイは、労働党の得票に関してとりわけ強気で、一部の同僚を仰天させ、失笑を買った。

労働党は党員が切り札だ、とミードウェイは信じていた。コービン党首のもとで党員を増やし、その数は五〇万人となって、西洋でも有数の巨大政党になった。対する保守党の党員数は減少し、その五分の一ほどだ。ミードウェイは、デンマーク出身の学者ラスムス・クライス・ニールセンの著作 *Ground Wars*（地上戦）を読んでいた。勢力が拮抗する選挙では、潜在的な投票者と直接会って話ができる活動家がきわめて重要な役割を果たすことを指摘した本である。その証拠に、近年のアメリカ大統領選挙を見ると、バラク・オバマはそういう人員を動かすことができたが、ヒラリー・クリントンはできなかった。「人々とじかに会って話す人員が必要なのだ」とミードウェイは言う。「彼らはメディアも政治家も信じていないが、直接話しかければ、耳を傾けて信頼してくれる」

さらに、ミードウェイの言う「客観的な状況」もあった。イギリスの労働者の生活水準は、二〇〇八年の経済危機から、おそらく一七五〇年代以降もっとも長期にわたって下がっていた。[*7] ほかの国で同じ時期にこれほど極端に賃金が下がったのは、ギリシャだけだ。加えて、政府の緊縮財政に対しては、とくに深刻な影響を受けてきた若い世代のイギリス人のなかに「本物の怒り」があった。「選挙前に国内を歩きまわってみればいい。この七年の保守党政権のあと、いまの政治が同じように続いてほしいと願う人が大勢いる幸せな地域社会を、ひとつでも見つけられると思うかね？　見つかるわけがない！」とミードウェイは力説した。

いずれにしても、労働党には簡潔なスローガン、一貫性があって包括的な政策につながるテーマが必要だった。数多くのアイデアが出てきたが、どれもしっくりこなかった。しかし、ある打ち合わせでシェイマス・ミルンにひらめきの瞬間が訪れた。

労働党のいまの党綱領を思い出したのだ。社会主義と訣別したトニー・ブレアが一九九五年、党の目標として国営化への取り組みを明記した象徴的な第四項を削除し、代わりに「権力、富、機会が少数ではなく多数の人の手のなかにある」社会を築くという、新しい第四項の文言を入れた。それがミルンの注意を引いた。一八一九年のピータールーの民衆弾圧事件のあとで、パーシー・ビッシュ・シェリーが書いた偉大な急進派の詩『無秩序の仮面』からコービンがよく引用する一節、「つながれた鎖を大地に振り落とせ、眠っているあいだに露のように。汝らは多い、彼らは少ない」とも響き合っていた。ミルンは党首事務局の部屋に飛びこんで、全員に訊いた。「『少数ではなく多数のために』というのはどうだ？」

コービンの労働党にとって、このスローガンは、イギリスのエスタブリッシュメントの既得権益に真っ向から挑戦する党の野心をはっきりと表していた。外から見た保守党の強みがなんであれ、「弱みもあることはわかっていた」とアンドリュー・フィッシャーは言った。「公共サービス、賃金、再分配課税、経済、国有化、そうしたことについて彼らは世論と一致していなかった」

総選挙が呼びかけられる三カ月前にも、党首事務局は新しいスローガンを検討していた。それは、イギリスは「不正操作された」社会である、傲慢で貪欲なエリートに有利なように不正操作されている、彼らに正面から立ち向かわなければならない、というものだった。この考え方が、労働党の選挙メッセージの核になった。富と権力の大胆な再分配はどうしても必要だった。続く数週間、労働党のあらゆる政策が、この「少数ではなく多数のために」というスローガンのプリズムを通して、見られ、理解されることになった。

ただ、こうした前向きな動きはあったものの、選挙で大敗するのではないかという危惧も党内には残っていた。五月四日、統一地方選挙の結果でその危惧はますます強まった。七つの地方議会で過半数を失い、議員を三八二人減らすという、労働党にとっては惨憺たる結果だったのだ。このときの労働党の得票率は二七パーセント、保守党は三八パーセント。保守党としては過去一〇年間の地方選挙で最高の結果だった。歴史が参考になるなら、労働党は五週間後の総選挙でもっとひどい結果になる。

だが奇妙にも、党首チームの何人かは選挙結果に希望を見いだした。「議員が減ったのは喜ばしくない」とジェイムズ・シュナイダー。「けれど、保守党との差が縮まってきたのは、じつに喜ばしかった。地方選の結果は保守党に一一ポイント負けたけど、最初の世論調査では二四ポイント差だったからね。三週間でずいぶん追いついたわけだ」。わが国を代表する世論調査員、ジョン・カーティス教授もシュナイダーと同意見だったらしく、地方選の結果は「保守党が望んだほどよくはなかったようだ」と述べた。*8

保守党と自由民主党は、それぞれ労働党の離脱派と残留派にウインクしながら、なんとしてもブレグジットを総選挙の争点にしたいと思っていた。しかし、それはブレグジットで国の二極化が本格的に進むまえで、そうならないかもしれないという予兆もあった。ブレグジットがロンドンで話題になることはまれで、首都以外ではさらに少なかったのだ。

おまけに、中道の自由民主党は馬脚を現していた。ブレグジットに関する二度目の国民投票をおこなうと宣言して、いつもながら国内の雰囲気を理解していないことをさらしただけでなく、選挙運動が始まって数日のうちに、党首のティム・ファロンの発言が右、左、中道とふらついたのだ。ファロンは当初、ゲイの性行為が罪かどうかについて見解を示そうとせず、選挙運動も終わり近くなってようやく罪ではないと言明した。また、学生時代、ベッドの枕元にマーガレット・サッチャーのポスターを貼っていたことを明かしたりもした。[*9] そのうえ、残留派を断固支持する党の方針に反して、彼自身は「いくらかヨーロッパ懐疑派」ながら、[*10] イギリスはEUに残留したほうがいいと思うなどと言った。

それらすべてに加えて、二〇〇七年に受けたインタビューでの発言も問題になった。ファロンはそこで中絶反対の意見を述べていて、二〇一七年に表明した「中絶の選択尊重」の意見とは正反対だったのだ。[*11] こうしたことから、大半の人々が思っていたことが確かめられた。すなわち、自由民主党は都市部の幻滅したリベラルな有権者の受け皿とはなりえず、よって労働党の残留派を取りこむこともなさそうだった。

現状維持に果敢に挑戦するどんな政治運動においても、きわめて重要な戦略は、有権者の基盤を広げて、それまで投票してくれなかった人々を動員することだ。その点で言えば、コービンの最初の党首選の運動で見えた希望のひとつは、候補者のなかでコービンがいちばん若い有権者と無投票層に訴える力があることだった。二〇一五年の総選挙では一八歳から二四歳までの投票率がわずか四四パーセントだったから、このふたつの集団はかなり重なっていた。[*12] 二〇一七年の総選挙実施が決まると、労働党執行部は数十万ポンドという資金を有権者登録運動に割り当てた［訳注：イギリスでは投票するのに事前に自分で有権者登録をする必要がある］。効果はすぐに現れ、メイの発表から五週間のうちに三〇〇万人近い国民が選挙のために登録し、そのうち一〇〇万人あまりが二四歳以下だった。[*13] 有権者登録の数が多くなればなるほど、保守党は不利になる。保守党側もそれはわかっていた。

二〇一五年の総選挙に向けた運動期間中、保守党と自由民主党の連立内閣は、有権者登録の新しい書式を導入した。それは、(もっとも保守党支持にまわりにくい)若年層と単独世帯の登録がしにくくなるような変更だった。連立政権はまた、有権者IDの導入も画策した。アメリカでは民主党寄りの比較的貧しい有権者とマイノリティの有権者があまり身分証明書を持っていないことから、共和党が導入を進めていた制度である。

「保守党は有権者登録に一ペニーも払わなかったと思う」とアンドリュー・マレーは言う。「彼らはアメリカの共和党と同じだ。有権者を最少にし、投票率を抑え、事実上、投票者を年配の富裕層に限定する」。それに対して、有権者の基盤を広げる戦略をとった労働党の党首事務局は、たとえば女性、黒人、マイノリティやさまざまな宗教のコミュニティ、LGBTQの人々、そして若者全般、とくに学生に向けた支援と参加のプログラムを次々と打ち出した。

同時に、こうした労働党の運動に対する抵抗も激しくなった。その一部は、予想できたことだが労働党本部から生じた。恨みがましい労働党国会議員と党内の官僚組織が結託(けったく)して、ニュー・レイバー時代の政策を懐かしみ、コービンが代表するものすべてを憎悪したのだ。

さすがに総選挙前の運動となると、労働党のスタッフも党首に対する個人的な見解は脇に置いて、選挙で勝つために力を尽くすだろうと思われるかもしれない。だが、それはまちがいだ。反コービン派の多くは選挙での大失敗を切望しており、意識的に党の努力を台なしにしようと動いているように見えた。

彼らは総選挙後の党首選でコービン・プロジェクトに復讐することを待ち望んでいた。職員のあいだでは、陰湿な報復のメッセージが盛んにやりとりされた。選挙運動が始まって三週間後に、ひとりが「火刑くらいじゃ党首に甘すぎる」と書けば、別の職員は「ソーンベリー[訳注:影の外相エミリー・ソーンベリー]はひどすぎる。報いを受けさせせないと」と書いた。

五月下旬、〈ユーガブ〉の世論調査で労働党の支持者が急増していることがわかると、ある職員は、「ゆうべ〈ユーガブ〉の結果を見て本当に胸が悪くなった」と叫んだ。するとほかの者たちは同僚を安心させようとした。「運がよければ今度の演説ではっきり支持率が下がって、彼らがどれほど胸くそ悪いやつらかわかるさ……個人的には総選挙で大負けすると思ってる。ＪＣも含めて、彼らは悲惨な結果にショックを受けるだろう。だから、われわれも心の準備をしておかないとね。ＪＣは徹底的に、立ち直れないほど打ちのめされなきゃならない……いま党員を捏造してるあのいかれた連中は、何があってもわれわれを勝たせたくないんだから。彼らはコミュニストで、緑の党の支持者だ」

労働党に悪い調査結果が出ると、職員たちは喜んだ。たとえば、調査会社のＴＮＳとＯＲＢがおこなった世論調査は、「ＴＮＳ大好き」、「さすがはＯＲＢ」と歓迎された。投票日近くに保守党が一二ポイント先行していることを示した調査結果にも、「やったー」という喜びの声が湧き起こった。イズリントンで選挙前の最後の大規模集会がおこなわれた際には、ひとりが「みんな警棒を用意しろ。トロットをぶちのめそうぜ」とうながし、別の職員が「高圧放水銃をお願い」と書いた。

サウスサイドの職員たちは、キャリー・マーフィの「週六日、一日一〇時間」の呼びかけを意に介さず、期待される最小限の仕事しかしなかったと言われる。攻撃的な運動をめざした党首事務局の意図とは裏腹に、彼らはできるだけ防御的な運動をしたがった。接戦区での議席確保を優先させ、党の支出を管理しているのは彼らなので、運動全体の財布の紐を都合よく調節した。

職員たちのあいだでは、運動の資金や人手を党内右派のひいきの国会議員に振り向ける秘密プロジェクト（実施場所にちなんで「アーゴン・ハウス・プロジェクト」と呼ばれた）が議論されていた。ある職員は同僚たちに、左派のＩＴ責任者のベン・ソッファに選挙運動のＩＴ関連資金の管理について教えないようにと言い渡したそうだ。そして、党首事務局の幹部が党の方針として無投票層をターゲットにすることを呼びかけたにもかかわらず、労働党本部の上層部は、「無投票層の問題は投票しないことだ」といつものように口先だけで応じた。

〈モメンタム〉創始者で草の根運動のベテランであるジョン・ランズマンは、そこに皮肉を見た。「左派は何十年ものあいだ、おまえたちは選挙に勝ちたくない純粋主義者だと言われてきた。ところが党本部は安全な議席を守るだけで、勝ちたいのはわれわれのほうだった。左派は保守党の安全とされる議席を奪おうとした。勝つためにはそうするしかないからだ」

こうした動きのすべてでコービン陣営が参考にしたのは、アメリカの民主党大統領候補指名でバーニー・サンダースを推した左派の大きな盛り上がりだった。大規模集会がサンダースの運動を加速させると、既存のコアサポーターの外にまで話題を広げ、それがソーシャルメディアと主流メディアの両方で大きく報道された。「屋内のイベントはすぐに不可能になった。イギリスには充分広いスペースがないんだ」と、選挙運動のあいだじゅうコービンに付き添った幹部のひとりは言う。「公園や町の中心部や、そういうところで大規模集会をやりたかったのに」

だがその幹部によると、労働党の職員は驚くほど無気力だった。「たんにやっていないだけでなく、やろうともしなかった。小さい部屋を予約して、地方での活動はこれでいいと言うだけだった」。本部は地方支部にコービンのイベントがあるということさえ伝えなかった。「広い視野で見れば、当然だったのかもしれない。でも、党の支部の運動が消極的で、党員の大集団が何かしたくてたまらないのに方向性を与えられず、あまつさえ党首が来ることさえ知らされなかったら、お行儀のいい集まりになっておしまいだ。つねにそういう状態だった。われわれは完全に見放されていた」

キャリー・マーフィは、例によって歯に衣着せずこの状況を批判した。コービンの党首事務局は二年間、労働党本部と闘ってきて「彼らが消えないことを知っていた。それどころか、彼らは私たちを打ち負かしたがった。私たちをやっつけるためにギアを上げたのがわかった。だから、彼らがしていることをすべて監視しなきゃならなかったの。障壁が次から次へと現れるのは本当に疲れるし、たいへんだったわ。マクニコル率いる党本部は連日進歩を妨げていた。彼らの仲間、つまり私たちの敵や、もう追加の支出がかならずしも必要ない分野に資金をまわしていたのもわかっている。私たちは、コミュニティを組織化して運動に加わってもらわなきゃならなかった。足を運ばない場所はなかった」

たしかに、コービンの選挙運動は無謀なほど野心的だった。影の大臣のジョン・トリケットは、選挙の号令がかかるまえに、四〇パーセントの得票を狙う戦略を文書にしていた。得票レベルとしては、トニー・ブレアが二〇〇一年に地滑り的勝利を収めたときと同じである。文書のなかでとりわけ彼が強調したのは、労働党のビジョンは有権者に何かいいものを渡すだけではいけない、ということだった。根本的に新しい社会の構築をめざして変容すべきだというのだ。トリケットは党の主要な有権者のターゲットを、若者、非白人、労働者階級のコミュニティ、イングランド北部地方にすることを提案した。

「私たちには戦略があった」とマーフィは振り返る。「考え方としては、若いお母さんに『収入を月一〇ポンド（約一五五〇円）追加します』といった取引をするのではなくて、たとえば、バスのサービスを提供する。変容の戦略は、全体としてコービンのビジョンと政治にもとづいたトリケットの発案だった……シェイマスもいっしょに考えていて、みんながなんらかの貢献をしたの。アンドリューはそこから政策を生み出す役だった」。言い換えれば、党首事務局が合意したひとつのビジョンを持ち、強固に結束したチームとして働いていたのだ。ミルンはメッセージを改良し、マーフィはやるべきことを実現して、自分たちの戦略に敵対する党内勢力と闘い、フィッシャーはマニフェストを考案する。党首事務局は初めて潤滑油のまわったマシンになり、ギアはすぐに嚙み合った。

コービンにとっても、労働党にとっても、いちばんの頼みの綱は選挙運動期間中に適用される報道の中立性のルールだった。ある補佐に言わせると、コービンには「選挙運動のこの時点では、過去に例のない知名度」があった——九四パーセントの人々に知られていたのだ。ただし、同じ補佐によると、彼への支持率は「マイナス四〇パーセント」だった。

コービンは、党首になってから圧倒的にネガティブな報道にさらされていた。彼のほうから何かを説明できるのは、たまにテレビで流れる編集過多の短いインタビューだけで、その多くは党首としてのリーダーシップを問うものだった。つまり、チャンスはなかったに等しい。ただし、露出自体が少ないことから、一般の国民は総じて彼にマイナスイメージを持っていたものの、悪印象はさほど根が深くなく、いわば「ソフト」だった。選挙期間中なら、コービンはつねにテレビに出て、編集されることなく長時間話し、自分の意見を明確に伝えて、労働党に積極的に投票すべき理由を説明することができる。

「ほとんどの人は政治にあまり注意を向けないが、選挙期間中だけは別だ」と、コービンの元報道官マット・ザーブ＝カズンは柔らかいエセックス訛りで言った。「みなコービンに対して態度を決めかねていた。彼に関する話をいくつか聞いて、ちょっとお笑い種だと思っていたけれど、こと選挙になると、誰かへの投票を避けるネガティブな理由より、誰かに投票するポジティブな理由を探すものだ」

選挙運動が進むにつれ、そのことが証明された。コービンはテレビで人柄のいい禅僧のようにふるまった。視聴者はすぐに、テロリストを愛する危険な過激主義者というメディアでのイメージと、本人の実際の姿がかけ離れていることに気づいた。スタジオに観客を入れたある番組では、ベテラン司会者のジェレミー・パックスマンが、コービンから「危険な急進主義思想」を引き出そうとして、どうしてマニフェストには君主制の廃止が盛りこまれていないのかと尋ねた。コービンの共和制支持をとらえての質問だったが、コービンは平然と「マニフェストに書かれていないのは、実施するつもりがないからだよ」と答えて、観客は笑い、どよめいた。

さらに、コービンは国民が見慣れた政治家とは種類がちがった。首相候補と見なされる人物はたいてい、話すときに自分のメッセージから決して離れようとしない。PR企業や、メディア顧問、フォーカス・グループから得られた情報にもとづいて事前に準備した文言にしがみつき、話題が国会から離れれば離れるほど萎縮する。しかしコービンは、公道を歩いたり、有権者と会ったり、大規模集会に出たりする活動が大好きだ。心から信じていることを話し、みずからの政治と思想が正しいと本気で思っている。以前は懐疑的だった人々も、初めてコービンのありのままの姿を見て、この人は真剣に考えていることを口にするし、口にしたことを実行すると徐々に信頼するようになった。そしてその熱狂は伝染した。

一方、テリーザ・メイの運動はその正反対の効果を及ぼした。「選挙運動が始まるまえは、みんながメイに好印象を持つ理由がよくわかった」と当時〈モメンタム〉のソーシャルメディア担当だったハリー・リッチーは言う。「いかにも有能で、仕事に真剣に取り組むふつうの政治家に見えた。みんなそう言ってたからね」。保守党はその人気にあやかろうと、選挙運動に関連した文書やポスター、バス広告などに彼女の名前を巨大な文字で印刷し、政党名が小さく見えるほどだった。選挙運動はテリーザ一色。だが問題は、人々が彼女を見れば見るほど気に入らないものが増えたことだった。公の場にメイが現れるのは、厳選された保守党の活動家による小さな集まりだけで、話し合いは入念に企画、管理されていた。職場を訪問しても、すでに従業員は家に帰らされていることが多く、質問はあらかじめ用意されていた。

町の広場に集まった何千人もの群衆のまえでコービンに演説させるという労働党の決断に、リスクがなかったとは言えない。身辺警護は悪夢のようだし、PR上も悲惨な事態になりかねない。しかし、このすさまじい対比は見せる価値があった――大規模集会で演説し、有権者に話しかけ、支持者と抱き合い、率直に希望のビジョンを語るコービンと、演出された頑固な支持者の集会に守られ、陳腐で退屈な台本を読み上げるメイを。もちろん、全国を精力的にまわるコービンの戦略には邪魔も入った。たとえば一部の労働党国会議員は、自分の選挙区にコービンを呼ぶまいとした。ある議員などは、党首が来ると落選する、破産する、父親が嘆き悲しんで死んでしまう、と現実離れした言いわけを並べたてた。

保守党は、選挙運動をリントン・クロスビーにまかせたのもマイナスになった。クロスビーはオーストラリアの右派の政治戦略家で、選挙運動のテクニックを専門とすることで悪名高く、辣腕（らつわん）の評判に反して、選挙運動では成功したり失敗したりだった。彼は保守党に対して、ひとつのスローガンを掲げて最後まで闘うよう提言し、メイのために考えたスローガンは、「強さと安定（ストロング・アンド・ステイブル）」だった。

だが、メイが何か言うたびにこのフレーズを不器用に織り交ぜるので、必然的に世間にからかわれることになった。質問に答えられず、応対や態度がロボットのようだったことから、ガーディアン紙のジョン・クレイスは、彼女を「メイボット」と呼び、このあだ名がついてまわることになった。「彼女は角氷並みの温かさで、人格らしい人格がなかった」とある上級補佐は評した。子どものころにしたいちばん行儀の悪いことは何かとテレビの司会者に訊かれたとき、メイは必死で考えたあと、「小麦畑を走って横切ったこと」と答えた。ジェレミー・コービンとの対決が怖かったらしく、彼との討論を避ける下手な言いわけが目立った。こうしたすべてが彼女を失笑ものにした。

とはいえ、両党首の相反する人格はあくまで闘いの一部だった。選挙運動の流れを大きく変えるのは、労働党が国民に示す政策でしかありえない。労働党の選挙マニフェストの作成を託されたアンドリュー・フィッシャーは、約三週間で政策をまとめなければならなかった。そこに労働党と左派の生き残りがかかっていた。だが、焦りはなかった。非常に几帳面なフィッシャーは、過去数カ月のあいだに驚くほど詳細な政策文書を積み上げていたからだ。同時に、影の財務相のチームもいくつかの発案にかかわる計算をしていた。法人税を二〇一一年のレベルまで戻したらどうなる？　租税回避地（タックスヘイブン）の取り締まりを強化すれば、歳入がどのくらい増える？　精神を集中する静かな場所が必要だったので、フィッシャーはよくクロイドンの自宅にこもった。半休をとり、列車で南ロンドンに帰ってひと晩じゅう働くこともあった。

また、コービン・プロジェクトは草の根の政治参加を重視していたので、もっとも重要な問題と政策を党員たちに質問した。これに何万という返答があり、内容は一部重複していたものの、どれもフィッシャーが思い描いていた政策にぴたりと当てはまった。党首が断固推し進めようとしている野心的な政策がどうやら的を射たようだった。

二〇一五年にコービンが労働党員から圧倒的に支持されたのは、何よりふたつのことに集中したからだった。まず、緊縮財政を終わらせること、そして、イギリスの異様なレベルの不平等に対処すること。どちらも今回の選挙運動の野心的なマニフェストの核となり、「左派は実現不可能な支出を約束する」といういつもの批判に反論するために、適切でくわしい試算がおこなわれた。

このとき影の財務相ジョン・マクドネルは、労働党が陥りかねない罠を充分意識していた。一九九二年の総選挙で、多くの人の予想を裏切って労働党が負けた大きな理由のひとつは、保守党が「労働党の増税爆弾」という脅威をあおって総攻撃を仕掛けたからだった。また、二〇一五年の選挙では、保守党は所得税、国民保険、付加価値税を増額しないと公約し、同時に労働党の財政案を無節操だと責めていた。しかし今回、保守党は勝利に自信があったので、こうした公約をくり返していなかった。

そこで、マクドネルは相手を出し抜くかたちで、労働党政権になれば九五パーセントの国民がいま以上の所得税を払う必要はないと訴えた。当時マクドネルの補佐だったジェイムズ・ミードウェイは言う。「その公約で保守党は無力化された。われわれは税金が労働党の問題になることを避けた。いつもはそれが党の泣きどころになるんだけどね」。考え方としては、「多数には支出、少数には課税」ということだった。

労働党の税制案は、党首事務局が政治的に賢くなったことの表れだった。イギリスの平均的な労働者が依然として二〇〇八年の金融危機のまえより貧しいことを考えると、公共サービスの原資として一律の増税を公約に含めるのは政治的な死につながる。そこでマクドネルは、当時四五パーセントだった所得税の最高税率が適用される収入の基準額を、一五万ポンド（約二三二五万円）から八万ポンド（約一二四〇万円）に引き下げ、新たに一二万三〇〇〇ポンド（約一九〇六万五〇〇〇円）を超える収入に課す五〇パーセントの最高税率を提案した。

なぜ八万ポンドか？　党の世論調査で、ほとんどの人が収入六万（約九三〇万円）ポンドを（ときには五万ポンド（約七七五万円）でも）「裕福」と見なすことがわかっていたからだ（イギリスの一世帯あたりの可処分所得の中央値はわずか二万七二〇〇ポンド（約四二一万六〇〇〇円）だった）。[*14] だが、人々は五年後にどのくらいの収入があると考えているのだろう。「六万ポンドと考えているかもしれない。おそらくそこまではいかないが、それでも可能性はゼロではないというふうに」とジェイムズ・ミードウェイは言う。「だから、たとえば基準額を六万ポンドにすると、『五年後には私が引っかかる！』と考えるかもしれない。けれど、誰も八万ポンドに達するとは思っていない」

また、八万ポンド以上というのは、上位五パーセントの高額所得者の収入だった。まさにちょうどいい数字だ。さらにほかの要素もあった。賃金が上昇傾向なら、労働党もNHSを支えるために増税が必要と主張できたかもしれないが、何世代にもわたって賃金が過去最長期間抑えられてきた結果、それは不可能な提案と見なされたのだ。

こうしてできたマニフェストは、サッチャーの地滑り的勝利に打ちのめされた一九八三年以来、労働党が国民に示したなかでもっとも先鋭的な政策案となった。一九八三年の総選挙で、富裕層への増税による公共投資、学費免除、生活賃金［訳注：法定の最低賃金を超える、一定の生活水準を満たすのに必要な時間給］の法制化、公益事業の国営化を掲げて大敗したことは、その後長らく左派にとって重荷になっていた。反対する右派に言わせれば、労働党が急進化すぎるとこうなるという有益な教訓だった。だが、コービンの党首事務局はあえて、それが正しくないことを証明するつもりだった。

急ごしらえのマニフェストではあったが、作成過程はきちんと管理されていた。影の閣僚や彼らのチームと政策をすり合わせ、指定の閲覧室で労働組合のトップたちに下書きを検討してもらった（ただし、持ち帰りは不可）。マニフェストを党首事務局が正式に承認するまえにおこなわれた、この内部の調整は完全に部外秘のはずだった。しかし、そうはならなかった。

◆―――◆

その瞬間を私はよく憶えている。五月一一日の夜、〈スカイ・ニュース〉の生番組に出ていたときだった。

司会者が私のほうを向いて、労働党のマニフェストのリークがあったと告げた。イギリスの選挙の歴史で前例のない事態だった。最初にそれを耳にしたのは、コービンの首席戦略コミュニケーション顧問のジェイムズ・シュナイダーだった。当時のミラー紙の記者ジャック・ブランチャードから電話があったのだ。「ねえきみ、マニフェストの全文を手に入れたよ！」と彼は勝ち誇った大声で言った。次に電話をかけてきたのは、テレグラフ紙のケイト・マッキャン。メディアじゅうにマニフェストが出まわっているのは明らかだった。

労働党の代表者は、外で記者たちに話すときこそ落ち着いていたが、内心ではあわてふためいていた。「たいへんなショックと恐怖だった」とシュナイダーは言う。作成者のアンドリュー・フィッシャーは大打撃を受けていた。「顔が土気色だった」とひとりの補佐は言う。コミュニケーション・チームは走りまわって想定問答を準備した。

リークの発生元ははっきりしなかったが、労働党本部の反コービン派からだろうというもっぱらの噂だった。いずれにせよ、右派のメディアの反応は予想にたがわず、どう見ても過熱状態になった。労働党のマニフェストは「イギリスを一九七〇年代に逆行させる」とテレグラフ紙は叫んだ。デイリー・メール紙にとっては、「赤い歯と爪から階級的な妬み(ねた)を滴ら(したた)せた、社会主義のマニフェスト」だった。反コービンの労働党国会議員や議員候補たちは公の場で喜んで自分の意見を表明し、「幼稚な」マニフェストと言ったり、「一〇歳の子が書いたサンタクロースへの手紙」とけなしたりした。*15

リークから数時間たった夜中の二時ごろ、疲れ果てたシュナイダーは選挙運動責任者のアンドリュー・グウィンに電話をかけた。その日、影の法務相リチャード・バーゴンがITVの『グッド・モーニング・ブリテン』に出演して法務政策を論じることになっていたが、連絡がとれない――おそらくぐっすり眠っていて、朝の番組で大混乱が起きようとは夢にも思っていない。バーゴンははずす。代わりに出演してほしい。

「及ばずながら、私がやることになった」とグウィンは悲しげに言った。シュナイダーは彼に、「無理を承知で」マニフェストの内容は肯定も否定もせずに時間を稼いでくれと言った。グウィンの仕事は、「まだ正式発表していない政策に関する議論に引きこまれず、しかし同時に、それらの政策が現実離れしているとは思わせない」ことだった。「おそらく、きみがこれまでにしたどの説明よりむずかしくなるだろうね。何かについて話さずに、それを守るわけだから」と言われた。

その朝のラジオとテレビの番組で、グウィンはこのほとんど不可能な任務に取り組み、前向きな議論を展開した。コービンやメイの人柄ではなく、いきなり政策の話になりましたね、と彼はインタビュアーに挑んだ。グウィンは私に語った。「(BBCの司会者の)ジョン・ハンフリーに、もし、あなたも一九四五年に記者だったら、おそらくアトリーのマニフェストにがっかりしたと思いますよ、と言ってやったんだ。われわれが提案したのは社会の変革だった。イギリスの多くの国民、とくに若い人たちは、何かを信じ、その信じるものに投票すべきだと感じているんだ」。番組の中でグウィンは、この新しいマニフェストは世の中に広がった古臭い政治を吹き飛ばしたんです、と言った。シュナイダーは、「彼は本当によくやってくれた」と言った。

続いて起きたことは、このマニフェストの批判者がいかに世論からかけ離れていたかを物語った。ミラー紙がおこなった世論調査では、「労働党が発表した政策のほぼすべてが有権者に好評だった」。保守党の支持層においてさえ、その過半数が、年八万ポンド以上の収入がある高額所得者への増税に賛成だった。[*16] ついに党の主要関係者が話し合ってマニフェストを認めることになったときには、党首事務局に歓喜が広がった。会議室の外に記者たちが集まり、「ジェレミーが部屋から出てきて、待っていた報道陣のまえで、自信にあふれた次期首相を思わせる完璧な口調のスピーチをした」とシュナイダーは振り返る。「ジェレミーは完全に状況を把握していた」

マニフェストとそのリークが転換点になったのだ。一瞬だけメディアでもてはやされるのではなく、これはテレビや新聞で何日も紹介され、議論された。ふつうマニフェストが大衆の関心を集めることはないが、今回にかぎっては発表の週にフェイスブックでもっともシェアされた政治の話題になり、この種の文書では類を見ないほど何年も議論された。「あとづけで考えると、あのリークは明らかに悪意でなされたにしろ、戦略的には天才と言っていいほど絶妙だった」とフィッシャーは言う。たいていマニフェストは選挙運動にほとんど影響を与えないものだが、「ああいう内容は、少なくとも一世代は出てきていなかったからね」

四〇歳未満の人は、二大政党があれほどちがって見える選挙を経験したことがなかった。労働党が現状維持から大きく離れた選挙と言い換えてもいい。二〇一五年の選挙での労働党は臆病で言いわけがましく見えたが、今回は大胆だった。コービンは全国をまわり、行く先々でマニフェストを振りかざした。悪びれず、力強く、急進的な選択肢が示された。国じゅうの玄関口で、活動家たちは（反コービンの労働党国会議員たちも含めて）同じ反応を目にした——人々はこのマニフェストが好きで、労働党に投票する気になっていたのだ。熱意ではなく、あきらめの上に成り立っていた政治的コンセンサスが崩れようとしていた。

それでも、保守党にはまだ労働党より有利な点が、おもにふたつあった。ひとつは資金だ。選挙の準備段階で裕福な既得権益者から二五〇〇万ポンド（約三八億七五〇〇万円）の寄付があり、それは労働党の二倍以上だった。[*17] もうひとつは、西欧世界でもっとも激しく攻撃的な右派である大多数の国内報道機関からの支援だ。コービンとまわりの幹部に対する彼らの反対運動は容赦がなかった。ことに標的にされたのは、イギリス初の黒人女性国会議員で影の内相のダイアン・アボットだった。彼女に対する人種差別的な中傷はすさまじく、あるインタビューで彼女が、保守党による警察の経費削減を覆すという労働党の公約実現に必要な資金額を思い出せなかったのをきっかけに、デイリー・メール紙は選挙前日の号で、なんと一四ページも割いて、労働党の党首事務局はテロリストの同調者の集まりだと書きたてた。

とはいえ、労働党にも「資産」がふたつあった。ひとつは、保守党の潤沢な活動資金に財務的に対抗できる労働組合運動だ。イギリス最大の労働組合〈ユナイト〉には政治資金が一二〇〇万ポンド（約一八億六〇〇〇万円）あった。そこで、〈ユナイト〉の何十万という組合員を対象にしたキャンペーン企画が立てられた。「(党首事務局は) 主要な職場にいる主要な活動員を特定したの。彼らの仕事は人々に直接会ってメッセージを伝えることだった」とかつて〈ユナイト〉の政治委員だったアネリーゼ・ミッジリーは私に語った。無党派層を説得するのには、こうした直接の会話がきわめて重要だと党首事務局は考えていたのだ。そしてもうひとつの資産は、オンライン上と町中の両方にいる精力的な草の根活動家の大軍団だった。

◆

二〇一五年、コービンの最初の党首選に政治的勢いを加えるために創設された草の根組織〈モメンタム〉は、一九八〇年代の労働党左派と、科学技術にくわしい新世代の急進派の戦略を統合する試みであり実験だった。その指導的地位にいたのは、ニュー・レイバーの裏切りと金融危機と保守党による支配の現実に幻滅し、政治化した若いイギリス人——当時まだ二〇歳だったが実力派のベス・フォスター＝オッグや、左派のユダヤ人学者の息子で教師を辞めてコービンの運動に身を投じたアダム・クルーグといった人たちだった。

数カ月に及ぶ激しい党の内部闘争ののち、〈モメンタム〉にはチャンスが訪れていた。コービンの党首選のあとの二〇一五年一〇月に設立されて以降、〈モメンタム〉には一五〇を超える地方支部ができ、数千人のメンバーがいた。だが総選挙前まではその役割がはっきりせず、組織内の構造をめぐる党派対立で活動もままならなかった。そこに突然、共通の目標、明確な方向性、目に見えるゴールができたのだ。総選挙実施が発表されて一週間のうちに「運動の感触がはっきりとつかめた」とメンバーのエマ・リーズは説明する。「自信を持って戸別訪問に臨めるように、訓練をしなければならなかった」。ここが大事なところだ。労働党員は急増していたが、ほとんどの人には選挙運動の経験がなかった。だからこそ、フォスター＝オッグによる地域社会の組織化がものを言った。

「すごい人数を動員できることはわかっていた」とフォスター＝オッグは言ったが、たんに活動家が戸別訪問をして、どの党に投票するかを訊き、次の家に移るだけではだめだと思っていた。彼女は二〇一六年のアメリカの民主党大統領候補者選びでバーニー・サンダースが展開した運動からヒントを得て、会話で人々を説得することに興味があった。訪問先で関心事や心配事、希望や願望を聞いたうえで労働党に投票してもらうのだ。そんなことができるのだろうかと言うメンバーもいたそうだ。「選挙まで六週間なのにどうするつもり、というふうにね」

ポイントは、訪問先でメッセージを明確に伝えることだった。フォスター＝オッグの戦略は、政策を一〇秒で説明できなければ意味がないというものだった。「労働党のマニフェストは一〇秒で説明できる政策だらけだった」と彼女は言う。富裕層への課税、公共サービスへの投資、生活賃金の導入、学費免除、公益事業の国有化などだ。あるいは、〈モメンタム〉の別の活動家レイチェル・ゴドフリー＝ウッドがまとめたように、「クラブに行って、かかる曲全部が激しいダンスミュージックだったとするでしょ。それがあのマニフェスト！」。〈モメンタム〉はすべてを理解していた。あとはそれをどう伝えるかだけだった。

フォスター＝オッグは、国じゅうの戸別訪問者の候補に三八回の訓練を企画した。ノース・ロンドンでおこなったある回では三〇〇人のボランティアが集まり、会議室がいっぱいになった。経験豊富な活動家もいれば、差し迫った保守党の大勝利を怖れて何かしたいと思っているだけの人もいたが、多くは戸別訪問をしたことがなかった。外に働きかけることがほとんどないそうした労働党員を活動家に変えることが、〈モメンタム〉の大きな狙いだった。

もうひとつ、〈モメンタム〉が大いに貢献したのは、コービンが全国で開いた集会の人出を最大化したことだった。従来この手の集会には熱心な支持者、つまりすでに転向した人たちしか集まらないと考えられていた。私自身もそう信じていたが、大規模な戸外の集まりになると、誰でも参加できる。そして人々は実際に参加した。レディングの駐車場で開かれた会では、道を歩いていた会社員が足を止めて話を聞いていた。歴史ある〈核軍縮キャンペーン〉の活動家たちが教会のホールで話すような集会では、ついぞないことだった。チャンネル4ニュースの記者マイケル・クリックが言ったように、コービンは「指導者としておそらくチャーチル以来最大の聴衆を集めて演説をしていた」[18]。

こうしたイベントはだいたい勝利が確実な選挙区でおこなわれたが、大事なのは近隣の地域から人を引き寄せ、さらにローカル局のテレビニュースに取り上げられることだった。地方テレビの影響力は絶大で、選挙後のロンドン・スクール・オブ・エコノミクスの調査によると、コービンが訪ねなかった選挙区での労働党の得票率は九・八パーセントしか上がらなかったが、訪ねた選挙区では一八・七パーセント上昇した。テリーザ・メイの場合、彼女が訪ねなかった選挙区で保守党の得票率は五・九パーセント上がったが、訪ねた選挙区では下がる結果となった[19]。

当時、〈モメンタム〉のおそらくもっとも活動的な支部があったサウスイーストの都市、ブリストルでの運動が好例だ。「攻撃に転じる戦略が必要だと思っていた」とブリストル支部のメンバー、フィル・ベイツは言う。労働党本部からは地元の現職議員を守るようにという指示が出ていたが、〈モメンタム〉の人々はもっと高い目標をめざすべきだと考えていた。そこで、隣接するブリストル・ノース・ウェストとストラウド（どちらも保守党が五〇〇〇票以内の差で勝った選挙区）、そしてガウアー（こちらはわずか二七票差）に狙いをつけ、ロンドンの労働党本部から許可を得て何百人という活動家を送りこんだ。その結果、二〇一七年の選挙では、これらすべての選挙区で労働党が議席を獲得した。

〈モメンタム〉はさまざまな手法を活用した。目標とした選挙区に集中し、〈モメンタム〉の電話戸別訪問のアプリを用い、短い事前連絡で近隣の地域から通常三〇人から五〇人の活動家を派遣した。「週に活動二回というリズムを作りたかった」とベイツは言う。「そうすることで地元の活動家が自信を持って外に出、議席を得られると実感し、候補者にも力を与えることができる。正直に言えば、候補者の一部はぱっとしなかったけどね」

戸別訪問をした議員たちの多くは、議席確保に党首が役立つどころか、むしろ妨げになると思っていたので、配布用のチラシに載っているコービンをあえて話題にしなかったが、〈モメンタム〉の活動家たちが同じチラシを配るときには、マニフェストと労働党党首に関して特別に作成したチラシに挟んで手渡した。彼らは訪問時に相手からしっかり話を聞き、それぞれの地区の主要な問題、たとえば、病院の閉鎖や地元の学校の経営難などを見つけて、メッセージをそれに合わせるよう指示されていた。

ブリストル・イーストのストックウッドは労働者階級の白人が圧倒的に多い地区だが、過去二〇年にわたって労働党はほとんど活動していなかった。直近の地方議会選挙でも保守党が勝利し、投票者の五分の一は右派政党のＵＫＩＰを選んでいた。だが、今回の二〇一七年の総選挙では、学生から年金生活者までの五〇人の活動家が家々をまわった。おのおのはほとんど初対面で、初めて戸別訪問をするメンバーは、自信を持って活動できるように経験豊富なメンバーと組んだ。そして二時間で地区全体にチラシを配り終えると、全員でパブに集合してその日の経験を語り合った。

ストックウッドの人々もほかの多くの地区と同様、労働党からの訪問は一度も、あるいは長年なかったと怒りをあらわにした。運動の効果は劇的だった。これによって、ストックウッドの票が一気に労働党に流れたのだ。保守党の元幹部トム・エドマンズは私にこう打ち明けた。「勝つと思われていないながら負けた保守党の候補者に訊けば、そこに〈モメンタム〉がいたと答えるよ」

〈モメンタム〉は画期的なテクニックで全国的にメンバーを動員した。彼らがバーニー・サンダースの運動から輸入したひとつの方法は、ショートメッセージのリレーだった。情報を拡散するためではなく、会話を始めるためにメッセージを利用したのだ。友だち同士のチャットのような雰囲気をめざした――「こんにちは、ジミー！　今週末イベントに来ない？」。そこから先は想定問答が用意されていて、それをそのまま使うか、必要ならば編集して送る。たとえば、「ごめん、無理」という返事だったら、「それは残念。別のイベントはどう？」というように。それに、電話に出たりメールの返事を書いたりはしなくても、メッセージに答える人はとても多く、返信率は四〇パーセントだった。運動期間中、〈モメンタム〉はこのようにして九万人もの活動家に連絡をとった。驚くべき数字である。

彼らのソーシャルメディア・キャンペーンは、イギリスの政治がまったく新しい局面を迎えたことの表れだった。この二〇一七年に初めてオンラインの反保守党の政論の場ができ、労働党にきわめて敵対的な主流メディアに対抗できる勢力になったのだ。

トム・エドマンズはそのことをよく知っている。保守党の二〇一五年と二〇一七年のオンラインでのキャンペーンを統括し、その勢いを肌で感じる立場だったからだ。ロンドンのサウス・バンクの劇場内カフェでカプチーノをかき混ぜながら、彼は二年間で選挙運動がどれだけ変わったかを振り返った。「二〇一五年には、外で活動するのは政党の党員だけだった。それが二〇一七年になると、政治活動グループの登録があった。すでに集めたフォロワーの活動に七〇万ポンド（約一億八五〇〇万円）まで使えるそういうグループが七〇から八〇ほどあって、そのうちふたつだけが保守党系。残りはすべて労働党系か反保守党系だった」

エドマンズは保守党が闘わなければならなかったグループを次々とあげた。「〈オープン・ブリテン〉のような残留派や、〈民衆会議〉のような反緊縮グループ、キツネ狩りに反対する動物保護の慈善団体、〈モメンタム〉のような労働党系のグループ、〈38ディグリーズ〉や〈Ａｖａａｚ〉といったかなり進歩的な団体、それに経費削減から教育やＮＨＳまで、さまざまな単一争点のグループ。オンラインに政治的なコンテンツはたくさんあるけれど、非政党のグループを経由して発信されるものがいちばん広く人々に到達する」。エドマンズがあげた端的な例は、全国教員組合が廃校に反対してフェイスブックに投稿した動画で、四〇〇万回再生された。

こうした状況がすべて、労働党のデジタル・キャンペーンに有利に働いた。政党は動画の配信に注意しなければならない。もし対抗勢力を中傷しすぎたり、議論になる問題や事実や情報操作が含まれていたりすれば、記者会見で党首が厳しく批判される怖れがある。だが、この非公式のルールは、政党ではない団体には適用されない。また、彼らが存在することによって、労働党はポジティブなメッセージに集中することができた。反保守党のネガティブなメッセージは彼らが広く展開してくれたからだ。

〈モメンタム〉はオンラインとオフラインに存在する反保守党の人々をつなぐ橋の役割も果たした。当時三〇歳だったハリー・リッチーは、ソーシャルメディア・キャンペーンの調整役だった。〈モメンタム〉のフルタイムのデジタル担当は彼だけだったが、五人ほどまわりについてコアチームを結成していた。彼らは、戸別訪問のしかたをわかりやすく説明したわずか一分という最適な長さの動画を制作した。「あなたの最寄りの接戦選挙区」というウェブサイトに郵便番号を入力すると、近隣のどの選挙区に優先的に取り組むべきかわかり、参加方法がくわしく紹介された。「投票日の誓い」という別の活動では、八〇〇〇人が投票日に休暇をとり、近所の家をまわって労働党への投票をうながすことを約束した。

〈モメンタム〉には、選挙人名簿も、マーケティングや世論調査のデータも、無党派層に個別にアクセスする手段もなかった。その代わりに、資金を投入しなくても人から人へと拡散するコンテンツを制作することに力を注いだ。つまり、有料の広告を出すのではなく、人々が自発的にシェアしたくなるコンテンツを作るということだ。「とにかく見てもらいやすく、中身を読みたくなって、ときには笑える内容にしたかった」とリッチーは言う。「それと、みんながどうやってコンテンツを受け取るかも考えた。たいてい携帯電話で見るわけだから、そこで注意を惹いて読んでもらわないとね」

最大のポイントは、ほとんどの人が政治の話題を追っていないことを前提として、ふだん政治的な会話の外にいる人たちに声を届けることだった。細かい政策の話をしてもうまくいかない。その代わりに一本の動画につき、ひとつの主要なメッセージか意見を伝えることにした。たとえば、テレビで放送された決定的な場面をとらえる。ある記者会見でテリーザ・メイが、なぜコービンとの討論を避けるのですかと問いつめられ、「完全に窮地に陥った。ジョークでかわそうとしたけれど、誰も笑わず、本当に気まずい雰囲気になった」。リッチーたちは、この動画のタイトルを「本当に気まずい」とし、メイの言いまちがいや、「あー」、「えー」のすべてに字幕をつけた。すると四〇〇万回以上再生された。この種のコンテンツは、たとえ最後まで見られなくても、選挙運動の開始時点で人々がメイに抱いていた好印象をいくらか見直すきっかけになった、とリッチーは言う。

〈モメンタム〉のいくつかの動画はあからさまに刺激的だ。たとえば、「二〇三〇年の保守党のイギリス」という設定がある。父親と娘の本来なら心温まる場面で、娘が、なぜパパのときみたいに学校給食や大学の学費が無料じゃないのと尋ねる。「なぜって、パパがテリーザ・メイに投票したからさ！」と父親は笑いながら言う。「パパ、わたしのことが嫌いなの？」と娘が訊くと、「そのとおり！」と父親が答える。

この動画は口コミで広がり、七〇〇万回ほど再生された。とくに若者からの反響が大きかったのは、保守党の政治家が国民の未来を盗んでいるという苦々しい感情に訴えたからだった。大規模集会でイギリスの歴史の長さと深さについて演説するコービンと、大声援を送る群衆の動画もあった。見た人がワクワクして勇気づけられる運動に加わりたいと思うことを狙い、同時にイギリスの報道機関が念入りに作り上げたネガティブなコービン像を否定することも狙ったものだ。

膨大な若者のファンがいるアウェイトやマックスタなど、コービンを支援するミュージシャンを集めた「グライム4コービン」というイベントも企画された。さらに、ステークホルダー管理責任者のローラ・マリーの指示で、コービンのツイッター・アカウントから有名人に直接メッセージを送って支援を呼びかけたりもした。当初はほとんどの有名人が慎重で、マネジャーから政治的発言や政党への関与は禁じられていると答えていたが、選挙期間のなかばをすぎたあたりから好意的な反応が増えてきた。若者に絶大な人気があるイギリスのラッパー、ストームジーがコービン支持を表明すると、ほかの有名人もあとに続いた。

こうして、どうしたわけか、それまで目立ったことのなかった六〇代後半のこの一般議員は、あらゆる政治家が望んでやまないが、おそらく誰ひとり持っていなかったものを手に入れた——文化的な名声だ。ひとことで言えば、コービンは「クール」だった。選挙運動の相手方には、これらすべてがなかった。「テリーザをストームジーに会わせるところを想像してみてほしい」とある保守党の補佐は私に言った。そのあと雄弁な沈黙が流れた。

〈モメンタム〉のデジタル・キャンペーンは組織を超えた取り組みだった。コアチームは動画や撮影、編集などのクリエイティブな技術を持つ人の助けを求め、すぐに連絡をとれる四五〇人のデータベースを作成した。「そうした人たちと協力し、関係を築くことにはずいぶん力を入れた」とリッチーは言う。国じゅうをまわっている独立の撮影クルーが、たとえば集会やイベントをざっと撮影してロンドンに送り、才能のある中心的なチームが仕上げてソーシャルメディアでシェアする。

〈モメンタム〉のチームが会ったこともない人々がロンドンのユーストン近くの本部にやってきて動画を完成させたり、現場以外で映像を編集したりすることもあった。「できることはどんどん広がっていった」と以前はソーシャルメディアの力を疑っていたリッチーは言う。二〇一七年の選挙運動期間中に〈モメンタム〉がソーシャルメディアの広告に費やした金額は合計二〇〇〇ポンド（約三一万円）に満たなかった。恐るべき費用対効果である。

〈モメンタム〉のデジタル・キャンペーンは、コービン自身の運動と完全に呼応していた。コービンのほうは、ユース・コミュニティの元職員でワーカホリックのジャック・ボンドが、ほとんどひとりで取り仕切った。ボンドのソーシャルメディア戦略はシンプルだった――とくに動画を最大限活用して、人気のある政策を広め、労働党の支持者に直接語りかけたのだ。党首事務局はフェイスブックとツイッターを利用することで、大手メディアのフィルターのかかっていない政策をみずからのことばで説明することができた。

コービンは自分のアカウントから発信する動画が完全にポジティブであることを求めた。動画制作チームが、当時の国防相で保守党の「猛犬」代表格マイケル・ファロンの屈辱的なインタビューをからかう動画を作ったときには、コービンからこんな電話がかかってきた。「これには希望がない。彼らがまちがったことをしているのは確かだが、私は攻撃したくない。われわれが書くもの、発表するものはすべて希望があるものにしてほしい。攻撃するなら彼らのまちがいではなく過去の記録を攻撃すべきだ」。この動画は拡散すると思っていたチームは大いに苛立ったが、あとから振り返るとコービンは正しかった、とジャック・ボンドは言う。「みんながコービンに投票したのは、彼の言うことが希望に満ちていて世の中を変えてくれそうだったからだ。あれもジェレミーがふつうの党首ではなかったことのほんの一例だね」

コービンの誠実さが労働党のソーシャルメディア・キャンペーンで功を奏したとすれば、メイの資質はまったく逆の効果を及ぼした。保守党のある補佐が言うには、「テリーザ・メイはオンラインでぜんぜん使えなかった。大へまをするし、演説も下手だ。デイビッド・キャメロンにもいろいろ意見はあるけれど、とりあえず演説はうまかったよ。クローズアップも含めて三回撮影したとするだろう。キャメロンはどれもぴしっと決めて、情熱とカリスマが感じられた」。それと比べ、動画で温かみを伝えてくださいと言われたメイは、「いかにもわざとらしい笑みを浮かべた」という。

ソーシャルメディアについては、「自分と似たような考えでできた泡（バブル）のような世界に閉じこもっている」ということがよく言われる。しかし、二〇一七年の総選挙にはそれが当てはまらなかった。「フェイスブックの人々の友情は現実の世界よりはるかに広がっていた」とリッチーは言う。「現実の世界で友だちと政治の話をする人はほとんどいない。けれど、オンラインで友だちがシェアしたものは見るかもしれない。それはかなり強力な後押しになる」

数字がすべてを物語っている。運動期間中、コービンのフェイスブックは二〇の動画を公開し、一〇〇万人以上に視聴された。〈モメンタム〉の動画は一四本、その一方、労働党はというと、党としての選挙公報ふたつと、彼らが何もかかわらなかった最後の集会の動画を除くと、たったの二本だった。ジェレミー・コービンのソーシャルメディアの運営は、フェイスブックで一二五万シェアを獲得した。一方、はるかに多額の資金を投じたテリーザ・メイのページは一〇万シェアしか得られなかった。ツイッターでは、コービンのアカウントは一四二万回リツイートされ、メイは九万六〇〇〇回だった。

フェイスブックの到達度はさらにすばらしかった。コービンのページを四七〇〇万人のユニークユーザーが見たのだ。資金不足で何度も崩壊しそうになりながら、大事なところで政治的、文化的、技術的にすぐれていたキャンペーン運営が、ついに保守党のオンライン攻勢を撃退したのである。「最終週にはわれわれの動画の閲覧が一三〇〇万回、フェイスブックのユーザ画面への表示が一億五〇〇〇万回、それらすべてが次々とシェアされた」とリッチーは言う。「もし同じことを有料の広告でやろうとしたら、莫大な費用がかかったよ」

重要なのは、このオンラインのキャンペーンがまさに必要な場所に届いたことだった。労働党が史上初めて勝つことになったカンタベリーでは、フェイスブックのユーザーの四割以上が選挙期間の最終週に〈モメンタム〉の動画を見ていた。元副首相と、自由民主党の元党首ニック・クレッグが議席を失ったシェフィールド・ハラムでは、その数字が五割を超えた。[*20]

◆―――◆

要するに、労働党の選挙運動の方法は、現代テクノロジーを使って、「大多数」対「エリート」という構図があけすけになっている政治をクリエイティブに説明することだった。ただ、保守党側の運動に助けられた面もある。それは、おごれる者が自滅する一例だった。

労働党のマニフェストのリーク騒ぎがあった数日後、コービンのチームは保守党のマニフェストの発表を懸念していた。労働党の領域への大胆な攻撃はあるだろうか、それとも、いつもの保守党らしく、短期的な減税で「袖の下」をつかませる作戦だろうか。保守党のマニフェストの事前説明で悪目立ちした政策がひとつあった。一〇万ポンド（約一五五〇万円）を超える資産（持ち家も含める）に一〇〇パーセント課税して、成人に自分の将来の介護費用を支払わせるというのだ。物議をかもす政策に思えたが、コービンのチームは、まだ別の驚くような政策を出すにちがいないと思っていた。もっと注目されそうな要素は、事前説明からのぞいているはずだからだ。

ところが、この政策がそのまま保守党のマニフェストの目玉となった。当初は右派のメディアにべた褒めされたが、労働党とその支持者たちはこれを「認知症税」と呼んだ。がん患者はＮＨＳの治療を無料で受けられるが、認知症のような状況になった人々は医療費を支払わざるをえなくなるからだ。言うまでもなく、認知症は保守党に投票しがちな高齢者層に多い。こうして労働党側は、保守党の旗艦政策をアキレス腱に変えることに成功した。

テリーザ・メイにとって、事態はさらに悪化した。資力調査にもとづいて年金生活者の冬季暖房費の支給を停止し、既存の年金の上昇率を保証する「トリプルロック」〔訳注：インフレ率、平均賃金上昇率、または二・五パーセントのうち、もっとも高いものが国民の年金の上昇率に適用される〕を廃止する、というふたつの提案をしたことで、選挙結果に悪影響を及ぼしたのだ。保守党は、年金生活者は何があっても自分たちに投票すると高をくくって、そろそろ彼らの便益や権利を削ってもいいと判断したようだ。保守党の政策には、ほかにも自由投票によるキツネ狩りの実施を認めることや、象やサイの牙の貿易禁止を撤廃することが含まれていた。〈モメンタム〉のフォスター＝オッグらの戸別訪問チームにとっては願ってもない話題だった。「一〇秒でまとめられる保守党の政策は、キツネ狩りと、サイ狩りの合法化と、認知症税だけだったわ」と彼女は微笑む。

さらに、保守党のマニフェストにはもうひとつ、コービン・プロジェクトの意義深い勝利を示唆するものがあった。あるセクションのタイトルを、「政府はよいことができると私たちは信じている」とし、「強力で戦略的、機敏で国民の要望に応える」国家が必要だと述べていたのだ。ここでは政府に「現代の産業戦略を主導しつつ積極的な役割を果たす」ことを求めていた。[*21] つまり、少なくとも文言上は、保守党執行部が世論調査を受け入れ、一九七〇年代後半から執着していた直感的な反国家主義イデオロギーを捨てたということだった。

◆―――◆

とはいえ、今回の労働党の選挙運動がひたすら明るい希望に向かっていたわけではない。五月二二日の夜、アリアナ・グランデのコンサートが開かれていたマンチェスター・アリーナのロビーで、二二歳の男が手製の榴散弾を爆発させた。まわりには一〇代の若者や子ども、それに付き添ったり車で迎えに来たりした親たちが大勢いて、二二人が亡くなり、何十人もが大怪我をした。

その夜、マンチェスター・アリーナでショッキングな事件が起きるまえ、コービンの運動は最高潮だった。コービン自身がヨークシャー州で大規模集会にいくつか参加し、ハルでおこなわれた集会では「ロックスター並み」と地元紙に書かれるほどの歓迎を受けて、上機嫌だった。[*22]「天気まで味方してくれた」と補佐のひとりは言う。一方、保守党の運動は最低の雰囲気だった。テリーザ・メイは認知症税の一部撤回を試み、回路がおかしくなった政治ロボットのように「何も変わりません！」とくり返す恥ずかしい記者会見をして、ジャーナリストからあからさまに馬鹿にされていた。

コービンとチームの面々は、ドーチェスターの〈プレミア・イン〉のレストランでBBCの夜一〇時のニュースを見ていた。労働党党首と歓声をあげる人々の映像が流れ、好対照のメイの悲惨な一日が報じられていたところで、マンチェスター・アリーナからのニュースが始まって、一同は震え上がった。「あのマンチェスターの件はとりわけひどかった」とジェイムズ・ミードウェイは言う。「この国で長いこと見ていなかった、本当に不快で怖ろしい事件だった。ある程度計画を立てて、用意周到に小さい子どもたちを狙ったんだから」。疑問の余地なく、即座に対応しなければならなかった。「追悼と慰霊が何日も続くのは明らかだった」とジョー・ライルは言う。全政党は選挙運動を一時中断することで合意した。その間、正式には政府不在（成立する可能性のある政府がふたつ）だったので、コービンのチームも安全保障担当から通常の説明を受けた。関係者の多くは徹夜して、事態の把握に努めた。

コービンは犠牲者との団結を示すためにマンチェスターに行きたがり、現地で通夜にも参加したが、選挙まで一六日とあって、この残虐行為が政治にもたらす結果を考えないわけにはいかなかった。アンドリュー・マレーが指摘したように、「テロ攻撃はふつう右派か、その時点の政府に有利に働く。このときには両者が一致していた」。保守党は昔からみずからを安全保障、法と秩序の政党と位置づけていた。「友人たちのなかには、わが子があの攻撃に巻きこまれた人もいた」とアンドリュー・グウィンは言う。「あれほど恐ろしいことはない。それに、残念ながら政治のレベルでも恐怖だった。メイが政治家らしく強さと安定感を示し、首相としてダウニング街ですばらしいスピーチをすることが可能だったから。それは正しいことと見なされて、政治の党派に関係なく支持を集めるにちがいなかった」。そうして、コービンはテロリストに甘い、あるいはテロリストの友人であるという保守党の主張がじわじわと浸透することを、グウィンは怖れたのだ。この選挙戦で保守党とその先棒を担ぐイギリスの報道機関は、労働党党首をテロリストのシンパとして扱う戦略をとっていた。効果はすぐに現れた。テロ攻撃のまえは労働党の運動にあった勢いがいったん止まると、保守党が盛り返してきたのだ。

チームがマンチェスターを発つころ、政府は国じゅうの町に軍隊を派遣すると発表した。南へ向かう列車のなかは静まりかえっていた。「みんな坐って、もう終わりだと考えていた。私は胃がむかむかした」とコービンのメディア担当責任者ショーン・ジョーンズは振り返る。メイのチームがこのテロ攻撃を政治的な武器にするのではないか、それが心配だったのだ。「彼らはこれをうまく政治的に利用して、自分たちは強くて安心、ジェレミーは弱いという印象を植えつけ、私たちを叩きのめすだろうと思ったの」

喪に服す時期が終わると、コービンが政治的にどう対応すべきかについて、選挙運動チーム内で議論が沸騰した。攻撃を非難し、緊急対応と警備にあたった人々を称える以外のことをするのをためらい、できるだけ早く通常の政治に戻るべきだと言うメンバーもいたが、アンドリュー・マレー、アンドリュー・フィッシャー、シェイマス・ミルンはそれに強く反対した。「そういう対応ではジェレミー・コービンでなくなってしまう」とマレー。「むしろこう訊かなきゃならない――なぜこういうことが起きるのか、なぜこれほどテロとの戦争に深入りしているのに、テロはなくなるどころかいっそう悪化するばかりなのか、テロを可能にしているわれわれの外交政策の何が問題なのか。もちろん、あんなことをした犯罪者の道徳的責任は追及しなければならないが。それが本来、成熟した民主主義が問いかけるべき大きな問題だった」。しかし、労働党の報道担当部門にはこの戦略に根強い抵抗があり、個人のレベルでは嫌悪している者もいた。コービンの補佐の一部ですら、疑問視していた。

労働党の党首事務局も、テロ攻撃が皮肉にも自分たちに波及してくることは理解していた。何が起きたにしろ、労働党は国の安全保障に対する脅威というレッテルを貼られる。だからこそ先手を取ることが重要だと感じたチームは、マレーとミルンの計画を進めるにあたって、バラク・オバマの「フィラデルフィアの転機」を参考にした。二〇〇八年五月、ヒラリー・クリントンと民主党の大統領候補指名を争っていた際のオバマの演説である。このときオバマは、かつてかよっていた教会の牧師がアメリカ社会の人種差別を猛烈に非難したことが物議をかもしていたのを受けて、アメリカの人種にまつわるむごたらしい歴史について、力強い演説をしたのだ。

四日後、コービンはカンブリア州カーライルの集会に参加した。そして、テロリストの攻撃を直接非難しつつ、テロとの闘いだけでは問題は解決しないと演説した。彼は「諜報活動や安全保障の分野も含めたわが国の専門家の多くは、現政府が支援や参加をしている他国での戦争と、国内でのテロとの結びつきを指摘しています」と言ったうえで、重要な攻撃の矢を放った。テリーザ・メイは首相になるまえに内相を六年間務め、その間二万人の警察官の削減を進めていた。過去には、人員削減で国の安全保障が脅威にさらされると主張した警察を「狼少年」になぞらえて非難したこともあった、と。[*23]

予想できたことだが、ただちに保守党のマイケル・ファロンとボリス・ジョンソンが攻撃しはじめた。ジョンソンはコービンの演説を「醜悪きわまりない」と評した。労働党の一部の国会議員も激怒した。私もコービンを弁護したことで、労働党の政治家から叱りつけられたひとりだ。しかし、エスタブリッシュメントの反応とは裏腹に、世論はコービンに味方した。ある世論調査によると、イギリス国内で起きたテロ攻撃の一因はイギリスの外交政策にあると考えている人が五三パーセント、外交政策はまったく関係ないと考えている人はわずか二四パーセントだった。[*24]

数日後の六月三日、今度はテロリスト三人がロンドン・ブリッジの歩道にワゴン車を突入させて人々をはね、近くのバラ・マーケットのパブで飲んでいた客をナイフで無差別に刺した。死者は八人にのぼった。「私たちはみな、ロンドンで起きた暴力的な攻撃にショックを受け、ぞっとしている」とコービンは宣言し、イギリスは安全保障の経費を削減すべきではなかったと容赦なく批判した。これは「伝統的な」労働党党首の対処とはまったくちがい、共感を呼んだ。突如として保守党の経費削減の結果が目に見える暗いかたちで示されたのだ。実際、この種の削減はイギリス国民の生活を危うくしていた。

テリーザ・メイは残虐行為への対応で多文化主義に疑問を投げかけたが、労働党は、テロを輸出しているサウジアラビアやその湾岸の同盟国とイギリス政府がしているであろう不快な会話に議論を戻した。グウィンは、労働者階級が圧倒的に多い北部のみずからの選挙区で、警察の経費を削減して日常生活の不安と危険を増やした政府を住民が責めていることに気づいた。テリーザ・メイの内相時代に警察連盟のトップが彼女を批判している動画が拡散した。その動画では連盟のトップが「どうすれば夜安心して寝られるというんです?」と辛辣な口調でメイに訊いていた。

二度のテロ事件に対するコービンの反応は、当時の彼の懸念や考えをほぼそのまま要約していた。政治やメディアのエリートの多くにとって受け入れがたいその考えは、だがイギリスじゅうの人々の琴線にふれた。

選挙期間中、コービン自身は並はずれて積極的だった。「いつも『これをやりとげなければ』という感じだった。もと来た道だから、たぶん自信があったのね」とスタッフのファドゥマ・ハッサンは言う。コービンがまわりに与えた影響は大きかった。選挙運動初期の集会のあと、帰り道で補佐たちが感動的な体験について語り合っていたし、コービンと人々とのあいだにも気持ちが昂揚する無数のやりとりがあった。

ハッサンはウェールズで若い家族とコービンが会ったときのことを憶えている。父親は泣いていた。「『息子には障がいがあって、私はフルタイムでは働けないんです。何も助けてもらえない。あなただけが希望なんです』と言っていた」。ハッサンはそこで口を閉じた。「それまで一度も投票したことのなかった大人の男性が、あんなふうに泣いて。そういう瞬間がたくさんあった。あれこそ現実の世界だった。私たちの政治とか党派対立とか、そんな話じゃなくて、人々の話だったの」

五月二〇日、コービンは、トランメア・ローバーズ・スタジアムで開かれたウィラル・ライブ音楽祭のステージに予告なしで上がった。二万人の観客は熱狂し、〈ザ・ホワイト・ストライプス〉の曲『セヴン・ネイション・アーミー』に合わせて「おお、ジェレミー・コービン」と歌いはじめた。それはすぐにあらゆるところで歌われるようになった。

総選挙の前日、コービンはスコットランドに始まってイングランド北部、ウェールズと、国じゅうの六つの選挙区をまわった。最後はイズリントンのユニオン・チャペルだった。一回目の党首選で最後の集会を開いた場所だ。どの集まりでも事前に複数のチームが派遣されて調整をおこなった。この選挙戦最終日の運営は、寄せ集めで大混乱に陥ることもあったチームが、六週間のうちに高度に洗練されて複雑な組織に変わったことの証だった。不安とパニックからスタートした労働党の選挙運動は、現代でも最高レベルにクリエイティブで、斬新で、意欲を高めるものになった。「できるなかで最高の運動をしたことはわかっていた」とジョー・ライルは言った。「誇らしかったよ。自信にあふれ、誇らしい気持ちだった」

◆―――◆

選挙当日の六月八日、労働党の運動がこれほど進化したにもかかわらず、過去に例のない大敗北が広く予想されていた。「不安だった」とアンドリュー・フィッシャーは振り返る。「本当に不安だったよ。世論調査があまりにもバラバラだった」

最新の世論調査の結果では、労働党が五ポイントから一三ポイント、リードされていた。〈サーベイション〉という調査会社だけが、労働党の得票率は四〇・四パーセントで保守党より〇・九パーセントだけ下という結果だった。労働党内の調査では得票率が三四パーセントで、惨敗だった二〇一五年よりほんの四パーセント増えているだけだった。事務局は、世論調査の結果が大きく異なっていても、フィルターのかかっていないデータでは保守党と労働党が僅差である点に期待した。フィルターで投票率を変えたときにだけ結果の差が広がっていたからだ。たとえば保守党のリードがいちばん大きい調査では、労働党の投票者、とくに若年層が通常のデータから想定されるほど投票しないことを前提にしていた。

選挙当日も、コービンのチームの多くは戸別訪問に出かけていた。私も彼らの何名かと、保守党の現職に労働党の左派マーシャ・デ・コルドバが挑んでいるバタシー選挙区に出かけた。スタッフの携帯電話には一日じゅうワッツアップのメッセージが入り、投票率が全国的に高いという楽観的な見通しを伝えていた。

出口調査の結果が発表される数時間前、私はトゥーティングから自転車で帰りながら、党首事務局に電話をかけた。トゥーティングは労働党がきわどく議席を確保している選挙区で、現場のチームからは労働党の投票率が思わしくないという焦りのメッセージが届いていた。事務局に状況を訊くと、「いろいろ」という答え。いろいろとは？　「ロンドンは好調、ノースウェスト、ノースイースト、ミッドランズはむずかしい」。私は「でも……それはサウスイーストを除くイングランドのほぼ全域ということだろう？」と早口で言った。幸せな瞬間ではなかった。わりに楽観的な上級補佐の予想では、下院の全六五〇議席のうち、労働党は二一五から二六〇議席ぐらいだろうということだった。

アンドリュー・マレーは四つのシナリオを想定していた。「惨敗」から、二〇一五年のシェア以下、そしてもっとも楽観的な「ハング・パーラメント」［訳注：単独過半数の議席を持つ政党がいない議会］まで。だが、最後のシナリオはなさそうだった。〈モメンタム〉本部の多くのメンバーも同じように感じていた。選挙前日には、ベス・フォスター＝オッグとエマ・リーズが、コービンの三回目の党首選の選挙運動をどう組み立てるかについて相談していた。ふたりとも、労働党が総選挙で負けてかならずそういう局面になると思っていたのだ。

出口調査の結果が明らかになる午後九時五五分。試練のときだった。「コービンのメディア・チームといっしょにいたけれど、誰もしゃべらなかった」とジョー・ライルは言う。「体じゅうが緊張して、息をするのも苦しかった。人生であれほど神経がピリピリしたことはなかったと思う。あそこまで全身全霊で何かに打ちこんだことはなくて、その成否がすべて、たったひとつの発表にかかっていたんだから」

私は投票日の夜のコメンテーターとして、ＩＴＶのスタジオにいた。出口調査の結果が出るまでのカウントダウンは、人生でいちばん長い二分間だった。ついに発表があった。ＢＢＣの司会者デイビッド・ディンブルビーが、保守党は「最大政党」ですと言った瞬間、テリーザ・メイが議席の過半数を割ったことがわかった。労働党は約三〇議席を増やして、下院は「ハング・パーラメント」となる。コービンのチームは狂喜した。「興奮が爆発したよ」とジェイムズ・シュナイダーは語る。「まず歓喜が湧き上がって、そのあと信じられなかった」とジョー・ライルも言った。「われわれは左派だ。ふつう左派が何かに勝つことはありえない！」。アンドリュー・フィッシャーは、出口調査の結果が発表されると同時に空中に拳を突き出して、「どうか当たれ！　当たりますように！」と叫んだ。

別のスタッフの記憶によると、部屋の半分が有頂天になっているのに対し、労働党本部の古参の右派は「大ショックを受け、茫然として、信じられない様子だった」。錯乱と怒りが同程度入り交じった彼らの反応は、まるで保守党の職員がやりとりするメッセージのようで、かなりの議席を増やした労働党の党員のものとはとても思えなかった。「受け入れるしかない」とある職員は嘆いた。「人々がものを言った。あいつらめ」。別の職員は、労働党の大勝利に賭けておくべきだったと書いた。それなら「少なくとも失望から何かプラスのものが得られるから」だ。

党首事務局のひとりは、労働党本部(サウスサイダー)の人々に意地悪なたとえを用いた——ベルリンの壁が崩壊したときの東ドイツの秘密警察本部(シュタージ)のようだ。「彼らはあたかも、自分の世界観すべてが恐ろしくまちがっていたという雰囲気だった」

ほどなく、喜びの爆発は、あたりを警戒する不安に変わった。ジョン・マクドネルの早口の報道担当、ジェイムズ・ミルズは、出口調査の結果を受け入れるのは票数が確定する朝一時まで待ってほしいと影の財務相に進言した。二年前の調査結果はまちがっていたからだ。

そして最終結果が出た。一九世紀から保守党の牙城だったカンタベリー選挙区が労働党に流れたことがわかると、ミルズはマクドネルに「かついでるわけじゃありませんよ、ジョン。でも、こんなのは一度も見たことがない」と言った。「やめてくれ！」とマクドネルも興奮を抑えきれずに答えた。サウス・ロンドンのバタシーでは、フォスター＝オッグが地元の労働党本部にいた。保守党が八〇〇〇票近くリードしていた選挙区が労働党に変わったという選挙結果が発表されると、「みんな叫んでいた！　文句のつけようのない純粋な喜びだった！」。歓喜の渦のなかでアンドリュー・フィッシャーが、明日から労働党は連立の話し合いに入るのだから今夜は飲みすぎないように、とスタッフに注意していた。

保守党本部の雰囲気はだいぶちがった。幹部のひとりはゴミ箱に吐き、テリーザ・メイは泣きだしたと言われる。「あれはひどかった」と選挙運動の責任者だったトム・エドマンズは振り返る。保守党はまちがった議席に力を入れたというのが、彼の結論だった。運動のどこかの時点で、彼らはボルスオーバー、セッジフィールド、ウェスト・ブロムウィッチ・イーストの選挙区で勝てると思ってしまった（それぞれ労働党が五〇〇〇票以上、六〇〇〇票以上、七五〇〇票以上の差をつけて勝利した）。「結果を見たとき、これらの議席を狙ってなんの意味があったんだろうと思ったよ。ブレグジットを争点にしたのが大失敗だったことがわかった。カンタベリーのような選挙区や、保守党の残留派の支持を失ったのは、ブレグジットをしつこく訴えすぎて、保守党が『ブレグジット党』になってしまったからだ」。その夜が明けるまでに、エドマンズは安堵のようなものを感じた。本当は選挙運動中に、コービンが次の首相になると思っていたからだ。スコットランドで善戦したことだけが、保守党を首相官邸にとどまらせていた。

テリーザ・メイは政治勢力としての労働党を消し去ろうと総選挙に打って出たものの、保守党のほうが混乱に陥るはめになった。労働党は一九四五年以来最大の得票の伸びを記録し、得票のシェアも二〇〇一年のブレア二度目の地滑り的勝利以降最高となった。スタート時点では保守党に二四ポイントの差をつけられながら、最終盤には二ポイント差まで迫ったのだ。

労働党内の官僚組織は、自分たちの敗北に備えて事前に計画していた。コービンのチームは、出口調査の結果が出たとたんにサウスサイドの本部の鍵が交換されたことに気づいた。閉じこもって、またクーデタの準備をしているのかもしれなかった。

六週間前に総選挙の実施が発表されたときには、政治的に終わったように見えたコービンの労働党が、なぜあといくつかの選挙区で数千票獲得すれば政権をとれるところまで来たのか？[*25] ＥＵ離脱を計画する保守党を見捨てた残留派が、こぞって労働党に流れたから、つまりすべてはブレグジットのせいだという説があるが、完全に的はずれだ。

ブレグジットに関する社会の二極化がまだ深刻になっていなかった段階で、コービンは国民投票の結果にしたがうと明言していた。ブレグジットがあるから労働党に投票したという人もほとんどいなかった。たしかにメイの選挙運動はお粗末だったが、それだけで労働党の四〇パーセントの得票率は説明できない。この勝利は、時代の精神をとらえた労働党から国民への提案、社会秩序に対する大勢の人々の不満をすくい上げたコービン・プロジェクトの能力があればこそのものだった。それは、過去の労働党の政治家が誰も真剣に取り組もうとしなかったことだった。二〇一七年の選挙結果は、思い切った政策を遠慮なく、大胆に、ありのまま説明すれば、人々が喜んで受け入れることを証明したのだ。

2017年のグラストンベリー音楽祭でジェレミー・コービンを讃える大観衆

選挙後しばらく、コービン・プロジェクトには勝利感が漂っていた。党首自身も無敵に見え、彼を引きずりおろそうとしていた労働党国会議員も熱狂的に「おお、ジェレミー・コービン」のコーラスに加わった。対照的にテリーザ・メイ首相は、元財務相のジョージ・オズボーンの不穏当な表現を借りれば「デッド・ウーマン・ウォーキング」だった。

選挙から二週間後、コービンがグラストンベリー音楽祭に参加すると、何万という観衆が彼の代名詞となった歌を歌った。希望にあふれた変化の象徴としての地位は安泰に思えた。その後ヨーロッパをまわったコービンは、危機に瀕した各地の社会民主主義政党からロックスター並みに歓待された。みなイギリスの労働党が運命を反転させた方法を知りたがった。「彼は西欧でいちばん人気のある政治家だった」とコービンのブレグジット担当だったマーク・シンプソンは思い出す。「ブリュッセルに行ったときには会場はどこも満員だった。欧州社会党の会合はたいてい人が集まっても二〇人ほどなのに、それが何百人にふくれ上がった。プラハでも何百人という人が詰めかけた。驚きで目が丸くなったよ」

歓喜のただなかで、不吉な兆候に気づいた人はほとんどいなかった。あるいは、気づきたくなかったのかもしれない。保守党の戦略家たちは、労働党の貴重な離脱派の票を充分奪えなかったことで意気消沈したが、じつは大きな進展も見せていた。ボルソーバーでは労働党との票差が半分以下に縮まったし、セッジフィールドでも保守党は五〇〇〇票以上増やし、ウェスト・ブロムウィッチ・イーストでは得票シェアを一三パーセント以上伸ばした。年金生活者の層で両党の支持率を比べると、テリーザ・メイの保守党のリードは、ほんの二年前のデイビッド・キャメロンのときより五〇パーセント上昇していた。

さらに、どの党も絶対過半数を取れなかったことで、シェイマス・ミルンが補佐のジェイムズ・シュナイダーに警告したように、国会は「本格的な闘争の場になる」。ウェストミンスターの政治の消耗戦は、興隆したコービンの運動のエネルギーを吸い取り、運動で象徴されたすべてを押し戻してしまうだろう。シュナイダーは大きな不安を感じずにはいられなかった。「くそ、かなりまずいことになるぞ」

第2部
衰退

6 ブレグジット・バンダースナッチ

ディストピアSFドラマ『ブラック・ミラー』に、『バンダースナッチ』という架空のテレビ番組が出てくる。一九八〇年代なかばのその番組のなかでは、視聴者が、テレビゲームを作るコンピュータ・プログラマーの主人公、ステファン・バトラーの人生をインタラクティブに決定することができる。彼に代わって、ゲーム会社で働いたり、コンピュータに紅茶をこぼしたり、父親に怒鳴ったり、バルコニーから飛びおりたり、LSDをやったりすることを選べるのだ。ただし、どのシナリオを選んでも、主人公にとって悪い結末になる点だけは変わらない。いくつかの結末はほかより残酷で、たとえば本人が刑務所に入れられたり父親が惨殺されたりするが、とにかく視聴者がどんな決定をしても、結果は芳しくない。

労働党のブレグジットへの取り組みを振り返ると、あの番組を思い出さずにはいられない。どんな決定をしても、いい終わり方はしないのだ。二〇一六年六月、僅差でEU離脱が決まった国民投票のあとから長く続いた国家的危機ほど、コービン・プロジェクトに致命的な打撃を与えたものはない。

その理由を知りたければ、左派のあらゆる運動の根幹は「階級政治」であることを思い出してもらいたい。社会の大多数の人々の経済的な利益は、最上層部の人々のそれとは異なり、対立していて、両者の分断は文化的な分断を超えるという考えだ。ところが、ブレグジットは階級をまたがって存在していたイギリス社会の分断をあらわにし、悪化させて、激しい文化戦争を巻き起こした。それがコービン・プロジェクトの基礎を打ち壊したのだ。

国は二極化し、新たな政治的・文化的アイデンティティが定着した。もはや労働党か保守党か、労働者階級か中流階級かではなく、残留派か離脱派かだった。その結果、労働党の選挙運動にできたひび割れは悲惨なほど広がった。比較的若く、多様で、都市部に住み、社会的に進歩主義の有権者層と、おおむね高齢で、社会的に保守主義で小さな町に住んでいる有権者層に分かれてしまったのだ。残留寄りの資金豊富な反党首勢力にしてみれば、ブレグジットは労働党執行部と従来の支持者とのあいだに楔を打ちこみ、コービンに傷を負わせる願ってもないチャンスだった。

二〇一七年の総選挙のあと、ブレグジットはイギリスの政治から酸素を吸い出してしまった。人々は人気の高かった労働党の国内政策に耳を貸さなくなり、労働党にはブレグジットというたったひとつの悩ましい問題に対する意味不明な態度ばかりが目立つようになった。さまざまな有権者層に訴えようとして失敗し、結局、ほとんどの人を満足させられず、多くの人を離反させた。さらにその過程で、率直な信念の人というコービン像を破壊し、労働党執行部の結束を打ち砕いた。

致命的だったのは、労働党幹部の慢心だ。彼らは、ブレグジットがどんな痛みをもたらすにしろ、つねに保守党のほうが存立を揺るがす大危機に陥ると考えていた。一九世紀なかばの穀物法［訳注：輸入穀物に高い関税をかけた法律］以来、初めて保守党が分裂するかもしれないとさえ思っていたが、それはとんだ見当ちがいだった。

◆―――◆

ヨーロッパの問題は、イギリスの二大政党を長く苦しめてきた。戦後、イギリスが欧州共同体（ＥＣ）に加わる長所短所を考えているあいだ、保守党は総じてヨーロッパ支持で、労働党はこの件について意見がまっぷたつに割れていた。保守党はかなり熱心な親ヨーロッパ政党で、エドワード・ヒースは、正しく交渉すれば「ECへの加入は長期的にイギリス国民の利益になる」というマニフェストを掲げて一九七〇年の総選挙で予想外に勝利した。[*1] 翌年の国会でEC加入の賛否が問われた際にも、反対した保守党員はわずか一〇パーセントだった。一方、労働党はかなり分裂していて、四分の一近くの親ヨーロッパ議員が党の方針に逆らって保守党の賛成票に加わった。[*2] しかし、EC加入の条件交渉に入るというマニフェストで労働党が一九七四年の総選挙に勝利すると、今度は反ヨーロッパの議員たちが反旗を翻した。

労働党左派の重鎮トニー・ベンは、一九六〇年代にはヨーロッパの統合に賛成していたが、自身が左傾化するにつれ、ECは将来の労働党政権の先鋭的な方針を妨げる非民主的で官僚的な市場主義の信奉者だと考えるようになった。「長年のあいだに労働党と保守党の立場は逆転してしまったけれど、一九七〇年代、われわれ左派はEUを資本主義者の陰謀と見なしていた。資本の移動などに関してね」とベンの主要な協力者だった元労働党国会議員クリス・マリンは言う。一方、ヒースとサッチャーにとって、ヨーロッパは戦後の社会民主主義のコンセンサスを打破する方策のひとつだった。「彼らの見方によれば、ECは資本主義と市場経済を守り、社会主義政府による市場干渉をむずかしくしてくれる存在だった」と、イギリスの歴史家ロバート・ソーンダーズは言う。「サッチャーに好きなものがあるとすれば、それは市場だった。彼女にとっては、それが共同市場であることが重要だった」

議会制民主主義のイギリスは、国民投票を独裁的な扇動政治家の道具と考えて、一般的には避けるようになっていた。一九四五年、労働党党首のクレメント・アトリーは、戦時の連合体制を平時に継続すべきか否かを国民投票にかけようというウィンストン・チャーチルの提案を拒絶して、こう言った。「わが国のあらゆる伝統からかけ離れた国民投票のような手法を、国民生活に取り入れることには賛成できない。国民投票は、あまりにも頻繁にナチスやファシズムの道具になってきた」[*3]。だが、分裂した労働党を立て直すために、党首ハロルド・ウィルソンは次第に国民投票が唯一の道だと考えるようになった。「一九七四年には、労働党は完全に二分されていたので、内閣として賛成か反対に意見を統一することができなかった」とソーンダーズは言う。「だから、この問題を内閣から引き上げて国民にゆだねるしかなかった。デイビッド・キャメロンがブレグジットを保守党内の政治から切り出して有権者に判断させたのと同じだよ」

一九七五年におこなわれた国民投票は、数十年後のそれの鏡像のようだった。例によって声高な右派の報道機関に支援されたマーガレット・サッチャーが、ヨーロッパ諸国の旗を編みこんだセーターを着て、EC「残留」を訴えた。その間、穏当なヨーロッパ懐疑派として綱渡り的にふるまっていた首相のウィルソンは、結局ECに残ったほうがイギリスのためになると考え[*4]、同じように懐疑的だが説得すれば応じる労働党支持者を安心させた。

ヨーロッパ懐疑派の運動はベンが率いていた。ソーンダーズのことばを借りれば、「運動の火の玉であり、『離脱』運動全体の渦の中心にいた」。しかし、ベンはリベラル派や保守党から毛嫌いされていたので、「離脱」がベンズムと同義になったことによって、残留派が三分の二の票を獲得する大勝利を収めた。

その後一九八〇年代をとおして、サッチャー派の自由市場主義者はヨーロッパを徹底的に支持し、左派は徹底的に拒絶していたが、八〇年代終わりには、双方の考え方が根本的に変わった。そのきっかけは、一九八八年九月に欧州委員会のジャック・ドロール委員長がイギリスの労働組合会議でおこなった演説だった。ドロールは、労働者の社会的保護を掲げる「社会主義ヨーロッパ」について話して聴衆を魅了したのだ。

サッチャリズムで叩きのめされた労働運動に、EUから命綱が投げられたかのようだった。一方、サッチャーから見れば、ヨーロッパは突然、脅威に変わった。ドロールの演説から一二日後に、彼女がベルギーのブリュージュでこう宣言したことは有名だ。「私たちがまだイギリスの未開拓地を充分減らしていないうちに、ヨーロッパの超国家がブリュッセル〔訳注：EU本部所在地〕から新たな支配権を行使して、わが国をヨーロッパのレベルに引き戻そうとしています[*5]」

そのときから、保守党右派のなかではヨーロッパ懐疑主義が主流になった。それに対して左派は、EUにどんどん魅力を感じるようになった。左派の一部の指導者はEUの熱狂的支持者になり、たとえば元ロンドン市長の論客ケン・リビングストンは、ユーロ通貨の採用まで提案した。[*6]
ジェレミー・コービンも、当時のイギリスの左派の常として、一九七五年の国民投票では「離脱」に賛成し、EUの権力を強化する法案には一貫して反対してきた。だがじつのところ、EUに関する事柄にはほとんど情熱も興味も持っておらず、左派の仲間の国会議員ケビン・ホプキンスのヨーロッパ懐疑主義には辟易していた。一般議員だったそのころの事務所では、スタッフがときどき、どうしてホプキンスはあの問題にあそこまでこだわるのだろうというコービンの当惑のことばを耳にした。コービンの朋友ジョン・マクドネルはさらに不可知論者で、EU加盟にかかわる労働党の立場は、選挙で左派の政策に勝利を導けるかどうかで決めるべきだ、という現実論者でもあった。

◆

労働党が大敗し、ジェレミー・コービンに予定外の盛運をもたらした二〇一五年の総選挙では、保守党がEU加盟について国民投票をおこなうというマニフェストを掲げて、議席の過半数を得る勝利を収めた。党首選に臨んだとき、コービンは「離脱」も選択肢から排除しないと宣言した。首相のデイビッド・キャメロンが交渉しようとしているEUとの取り決めが、「労働者の権利の削減や、環境破壊や、欧州社会憲章の多くの条項の放棄につながること」を危惧したからだ。[*7] これは被害妄想ではなかった。実際、二〇一五年七月には、キャメロンが労働時間や派遣社員に関するディレクティブ［訳注：EUが加盟国に出す、法案の指示文書］からの離脱を交渉したがっているという報道があったのだ。[*8]
現状の権利が守られる保証がないのなら、残留を自動的に支持するのはやめようという議論があった。私もそこに加わり、左派（レフト）が定める条件での離脱（エグジット）、名づけて「レグジット」の内容を提案することになった。[*9] 私がこれまで英語の語彙（ごい）に貢献したのは、この「レグジット」だけだ。あまり誇らしい単語ではない。

キャメロンに白紙委任をしない作戦は功を奏した。九月一日のフィナンシャル・タイムズ紙には「キャメロン、EU労働規定からの完全離脱を断念」の見出しが躍り、「労働組合とコービンをまだ自陣営に引き入れておこうという努力」と説明された。[*10] これはコービン自身にも好都合だったようで、二〇一五年九月に労働党党首になるとすぐに、影の外相ヒラリー・ベン（トニーの息子）と共同声明を発表し、来る国民投票で「残留」運動に取り組むことを約した。

方向としてはそれが正解だった。そのころ左派や労働運動のなかでブレグジットの積極的な支持はあまりなかったからだ。主要な労働組合も、大多数の労働党員も残留に賛成だった。依然として、EUの新自由主義の要素を改革で排除することはできないと考える人々がいたので、「レグジット」の流れが消えることはなかったものの、彼らの反EUの影響で「離脱」に投票したイギリス国民は非常に少なく、離脱派のほとんどはまったく別の理由からEU脱退を望んでいた。

だが、コービンの新体制が残留派に加わると言っても、保守党と協力して運動をくり広げたわけではない。一年前、労働党はスコットランド独立の国民投票の際に保守党に説得されて、まさにそれをした。両党共同の公式キャンペーン「ベター・トゥギャザー」は、「恐怖プロジェクト」と手ひどく表現されたほどネガティブな運動だった。国民投票の結果、スコットランドはイギリスに残ることになったものの、労働党にとっては大災害だった。本来の支持者が保守党との連携に反発して、いっせいにスコットランド国民党（SNP）に流れたからだ。二〇一五年の総選挙では、スコットランドで圧倒的だった労働党の存在感はゼロになっていた。スコットランド選出の五九議席のうち四一を握っていたのが、選挙後にはたった一議席になったのだ。

労働党がおのずと保守党から距離を置いた原因は、あの運動の悲惨な記憶だけではなかった。二〇一五年にコービンが党首になったあと、彼とジョン・マクドネル、ヒラリー・ベン、そして新たな影の筆頭国務大臣［訳注：影の内閣では党首に次ぐポストで、首相質疑などで党首不在時の代役を務める］のアンジェラ・イーグルが選挙運動について話し合い、残念ながら、コービンは国民投票でハロルド・ウィルソンのつかず離れずの態度をまねるべきだということになったのだ。ベンとイーグルは、マクドネルの言う「わかりやすい『ヨーロッパ復帰』運動を、ＥＵ制度への批判なしで」やりたがった。一方、マクドネル自身は、ほとんどの労働党員と労働党支持の有権者が残留派である以上、左派の政治プロジェクトを守るために残留の方針でいくべきだとは思うが、ＥＵにはもう少し「懐疑的」な立場をとるべきだと考えていた。党首のまわりの無批判な残留派への軽蔑が広がっていることに配慮したのだ。ある上級補佐が親ＥＵの活動団体を否定して言ったように、「ＥＵは彼らの宗教なのだ。望みうるかぎり最高の社会の発達段階だと信じている」。

この懐疑主義はたやすく理解できる。残留運動の公式支持団体〈ブリテン・ストロンガー・イン・ヨーロッパ〉は、コービニズムが反抗した企業中心、しかも大企業優先の新自由主義を象徴していたのだから。出資者にはゴールドマン・サックス、モルガン・スタンレー、エアバスといった巨大企業が名を連ね、資金潤沢な組織には約一八〇名のスタッフがいて、トップにはコービン・プロジェクトの対極にいる人物が勢ぞろいしていた――ニュー・レイバーの熱烈な支持者ピーター・マンデルソン、自由民主党の元閣僚ダニー・アレクサンダー、保守党の元閣僚ダミアン・グリーン、金融機関向けＰＲ企業役員で保守党の元閣僚アンバー・ラッドの兄ローランド・ラッド、〈マークス＆スペンサー〉元ＣＥＯ兼会長で保守党上院議員のスチュアート・ローズや、同じく〈マークス＆スペンサー〉を率いていたトリー・ピアらだ。そして組織の主要な戦略的決定はすべて、デイビッド・キャメロン首相とダウニング街一一番地（財務大臣の官邸）にいる朋友ジョージ・オズボーンがおこなっていた。

労働党党首にとっては、じつのところ政党横断的な親ＥＵ運動も、労働党の公式の残留運動も魅力的ではなかった。後者を率いていたアラン・ジョンソンは党内のブレア派に属し、コービンとそのチームが象徴するすべてを嫌っていた。「コービンたちと同じ部屋にいることさえ嫌がっていた」とコービンの政策責任者アンドリュー・フィッシャーは言う。その結果、「何ひとつ調整されなかった」。ジョンソンの左派蔑視はきわめて感情的だった。二〇一五年一二月のシリア派兵を認める国会決議でのこと。左派の労働党国会議員クライブ・ルイスが満員の議事堂内で席を見つけられず階段に坐ったところ、すぐ横の列の端にジョンソンが坐っていたので挨拶すると、彼は首を向けて言った。「さっさと消えろ。おれをクソのギプスで固めるおまえのクソ〈モメンタム〉のトロット友だちにも消えろと言っとけ。おまえらは党をむちゃくちゃにした」。ルイスは、〈モメンタム〉のメンバーはそんなにひどい人間ではないし、「トロット」でもないと抗議したが、ジョンソンは無視し、首をまっすぐまえに戻したままだった。

　別の問題もあった。ジョンソンには政治的エネルギーと責任感が欠けていると広く考えられていたのだ。「二〇〇七年の副党首選にジョンソンが立候補したときには支持したが、彼はきちんと運動を仕切らなかった」と労働党の元副首相ジョン・プレスコットは私に言った。「彼に『本当に副党首になる気があるのか、闘っているようには見えないが』と訊いたが、結局、本気にはならなかった」。ジョンソンがかつて書記長を務めた通信労働組合に長く務める職員のひとりも、「彼はちょっと怠け者なんだ。ほかの政治家みたいに行動に駆りたてられていない」と私に話した。[*11] それが本当ならば、ジョンソンが国民投票運動に関与したことの説明がつく。というより、関与していなかったのだろうか。ジョンソンは、少なくとも私にとって、ほとんど目につかない存在だった。

　国民投票運動自体は、保守党内の心理戦がむき出しになったかたちだった。キャメロンはどうしても歴史に名を残したかったので、国民投票は結果のいかんにかかわらず保守党を分裂させる、という被害妄想的な恐怖を抑えこみ、スコットランド独立の国民投票と二〇一五年総選挙での勝利という勢いに乗じた傲慢な策に出た。二〇一五年一二月には、ＥＵの指導者たちに「私は勝利者です。これにも勝てる」と勇ましく言い、スコットランド独立の国民投票で辛勝したときと同じ戦法をとった――まちがったほうに投票すれば恐ろしい経済ショックが起きると主張したのだ。離脱派がうまく名づけたように、それは「恐怖作戦」だった。

残留派は最初から困難にぶつかっていた。イギリスは保守党の緊縮財政政策に締めつけられ、賃金は一九世紀初め以降もっとも長期にわたって低下して、二〇〇八年の金融危機のまえより低くなっていた。二〇一五年の総選挙前には実質賃金が一時的に上がって保守党に有利に働いたが、[*12] EUに関する国民投票の時期にはまた停滞から低下に転じていた。[*13] 現状維持を問うには、あまりにも多くの人が現状に幻滅した（無理もないことだが）なかで投票がおこなわれようとしていた。EUは彼らの怒りが向かう避雷針になっていた。

さらに、国民投票の争点となる危険な話題があった——移民問題である。昨二〇一五年の夏にはヨーロッパの移民危機が頂点に達していた。戦争や暴力や迫害から逃れるために何百万人という人が地中海を渡ってきて、その過程で四〇〇〇人近くが溺死した。イギリスの新聞には、「移民の侵入を防ぐために軍を派遣せよ」とか「われわれの町に『群れ』が」といった見出しが躍った。

皮肉にも、デイビッド・キャメロン自身が何年も移民を悪者扱いして、離脱運動を勢いづける雰囲気を盛り上げていた。二〇一一年には、「移民はあまりにも長いあいだ、あまりにも多かった」と宣言し、彼らが地域社会に同化できず「不快感と分断」を広げていると非難した。これはデイリー・テレグラフ紙が「デイビッド・キャメロン：移民がわれわれの生活様式を脅かす」という見出しをつけた演説だった。[*14] キャメロンは毎年の移民増加を数万人に抑えるという不可能な目標を掲げ、くり返し達成に失敗することで、民主主義に対する信頼を揺るがすと同時に、移民が問題であるという考えを助長した。

その間、労働党は臆病で、移民の生贄（スケープゴート）化と闘うことができなかった。たまに介入すれば火に油を注ぐようなことばかりだった。エド・ミリバンドによる二〇一五年の総選挙運動では、「移民のコントロールを」というスローガンがついた選挙用のカップまで売っていた。

こうして、国民投票が実施されるころには、世論調査で移民がたびたび国民の主要関心事のトップになっていた。移民を支持する公人がほとんどおらず、生活水準の低下から手頃な住宅の不足や公共サービスの劣化に至るまで、政府の政策が引き起こす社会危機の責任が移民に転嫁されるようになったのだ。国民投票の背景にあるこうした状況は、残留派にとってきわめて厳しかった。

◆

コービンが党首になってからの数カ月は、労働党内での国民投票に対する態度は二分していた。ヒラリー・ベンの心からのＥＵ支持にしたがうべきか、それともコービン自身の「残留と改革（リメイン・アンド・リフォーム）」戦略にしたがうべきか。後者はシェイマス・ミルンが考案したフレーズで、ＥＵにも悪い点があって改革が必要であることを認めつつ、残留が正しいという立場を表していた。

どちらのメッセージも宣伝された。一方は労働党の正式な残留運動、もう一方は党首事務局によって。結果は混乱であり、予想できたことだが、労働党内の反コービンの一団はこれをうまく利用しようとした。国民投票の一〇日前、労働党のある上級職員は、似たような意見を持つ同僚たちにこう言った。残留派は勝つだろうが、「少なくとも、負けたら責任は明らかにコービンにある」と。言い換えれば、労働党内の官僚組織はコービンを喜んで生贄（いけにえ）にするつもりだったということだ。

こうしたやりとりから、コービンの党首事務局がわざと残留運動を妨害したという話もささやかれた。実際にそのような陰謀はなかったが、党首事務局を苛立たせるこの種のデマはあとを絶たなかった。そしてまた、妨害をほのめかす動きもあった。

たとえばマーク・シンプソン。彼は労働党の欧州議会議員の息子で、ブリュッセルで八年ほど政治担当職員として党の欧州議会議員のために働いていた。したがって、ＥＵに関連する事項でコービンの主要な顧問になったのも当然だが、ある同僚は彼のことを「コービン陣営の中心にいる非コービン派というユニークな存在」と評した。国民投票の運動期間中、シンプソンの仕事はコービンの世話をしながら演説の原稿を書き、党首事務局と、反コービン派が集まるサウスサイドの党本部とのあいだの連絡係を務めることだった。これは労働党が総選挙と同じ真剣さで臨むべき運動なのだから、党首事務局は、無批判に親ＥＵであるサウスサイドに対して自分たちの意見を押し通すのが理想だったが、それができなかった。

　コービンの首席戦略コミュニケーション顧問シェイマス・ミルンは離脱寄りだったが、首席補佐官のサイモン・フレッチャーや、政策責任者のアンドリュー・フィッシャーを含めてほとんどのスタッフは「残留と改革（リメイン・アンド・リフォーム）」を心から支持していた。コービン自身の態度ははっきりしなかった。国民投票の一二日前には、テレビのコメディ・トークショー『ザ・ラスト・レッグ』に出演して、ＥＵに残留したい気持ちは一〇中「七か七半」と言った。[*15] 私がシンプソンから聞いた話によると、コービンはみずからの残留派としての立場を「気候変動関連の運動に協力するときのように、その価値があるかどうかで判断する」と言っていた。ＥＵは「資本家クラブであり、資本主義と新自由主義を推進している」という考えに部分的に賛同しつつも、「心から信じているわけではなかった。いずれにせよ、彼がこの問題に熱心に取り組むことはなかった」。そういう意味で、コービンは当時のイギリスの有権者の心情を反映していた。二〇一六年の時点で、残留派のなかでもＥＵの熱烈な支持者は主流ではなかったのだ。

　これらすべてにもかかわらず、コービンは親ＥＵの大義のために自分の役割を果たし、残留を支持する国じゅうの運動で大がかりな演説をおこなった。彼の演説を聞くために会場のひと区画をぐるりと取り巻くような列ができることもよくあった。だが案の定、メディア戦略が欠けていて、イベントに記者たちが呼ばれていないこともあった。マーク・シンプソンによれば、それはミルンの落ち度だった。「この件について、彼はあらゆる面で本当に頑固だった」とシンプソンは言う。「シェイマスはエスタブリッシュメントという汚名を着せられることをいつも極度に心配していた」

　ミルンにとって、これは最悪の類いの運動だった。労働党が残留を支持することによって、労働者階級のコミュニティを遠ざけ、コービニズムの反骨精神が致命的に損なわれるのではと怖れるあまり、ミルンは残留に対してあいまいな態度をとったのだ。だが、それは重大なミスだったとシンプソンは結論する。「（ブレグジットに関する）非難はわれわれではなく保守党に向かうという考えは、完全に世間知らずで現実離れしていた」

デイリー・ミラー紙が「残留と改革（リメイン・アンド・リフォーム）」というテーマで公開書簡をまとめたときには、六人を除くすべての労働党国会議員が署名した。ミルンはあえてコービンの名前をはずしたが、党首事務局のほかの職員から見れば、党の運動が失敗した理由はもっとありふれたメディア戦略の欠如にあった。「コービンは本当にたくさんのイベントをこなしていた。それがあまり報道されなかったのは、われわれが努力しなかったからではなくて、たんにどうすれば報道されるのかわからなかったからだ」とある職員は言った。

多くのメディアが国民投票を保守党の必死の闘いとして報じたので、労働党がスポットライトを浴びるのはむずかしかった。コービンの私設秘書ローラ・パーカーは、コービンが国民投票の三週間前に、説得力のある親ＥＵの演説をして注目されたことを憶えている。[*16] それは、ロンドン中央のストランド通りのはずれで開かれた工学技術学会で、古株ジャーナリストを集めておこなったものだった。「本当にすばらしい演説だった。彼は上品なスーツを着て、遅刻せずに現れた。聴衆には大物も来ていた」と彼女は振り返る。ところが、その後チームが報道を見ようと事務局に戻ると、テレビに映っていたのは、サウスウェストのクリザーローで、ボリス・ジョンソンがＥＵの共通農業政策に焦点を当て、雌牛をオークションにかけている長いニュースだった。[*17]「党がそうとう厄介なことになっているのがわかったわ」とパーカーは言った。「でも、ほかの人たちはそう思っていないようだった」

そもそも社会主義の理想に惹かれ、デイビッド・キャメロンの保守党政権が進める現状維持の国民投票のために働いているのではないコービン・プロジェクトの職員たちは、この運動のすべてにうんざりしていた。ジョン・マクドネル事務所の顧問ローリー・マクイーンは、残留派が勝つと考えていた当時の自分のメモを読み返して、「すべてをとんでもなくつまらないと思っていた」ことを認めた。

コービンのスピーチライターだったジョス・マクドナルドも同意する。「党首事務局のほとんどのスタッフは、すべてをまじめに受け止めていなかった。離脱すれば自分たちが政治的困難に直面するとは思っていなかったんだ」。その態度は党首に至るまで一貫していた。コービンの補佐たちは、彼が残留に投票したとくり返し主張したが（ただその後、離脱に票を投じたという陰謀説が広く流布した）、じつのところコービンは、国民投票の運動全体を大きな厄介事と見なし、国民投票の話題は極力避けていたし、離脱票は保守党にはるかに大きな政治的ダメージをもたらすと信じていた。

コービンのチームで優勢な見方は、僅差にはなるものの残留派は国民投票でまずまちがいなく勝つ、というものだった。ある上級補佐は言った。「選挙は基本的に接戦になるが、いくらかは離脱派から逃げきれると思っていた。離脱すればスーパーに食料の在庫がなくなるとか、ＡＴＭが動かなくなるといった噂も聞いていたから」。マイク・ハチェットのことばを借りれば、いずれにせよ残留派が勝つと確信していた労働党の党首事務局は、「政治的に正しい場所に着地することに集中していた」。

ところが、このどっちつかずの残留支持から、労働党ののちの問題が生じた。この時点においてすら、党内の離脱派と残留派のあいだのギャップはさらに広がろうとしていた。おおむねスイッチオフの状態だった党首事務局は、国民投票の運動中に党の国会議員の一人ひとり、とくに産業の空洞化が進んだイングランド北部の議員たちが観察していたものを考慮しそこねていた。彼らは、離脱を支持する力の高まりを見ていたのだ。

ストレートな物言いでよく電子煙草を吸っていた元放送ジャーナリストのグロリア・デ・ピエロは、当時アッシュフォード選出の国会議員だった。アッシュフォードは、賃金が落ちこんで暮らしにくくなったイースト・ミッドランズのかつての炭鉱町である。彼女は早い時期に戸別訪問をやめていた。国民投票そのものが離脱に傾いているときに、うかつにも離脱派を覚醒させる投票推進運動をしていることに気づいたからだ。「家々を訪ねると、たいていいくらかは移民のこととか、最高の時代は過去にあって未来にはないと気づいたという話になった」とデ・ピエロは説明する。「また自分たちだけでやれる、また昔のように二本の足でしっかり立とう、という感じね」

戸別訪問すると、出てくる人々はEU離脱を喜び、肯定的にとらえて、楽しみにしていた。彼女の親友で、圧倒的に残留派が多いロンドン南東部の選挙区、ルイシャム・デプトフォード選出の労働党国会議員ビッキー・フォックスクロフトが、運動中にアッシュフィールドにやってきたとき、「彼女は思わず、『なんなのこれ、離脱のポスターばっかり』と叫んだ」とデ・ピエロは回想する。ふたりとも労働党の主要選挙区から選ばれていたが、フォックスクロフトの地元の家々の窓には残留のステッカーが貼られているのに、アッシュフィールドはそこらじゅう離脱の宣伝グッズだらけだった。「みんな離脱に投票するのが待ちきれない雰囲気だった」とデ・ピエロ。「彼らを説得するためにできることは何もなかった。何をしてもまったく無駄」

国民投票の日が近づき、どちらに転ぶかわからない情勢が明らかになってくると、労働党本部の反コービン派の態度が豹変した。「うまくいっていないのがわかり、左派の一部にメッセージが届いていないことが判明すると、彼らはますますジェレミーを担ぎ出そうとした」とアンドリュー・フィッシャーは私に話した。というのも、国民投票前の世論調査、ことに残留を支持する人々のあいだでは、この問題に関してイギリスでもっとも信頼できる政治家はコービンだという結果が出ていたのだ。[*18] 労働党本部はコービンの演説原稿の一部を提案したが、その内容はフィッシャーの言う「恐怖作戦と手放しのEU礼讃の組み合わせ」だった。党首事務局はそれを差し戻し、コービンはそういうことを言わないから嘘くさく聞こえると反論した。結果はまたしてもうやむやになった。

投票の数日前、コービンは北部のロザラム（三分の二を超える有権者が離脱を支持）で演説した。歴史的な決戦だった一九八四〜八五年の炭鉱労働者ストライキの場所、オーグリーブの近所である。「ジェレミーは道向かいの野原で話すべきだった。そこに元炭鉱労働者を一〇〇〇人集めて、自分自身のことばで集産主義について演説すればよかったのだ」とコービンの有力な協力者のひとりは言う。「ところが、運動の進め方についてまったく合意がなかったものだから、結局、残留派アラン・ジョンソンの活動と説明に取りこまれてしまった」

つまるところ、残留派に暗い運命をもたらしたのは、労働党の党首事務局ではなかった。残留の公式運動は、ナイフを使った喧嘩に計算機を持ちこむようなものだった。残留側がなんら気持ちのこもっていない冷静な経済的議論に終始したのに対し、「離脱に投票」運動は人々の感情に訴えつづけた。破壊的で効果的な「支配を取り戻せ」のスローガンを掲げ、移民に関するデマを広め、トルコがEUに加わるという偽情報を流し、イギリスでレイプや殺人を犯したEU諸国の犯罪者のリストを配布した。

離脱派の運動は、スコットランド独立に関する国民投票からも学んでいた。独立推進の運動では、SNP党首アレックス・サモンドが「これまで発表されたなかでもっとも包括的な独立国の青写真」と表現した白書を作成したため、SNPは政策内容を精査されることになった。スコットランド独立は、どことなく幸せなアイデアではなく、実感できるリアルなもの、言い換えれば、攻撃されうるものとなった。そこから学んだ離脱運動は、ブレグジットにかかわる計画をいっさい明らかにしなかった。計画がなければ、リスクはない。国民投票をたんにEU離脱を決めるだけの選挙と位置づけ、その後のEU諸国との関係が近づくか遠ざかるかは問わなかったのだ。ブレグジットの内容を精査しようとしても、糠に釘を打つようなものだった。

国民投票の四週間前の二〇一六年五月二六日、イギリスへの純移民数が三三万三〇〇〇に増加したと国家統計局が発表した。あと三〇〇〇人で歴代のピークを超える数字だった。[*19] それからわずか二日後に、八五〇万を超える国民投票の郵便投票用紙が発送された。最終的には、この郵便投票が全投票の五分の一以上を占める。[*20] つまり、何百万という人がこの移民の数の多さを念頭に置いて投票したのだ。郵便投票の初期の結果では、七対三の割合で残留が負けていた。郵便投票をする有権者が離脱支持の高齢層に偏っていることから、離脱が過半数を超えることは予想されていたが、この差は危険なほど大きかった。残留派が国民投票で勝利するには、投票日に五四対四六で勝たなければならなくなった。

そして暗黒の日が来た。六月二一日、私はキングス・クロス駅にほど近いガーディアン紙のスタジオで、

『ブレグジット：準備せよ』という番組を録画していた。番組のなかで、離脱派が勝利しそうなこと、その後は保守党右派が権力を強化し、反移民感情の盛り上がりに乗じて早期の総選挙となりうることを警告した。そのとき、私の携帯電話に通知があった――労働党の国会議員がウェスト・ヨークシャーで刺され、銃撃されたという。

数時間後、左派の「残留と改革（リメイン・アンド・リフォーム）」運動のひとつ、「もうひとつのヨーロッパは可能だ」の集会に参加するために、セント・パンクラス駅で列車を待っていると、メッセージで続報が届いた――労働党国会議員のジョー・コックスが殺害された。私たちは集会をキャンセルした。のちに、コックスを殺害したのは極右のテロリストだったことがわかる。犯人は法廷で名前を訊かれて、「裏切り者に死を、イギリスに自由を」と答えた。

コービンはその日、サウス・ヨークシャーのドンカスターとシェフィールドの大集会で演説をしていた。マーク・シンプソンが同行していたが、そこへジョー・コックス襲撃の一報が入った。彼らはロンドンに戻って警察の護衛団に迎えられ、電話をかけて彼女の死亡を確認した。シンプソンは個人的にも打ちのめされた。彼のガールフレンドがコックスの親友だったのだ。「あの日、ジェレミーは本当に驚異的だった」と振り返る。「事件への対処のしかたとか、リーダーシップの発揮のしかた、党首事務局に人々を呼び入れて最新情報を伝えるやり方、すべて最高に尊敬できた。多くの人たちが動揺して怯え、心配しているなかで、彼はどっしりと落ち着いていた。超一流の政治家だった」

翌日、この運動中でただ一度だけ、コービンとキャメロンが公の場に並んで姿を現した。コックスが殺害されたバーストールで献花をするためだった。国民投票まで一週間を切っていたが、選挙運動は二日間休止となった。

当然ながら、さまざまな運動が国民投票間際のこの政治的殺人行為の影響を考慮した。たとえば、ブレグジット支持のＵＫＩＰ党首ナイジェル・ファラージは、ひどいことに、この恐ろしい悲劇まで自分たちの陣営には勢いがあったと述べた。木曜の投票日の直前の週末、ＢＢＣのある古株ジャーナリストが、残留は一気に伸びるだろうと私に語ったが、対照的に残留派の多くの人は、ちょうど自分たちの運動の勢いがついてきたところにストップがかかってしまったと感じていた。

二〇一六年六月二三日の投票日当日、選挙運動に関する最後の世論調査では、離脱が一〇ポイント、リードしていた。その夜、私が速報番組に出演するためにキングス・クロスに近いＩＴＶのスタジオに着くと、サン紙の大物が私に、首相官邸は世論調査の結果を信じて離脱は確実と考えていると言った。

結果は徐々に判明した。サンダーランドは六一対三九で離脱。これは運動中の予測の六〇対四〇とほぼ同じだった。ニューカッスルは五二対四八で残留と予測して、実際には五一対四九だった。結局イギリスは、五二対四八パーセントでＥＵ離脱を選んだ。郵便投票が決定的だった。皮肉なことに、選挙当日だけの比率を見れば、同じ五二対四八でも残留が多かったのだ。

労働党の失敗がなんであれ、このような結果をもたらした責任はコービンにあるというその後の主張には、証拠の裏づけがない。労働党支持の有権者の多く、とくに一九八〇年代の産業空洞化とそれに続く緊縮財政に失望した人々が離脱に投票したのは確かだが、労働党支持者の三分の二は残留を選んだのだから。この割合は、残留を強力に推進していたＳＮＰの支持層とほぼ同じである。

予想が大きくはずれたのは、保守党支持者のたった四〇パーセントしか残留に投票しなかったことだ。最終的に離脱に流れた浮動票は、イングランド中部諸州の裕福な保守党支持層の一〇パーセントだった、と〈ブリテン・ストロンガー・イン・ヨーロッパ〉の事務局長ウィル・ストローは説明する。「彼らはだいたい引退して家を持っている裕福な人たちで、離脱してもあまり失うものがなかった。基本的にデイビッド・キャメロンにうんざりしており、同じ保守党のボリス・ジョンソンやマイケル・ゴーブを支持する傾向があった。それが国民投票でわれわれを敗北させることになったのだ」

労働党の党首事務局はこの結果に対する準備、党本部からの非難に対する準備ができていなかった。「あれには落ちこんだ。本部の職員たちは公然とわれわれを敵視した。私たちを責めたて、靴についたクソみたいに扱った」とコービンの上級補佐は振り返る。「本当に険悪な雰囲気だった」。ただ、党首事務局は投票結果に関して何も下書きを作っていなかった。公式発表はもちろん、一ツイートさえしなかったのだ。

六月二四日の未明に結果が明らかになると、アンドリュー・フィッシャーは労働党本部に入って、シェイマス・ミルン、労働党の政策・調査顧問サイモン・ジャクソンと、発表の原稿を練り上げた。党首事務局から見れば、これはデイビッド・キャメロンと保守党の敗北であり、保守党の緊縮財政政策に対する拒絶だった。フィッシャーは振り返って、この最初の発表は判断ミスだったと考えている。「国民投票で負けた人々の感情に対して少々冷たかった。どちらかというと、『ああ、困った。EUから離脱するということは、あなって、こうなって……』ではなく、『われわれは離脱する。投票結果は尊重しなければならない』に近かった」

投票結果が出たあとの初めてのテレビインタビューでも、コービンはこれに近い論調だった。結果を受け入れると述べ、人々を離脱投票に向かわせた社会的な理由をあげたうえで、EU離脱の手続きを定めたリスボン条約第五〇条を「いま発動しなければならない」と言った。このコメントに、コービンの批判者は激怒した。彼の側近のひとりが認めたように、これは「不運にもまちがったことば遣い」で、コービンは最初から隠れた離脱派だったのだという解釈に油を注いだ。

しかしアンドリュー・フィッシャーは、これはまちがってはいなかったと主張する。この「いま（ナウ）」というのは、「即座に」という意味ではなく、「投票結果が出たからには」という意味だったのだ、と。いずれにせよ、労働党内のコービンの敵たちにとってコービンのこのインタビューは、その夏、党首クーデタを企てる口実のひとつになった。

国民投票の結果発表は、多くの人にとって本物のトラウマの瞬間だった。労働党の国会議員たちは電話で泣きながら顧問と話した。「あれには完全にやられた」とコービンの党首在任中、影の大臣を務めつづけた非コービン派のジョナサン・アッシュワースは言う。「これが大勢の労働党国会議員の感情を直撃すること、EUが彼らにどれほど大きな意味を持っているかということを、われわれは理解していなかった」とアンドリュー・フィッシャーも言う。

国民投票後まもない二〇一六年夏、グロリア・デ・ピエロが、ウェストミンスターという別世界に戻るまえのこと。パートナーとアッシュフォードのバス停留所に坐っていると、隣にいたおそらく六〇代後半の女性が彼女に気づいて、「私たち、本当に離脱すると思います？」と訊いてきた。デ・ピエロは当惑した。「私は『もちろん離脱しますよ。国民投票があったんですから』と答えたの。離脱しないなんて一瞬も考えたことがなかった。だから変な質問だと思ったんだけど、彼女のほうが私より賢かったわね」

◆―◆

当初、投票結果を支持する労働党の意志は揺るぎないように見えた。国民投票から約八カ月後の二〇一七年二月、政府は国会で第五〇条発動の議決をとろうとした。包囲攻撃にさらされていた労働党党首事務局は、その動議を支持するしかなかった。さもないと保守党は、労働党が国民投票結果の実現を妨害していると主張して、解散総選挙に踏みきるにちがいないからだ。

この時期に、何人かの影の大臣が辞任した。今回は党首の力を弱めることを狙ってではなく、離脱派が強い自分の選挙区を怒らせることを怖れてのことだった。たとえば、辞任したなかでもっとも著名なクライブ・ルイスは、党内左派で確固たる地位を築いていたし、二回の党首選のどちらでもコービンを支援していた。一方、ともに党内右派出身でのちに二回目の国民投票の提唱者となる、チュカ・ウムンナやウェス・ストリーティングといった議員は、「民主主義者としてEU離脱という国民投票の明白な結果にしたがうべきだと信じている」と第五〇条発動を支持する記事を書いた。「国の決定に反対すれば、労働党内と国内の分断を深めてしまう」[*21]と。

労働党国会議員のうち、四七名が自由民主党員や国家主義者たちとともに反旗を翻し、四分の三を超える議員はブレグジットの手続きを開始することに賛成票を投じた。それでも、労働党は明らかに保守党より分裂していた。労働党のブレグジット研究の第一人者、マーク・シンプソンが認めたように、「保守党の分裂の始まりも見て取れたが、労働党に比べれば微々たるものだった」。

二〇一七年三月、労働党はブレグジット支持のための六つの条件を発表したが、それによって党執行部の分裂が初めて如実になった。その条件とは、①「EUとの強固で協力的な将来関係」、②単一市場・関税同盟と「完全に同じ利益」、③移民の公正な管理、④権利と保護の維持、⑤国の安全保障、⑥以上五つを「UK内のすべての地域と国で」実現すること、だった。

この条件は、ごく控えめに言っても分断をうながした。影の閣僚だったジョン・トリケットは、「労働党が出した条件をくわしく見ればわかる。どれもひどく気弱だった」と切り捨てる。とりわけ彼は、既存の労働市場の権利と条件を守るだけの「現状維持の議論」に反対した。「あんなものでは、三五年前に鉱山から追放されていまも困窮している私の選挙区の人たちをとうてい説得できなかった」と語気を強める。「すでに持っている『権利』とやらでヨークシャーの炭鉱では働けないのに、どうして支持しなきゃならない？　選挙民は現状維持を拒否するためにブレグジットに投票したんだ。ブレグジットに対する労働党の対応が、結局すでに持っているものを守ろうということだったら、彼らは『ちょっと待て。われわれは離脱に投票したのに、労働党はいまあるものにしがみつけと言うのか。くそくらえ』と言うだろう。同じことは産業の空洞化が起きたわが国のあらゆる地域に当てはまる」

ある戦略会議では、トリケットがあまりに強硬に反対したので、コービンは「見るからに青ざめた」と言われる。個々人の思惑はどうあれ、議員たちは結局、ただ待ちの状態で、徐々に大きくなる労働党の問題を体現していた。つまりブレグジットについても、理解不能でたいていの人にはつうじない立場をとってしまったのだ。条件について質問されると、影の大臣はおろかコービンでさえ、思い出して答えるのに苦労することがあった。

こうした内部分裂はすぐに外に表れたわけではなかった。このあとおこなわれた二〇一七年の総選挙では、ブレグジットに焦点を当てて「国民対国会」の対立を演出しようとしたテリーザ・メイの目論見がうまくいかなかった。のちの二〇一九年の選挙のときとちがって、二年半にわたる論争と膠着状態もなければ、国に迫る離脱のデッドラインもなかったからだ。労働党のマニフェストは、「国民投票の結果を受け入れる」とシンプルに宣言したが、「単一市場・関税同盟の利益を守ることを重視する」とも書かれていた。適度にあいまいな文言だ。「二〇一七年の選挙では、みな同じ考えだった」とジョン・マクドネルは振り返る。「(国民投票の)結果は受け入れなければならないが、最高の結果を引き出すということで一致していた。うなずきと目配せ、EUのことはもうどうともなれというのに近かった。選挙運動中にブレグジットの問題を突きつけられた記憶は数えるほどしかない。運動全体を通して、われわれはこの問題をなんとか管理していた」

二〇一七年の選挙で労働党が得た追加議席は、実質的に残留派の票によるものだったという、あとで広まった言説は完全にまちがっている。当時、徹底した反コービン派の国会議員チュカ・ウムンナは、自身のストレタム選挙区で票差を広げたのは、個人的に単一市場・関税同盟の維持を約束したからだと国会周辺で吹聴したが、その主張が大まちがいであることは隣のボクソール選挙区が証明していた。ストレタムと同じくらい残留派が強いボクソールでは、熱心なブレグジット派の労働党議員ケイト・ホーイが、やはり票差を広げたのだ。

それでもウムンナは選挙後すぐに、労働党に単一市場を支持させようと修正議案を提出した。「院内幹事事務局とウムンナとの関係は、非常に、非常に悪かった」と首席院内幹事のニック・ブラウンは言う。「彼はわれわれと話そうとしなかった。労働党員なのだから話す義務があったのだが、投票結果の見通しについてわざわざ自分に説明するなと私に言ったりした。結局、彼を結果にしたがわせなければならないところまで来た。私に言わせれば、とても不愉快な人だったね」

総選挙の結果には、労働党への警告サインも含まれていた。国じゅうで新たに三六議席を獲得したものの、北部とミッドランズで六議席を失ったからだ。それらの選挙区では圧倒的に離脱派が多かった。グロリア・デ・ピエロも、アッシュフォードで議席を失うと覚悟した。最終的に彼女の得票は増えたが、同じ選挙区で保守党が二倍近くまで票を伸ばしたので、票差は九〇〇〇弱からわずか五〇〇まで縮まり、再集計を余儀なくされた。

労働党が票を減らした選挙区は、たとえば離脱派が有力なボルゾーバーをはじめとして一三〇にのぼり、離脱派のノースイースト選挙区では保守党の得票率が一九八三年以来最高になった。[*22] デ・ピエロは、選挙後の労働党党首事務局の傲慢さを酷評した。「保守党から過半数を奪ってみんな大喜びしていたけれど、白人労働者階級が働く炭鉱で起きていることは誰も見たがらなかった」と彼女は言う。「警告サインは出ていたのに、誰も見ようとしなかったの」

この評価はかならずしも正しくない。シェイマス・ミルン、ジョン・トリケット、アンドリュー・マレーといったコービンの顧問たちはまぎれもなくヨーロッパ懐疑主義者だったが、彼らは自分のイデオロギー的傾向より選挙上の配慮を誠実に重視した。このときの状況は、離脱派が多い選挙区では労働党の得票が減り、保守党に議席を奪われそうになっているものの、残留派が強い多くの選挙区では労働党のリードが大きく、大量に支持が減っても持ちこたえられそうだった。そして、労働党が政権につきたければ保守党から奪わなければならない五四選挙区のうち、四一選挙区では過半数が離脱に投票していた。[*23] イギリスの小選挙区制では、政党は勝利が確実な選挙区より僅差の選挙区の有権者を優先しなければ勝てない。こうしたことから、「投票の実態を見たうえで残留の方向に進むのは、完全に頭がいかれていた」とアンドリュー・マレーは言う。「小選挙区制で勝たなければならないわけだし、二〇一七年の総選挙の結果から、われわれが弱いところは見えていた」。だが、労働党は致命的なミスを犯した。

二〇一七年の総選挙のあと、コービンは強大な政治的資本を手にした。ついこのあいだまで党首の首をすげ替えようと画策していた国会議員たちまでが、いきなり「おお、ジェレミー・コービン！」とすり寄り、下院にいたっては党の議員からきわめて異例のスタンディングオベーションまで受けた。コービンに対する有権者の支持率も急上昇していた。対するに保守党は完全な混乱状態で、テリーザ・メイは「デッド・ウーマン・ウォーキング」だった。コービンとしては、「労働党は再度の国民投票を支持しない。二〇一六年の決定の実行方法を探る」とはっきり宣言する絶好の機会だった。さらに、大多数の残留派の党員の痛みは認めつつも、「国民投票の結果を覆すことを掲げて労働党が総選挙で勝つことは不可能だ」ときちんと説明すべきだった。そうすれば、労働党は明確なブレグジットの計画を発表することができたのだ。そこにはEUとの緊密な関係の維持を盛りこんで、労働者の権利、環境権、雇用の保護に焦点を当て、ブレグジットの経済的なメリットの可能性も示して、不安になっている残留派を落ち着かせる。そのうえで、メイの政府と詳細を決めるための話し合いを要求し、労働党にとって、ひいてはイギリス全体にとって重要な国内問題に注力すればよかった。

しかし労働党は、このようなメッセージを売りこむためにも、まず党としてブレグジットに対する態度を決めなければならなかったのに、それができなかった。国民投票のあとで党首事務局が示した、焦点の定まらない他人事のような態度がそのまま続いたのだ。とくに離脱派が強い北部と、ミッドランズにおける労働党の危うい議席をめぐる選挙運動で、それが顕著だった。トップチーム、とりわけシェイマス・ミルンは、ブレグジットに対する労働党の立場は意図的にあいまいにしておくべきであり、党は国内政策を優先させてブレグジットについては語るべきではないという考えに固執した。その立場こそが、労働党の得票率四〇パーセントを実現し、保守党に過半数を割らせたのだから、というわけだ。

ミルンらの考えはこうだった。二〇一七年の総選挙のあと、保守党政府はたしかに存立すら危ぶまれ、ブレグジットにとどめを刺されるように見えた。コービン傘下の労働党は初めて一体となった。そんな時期になぜわざわざ闘いを仕掛けて、いま大喜びしている党員を遠ざけ、労働党にチャンスを与える気になったリベラルな残留派を怒らせなければならないのか？　そんなことをすれば、保守党の苦境から人々の注意をそらし、下手をすると労働党がブレグジットに関して保守党を免責しているように見えるかもしれないのに？　それに、立場を明確にすれば、コービンを敵視する残留派に一致団結する口実をもうひとつ与えるだけで終わるのでは？

加えて、ブレグジット問題にかぎらず、コービンが労働党員と対決することを望むなどと本気で信じている人は、彼の知り合いのなかには誰もいなかった。「あのころ、われわれはクソ災難に向かうベルトコンベアに乗っていたようなものだった」とある上級顧問は私に言った。「最後にはつねにブレグジット問題に行き着いた。もっとうまいやり方があったか？　しっかり具体的な議論をしていれば、うまくやれたかもしれない。だが、それは疑わしいし、議論するのは現実的でもなかった」

その代わりに党首のチーム内にあったのは、ブレグジットをめぐる躊躇だ。コービン派は、ブレグジットの話題が不発弾であるかのように、まわりを爪先立って歩くだけだった。「ブレグジットがどうあるべきかについては、内部の政策が一貫していなかった」とコービンの元報道官で戦略コミュニケーションの責任者だったジェイムズ・シュナイダーは言う。「労働党の一貫した政治的な立場はふたつあった。ひとつは、EUはそもそもあまりすばらしくはない。重要なのは民主主義だ。だから離脱に向けて少しずつ前進しよう、という立場。もうひとつは、EU離脱は悪手だから、できるだけ打撃が少なく、穏やかになるよう努力すべきだし、可能なら残留すべきという立場だ」

だが、党内でこれについて議論する方法はなかった。シュナイダーによれば、労働党は「このふたつの立場のあいだでためらうばかりだった」。シュナイダーは、マクドネルが二〇一六年一一月という早い時期に、労働党は「ブレグジットが与えてくれたこの巨大なチャンス、すなわちわれわれの国の形を変えるチャンスを、ものにしなければならない」と宣言したのを憶えている。だが、「内部の反動が本当に大きかった」ので、この種の発言がくり返されることはまれだった。「党の運動における力のバランスは、圧倒的に『ブレグジットは悪手だから、打撃を弱めて残留しよう』だった。それはよく理解できる。年配の世代は一九八八年のドロールの労働組合会議での演説で幅広く説得されていたし、若い世代はヨーロッパ懐疑主義というと、きわめて反動的な政治家の議論しか聞いたことがなかったのだから」

まさにこれが、世代をまたがる労働党の党員にブレグジット反対派がいた理由である。年配層はEUを冷たいサッチャリズムの海に浮かぶ救命ボートと見なし、若年層はもっともなことだが、ヨーロッパ懐疑主義を移民攻撃のファラージ派と結びつけていたのだ。

その結果、党首事務局はいつしかブレグジットについて前向きに話すのを尻込みするようになった。「なんであれ、ブレグジットの潜在的な利益について話すのはとてもむずかしかった」とコービンのスピーチライターのひとり、アレックス・ナンズは言う。「EU以外にも社会主義政権が生まれるチャンスがあると言おうものなら、たとえその短所を指摘しても、強硬な残留派が口角泡を飛ばして見当はずれの議論を始め、メッセージは強調されるよりかき消されてしまう。だから、せいぜいわれわれにできたのは、エスタブリッシュメントに蹴りを入れたいという離脱派の有権者の気持ちを認めることくらいだった」

こうして二〇一八年二月、労働党は公式にヨーロッパ関税同盟への残留を支持した。その立場を後押ししたのは、ジョン・マクドネルや、徐々に影響力を増してきたコービン派の影のビジネス・エネルギー・産業戦略担当内務大臣レベッカ・ロング＝ベイリー、残留派寄りの影のブレグジット担当大臣キア・スターマーらだった。「キアはそういう方向に進むべきだと考えていた」とアンドリュー・フィッシャーは振り返る。「ジェレミーは反対せず、まあいいだろうという意向だった。党が二〇一七年に言ったことの論理的な延長と考えていたんだ」。予想できたことだが、シェイマス・ミルンはこの動きに反対した。労働党はブレグジットの計画についてそこまで明確に意見表明する必要はない、と考えていたからだ。

問題は、このころブレグジットをめぐる国内の議論の二極化が始まっていたことだった。一方には残留派の運動があり、もう一方にはブレグジットを全力で支持する保守党政府があった。両陣営がどんどん離れていくにつれ、労働党は取り残された。まるで、ふたつの椅子に同時に坐ろうとして、気弱にうろうろしているようだった。マーク・シンプソンが指摘したように、分裂した労働党の党首事務局は、じっと動かず待っていて、そもそも存在しない手札を見せようとしなかったのだ。

二〇一八年には、残留派の運動が勢いを増した。〈ユナイト〉の首席補佐官でコービンの顧問だったアンドリュー・マレーに言わせると、労働党がブレグジットに明確な立場を表明できなかったせいで、残留を支持する運動が発展する余地が生まれた。それはイラク戦争反対運動ととても似ていたという。「ブッシュとブレアの派兵の意思表示には、一年の間隔があった。そのあいだにわれわれは、議論を起こして勝つことができた。同じように、労働党は大規模な残留運動が生じる余地を作り出してしまったのだと思う」

四月になると、〈ブリテン・ストロンガー・イン・ヨーロッパ〉が〈オープン・ブリテン〉として再出発し、〈ピープルズ・ヴォート〉運動の先頭に立った。この団体は設立時に、ブレグジットのいかなる取り決めも再度の国民投票にかけるべきだと宣言し（〈ピープルズ・ヴォート〉の名称の由来）、別の選択肢としてEU残留も提案した。彼らはこの問題に関して中立を謳っていたが、まったく説得力はなかった。支持するか否かは別として、イギリス国民はこの運動を、ブレグジットを止める方策と見なしていた。正直に言えば、それを公言したほうがよかったくらいだ。

〈ピープルズ・ヴォート〉は、保守党の内相アンバー・ラッドの兄ローランドをまたしても代表にすえ、おもにジェレミー・コービンと敵対するようになった労働党国会議員や自由民主党員、アナ・ソーブリーのような親EUの保守党国会議員たちで構成されていた。設立後すぐに何十万というメール読者を集め、国会でのロビー活動を開始して、徐々に規模の大きい熱心なデモを組織していった。コービンのまわりで働く大半の人から見れば、〈ピープルズ・ヴォート〉は前身の組織と同じように「敵対的な」運動だった。

残留派の運動には、誠実な参加者と不誠実な参加者がいた。誠実な人々は、ブレグジットはイギリスの経済と国際的立場を損なうひどい自傷行為だとまじめに信じていた。それはおもに左派的な傾向の人たちで、保守党のブレグジットの解釈に底流する移民排斥や外国人恐怖症を忌み嫌い、労働者の権利、社会的保護、環境対策がブレグジットを機に大幅削減されることを怖れていた。

一方、きわめて影響力の強い不誠実な人々もいた。彼らはおそらくこうした分析の多くに同意しながらも、ブレグジットを利用して、労働党執行部と、党の選挙基盤であるおおむね残留派の党員とのあいだに断裂を作るチャンスだと考えた。「国会議員のなかには、ブレグジットを、ジェレミー・コービンと党員の関係を不安定にするひとつの方法と見なす人もいた」とグロリア・デ・ピエロは言う（彼女自身はコービン派ではなく、二度の党首選では対立候補に投票し、二〇一六年に影の大臣を辞任している）。誠実と不誠実の線引きはどこでするのかについて、デ・ピエロは明言しなかったが、後者の影響力はまちがいなく認めていた。その代表格がニュー・レイバーのスピン・ドクター［訳注：情報操作の専門家］、ピーター・マンデルソンだ。マンデルソンは〈ピープルズ・ヴォート〉運動の主要人物となり、次のように人々に訴えた。「どうしてこの偉大な党の運営権をみすみすジェレミー・コービンのような人物に渡して放っておくのか？　私はそれを望まない。いまそうなっているのが残念だし、毎日少しずつでもいまの党首の任期を終わらせるように努力している。メールをひとつ送るにせよ、電話を一本かけるにせよ、自分で一回会合を開くにせよ、とにかく毎日、この党首から労働党を救うために何かしている」*24

かくして「残留」は、当時の主流からは大きくずれていた党派のひとつの道具になった。労働党のブレア派から、保守党のデイビッド・キャメロンやジョージ・オズボーンのまわりに集まっていた人々までを含むこの党派は、市場経済とおおむねタカ派の外交政策を支持し、同性婚には賛成しながら、移民に対する発言や政策では意見が一致せず、社会自由主義の支持については足並みがそろわない集団だった（要するに、市場とゲイには賛成）。それぞれの党のなかでコービン派とブレグジット支持派が勝利したことによって、政治的荒野に追放された彼らは、一般に「中道派」と呼ばれたが、この呼び名は非常に誤解を招きやすい。世論の中央部はもっと国家の介入を求め、社会的に保守、つまり彼らの世界観とは正反対だからだ。とはいえ、みなが合意するほかの呼称がないので、本書でもそう呼ぶこととする。

エリート層の「中道派」には、政界の長老や特別顧問、政治官僚、シンクタンク幹部に加え、新聞のコラムニストやベテラン政治記者、主流報道機関や放送メディアの局長、プロデューサーなどがいた。彼らの多くは、かつて当然のごとく利用していた権力や影響力のネットワークが利用できなくなり、理性的で安定した「中道」政策の黄金時代、言い換えれば、自分たちが中心となって活躍したブレアかキャメロンの時代を懐かしんで集まっていた。その後の政治の左右二極化を、集団的非合理性の表れ、神聖なリベラルの価値からのヒステリックな訣別と考えていた彼らにとって、「残留」はまたとないチャンスであり、大義名分だった。また、ニュー・レイバーの過去の亡霊たち、たとえば元スピン・ドクターのアラステア・キャンベルらにとっても、これは社会とのかかわりを強め、新しい現状でもう一度大きく注目されるチャンスだった。

エド・ミリバンドの元戦略コミュニケーション顧問トム・ボールドウィンは、運命の二〇一九年総選挙の二カ月後、新型コロナウイルスによるロックダウンの数週間前に、彼が私のアパートメントを訪ねてきた。早口でぶっきらぼうで、元気いっぱいのボールドウィンは、二〇一八年六月に〈ピープルズ・ヴォート〉のコミュニケーション顧問になった。運動に加わったのは誠実な気持ちからだ。EU離脱は愛するイギリスの国益を損なうと考え、それを阻止する新たな国民投票を心から望んでいたのだ。しかしほどなく、まわりで活動する人々には別の優先事項があると確信した。

私のアパートメントで食事をしながら話す彼の口調は緊張して、トラウマをもう一度体験しているかのようだった。「〈ピープルズ・ヴォート〉に参加したときには、チュカ・ウムンナやアナ・ソーブリーといった政治家がひどく目立っているのでちょっと驚いた。そのうしろにはクリス・レスリーやほかの政治家たちもいた」。ボールドウィンが名前をあげた三人、すなわち当時の労働党国会議員ウムンナとレスリー、そして保守党のソーブリーは、古典的な「中道派」で、それぞれの党執行部の路線とは深刻に対立していた。

〈ピープルズ・ヴォート〉に対するボールドウィンの苛立ちは本物で、あの運動は「かなり排他的だった」と言った。運営サイドは、運動の政治的な広がりを求めていないように見えた。新たな国民投票の必要性を確信して、すでに熱心に支持している人々の外にいる労働党や保守党の政治家に広く働きかけることはなく、ボールドウィンが労働党を引き入れようと提案すると、「それはやってみたけど、だめだった。忘れて」とあえなく却下された。そこには隠れた政治的動機があったのではないか、とボールドウィンは考えている。〈ピープルズ・ヴォート〉の主要な活動家たちは、「労働党が、二〇一七年の（総選挙での）勝利を後押しした残留派の有権者を裏切ろうとしている、と言いふらす」戦略をとっていたという。「まさにそのとおりに国会内でも言っていた」。二〇一八年六月に一〇万人が参加した〈ピープルズ・ヴォート〉初の大規模デモでは、「彼らは労働党執行部に反対表明する機会を探っていた。運動のスタッフも、〈ピープルズ・ヴォート〉理事のジェイムズ・マグローリーも、私自身もそんなことは考えていなかったが、当時、チュカとアンはかなり影響力の強い政治家だった」

ボールドウィン自身は〈ピープルズ・ヴォート〉の中立性を保とうとした。運動のなかで労働党の多様な声を取り上げ、党執行部に対して特別な意見はないことを強調し、改めて国民投票を訴えることに集中して、「その目的を曇らせようとする」相手は誰であろうと厳しく責めたてた。最初は、それにいくらか成功していた。ウムンナとソーブリーは腹を立て、〈ピープルズ・ヴォート〉で自分たちの役割が減ってしまったと不平を言った。だが彼らは、新たな国民投票を早期に国会で決議すれば労働党が窮地に立たされることを見越して、それをくり返し働きかけた。再度の国民投票の動議には、コービン寄りの国会議員がかならず反対する。それによって熱心な残留派が労働党に背を向けることを期待したのだ。

〈ピープルズ・ヴォート〉を支持する国会議員の何人か（決して多数ではない）がじつのところめざしていたことは、「多くの関係者から見て明らかだった」とボールドウィンは続ける。「いまの党から離脱して新党を作ろうとしていたのだ」。あからさまに親ＥＵの「中道」政策を掲げる新党である。ボールドウィンは、新たな国民投票と新たな党というふたつのプロジェクトを混同すべきではないと声高に主張しつづけたが、彼の声は次第にかき消され、総選挙前夜には、〈ピープルズ・ヴォート〉代表のローランド・ラッドが役員会を開いてボールドウィンの解雇を決定した。それは、組織の資金や人材を自由民主党支持にまわそうというラッドの政治的な動きの一環だった。とはいえ、そこからひとつ意味のある成果がもたらされた――〈ピープルズ・ヴォート〉が内部崩壊したのだ。

◆―◆

二〇一八年をつうじて、保守党のテリーザ・メイ首相のブレグジット政策は行きづまり、労働党内ではまったく別の残留派の活動が勢いづいた。左派の〈アナザー・ヨーロッパ・イズ・ポシブル〉である。彼らの動機は〈ピープルズ・ヴォート〉からかけ離れていた。

〈アナザー・ヨーロッパ・イズ・ポシブル〉の主張は、「反ブレグジット運動は、移民、環境保護主義、国際主義など、コービン・プロジェクトの核心をなす問題や進歩的な目標と密接に関連している、よって左派は支持すべきだ」というものだった。彼らは、二〇一六年の国民投票の結果を覆すことを公然と呼びかけ、労働党員に対して大々的な運動を開始した。主要な狙いはひとつ、来る二〇一八年労働党大会で、コービンの党首事務局に新たな「国民投票」の原則を受け入れさせることだった。

「残留する労働党（リメイン・レイバー）」といったほかの活動とも結びつき、彼らは雄弁で効果的な活動をおこなって残留派の党員を掘り起こした。ナショナル・オーガナイザー（国家戦略リーダー）のマイケル・チェッサムが言うように、「左派がこの運動をしていること自体が重要だった。国民投票や、ブレグジットへの明確な態度を求めるのは右派だけじゃないってことを改めて示したという意味でね。われわれは反ブレグジットという目標から毒を抜いたんだ」

しかし、ひとつ問題があった。もっともな理由から〈ピープルズ・ヴォート〉を疑いの目で見ているコービン派にとって、〈アナザー・ヨーロッパ・イズ・ポシブル〉は、たとえ善意で動いているにせよ、左派のふりをしてもっぱらコービン・プロジェクトに政治的ダメージを与える反動的な残留派のように見えたのだ。その結果、政治的信念で重なる部分はあっても、この運動を冷たくあしらった。「コービンの信奉者からは、『これは陰謀だ。右派と手を組んでジェレミー・コービンの力を弱めるぞ』という言説が広まっていた。コービン・プロジェクトのあらゆるレベルでそうだった」とチェッサムは言う。

たしかに二〇一六年の国民投票のあと、労働党は嘆かわしいほど移民擁護の信念を捨て、議論もしていなかった。移動の自由に反対する投票結果が出たのだからしかたがない、というわけだ。しかし、コービン、マクドネル、ダイアン・アボットらが、まださほど有名でなかった時代からまわりの風潮に逆らって移民や難民の権利を断固擁護していたことを思うと、その議論が消えたことは大きな裏切りに思えた。

二〇一八年九月の労働党大会が近づくにつれ、党内の残留派は楽観的になっていった。スターマーの協力者のひとりが言ったように、「あのころ残留派の一部は、ブレグジットのすべてがろくでもなく見えるから、抜け出す道が実際にあるかもしれないと感じだしていた」。彼によると、影のブレグジット担当大臣キア・スターマーが態度を変えはじめたのも、そのころだったという。「キアは多分に『二度目の国民投票なんて馬鹿げている。そんなことは起きない。それよりブレグジットを軟着陸させよう』という考えだったが、二〇一八年の党大会の直前に、国民投票をやるべきだという考えに変わってきた」

しかし、コービンの党首事務局は見解を異にした。第二の国民投票を支持すれば、離脱支持の有権者の票を失い、政権の座につけなくなると信じていたので、それは最初から選択肢に含めない決意だったのだ。

徐々に包囲されてきた党首事務局の「国民投票結果尊重」派から見れば、党員の圧倒的な「残留」傾向は国全体の傾向をまったく反映していなかった。ノーサンバーランド州ワンズベック選出の国会議員で労働党議長のイアン・レイブリーは、「それがすべての問題の元凶だった。労働党員が大幅に増えたこと自体は本当にうれしかったけれど、南部と北部の党員のあいだに新たな分断ができてしまった」と言う。

レイブリーの見方は、最近の調査でも裏づけられた。「労働党の重点選挙区が集中する北部と、いまや草の根の支持者の半数近くがいるロンドンおよび南部のあいだに、興味深い（しかもロンドンの規模を考えると、そちらのほうが優勢な）不一致が見られた」のだ。[*25] この不均衡は非常に問題だとレイブリーは私に語った。「党大会には一万三〇〇〇人も集まるんだ。そのことはすばらしいよ。本当に夢のようだ」が、「重点選挙区がどこかということでもめたくないし、ロンドンやサウスウェストにもほかの地域と同じように貧しい人たちが大勢いるものの、大会に来る党員の数は、貧しい北より南のほうが圧倒的に多い」。大会に出席するにはかなりの費用がかかる。自主参加である以上、北部の多くの労働者階級の党員は参加できない、とレイブリーは指摘する。

グロリア・デ・ピエロも全面的にレイブリーに賛成する。北部ブラッドフォードの貧しい労働者階級のコミュニティで育った彼女は、家に暖房も二重窓もなく、「死ぬほど寒かった」ことを憶えている。労働者のための党が中流階級の党員に圧倒されるようになったことに怒って彼女は言った。「ありえない。労働者階級は毎日の生活でひどい目に遭っているのに、党の決定は彼らを救ってくれない。ところが、中流階級の人たちが都合の悪い事態になると、厚かましくも『これは困る！』とか言いだすわけでしょう」

デ・ピエロは正論を述べている。労働党支持者の大多数は残留寄りだが、離脱に投票した人々はあまり党員数に反映されていない。ただ、ことはそう単純でもない。たとえば、世論調査会社が採用している労働者階級と中流階級の安易な区分を受け入れるとしても、二〇一六年の国民投票を有権者の年齢別に見ると、まったくちがった図式が浮かび上がるのだ。三五歳未満の労働者階級の過半数は、リバプールやマンチェスター、ロンドンといった労働者階級の中心地域を含めても「残留」に投票している。一方で、中流階級の年金生活者の過半数は「離脱」に投票した。言い換えれば、年齢別に見た場合、二〇一六年の国民投票に対するデ・ピエロの見方は逆転するのだ。

いずれにせよ、草の根党員のあいだで国民投票のやり直しを求める声が大きくなったため、労働党大会でその公認は避けられない見通しになってきた。「コービン好き、ブレグジット嫌い」のバッジやTシャツを身につけた代表者がリバプールの会議場に大挙して押しかけたことからも、問題の大きさがうかがい知れた。

そこで、労働党執行部は事態の収拾を図った。コービンの秘書官エイミー・ジャクソンが、二回目の国民投票を党として公認するという単一の動議ではなく、ふたつの動議を出すべきだと提案したのだ。まず、保守党のブレグジット対応に労働党として反対を表明する動議、そしてそれとは別に、数ある選択肢のひとつとして国民投票を認めるという、拘束力のない動議だ。しかしキア・スターマーは、二回目の国民投票の可能性を含む単一の動議にしなければならないと主張した。それが党員の総意であることは明らかで、二回目の国民投票の支持者は党大会参加者の約九〇パーセントと考えられていた。

一方、労働組合はそれほど明確な態度ではなかった。〈ユナイト〉は以前から二回目の国民投票に反対していたが、ほかの組合は、三番目に大きなGMB（全国都市一般労働組合）や、左派の運輸関係の労働組合TSSA（コービンの党首選を支援し、〈モメンタム〉の本部にも場所を提供していた）を含めて賛成だった。それでも、労働党に二回目の国民投票を認めさせるばかりか、残留まで支持させそうな運動の高まりを食い止めるために、なんらかの妥協が必要だということには彼らも同意していた。

これらすべてが、コービニズムに致命的な矛盾を与えた。コービンの党首選を支えた重大な要素のひとつは、労働党の民主化だった。コービンは、党員のなかに長くたまっていた鬱憤のはけ口になった。ただ、彼らは選挙期間中に戸別訪問をしてパンフレットを配るが、ほかのときには軽視され、重要な政治問題に口を出すと、大事な政策は党首事務局の顧問たちにまかせておけということでむしろ邪魔者扱いされていた。ところがコービンは、独自のスタイルを持った民権擁護者だった。とくに二回目の党首選では草の根の支持者を多数動員して、頑固で敵対的な労働党国会議員団に対抗した。

こうした成功体験と二〇一七年総選挙での好成績以降、多くの党員は、党執行部が得たいものを得たあとまたしても聞く耳を持たなくなったと感じていた。たとえば二〇一七年なかばには、キャリー・マーフィが党首事務局のスタッフ全員が参加する日帰り研修を企画した。そのひとつのセッションで、アンドリュー・フィッシャーとシェイマス・ミルンが壇上に立って、選挙戦略と労働党の議席の急拡大について語ったが、ミルンが説明したコミュニケーション戦略は、誰もがそこで初めて聞く内容だったので、あきれた。マーフィは次いでマニフェストを参加者に配ったが、そこにはフィッシャーとミルンのサインがスーパースターよろしく入っていた。部屋の雰囲気は一触即発になった。「みな口にこそ出さないが、『われわれは当事者だ。ものすごく働いた』と思っていた」と、これに参加したある調査員は言った。「でも、あの研修ではわれわれを、彼らから学ぶファンであるべきだというふうに扱っていた』」

別のときには、マーフィがトップチームのサインが入った「少数ではなく多数のために」の巨大なプラスチックの看板を壁に飾った。「多数のために」と言いながら少数だけがサインしている状況にスタッフは腹を立て、「多数」の文字の下にいっせいに自分の名前を書きこんだ。

このような状況のなか、もしも党大会で国民投票の動議を阻止したら、部屋を満たしたスタッフを怒らせるぐらいではすまない。そんなことをしたら、党執行部は望みの結果を得るために、すでに根づいて党外にも広く知られた民主的原則を捨て去るという明白なシグナルになってしまう。第二次世界大戦後最大の国内政治問題について、党員の意向に断固逆らうことなどどうしてできるだろう。党員は国全体の意見を反映していないかもしれないが、それでも労働党にほかの党員がいるわけではない。

結局、動議はひとつに決まり、党大会の出席者が投票することになったが、動議の内容は、見方によって異なる解釈が可能なロールシャッハ・テストのようなごまかしだった。まず、「国民が選挙でＥＵ離脱を決めた」ことは認めつつ、「国民投票によって権利が縮小され、経済的混乱が生じ、雇用が危険にさらされる」ことは想定していないと書かれていた。

また、「単一市場への完全な参加」は支持するが、「雇用や移動の自由、北アイルランドの平和、ＮＨＳを脅かす」テリーザ・メイの政策は不支持。扱いにくく憶えにくい労働党の六つの条件は堅持し、それらを満たさないいかなる取り決めにも反対票を投じ、EUとの「取り決めなしの（ノー・ディール）」ブレグジットには「精力的に」反対することを党として約束していた。そのうえでこの動議は、保守党のブレグジットの取り決めが国会で否決されるか、「ノー・ディール」が発生しそうな場合には、「保守党を権力の座からおろす即座の総選挙」を優先事項とし、それが不可能な場合には、「労働党は、国民投票のための運動も含めたあらゆる選択肢を支持しなければならない」と規定していた。

ところが、その動議が投票に付される前日の九月二四日月曜日、BBCラジオ４の番組『トゥデイ』で、ジョン・マクドネルが、労働党執行部の支持する国民投票はブレグジット関連の取り決めに関するものであって、そこに「残留」の選択肢は含まれていないと宣言した。

アンドリュー・フィッシャーに言わせると、それは本当にマクドネルの口がすべったということらしい。「ジョンはちょっと混乱して、本心とはちがうことを言ってしまった」。個人的には、マクドネルは失言を認め、スターマーに謝ったと主張する。翌日、党大会の壇上から、スターマーは動議をあくまで支持した。マクドネルの発言をはっきりと否定して、「誰も選択肢から残留をはずしてはいない」と強調し、会場に詰めかけた党員たちから熱狂的なスタンディング・オベーションを受けた。

スターマーは将来の党首の座を狙う男だから、どう言えば党員に受けるかわかっていて日和見主義をとったという解釈もある。しかし、本人はマクドネルのインタビュー発言を訂正しなければならないと感じていた、というのがフィッシャーの見方だ。動議の文言を何時間もかけて検討した影のブレグジット担当大臣は、あくまで動議の精神を守ろうとしたのだ、と。

問題は、どっちつかずの態度や留保条件のごった煮である動議そのものから発生していた。作成にたずさわった人々でさえ、何を言いたいのかわかっていないようだった。党執行部は「ソフト・ブレグジット」に注力することを誓約したつもりで、二回目の国民投票は実現可能性の低い選択肢のひとつと解釈していたが、残留派は徐々に、党執行部がみずから民主的に決めた方針に反していると主張するようになった。ある党幹部は言った。「あのころから、人々は党の考えがわからなくなってきた。それは悲惨なことだ」

影の大臣ジョン・トリケットもこれに同意する。ブレグジットで明確な考えを示さなかったことから、労働党はこの問題について途方に暮れているような印象を与えた。彼がくり返し使った表現を借りれば、「漂流」状態である。「党執行部が『われわれは国民投票とイギリス国民の要望にしたがう』と明言しなかったことで、当然ながら労働党はだんだん漂流して、保守党に反対するようになった。キャメロンの跡を継いだテリーザ・メイの保守党は、ブレグジット支持でブレグジット運動を推進していたが、労働党はあいまいなまま。党員が保守党に反対する方向に漂流していくと（最初から反対していた党員もいたけれど）、結局それはブレグジットに反対することになった」

野党として、労働党が政府に反対するのは自然な行動ではある。しかも、ブレグジットはテリーザ・メイ政権の唯一と言っていい政策だった。コービンの労働党は、保守党的なものに理屈抜きで反対してきたこともあって、どんなかたちでのブレグジットにも反対する立場、つまりは二〇一六年の国民投票の結果に反対する立場に移行するのは、ほぼ避けられないことだった。

スターマーの演説から数時間後、リバプールの会議場に集まった党員たちは圧倒的多数で動議に賛成した。反対者はわずかだった。残留派の運動は劇的な勝利を収め、労働党員と支持者のあいだには、ブレグジットに耐える以外の道もある、ブレグジットの逆に進むこともできると確信する人々が増えてきた。党執行部も、彼らの政治的関心にしたがうしかなくなった。

◆―――◆

二カ月後、テリーザ・メイはＥＵと離脱協定をまとめた。移動の自由は失われたが、北アイルランドに関する悩ましい問題はこれで解決した。三〇年にわたる流血の内戦を終わらせた一九九八年の聖金曜日合意（ベルファスト合意）の基本は、北アイルランドとアイルランド共和国のあいだに検問所のない通行自由の国境を設けることだった。統一主義者から見れば、アイルランド六県はイギリス連合王国の領土の一部だが、独立主義者や共和主義者から見れば、あたかもアイルランドの統合が実現しているような取り決めだ。これが、どんなブレグジットの交渉に関しても最大級の足枷（あしかせ）になった。もし連合王国が単一市場・関税同盟から離れて独自の関税と規制の枠組みを作れば、北アイルランドと共和国の国境を厳しく管理して税関検査をおこなわなければならず、ひいてはそれが和平を危うくする。アイリッシュ海に新たに国境を設けるという選択肢もあったが、それは強硬な北アイルランド民主統一党には受け入れられなかった。その党の一〇名の国会議員の協力で、メイ政権は議会の過半数を保っていたのだ。

ちなみに、メイの党の正式名称は「保守統一党」だ。彼女は二〇一八年二月、下院で「これ（国境を設けるというEU案）に同意できるイギリス首相はいません」と宣言し、ふたつ隣の席に坐ったボリス・ジョンソンも激しくうなずいていた。結局メイが交渉した解決策は、一時的な「緊急対策」として結論を先延ばしすることだった。すなわち、イギリスはEUと別の取り決めをして合意するまで「事実上」関税同盟に残る。

メイのこの解決策は、数時間のうちに袋叩きにあった。保守党右派のブレグジット推進派、ヨーロッパ懐疑主義の保守党国会議員からなる〈ヨーロッパ研究グループ（ERG）〉、右派の報道機関、民主統一党、労働党執行部、労働党国会議員の残留派の大多数と〈モメンタム〉、緑の党と自由民主党、スコットランドの独立推進派、残留運動組織、ナイジェル・ファラージのブレグジット党、さらにリベラルな報道機関など、あらゆる方向から集中砲火が浴びせられたのだ。

反対の声がラジオや新聞を埋め尽くした。メイの解決策は、ブレグジットに賛成する右派からは「名ばかりのブレグジット」と言われ、労働党やそれに近い立場の人々からは「厳しすぎるブレグジット」と評された。残留派は、そもそも筋が悪いブレグジットがますます悪くなった、とそれまで以上に怒りをあらわにした。擁護する声はほとんどなかった。政府が内閣で議論するまえにこの解決策を発表したからだ。多くの大臣は自分の将来を見すえ、保守党員の目にどう映るかを非常に気にしていた。

二〇一九年一月の国会決議で、メイのこの解決策はイギリスの民主主義史上最大の差で否決された。驚くべきことに、反対が賛成を二三〇票も上まわったのだ。二カ月後の二度目の否決では、ここまでではなかったが、それでも一四九票差というのはあきれるほど大きい。

ところが労働党の党首事務局には、メイの解決策は国会を通過するし、それが望ましいと信じている人々がいた。EUとの取り決めができれば、労働党をますます苦しめるようになったジレンマが解消し、イギリス政治のリセットボタンを押すことができると考えていたのだ。それに、大衆とエリートの対立関係から幅広く国内政治の問題を明らかにするコービニズムの得意分野に、国民の議論を戻すことができる。おまけに、メイの取り決めは終着点ではない。脱退協定は離婚のようなもので、EUとの将来の関係については別途交渉しなければならない。労働党が政権の座についたら、みずからの価値観や優先順位にしたがって取り決めを調整すればいい。たとえば、労働者の権利の剝奪競争に歯止めをかけたり、消費者保護や社会立法を増やしたりするのだ。

しかし当然、労働党がメイの解決策に賛成票を投じることは政治的に不可能だった。ここに至ってコービンが保守党政権とその主要な議案を救済するなど、とうてい考えられない。そんなことをすれば労働党員のトラウマになり、選挙基盤の多くは損なわれ、労働党国会議員のなかにいるコービンの敵対者はこれを口実として彼の追放を図り、今度こそ成功するかもしれない。「(賛成すれば)何百万という人の目には、労働党がブレグジットを可能にし、保守党と取引をしたように映っただろう」とある上級補佐は説明する。「保守党との差が縮まったときに、彼らを追いつめて総選挙で勝つことに失敗した党としてね」

このころ、「ブレグジットは第一に保守党の問題であり、労働党より保守党のほうが被害が大きくなるだろう」というかつての説が、以前にも増して唱えられるようになった。メイの保守党政権はあまりにも不安定で、いつ崩壊してもおかしくなく、労働党が勝利する総選挙の道が開けるというわけだ。「ハング・パーラメントになった時点で、おそらくわれわれの破滅の種がまかれたのだろう」と労働党の戦略顧問カール・ショーベンは言った。「なぜなら、そのときから労働党は、選挙で勝つ長期的な戦略を考えるより選挙そのもののモードに入って、保守党政権はいつでも崩れる、われわれの仕事はそれを崩すことだと考えるようになったからだ。保守党を崩壊させることに力を入れすぎて、ブレグジットでとってはいけない立場をとってしまったのかもしれない」

別の選択肢もあった。二〇一九年の最初の数カ月、メイの取り決めに反対する保守党内の勢力は、自分たちの大切なブレグジットが危機に陥ることを怖れて、賛成にまわりはじめていた。その結果、三月終わりの三度目の決議では、反対側のリードが一四九票から五八票にまで縮んだ。かりにその時点で労働党の離脱派の国会議員が議案を通していたら？　なにしろ彼らは、三年前に賛成したことがなぜいまだに実現しないのかと考える有権者から、さんざん非難されていた。

グロリア・デ・ピエロやリサ・ナンディを含む四〇〜六〇名の労働党国会議員が、党内で「国民投票結果尊重」部会を形成していた。シェイマス・ミルン、コービンの首席補佐官キャリー・マーフィ、そしてエイミー・ジャクソンは、多くの労働党国会議員と同じように、院内幹事事務局を党の残留派の心臓部と見ていたので（マーフィは実際に、首席院内幹事ニック・ブラウンの排除をもくろんでいた）、そこ抜きで話を進めた。

ミルン、マーフィ、ジャクソンの三人は「国民投票結果尊重」議員たちと個別に相談し、重要な決議で棄権しても党の規定にはなんら引っかからない、国会議員は「必要なことをやるべきだ」と助言した。議員たちはその一方で、二回目の国民投票に断固反対しつづける強力な労働組合〈ユナイト〉の書記長レン・マクラスキーから、ブレグジットに賛成しても政治的に援助するから心配するなと後押しされていた。「あのころ彼らは、私に盾になってもらいたがっていた。労働党の院内幹事に背いてテリーザ・メイの取り決めに賛成できるようにね」とマクラスキーは私に語った。「盾が必要だったのだ。コービンの登院命令にしたがわなければ、次の選挙で落選するのではないかと怖かったから」

グロリア・デ・ピエロは本来ブレア派だったが、派閥がますます熱心に残留を推すようになって、徐々に孤立していた。「彼らのことは仲間、友人だと思っていたわ。でも、私は彼らの『有権者に妥協するな』という方針が信じられなかった。いわゆる『中道』の人たちは極端な立場をとっていたけれど、私は極端論者ではない。彼らは極端な立場をふつうの立場だと思っていたの」。皮肉なことに、デ・ピエロは、かつて強く対立していた左派の党執行部のなかに政治的な聖域を求めた。「いつもエイミーやキャリー、ジェイムズ・シュナイダー、シェイマスといっしょにいた。彼らが私の安全地帯になったのは本当におかしな感じだった。私たちが正しいのは、みんなわかってた。ジェレミーだってわかってたの。たんに党員のために立ち上がらなかっただけ」

デ・ピエロのような議員が、最終的にメイの取り決めに賛成しなかった理由はいくつもある。まず、取り決めの内容自体があまりにも有害で、わざわざ党の方針に背いてまで支持するには至らなかったからだ。また、組織化されて資金も豊富、声も大きな残留運動に労働党国会議員がどっと流れたことで、「結果尊重」のグループがなおさら孤立したという面もある。同時に、コービン派の草の根運動〈モメンタム〉が党のさらなる民主化を求め、二〇一八年の大会で、現職の国会議員の公認取り消しをしやすくする決議をおこなった影響もあった。「結果尊重」の労働党議員は、一線を越えた場合、党から蹴り出されることになるのを怖れた。

労働党執行部にはあらゆる方向から圧力がかかっていたが、二〇一九年二月なかばには、いっそう状況が悪化した——チュカ・ウムンナを代表とする八名の国会議員が脱党し、保守党のアナ・ソーブリーら三名と〈独立グループ〉を結成したのだ。この新しい中道派の党は〈チェンジＵＫ〉と名称を変えたが、ほどなく失敗する。

それでも当初、労働党執行部はチェンジUKに悩まされた。とくにジョン・マクドネルは昔から分離政党を警戒していた。それ自体がかなりの議席を獲得しそうだからではなく、反保守党の票を分散させて労働党の選挙での勝利を遠ざけてしまうからだ。マクドネルは一九八〇年代初期の分離政党、社会民主党のトラウマを憶えていた。あのときも労働党の票が割れたことによって、たとえばウェスト・ロンドンのヘイズ・アンド・ハーリントン選挙区の議席を保守党に奪われてしまった。労働党がようやくそれを取り戻したのは、一九九七年のことだった。党内でマクドネルを批判するマーフィらは、彼が不合理なほどこの問題に執着していると考えたが、七〇〜八〇名の議員が別の党に流れれば、労働党にとって大打撃になるとマクドネルは信じていた。

おもな心配事は脱党の連鎖だった、と彼は私に言った。もし労働党が二度目の国民投票に抵抗しつづければ、「さらに脱党が続く。そうなると、労働党の国会議員団がもっと大きな規模で分裂してしまう。ことによると回復できないくらいまで。われわれとの闘いに用いる道具や武器を、わざわざ相手に与える危険を冒す必要はなかった」

こうした純粋に戦術的な判断から、マクドネルは「残留」寄りになっていた。アラステア・キャンベル、トム・ボールドウィン、ローランド・ラッドといった〈ピープルズ・ヴォート〉の要人たちとも会って話したので、当然ながらキャリー・マーフィやシェイマス・ミルンを怒らせた。しかしマクドネルとしては、チェンジUKが党勢を拡大するために〈ピープルズ・ヴォート〉運動を利用することは絶対に阻止しなければならなかった。〈ピープルズ・ヴォート〉の目標が、選択肢に残留を含む二回目の国民投票であるなら、労働党がその唯一の実現手段になるべきだ、と彼はキャンベルらに告げていた。

一方、労働党執行部はかねてから、〈ピープルズ・ヴォート〉が、左派を打倒したい宿敵の手段になったのではないかと疑っていた。その懸念は、コービン支持者たちに嫌われていた労働党副党首トム・ワトソンを〈ピープルズ・ヴォート〉が支持したことで、ますます深まった。

ほかの多くのことと同様に、ブレグジットに関しても、ワトソンは政治的な「八方美人」だった。二〇一六年の国民投票の直後には、ブレグジットは必須であると語っていたのに、[*26]やがて一八〇度転向して残留支持となり、二〇一九年三月にはロンドン中央でおこなわれた〈ピープルズ・ヴォート〉の大規模デモで演説した。トム・ボールドウィンは、いまや本物の信念を持ったワトソンが「狡猾（こうかつ）なマキャベリストという評判」にもかかわらず「大胆で勇気ある」行動をとった、と強調した。

だがもちろん、スターマーの「残留」寄りのチームも含めて労働党上層部の大半はそうは思わず、ワトソンはたんに〈ピープルズ・ヴォート〉に加わることでコービンと党員を分裂させようとしているだけだと考えていた。ワトソンの介入は傍迷惑もいいところだった。

チェンジUKが引き起こした問題は、国会の行きづまりでもっとも明らかになった。三月一四日、新党の議員たちは「第二の国民投票」の動議を提出した。労働党は自党議員に棄権を命じたものの、離脱派の一七名が反対票を投じ、うち五名がフロントベンチの役職から退いた。労働党内の親ブレグジット議員に広がる不満があらわになったのだ。動議は大差で否決され、二回目の国民投票という目標は遠ざかったが、チェンジUKのおもな狙いは、残留派がコービンの労働党を見限るように仕向けることだった。

混乱を深めた副党首だったトム・ワトソン

それこそチェンジUKの究極の目的ではないかと怖れたトム・ボールドウィンは、〈ピープルズ・ヴォート〉は新党になんらかかわっていないと説明した。「あれは〈ピープルズ・ヴォート〉にとって大きな痛手だった」と彼は言う。「チェンジUKに賛同しかかっていた大勢の国会議員が、『ちょっと待てよ、チェンジUKはわれわれにとって利益にならないかもしれない』と思ったんだ。目からうろこが落ちて、彼らはチェンジUKに加わらなかった」

じつのところ、チェンジUKはたんにコービニズムを見下していただけではなく、キア・スターマーを嫌ってもいた。この元検察局長官がきわめて有能であることは世間も認めており、スターマーが労働党執行部内にわずかながら残留の道を残していたせいで、チェンジUKとしても労働党を切り捨てることがむずかしくなっていたからだ。

とはいえ、労働党は危険なほど国会内の争いに巻きこまれた。論争がこみ入りすぎて大衆にはほとんど理解できず、有権者に疲労と倦怠を感じさせた。国会はますます複雑な手続きに入りこみ、身動きがとれなくなっていった。

◆―◆

三月二五日、国会議員たちは、メイの「死に体」の政府から議事の主導権を取り戻すために投票をおこなった。さらに二週間後には、ほかの選択肢が過半数の賛同を得られるかどうかを確かめる示唆的投票〔訳注：議会内で優勢な意見を探るための法的拘束力のない投票〕がおこなわれた。選択肢のなかには、関税同盟、新たな国民投票、EUから離脱はするが単一市場のメンバーとしては残る「ノルウェー・オプション」、「ノー・ディール」を避けるための第五〇条の無効化が含まれていたが、どれについても過半数の賛同はなかった。

そのなかで労働党にとってもっとも影響が大きかったのは、おそらく新たな国民投票に関する投票だった。執行部は自党の議員団に、（労働党国会議員のピーター・カイルとフィル・ウィルソンが提出した）修正案に賛成するよう命じていたが、その命令に反して四〇名の労働党議員が反対か棄権をしたのだ。影の大臣のジョン・トリケットとイアン・レイブリーまで棄権して、カイル・ウィルソン修正案は一二票差で否決された。この反抗に対するコービンの反応（あるいは無反応）は顕著だった。「私は二度も辞表を提出した」とイアン・レイブリーは言う。彼にとって修正案は受け入れがたいごまかしだった。「ジェレミーもいいかげん、われわれをクビにしろよと思ったね」。対立を嫌うコービンは、たんに問題を避けて通ったのだ。

国が二極化したなかで、コービンのブレグジットに対する無関心はいい方向に働かなかった。「この問題について話すとき、ジェレミーはまるでマニュアルの写しを棒読みしているようだった」とアンドリュー・フィッシャーはたとえる。「熱意が感じられなかった。国際問題や住宅問題、反緊縮にはあれほど熱心なのに。子どもの貧困について語るときと、ブレグジットについて語るときとでは、あまりにも態度がちがっていた」。その結果、コービンはブレグジットに関してリーダーシップを発揮できなかった、とフィッシャーは結論する。「ひとつ思うのは――これは将来の労働党の党首全員が考えるべきだが――リーダーシップを発揮したいところにだけ発揮するのでは足りないということ。リーダーになったら、自分の好きなことだけじゃなくて、あらゆることにリーダーシップを発揮しなければいけない」

ブレグジットがすべてを呑みこんだせいで、労働党の国内政策に耳を傾ける人はいなくなり、ほかの音が聞こえなくなるほどの諍（いさか）いのなかで、労働党の「少数ではなく多数のために」の政策は見向きもされなくなった。党執行部はブレグジットの分断を越えた階級的な連帯を築こうとした。たとえば、離脱派が強いヨークシャー州ウェイクフィールドの町で、コービンはブレグジットについて力強い演説をした。それぞれの立場で奮闘する残留派と離脱派の類似点を指摘しながら、「皆さんはブレグジットに立ち向かっている。しかし互いに闘っているわけではない」と述べた。*27 だが時すでに遅し。これもコービンの常として、根気強くメッセージを伝える運動の一環でなければ意味がなかったのに、そうはならなかった。一度かぎりの演説では大海の一滴にしかならないのだ。結局、この演説もブレグジットの喧噪に呑みこまれた。

本来イギリスがＥＵから脱退するはずだった二〇一九年三月二九日が来て、解決策がないまますぎた。ただし、行きづまりがひとつ解消された。二〇一七年の総選挙以来、どちらもだいたい四〇パーセントという保守党と労働党の支持率の拮抗が、とうとう変わり、労働党の支持率が大きく落ちたのだ。離脱派の有権者は徐々に「ノー・ディール」こそが本物のブレグジットだと考えるようになり、残留派はますますブレグジットを逆転させたがっていた。四月のある世論調査では、三八パーセントが「ノー・ディール」での離脱を指示し、四〇パーセントが第五〇条の無効化とブレグジット撤回を望んで、中間層が崩壊したことがあらわになった。[*28]

この二極化は怒りの声となって表れた。コービンは過激な残留派から軽蔑され、〈ピープルズ・ヴォート〉の集会では「ジェレミー・コービンはどこだ?」の大合唱が起きた。ブレグジットの日がキャンセルされたので、イギリスは来る欧州議会選挙に参加しなければならず、力を盛り返したブレグジット党、自由民主党、緑の党などが、全国的に注目される場を与えられた(一方、チェンジUKは危機と失敗続きでとんだ茶番となり、次第に忘れ去られた)。選挙の二週間前、ブレグジット党は支持率一八パーセントと大躍進をとげ、自由民主党と緑の党を合わせた支持率も二三パーセントになっていた。[*29] それぞれ二四パーセントの支持率に低迷していた労働党と保守党には、パニックが広がった。

四月の初め、野党からの支持なしにいかなるブレグジット対策も議会を通過しないと悟ったテリーザ・メイは、コービンとの交渉を申し出た。そして「停滞を打破するために行動します。欧州連合から確実に脱退できるように野党党首と話し合い、双方が実行に移す計画について合意できるよう努力します」と宣言したが、これもいまさらという感じだった。このような行動は、政権が生命維持装置につながれているときではなく、二二カ月前にメイが国会の過半数を失った時点でとられるべきだった。

両党の話し合いは進み、コービンのチームは、なんらかの取引が可能なら受け入れるつもりだった。「とくにジェレミーの政策スタッフは熱心に働いた。見出しになるようなことだけでなく、この問題の細かいところまで真剣に詰めていた」と首席院内幹事のニック・ブラウンは語る。

ミルン、マクドネル、スターマーを含む労働党のチームは、ホワイトホール七〇番地の内閣府ビルに入った。会議室で待っていたのは、財務相フィリップ・ハモンド、マイケル・ゴーブらからなる政府の代表団だった。メイのEU交渉責任者オリー・ロビンスもいた。彼はメイの取引をまとめる背の高いまじめな人物で、労働党側からも尊敬されるようになった。「正当に評価すれば、ロビンスはきわめて有能で、比較的率直だった」とマクドネルは言う。最初の二週間の多くは、ロビンスからの熱心な提案の説明に費やされた。イギリスとEU諸国との自由な往来はできなくなるものの、この離脱は労働党の求めるすべてを提供する、労働党が主張している関税同盟が「歯止め」になる、と彼は強調した。保守党のブレグジット推進派が怒るので、そのような表現はできないけれど、と。

「つまるところ、ロビンスはじつに賢い取引を持ちかけたと思う。アイルランドに新しい国境ができるのを防ぎ、長期的にはイギリスを単一市場・関税同盟に閉じこめると彼もメイも考えてはいたが、ブレグジットの問題には対処できる取引だった」と非コービン派の上級補佐のひとりは私に言った。問題は労働党執行部が、コービン時代の多くでそうだったように、「二、三カ月単位で、ひとつの小競り合いから別の小競り合いに移るように」物事を考えていたことだという。それに対してロビンスは「二〇年でどうなるかということを考えていた」。

労働党の代表者たちは、明らかに分裂している保守党のチームを余裕で負かすことができると自信満々だった。保守党のギャビン・バーウェル官房長官は取引をしたがったが、メイのコミュニケーション顧問ロビー・ギブははっきりと反対した。保守党のメンバーは労働党の代表のまえでも遠慮なく対立し、その戦略は自分たちのあいだでも明確ではなさそうだった。マイケル・ゴーブはことあるごとに割りこみ、聞いているほうが当惑するほどあれこれ提案した。マクドネルが別の場でそのことについてフィリップ・ハモンドに質問すると、この財務相は「内閣府での言動に比べたらまだおとなしいほうだ」とつぶやいたという。

交渉チームはそれぞれの党を反映した小宇宙で、どちらにも取引に前向きなメンバーとそうでないメンバーがいた。マクドネルは「ある時点で、スターマーも私も交渉が成立するかもしれないと感じた」が、スターマーは次第に不安になってきた。彼の選挙区ホルボーン・アンド・セント・パンクラスは残留派の牙城で、彼は地元の有権者から非難されていたからだ。マクドネルも、メイの政権の弱さを利用して労働者の権利に関する譲歩を引き出そうとしながらも、同僚たちには、メイの政府を救ってブレグジットを実現する取引への疑問を口にしていた。「このことから労働党は何を得られるのか?」

さらに見通しを暗くしたのは、スターマーが「内心では取引を望んでいない」と確信した〈ユナイト〉のボス、レン・マクラスキーが、別途みずから政府との交渉に乗り出したことだった。二〇一九年五月初旬、ダウニング街一〇番地の首相官邸で彼は宣言した。「われわれは交渉者だ。プロの交渉者だから、すでにかかっている議題を週末に話し合う機会を設けてくれれば、なんらかの取引を成立させることができる」。そしてそのあと議事堂で、コービン、マクドネル、スターマーやほかの幹部たちに、取引は可能だと伝えた。「きみたちが取引を望むならだが、私が見たところ、望んでいないようだな」。そう言われてもなお、コービンがこのところの習慣で黙っていると、マクドネルが穏やかな口調でジレンマを要約した。「レン、わかってほしいんだが、これは破産申請をする会社と交渉するようなものなのだ」

マクドネルの指摘は的確だった。この時期、保守党内でのメイの権威は完全に失墜していた。保守党の事実上の党首選が始まり、メイの後継者候補がブレグジット派の桟敷席に向けて演技し、労働党とのいかなる取引も拒否すると息巻いていた。残留か離脱かにかかわらず、どの方向を見ても、メイの死に体政権と取引することはまったく魅力に乏しかった。

一方、労働党のほうも世論調査では敗退続きだった。二〇一七年の総選挙で大打撃を受けていた自由民主党がよみがえり、残留派の党として宣伝することで、残留を望む労働党支持層を着実に切り崩し、約二〇パーセントの支持率を得ていた。労働党にしてみれば、もはや取引をする政治的な余地はなかった。移動の自由と、EU関税同盟への永続的な加入という、労働党がかねて主張してきた原則は保守党に拒絶された(フィリップ・ハモンドは、「移動の自由を終わらせずにブレグジットをする意味がどこにある?」とキア・スターマーに訊いた。「それこそがブレグジットの意味だろう」)。五月なかば、六カ月を無駄に費やしたあとで、交渉は決裂した。

コービンのソーシャルメディア担当責任者ジャック・ボンドは、その日をよく憶えている。欧州議会選挙が一週間後に迫った五月一六日木曜日、ボンドは労働党が翌日に交渉から完全撤退すると知らされた。「保守党のブレグジットをなんらかのかたちで助けて、翌週の選挙で大敗しないように」ということだった。労働党が交渉から撤退する理由を、コービンがテレビ放送のインタビューで説明する予定だったので、ボンドはそのインタビューの直後にソーシャルメディア用の動画の撮影を手配した。

すると翌朝、コービンのスケジュールを管理する秘書から、コービンの運転手の予約を忘れたという電話がかかってきた。ボンドの父親はタクシー運転手だったので、フィンズベリー・パークのコービンの行きつけのカフェで党首を拾ってもらえないかと依頼された。テレビのインタビューは午前一〇時からだった。

だが、コービンは当初予定されていた八時三〇分に現れなかった。ボンドと彼の父親、メディア担当のジャック・マッケンナ、ミルンの部下のひとりアンジュラ・シンがカフェで待っていると、九時一五分に来るという連絡が入り、九時三〇分にようやくやってきた。みなでカフェに坐り、シンがコービンにブリーフィングを試みるあいだ、コービンは朝食をとっていて、なかなか話に集中できなかった。一〇時、ミルンがまた別のブリーフィングのために現れた。結局、コービンは現場に四五分遅れで到着し、イライラしながら待っていた記者団は親切な質問をしようという気分ではなかった。「あれはわれわれのやり方の総まとめみたいなものだった。蹴ったり叫んだりするが、先を読んだ行動が何もなくて、計画もプロ意識も何もない」とボンドは言った。「話は何時間にも及んだけれど、労働党の声はいっさいなく、保守党がすべて話をして終わった」。ソーシャルメディアの動画は、結局作られなかった。

◆

◆

イギリスじゅうに広がる緊張感は労働党にそのまま反映され、影の内閣の会合や、コービンが議長を務める党のブレグジット戦略小委員会では、徐々にストレスが高まってきた。この国家的な意見の硬化を見越して、二〇一七年の総選挙後の戦略会議でイアン・レイブリーは、何が起きるにしろ「壁に血が飛ぶ。この件はそのくらい深刻だ」と言っていたのだ。

彼は正しかった。レイブリーと影の大臣ジョン・トリケットはとりわけ固く団結した。自分たちを「血のつながった兄弟」と呼び、二〇一八年の労働党大会のあとの雰囲気を形作った。彼らは労働党が残留派と手を組んだ場合に失うことになる何十という離脱選挙区の議席のリストを示し、だんだんブレグジットの撤回を求めるようになってきた党員たちに、労働組合のふつうの労働者はそんなことは求めていないと反論して、党の背骨の役割を果たした。また、トリケットはコービンに対し、あなたに投票したのは「大都市の中流階級の党員」だけでなく、「何万人という労働組合員」もいるのだから、彼らの考えも同じくらい重視すべきだと説得した。

二〇一九年には、レイブリーが怒りを爆発させることが増えた。彼が苛立って叫び、悪態をつき、机を叩いているあいだ、コービンはたいてい黙って聞いていた。レイブリーの憤怒はとくにスターマーとソーンベリーに向けられたが、マクドネルやアボットを責めることもあった。あるときには、北部の有権者がブレグジットを支持するのは人種差別の傾向があるからだとアボットが言ったと解釈し、それにスターマーも同意してうなずいたと考えた。レイブリーは「今度私をレイシスト（人種差別主義者）呼ばわりしたら目に物見せてやる」とスターマーを攻撃してあわてさせた。さらに、コービンが落ち着かせようとすると、「あんたは黙ってろ」と一喝した。

トリケットも、ソーンベリーがテレビで残留を支持する発言をしたときには、「あんたはイングランド北部全域にクソ電気ショックを与えた」と噛みついた。議論はときに品のない激しい言い争いになり、ある人物が自分を中傷した相手に、「腹を割って話そう。片をつけようじゃないか」と提案したこともあった。これらはすべて、各地域でふくれあがっていた怒りの反映だった。ほんの一例だが、労働党の全国選挙運動コーディネーターのアンドリュー・グウィンは、離脱派の多い選挙区で孫と散歩していたときに、通りで唾を吐かれた。

労働党内の残留、離脱の両陣営は、それぞれ異なる労働運動に根ざしていて、どちらにも民主主義的な正当性はあった――「残留」側は労働党員、「国民投票結果尊重」側は労働党を支援する労働組合だ。ダイアン・アボットは、ブレグジット運動のなかの反移民とレイシストの衝動を持つ人々からひどく侮辱されていたが、ブレグジットはコービニズムの存続にかかわる脅威だという議論にあくまで集中して、「二度の党首選で圧勝させてくれた党員を裏切ったと見られるのはぜったいにまずい」とコービンを説得した。

コービン自身は、党員を遠ざけたくないということのほかに、ロンドン選出のほかの多くの国会議員と同様、残留派が優位な自分の選挙区からのプレッシャーも強まっているのを感じていた。八〇〇〇人の有権者から、第五〇条発動の撤回（国民投票をやり直すまでもなくブレグジットが不可能になる）を求めるメールが届いたとまわりには話していた。何をおいても選挙区のことを真っ先に考える議員と自認している彼にとって、これが影響を及ぼさないわけがない。

マクドネルもアボットと同じ意見だった。ＥＵに対しては相反する感情を抱いていたが、コービン・プロジェクトが党員の支持を失ったら終わりだと信じていたのだ。だからこそマクドネルは、離脱選挙区の代表であるにもかかわらず、残留寄りに移行した。そして二〇一九年春には、残留を支持すれば労働党の未来はないという逆の結論に達していたレン・マクラスキーと話し合った。

「いったいどうなってるんだ」とマクラスキーは問い質した。「お願いだから私を説得してくれ。そしたらここから出ていって、鳴り物入りで応援すると約束しよう」。しかし、マクドネルはあけすけに言った。「私はあなたよりよく知っている。国じゅうをまわって、支持者の軍団がいままさに崩壊しているのを見てきた」。つまり、これまで揺るぎなくコービンを支持してきた、とくに若年層の多くが、ブレグジットの助産師になろうとしている労働党に幻滅するという説明だった。「きみが正しいことを祈るよ」とマクラスキーは言い返した。「なぜなら、私の地元で耳に入ってくる情報は、いま聞いた話とは真逆だからだ」

結局、二〇一九年初めから五カ月後の欧州議会選挙終了までのどこかで、影の内閣のほぼ全員が、ブレグジット支持は労働党に壊滅的な結果をもたらすことを世論調査で確信し、国民投票のやり直しを支援するようになっていた。二〇一六年の選挙結果を受け入れると表立って言っているのは、レイブリー、トリケットとジョン・ヒーリーだけだった。縮小するブレグジット派はすべてをマクドネルのせいにした。ソーンベリーやスターマーが反ブレグジットに動くのはわかるが、コービンの側近中の側近で影の財務相でもあり、左派から絶大な信頼を得ているマクドネルが反対したことは、彼らの目には裏切りとして映った。

しかし、マクドネルは終始誠実に行動していた。党首が明言できないことを口にし、その過程でプレッシャーをそらして、ある意味でコービンの盾の役割を果たしていると信じていた。事実、打開しようのない状況だったのだ。マクドネルにどんな怒りが向けられたにせよ、彼は正しかった。労働党に決め手となる選択肢はなかった。ブレグジットに対する妥協案がますます貧相になるにつれ、それを支えてきた中立的な立場が非難され、忘れ去られて、残留派からも離脱派からも大量に票が失われていた。党員たちはもはや国民投票の結果を素直に受け入れるような気分ではなかった。

コービン自身のイメージも、ブレグジットで壊滅的に傷ついた。国民投票から二年半のあいだ、彼は明確で長期的な見解をなんら示さず、つねにあいまいな態度で国民投票の結果から逃げつづけ、なぜそうするのかという論理的に一貫した説明を公にしてこなかった。イギリス国民にとって、二〇一七年の総選挙でのコービンは、みなが賛成しようが反対しようが本気で思っていることを言い、言ったことを忠実に果たす政治家だったが、もはやちがった。二〇一九年一月には有権者の心は離れ、彼のことを弱腰で優柔不断、朝令暮改の人物と考えていた。[*30]「すべてが党管理の問題になってしまった」とアンドリュー・マレーは少し寂しげに言う。「出演者を幸せにしつづける演劇を書いているようなものだった。劇場から出ていく観客のことは忘れてね」

労働党は燃える建物のなかに取り残されたが、出口はなかった。その苦境は、たとえばこんな出来事からもよくわかる。欧州議会選挙前の二〇一九年五月、ジェレミー・コービンと、労働党本部の上級職員、党の院内幹事たちが集まる会合があった。そこでコービンは「われわれは党員をないがしろにしている」と宣言した。「このままにしてはおけない。国民投票のやり直しを支持するしかない」と。キャリー・マーフィとエイミー・ジャクソンはこれに激怒し、マーフィは「それは労働者階級に対する裏切りよ！」と叫んだ。

彼らは幾多の戦いでともに傷を負いながらも、一致団結してコービン・プロジェクトを支えてきた戦友だった。それがいま、バラバラになろうとしていた。

7 反ユダヤ主義危機

ユダヤ人っぽい大きなわし鼻をした貪欲な資本家が六人、モノポリーの盤のまわりに坐って金を数えている。そのゲーム盤は机ではなく、奴隷のように屈した人間たちの背中の上に置かれている。彼らのうしろにあるのは宙に浮いたピラミッドと、すべてを見通す目。フリーメイソンの象徴としてよく使われる絵柄だ。左側では抗議する若者が拳を突き上げ、「新世界秩序は人類の敵」という看板を掲げている。

ロンドンのイースト・エンド、ブリック・レーンの建物の壁にこの極彩色の壁画が描かれたのは二〇一二年、描いたのはアメリカ人アーティストのミア・ワンだ。これを見たロンドン特別区長ルトファー・ラーマンはこう非難し、撤去を命じた。「あの銀行家のイメージは、ユダヤ人が金融機関を支配しているような、陰謀論的な反ユダヤ主義のプロパガンダを助長している」。そして、ミア・ワンがその決定を批判（この絵は反ユダヤ主義ではないと主張）して、壁画をフェイスブックに投稿したとき、そこにタグづけされたのが、当時一般議員だったジェレミー・コービンだった。コービンはアーティストを擁護してこう書いた。「なぜ？　あなたにはいい仲間がいる。ロッカーフェラー（ママ）は、レーニンの肖像が含まれているという理由でディエゴ・ビエラ（ママ）の壁画を破壊したじゃないか」［訳注：メキシコの画家ディエゴ・リベラがニューヨークのロックフェラー・センターの壁画を制作したが、そこに描いたアメリカの建国者たちのなかにレーニンが混じっていたことから怒りを買い、壁画は完成間際に破壊された」

その三年後にコービンは労働党党首になったが、フェイスブックのアカウントを閉鎖しなかった。貪欲な記者たちが過去の記事をあさるからと、ソーシャルメディア担当責任者のジャック・ボンドが閉鎖を懇願したにもかかわらずである。案の定、二〇一五年一一月、ジューイッシュ・クロニクル紙が「ジェレミー・コービンは、反ユダヤ主義と非難された壁画の制作者を応援したのか？」という見出しの記事を掲載した。当時のメディア担当責任者ケビン・スローカムは、新聞各紙からのコメント要求に応えず、事はそれで終わったかに見えた。

しかし、この論争は二年後の二〇一八年三月、二〇一七年総選挙後の興奮がすっかり冷めたあとで再燃する。三月二三日、著名なユダヤ人の労働党国会議員であるルシアナ・バージャーが党首事務局に宛てて、コービンの投稿について説明を求める怒りのメッセージを立てつづけに送り、壁画にまつわるエピソードをツイッターで強調したのだ。バージャーは、とくに極右の反ユダヤ主義者（なかには殺害の脅迫で刑務所に送られた者もいた）から執拗に攻撃されていたが、左派と称する一部の人たちの標的にもなっていた。

その朝、コービンのステークホルダー管理者ローラ・マリーは、ツイッターにログインして衝撃を受けた。「とても信じられなかった」と彼女は私に語った。「ジェレミーのこと、彼のもとで働いていることで本当に恥ずかしい思いをしたのは、あのときが初めてだったわ」。タイミングも最悪だった。その日の午後、マリーは〈ユダヤ人労働運動〉との隔月の会合に出席する予定だった。労働党唯一のユダヤ人支部で、前身のユダヤ人労働者社会主義民主党（ポアレ・シオン）が一九二〇年に労働党の支部になって以来の長いつき合いである。

例によって、首席戦略コミュニケーション顧問のシェイマス・ミルンはどこにも見当たらなかった。ナンバーツーのジェイムズ・シュナイダーは病休。結局ふたりと連絡はついたものの、どちらからも明確な対処方針は得られず、会合に出席したマリーは、質問に答えられるコービンかほかの責任者と事前に話せなかったことをひたすら詫びた。それだけでも体裁が悪い。だが事態はさらに悪化した。

ほどなく、マリーは病床のシュナイダーからワッツアップのメッセージを受け取った。これを使いなさいという公式の返答文だった。「二〇一二年、コービンは公共芸術の撤去に際して、表現の自由の観点から懸念を表明しました。しかし問題の壁画は攻撃的で、反ユダヤ主義の図案を用いており、われわれの社会で許容できるものではありません。撤去は正しい判断でした」。人種差別の口実として右派が昔から使う「表現の自由」が用いられ、謝罪のことばがいっさいないことが、マリーとコービン支持の報道担当者たちには衝撃だった。当然彼らは修正を要求したが、すでにこの文言が記者たちに送られたと言われた。マリーは「まさか。冗談じゃないわよ」と激怒した。

新たに作られた長めの声明では、問題の壁画が「きわめて不愉快で反ユダヤ主義」であり、「表現の自由は、いかなるかたちでも反ユダヤ主義を広めることの正当化に用いてはならない」ことが強調された。今度は謝罪のことばも含まれていた。マリーはそのあと食事の約束があったので事務局から出た。だが、地下鉄からおりたとき、その声明から謝罪が削除されていることを発見した。「どれだけ愚かで、ものがわかっていないのかと思ったわ」

翌日になってようやく、コービンのチームは壁画に対する彼のコメントについて、ユダヤ人指導者たちにしぶしぶ謝罪した。なぜそこまで時間がかかったのかは不明だが、これもコービン時代の典型的な失敗のひとつだった。必要な一歩を踏み出すことに抵抗し、みずから被害をもたらし、結局避けられない結果に屈して、なんら得るものはなかった。不幸なことに、この件はコービンの党首時代を特徴づける話題のひとつとなった。それが、反ユダヤ主義危機である。

◆―――◆

反ユダヤ主義は、あらゆるヨーロッパ社会に浸透している。二〇〇〇年にわたる「血の中傷」〔訳注：ユダヤ人がキリスト教徒の子どもの血を祝祭の儀式に使ったという根拠なき中傷〕、生贄化、大虐殺、排除と殺害、そしてその頂点が、徹底的に管理された工場のシステムのようにヨーロッパ大陸からユダヤ人をひとり残らず消し去ろうとしたナチスの活動――これらすべてによって、この特殊な形態の人種差別は多くの異なる文化に深く根ざしている。ほかに類を見ないホロコーストのトラウマは、一部の人々にヨーロッパとアメリカにおける反ユダヤ主義について考えることをうながしたが、それで反ユダヤ主義が消えるわけでもなかった。

二〇一五年夏にコービンが労働党党首になる数カ月前、世論調査ではイギリス国民の四分の一が、ユダヤ人は「ほかのイギリス国民より金に貪欲」と考えていた。また五分の一が、ユダヤ人は「イスラエルに対する忠誠心のせいで、ほかのイギリス国民より国に対する忠誠心がうすい」、一七パーセントが、「ユダヤ人は他民族より自分たちのほうがすぐれていると考えている」、さらに別の一七パーセントが、「ユダヤ人はメディアに力を持ちすぎている」と考えていた。

特徴として目立つのは、反ユダヤ主義的な考えに同調しているのはUKIP支持層にもっとも多く、保守党、労働党と続き、自由民主党の支持層にもっとも少ないことだった。いずれにしても、その世論調査で、イギリス国民のなかに全体として不穏なほど大きな反ユダヤ主義同調者の母集団があることが明らかになった。

「そこを労働党に当てはめれば、膨大な数の人がいることになる」と、コービン派の運動でおそらくもっとも著名なユダヤ人、ジョン・ランズマンは言った。「たとえその数が全体の三分の一だとしても、ものすごい人数だ」。さらに、反ユダヤ主義はいまも高まる一方で、ヘイトクライムも急増している。二〇一九年には四年連続で前年を超えて一八〇五件となり、内訳として暴力行為が二五パーセント増加した。いちばん多いのはオンラインでのヘイト行為で、そこにはシナゴーグやユダヤ教徒の墓への冒瀆行為も含まれる。[*1]

反ユダヤ主義は変幻自在で、いろいろな形であらわれる。しかし、その裏にあるテーマはつねに同じだ。

この劣悪な考え方をおそらくもっとも的確に定義しているのは、ユダヤ人学者のブライアン・クルーグだ。彼はそれを次のように説明している。

「ユダヤ人は、その習慣だけでなく全体的な性格からも、ほかの民族とはまったくちがう腹黒い人々である。傲慢でありながら卑屈、法律を尊重しながら腐敗していて、大胆でありながら秘密主義。つねに利益をあげようとしていて、非情であると同時にずる賢い。自分たちだけに忠実で、世界のどこへ行こうと国のなかに国を作り、住み着いた社会を食い物にする。見えない手で銀行、市場、メディアを操り、革命が起きたり国が戦争を始めたりすると、強力、狡猾、頑固なユダヤ人が団結して、かならず陰で糸を引き、報酬を手にする[*2]」

◆―◆

反ユダヤ主義は、左派のなかにもつねに存在した。カール・マルクスも、自身ユダヤ人のルーツを持ちながら、当時一般的だった反ユダヤ主義的な態度を示し、一八四四年の『ユダヤ人問題によせて』でこう書いている。「現実の欲求、エゴイズム……金銭が、イスラエルの嫉妬深い神である。その神のまえでは、ほかのどんな神も存在しない[*3]」。また、現代アナーキズムの始祖である一九世紀ロシアのミハイル・バクーニンは、白熱した議論のなかで、マルクスと彼のユダヤ人の仲間に対して、反ユダヤ主義の攻撃を仕掛けた[*4]。さらに、フランスのアナーキスト、ピエール＝ジョゼフ・プルードンも日記のなかで、「ユダヤ人は人類の敵」であり、「アジアに送り返すか、殲滅すべきだ」と宣言した[*5]。

一九世紀以降、反ユダヤ主義は、「苦しむ労働者階級を搾取する強欲なエリート」という左派の描く図式を取り入れた。ユダヤ系の資本家や銀行家を標的にして、隠れた不正の裏にはかならずユダヤ人がいるとほのめかしながら、人種差別と結びついたのだ。労働党の伝説の初代党首ケア・ハーディは、「現代の帝国主義は、実際には半ダースの金融機関が担っている。その多くはユダヤ系だ」と主張した。[*6] 主要な改革派の労働党支部、フェビアン協会の創設者のひとり、シドニー・ウェッブも、出生率が上がればイギリスは「徐々にアイルランド人とユダヤ人の手に落ちる」と一九〇七年に書いた。[*7]

こういうことが二〇世紀全体をつうじて続いた。因襲を打破した社会主義者の作家ジョージ・オーウェルも、くりかえし反ユダヤ主義の偏見を広めた。第二次世界大戦が始まって一年後に、彼はこう書いている。「ユダヤ人の悪いところは、目立つだけでなく、みずから進んで目立とうとすることである……彼らはイギリスを保護区として利用しながら、イギリスに最大限の軽蔑を覚えずはいられない。はっきりと口には出さなくても、彼らの目を見ればわかる」。[*8] 戦後になっても、労働党の外相アーネスト・ベビンは強い反ユダヤ主義的思想をあらわにし、ユダヤ人を金融と共産主義に結びつけるという使い古された方法で彼らを侮辱した。彼の内閣の政務次官だったクリストファー・メイヒューが一九四八年五月に、「アーネストがユダヤ人を嫌っているのは私には明白だ」と書いたほどだった。[*9]

こうした無制限の反ユダヤ主義は、現代イギリスの政論の中心にも見られる。二〇一九年春、コービンは、自由主義の歴史家J・A・ホブソンの『帝国主義論』（岩波文庫）に序文を寄せたことで非難された。よく大学の指定図書にもなるこの本には、ヨーロッパの金融が「単一の人種の男たち」に支配されているというきわめて反ユダヤ主義的な一節があるからだ。

これは、反ユダヤ主義に関して嫌というほどくり返されたコービンの失態の最新版だが、真の問題は、イギリスの過去の反ユダヤ主義に対してこれまで真剣な考察がなされていない点にある。たとえば同年冬、テリーザ・メイが保守党初の女性国会議員ナンシー・アスターの銅像の除幕をおこなった。なんのスキャンダルにもならなかったが、アスターは悪名高い反ユダヤ主義者である。[*10]「ユダヤ人は愛想が悪い。私は彼らが好きではない」[*11]と言い放った保守党首相のネビル・チェンバレンから、もっと現代に近いところでは、「ユダヤ人の性格には敵意を誘発する特質がある……ヒトラーのような悪人でも、彼らに目をつけたのには理由があるのだ」[*12]と述べたサッチャー派の児童文学作家ロアルド・ダールに至るまで、反ユダヤ主義はわれわれの文化に定着してしまっている。

左派の反ユダヤ主義には、いくつか要素がある。そもそも、いちばん広い意味での「左翼主義（レフティイズム）」は、資本主義を、さまざまな社会的な力が競合するシステムととらえて分析する。そのシステムのなかに、独自の経済的利益や欲求のために動いて互いに対立する階級があるという考え方だが、それとはまったく別に、世界の裏で怪しい個人が邪悪な謎の力を発揮して糸を引いていると信じる「陰謀論」が存在する。これは簡単に反ユダヤ主義に結びつきうるし、実際にそうなっている。

たとえば陰謀論者はよく、金融業界全体について話す代わりに、歴史上長く非難されてきたユダヤ系の金融業者であるロスチャイルド家のことを騒ぎたてるが、彼らはもはや世界の長者番付で一〇〇〇位以内にも入っていない。なお悪いことに、ソーシャルメディア、とりわけフェイスブックとユーチューブの興隆によって、人々がこのような陰謀論のプロパガンダに接する機会が圧倒的に増えている。

あらゆる形態の人種差別と偏見に反対することは、左派のアイデンティティの核、その特徴的な信念であるべきだが、悲しいかな、現実はかならずしもそうなっていない。反ユダヤ主義が一部の左派の盲点となってしまうのには、特別な理由がある。第一次大戦と第二次大戦のあいだ、イギリスではユダヤ人がレイシストの恰好の標的だった。それが第二次世界大戦後は、ホロコーストの記憶から反ユダヤ主義は悪いものだというコンセンサスが広がり、レイシストのおもな標的は、かつてのイギリス連邦諸国からの移民や黒人（とくにウィンドラッシュ世代［訳注：一九四〇年代後半から七〇年代前半にかけてカリブ海諸国からイギリスに入った移民たち］）、アジア人になった（大きな例外として一九四七年の反ユダヤ主義暴動[*13]があるが）。

「一九七〇年代に私がイースト・エンドのハックニーで共産党の活動に加わったときには、人種差別に対する闘いはほぼすべて、アフリカ系カリブ人への差別に関するものだった」と、かつてコービンの顧問を務めた〈ユナイト〉の首席補佐官アンドリュー・マレーは振り返る。「反ユダヤ主義との闘いは、共産党の遺産のなかでも非常に誇らしい部分だ。彼らのなかには、ケーブル・ストリートの闘い〔訳注：一九三六年一〇月、ファシストのデモを阻止するために労働組合員や港湾労働者、共産主義者、アナーキストらがおこなったカウンター・デモ〕に参加した人もいた。共産党には上の世代にユダヤ人もいたけれど、ハックニーでデモの中心にいたユダヤ人は、警察や国民戦線から黒人に向けられた差別に反対するデモを率いていた。ユダヤ人を狙っているとは言えない人種差別にも抗議していたのだ。われわれはそういう文化のなかで育った」。同じころ、イースト・エンドの抑圧されたユダヤ人労働者階級は少しずつ、パキスタンやインドやカリブ海から来た若い世代の移民たちに置き換えられていた。

一九七〇年代には、おもにロンドン出身の新しい労働党左派が生まれた。そこにはコービンや、ケン・リビングストン（労働党初のロンドン市長。彼もまた反ユダヤ主義の騒ぎに巻きこまれる）、ダイアン・アボット、ジョン・マクドネルといった人たちがいた。彼らは反人種差別、フェミニズム、ゲイの権利と左派の階級闘争を結びつけたかった。人種差別が制度的な問題であることを理解していたからだ。人種差別は、住居や雇用の差別的な提供、警察や司法によるハラスメント、大衆文化の劣化、差別的な教育といったかたちで存在する。つまり、人種差別は「偏見に権力を加えたもの」なのだ。イギリスでは戦前、この「制度的」人種差別がユダヤ人に向けられていたが、戦後は圧倒的にほかのマイノリティが狙われることになった。

これにからむのは「白人らしさ」の問題である。「白人らしい」かどうかは、時代によって移り変わる。つまるところ、「人種」というのは生物学的な現実ではなく、社会的な概念だからだ。たとえば戦後の数十年間、アイルランド人の「白人らしさ」はあいまいだった。イギリスで彼らが直面した制度的人種差別は、「犬と黒人とアイルランド人はお断り」という悪名高い宿泊施設の案内に集約される。ユダヤ人は長いあいだ「白人らしさ」から除外されていたが、戦後は白人と見なされることが増えている。

そして、ここに盲点がある。ユダヤ人がもはや制度的人種差別の被害者ではなく、「白人」と定義されていることで、反ユダヤ主義は、黒人やイスラム教徒に対する人種差別より問題が小さいように見なされがちなのだ。この態度に多くの問題があることは言うまでもない。

第一に、ユダヤ人の経験の中心には、まちがいなく「集団的トラウマ」がある。二〇〇〇年間もマイノリティとして迫害されれば、当然そうなるだろう。歴史上ユダヤ人は、ヨーロッパで支配的なキリスト教徒たちから一見慈悲深い、受容とすら言えるほどの態度を示されることもあったものの、何度もいきなり迫害が始まった。その顕著な例は、一九世紀末~二〇世紀初めにかけてフランスで起きたドレフュス事件である。

フランスの共和制によって、ユダヤ人はとにかく自分たちもまわりと変わらぬフランス国民であると信じかけていたが、それもフランス陸軍にいたユダヤ系のドレフュス大尉が、軍の機密情報をドイツに流したという反逆罪で終身刑を言い渡されるまでだった。最終的にドレフュスの無実は証明されたが、その間に悪意に満ちた数々の反ユダヤ主義の運動が発生した。フランス共和国内のレイシストたちが、反ユダヤ主義の抗議活動や暴動や運動を各地でくり広げたためだ。この事件は、ユダヤ人国家の建設をめざすシオニズムの台頭に決定的な影響を与えた。ユダヤ人がヨーロッパで心から歓迎されることはなく、安全に暮らせる自分たちの国が必要だと証明されたようなものだったからだ。

もちろん、わざわざフランスの第三共和政までさかのぼる必要はない。数年前、私は親しい友人とベルリンのグリューネバルト駅の一七番プラットフォームに立っていた。さびれた場所で、線路のあいだには雑草が生えていたが、そこに過去の恐怖を示すプレートがあった――一九四一年一〇月一八日、一二五一人のユダヤ人がウッチ［訳注：ポーランド中央部の都市］に移送さる。一九四三年三月一七日、一一六〇人のユダヤ人がテレージエンシュタット［訳注：ユダヤ人ゲットーとゲシュタポ刑務所があったチェコ北部の都市］に移送さる。

友人の祖父は最初の妻とベルリンで出会い、一児をもうけたが、母子は彼の何十人もの親戚とともにラトビアの森で銃殺された。ガス室による大量殺戮が始まるまえのことだ。ドイツではヨーロッパで最大数のユダヤ人が暮らしていたが、人類史上もっとも極端な反ユダヤ主義的暴力からは逃れられなかった。

スー・ルークスは、ノース・ロンドンのイズリントン選出の労働党議員だ。地元のユダヤ人コミュニティで熱心に活動し、過去の民族の遺産を誇りに思っている。父親は一〇歳のときに、ナチスの迫害が及んだプラハからユダヤ人児童移送（キンダートランスポート）で脱出した。「私は集団的トラウマを引き継いでいる」と彼女は私に語った。「その一部であることは確かよ」。一九八〇年代にパートナーとロンドンに移り住んだときには（パートナーのほうは、選挙で成立したサルバドール・アジェンテの社会主義政権に対して右派のアウグスト・ピノチェト陸軍大将が起こした流血クーデタを機に、チリから逃げていた）、極右からの脅迫と、左派が政権を樹立したら軍事クーデタが起きるという噂を気にして、国連難民高等弁務官事務所（ＵＮＨＣＲ）の住所をつねに憶えていた。公共交通機関を使った行き方と、使わない行き方の両方を確かめていたという。「私はフルタイムで働く母親として、自分の生活を組み立てていた」と彼女は説明する。「いつも気をつけていたのはＵＮＨＣＲがどこにあるかということ。いつ必要になるかわからないから」

　ユダヤ人を「白人」に取りこむことには別の問題もあった。「手法としては、人種差別がどう働くかということをぜんぜん理解していないと思う」と左派のライター、レイチェル・シャビは言う。彼女のユダヤ系の家族は、一九五一年の大脱出でイラクから逃げてきた。「たしかに民族的マイノリティは、一時的に白人の権利を与えられるかもしれない。でも、そういう権利は歴史のどの時点でもまた剝奪することができる」。

　ヨーロッパのユダヤ人は、長いあいだ「ヨーロッパの東洋人」と呼ばれていた、と彼女は説明する。イスラエルのユダヤ人の多くは中東の出身だからだ。「白人らしくふるまうことはできても、実際は中東の人間で、白人じゃない。状況によっては白人で通ることもあるけど、イエメンのユダヤ人にしても、イラクやモロッコやチュニジアのユダヤ人にしても、民族がまるごと消されてしまうことだってあるの」。その種の出来事が続くと、人はつねに背後を気にして生きることになる。自分がどう認識されるか、いつその認識が悪いほうに変わるかということについて、不安が消えなくなるのだ。

　イスラエルとの関係も、この問題を複雑にしている。ユダヤ人、イギリス、左派は、それぞれ異なる関係をイスラエルと持っている。左派の初期の対応は、いまとはかなりちがった。ソビエト連邦は一九四八年のイスラエル建国を支持し（国際的に公認された共産主義の運動も追随した）、当初はイスラエルに軍事支援もしていた。ヨーロッパの三分の二のユダヤ人を消し去ったホロコーストの悲劇のあと、支配的な思想になっていたのは、離散ユダヤ人（ディアスポラ）のあいだで長く議論されていたシオニズムだった。ユダヤ人の母国の必要性については議論の余地がないように思われ、国の創始者たちはシオニズムに社会主義の話法を取り入れた。たとえば、キブツ［訳注：一〇〇人前後から二〇〇〇人くらいまでの人が共同生活をしながら農作業をおこなう農業共同体］の集産主義的なコミュニティは、新しい社会主義的な社会を生み出す仕組みに見えた。トニー・ベン、ナイ・ベバン、ジェニー・リー、エリック・ヘファー、イアン・ミカード、マイケル・フットといった労働党左派の指導者と見なされた人々は、いずれも建国まもないイスラエルの強力な支持者だった。

ところが一九六七年の六日戦争によって、パレスチナのヨルダン川西岸地区とガザ地区を占領したイスラエルは、植民地の宗主国のようになった。そしてパレスチナ人は、ヨーロッパの宗主国の支配下で苦闘するアルジェリア人のようになった。右派政党リクードが政権を握ったために、イスラエルは本来の社会主義的な行動原理を捨ててしまったのだ。レーガニズムとサッチャリズムに足並みをそろえて、国じゅうで大規模な民営化が進み、キブツも消えていった。やがて、イスラエルとパレスチナ解放機構（ＰＬＯ）の戦争が始まり、一九八二年にイスラエルはレバノンに侵攻した。サブラとシャティーラの両難民キャンプでは、親イスラエルの右派民兵による虐殺事件が起き、数千人の犠牲者が出た。

これらすべては、イスラエルの国家計画に対する左派の共感を大きく損なった。一九九〇年代になると、ホロコーストの生存者を含む人々が設立したイスラエルは、徐々に社会の軍事化と熱狂的なナショナリズムを特徴とする暴力的、攻撃的な超大国と見なされるようになった。さらに、パレスチナの人民蜂起（インティファーダ）とイスラエルが戦って、結果的に何千という死者を出し、西岸地区の不法占拠が拡大すると、多くの左派はイスラエルを最後に残ったヨーロッパの宗主国のように見なすようになった。イスラエルは西欧国家の政府からふんだんに軍事的、外交的支援を得ていたので、左派にとって、パレスチナの解放は外交政策上の大きな目標のひとつになった。

パレスチナの土地をイスラエルが暴力的に占領していることは否定できない。それなのに、ヨーロッパから入植した人はそう考えず、それはいまも昔も変わらない。イスラエルは、想像を絶する恐怖に脅かされて避難場所を求めた人々の国であると同時に、旧弊な植民地主義にもとづく入植者の国でもあるのだ。たとえば、かつてアフリカ南部のローデシアを建国したのが、二〇〇〇年間迫害されたうえに大量虐殺（ジェノサイド）を生き延びた人々ではなかったように。多くのユダヤ人は、パレスチナの領土を占領していることや、気が滅入るほどイスラエルが右傾化していることに政治的に反対しているが、それでもイスラエルとの強い感情的なつながりを維持している。彼らは、いつかまたしても風向きが変わって反ユダヤ主義が強くなれば、どれほど不完全でもイスラエルが避難場所になると考えているからだ。

一方、多くのパレスチナ人にとって、シオニズムの概念は、占領されて民族自決権を奪われた生々しい体験と不可分だ。西洋ではこれに別の感情が加わる。西洋の左派の一部にとって、「シオニスト」は究極の罵倒語になっている。「シオニズム」「シオニスト」は抑圧に根差した政治的イデオロギーだと彼らは主張する。だが、西洋における「シオニズム」や「シオニスト」の不正確な使用は、ことばの意味を骨抜きにしてしまう点で非常に問題だ。つまり、「シオニスト」と自称する人々に、パレスチナの土地をすべて併合してユダヤ・サマリア地区（いわゆる「西岸地区」）まで広がる「大イスラエル」を建国したい極右のイスラエル人から、パレスチナ占領の終了をめざす平和運動家のイスラエル人までが含まれてしまうのだ。

二〇一五年の調査では、イギリスにいるユダヤ人で自分をシオニストだと考える人は五九パーセントだったが、伝統的なシオニストの願望である、イスラエルがユダヤ人国家として存続する権利を支持する人は九〇パーセントだった。[*14] 多くのユダヤ人にとって、怒りとともに「シオニスト」と非難されることは、相手の意図がどうであれ、ひとつのことを意味する——純粋単純に、ユダヤ人に対する古くからの攻撃の現代版を仕掛けられたということだ。

問題はさらにややこしくなる。皮肉にも、「反ユダヤ主義」の告発を利用して、イスラエル政府の圧政に対する正当な抗議の声を抑えこもうとする人々がいるのだ。そのひとりがイスラエルの首相ベンヤミン・ネタニヤフだ。彼は国際的な「ボイコット、投資撤収、制裁」運動を「新たな装いの反ユダヤ主義」と誤って非難した。イスラエルを批判するユダヤ人は「自己嫌悪のユダヤ人」と中傷した。[*15]

なかにはイスラエルとナチスを直接比較して、いまのパレスチナ人の苦境をホロコーストの時期のユダヤ人のそれになぞらえる人もいるが、そんな比較をしなくても、イスラエルによる占領は、軍事的な征服、土地の強奪、それらすべてを国家公認の人種差別で正当化していることなど、すでに充分悲惨だ。

◆────◆

労働党と在英ユダヤ人との関係がぎくしゃくしはじめたのは、ジェレミー・コービンの時代ではなく、前任の党首エド・ミリバンドの時代だ。二〇〇九～二〇一〇年にかけてのゴードン・ブラウン政権の終焉期、ユダヤ人有権者の支持はほぼ半数ずつ労働党と保守党に分かれていた。おもに宗教にあまり関心のないユダヤ人は労働党、ユダヤ教を信じる人々は保守党寄りだった。

ところが二〇一五年の総選挙では、在英ユダヤ人の保守党支持が全体の三分の二を軽く超え、労働党支持は五分の一をわずかに上まわる程度になっていた。[*16] ミリバンドが、ユダヤ人として初めて労働党党首になるという快挙をなしとげていたのにだ。総選挙で勝てば、彼はイギリス史上初めて、ユダヤ人を自称する首相になっていた。では、何が起きたのか？　労働党右派のマイケル・ダガーによると、ユダヤ人の労働党支持の崩壊は、一年前にパレスチナの国家を認める動議に賛成するよう、ミリバンド党首が国会議員たちに強制したことが原因だった。あの決定が「致命的」だったとダガーは言う。[*17]

その怒りはほかの方面からも生じた。著名なユダヤ人俳優で労働党を長く支持してきたモーリーン・リップマンは、「馬鹿げたプロパガンダ」に労働党党首が降伏したことに対して、今後は「労働党以外のほとんどどんな党にでも」投票すると公に宣言した。[*18] 国際問題がイギリスのマイノリティの選挙行動に影響を与えるのは、何もユダヤ人にかぎられたことではない。二〇一九年総選挙の世論調査では、カシミールの民族自決を支持した労働党を多くの在英インド人の有権者が見捨てた。

労働党と在英ユダヤ人との関係悪化は、イスラエルに対する党の従来の方針と明らかに結びついていた。コービンが党首になったときには、すでに関係はかなり悪化していたが、多くのユダヤ人にとってイスラエルが疑いの余地なく感情的に重要であることを考えると、コービンのそれまでの政治的立場が問題をさらに複雑にしたことは否めない。彼は、抑圧された人々の自決権を熱烈に支持してきた。クルド人、スリランカのタミル人、チャゴス諸島の住民（一九六〇年代に米軍施設を作るため、イギリス政府による島民の追放がおこなわれた）といった人たちだ。

だがコービンは、過去の労働党党首の誰よりも熱心にパレスチナの正義に肩入れしていたのと同じくらい反ユダヤ主義にも反対し、親ユダヤの団結心を示していた。たとえば、反ユダヤ主義を非難する時期尚早動議［訳注：すぐに審議されなくても議員の関心を高めるための動議］に署名し、[*19] 一九七七年の「ウッド・グリーンの闘い」ではファシストのイギリス国民戦線のデモに対抗するカウンター・デモを支援し、一九八七年にはユダヤ人墓地が不動産開発業者に売り払われるのを阻止する運動に加わり、二〇一〇年にはイエメンからのユダヤ難民の受け入れをイギリス政府に呼びかけていた。[*20]

イギリスの外交政策エスタブリッシュメントに挑戦し、抑圧の犠牲者に味方するコービンの断固たる態度は、多くの支持者の心を動かした。しかしそれは、トルコ、サウジアラビア、イスラエルなど、西洋の利益になるなら人権蹂躙も厭わないさまざまな体制を熱心に支持する多数の労働党国会議員にとっては、考えたくもない悪夢だった。コービンの一部の敵が最初から彼を党首にふさわしくないと見なした理由のひとつが、揺るぎないパレスチナ支持だったことは疑いない。

のちに労働党の「反ユダヤ主義危機」として知られる事態の予兆は、コービンが無名の一般議員から一躍、党首選の最有力候補になった二〇一五年夏に始まった。そのころ、〈デイル・ヤシーンを忘れない〉という団体——一九四八年にパレスチナのデイル・ヤシーン村でユダヤ人武装組織がアラブ人数百人を虐殺した悪名高い事件にもとづいて結成された——とコービンが歴史的につながっていたことが見出しになりはじめたのだ。

コービンはこの団体のイベントに出席し、その過程で創設者のポール・アイゼンとも会っていた。アイゼンはホロコーストを否定する下劣な著作で世に知られ、以来パレスチナの連帯運動の主流派から追放されていた人物だ。コービンは彼がそのような人物だとは知らなかったと強調した。いまでも、コービンのまわりに、彼がホロコースト否定者と進んでつき合うと一瞬でも信じる人はいないが、両者の出会いは、より大きな問題があることの証明になった。すなわち、パレスチナの正義を求める運動は、反ユダヤ主義を忌み嫌っているにもかかわらず、反ユダヤ主義の人間を引き寄せてしまうのだ。

さらに新聞の見出しは、コービンが後押しした中東和平に関する議員会議にも注目をうながした。コービンはそこで、「ヒズボラから来たわれわれの友人が」話をすると宣言した。ヒズボラはレバノンの武装組織である。また、「ハマス（パレスチナの抵抗運動）からも、われわれの友人を招いて話してもらうことになった」と言った。彼はチャンネル4ニュースの辛辣なインタビューで、その「友人」ということばは「集合的に使った」と弁明した。「友人たちが話す用意ができているという意味だ。だからといって、ハマスと彼らがしていることに私が賛成するか？　しない。ヒズボラと彼らがしていることに賛成するか？　しない。私が言いたいのは、和平を実現するには、まったく同意できない人たちとも話さなければいけないということだ」。のちにコービンは「ああいうことばを使った」ことを「後悔している」と語った。[*21] もっとも、これは一週間ほど話題にはなったものの、この時点で反ユダヤ主義の問題はさほど社会に浸透しなかった。

コービンが党首になった最初の段階でより注目が集まったのは、彼の前任者のもとで起きた出来事だった。

二〇一六年四月、ブラッドフォード・ウェスト選挙区から新たに選出された労働党国会議員ナズ・シャーが、ガザのパレスチナ人が何百人も亡くなった二〇一四年八月のイスラエル軍による「境界防衛作戦」の時期に、イスラエルをアメリカに重ねた画像をSNSでシェアしていたことが発覚したのだ。「イスラエル・パレスチナ紛争の解決策――イスラエルをアメリカに移転」という見出しをつけ、それで「彼ら（アメリカ）のポケットマネー」も節約できるかもしれない、というコメントもついていた。この件の対処はすばやかった。シャーはジョン・マクドネルの政務秘書官を退任し、ユダヤ人コミュニティ団体と会合も開いて、復権の模範とされた。ほかにも、コービンが党首選に立候補すらしていない昔に根拠のない反ユダヤ主義のSNS投稿をたびたびシェアしていた議員たちまでが、停職処分になったりした。*22

このときに批判が集中したのは、元ロンドン市長のケン・リビングストンだった。ナズ・シャーの事件について、BBCラジオ・ロンドンでこう言ったからだ。「ヒトラーが一九三二年の選挙で勝利したとき、その政策はユダヤ人をイスラエルに移すべきだというものだった。頭がおかしくなって六〇〇万人のユダヤ人を殺すまえ、彼はシオニズムを支持していたのだ」。とたんに非難の嵐が巻き起こったが、リビングストンがこの完全に自滅的なメディア行脚を続けようとしたので、事態はさらに悪化した。

コービンはこの話を聞かされると呆れ果てて、「何をクソみたいなことを！」と激昂した。アンドリュー・フィッシャーはそのときのコービンの反応を憶えている。「『彼には彼の意見がある』でも『論理的な考えだ』でもなかった」。コービンはリビングストンの問題発言があった数時間以内に停職処分を要求した。「ふたりは親友というほどではなかったけれど、リビングストンは一貫してコービンの味方だった。問題を起こしてしまったリビングストンは、自分は断じて反ユダヤ主義ではないと強く否定したが、コービンに言わせると、『われわれに選択の余地はなかった』」

しかし、労働党内の反ユダヤ主義の問題はこれでもまだ消えなかった。

二〇一六年四月二九日、リビングストンの事件のあとでシェイマス・ミルンは、シャミ・チャクラバティに電話をかけた。人権擁護組織〈リバティ〉の元代表で、進歩的なイギリスを象徴する人物だったチャクラバティは、ダイアン・アボット、エミリー・ソーンベリーといった労働党上層部の人間とも親しく、みずから政治運動も開始していた。ミルンは彼女に、労働党内の反ユダヤ主義の問題を切り出した。その内容と規模を調査して対策を立てる必要があると認め、労働党内の反ユダヤ主義やその他の人種差別に関する調査の指揮をとってもらえないだろうかと打診したのだ。

リビングストンのコメントに愕然としていたチャクラバティは、すぐさま同意した。共同議長はあとふたりいた。バークベック・コレッジの〈反ユダヤ主義研究のためのペアーズ・インスティテュート〉所長、デイビッド・フェルドマン教授と、ジャン・ロイオール女性男爵だ。「チャクラバティ調査」は反ユダヤ主義の問題だけに集中せず、そのせいでのちの報告内容が薄められたとされたが、チャクラバティとしては、反ユダヤ主義を人種差別という広い文脈に位置づけることが必要だと考えていた。その大きな理由のひとつは、左派のなかに、反ユダヤ主義をそもそも人種差別と認識していない人たちがいたからだ。

ユダヤ人社会学者キース・カーン＝ハリスによって、「共感できる高度な業績」と評価されたこの報告書は、なぜ「シオ（ニズム）」などのことばを使うべきではないか、なぜイスラエルの行動の責任をユダヤ人に負わせるべきでないか、そしてなぜ一般的なルールとして、ホロコーストを政治的議論に利用すべきでないのか（とくにイスラエルとパレスチナの紛争に関して）といった重要なテーマにも数多くふれていた。[*23] 報告書はまた、中東について論じる際の無知からくる態度（たとえば、不注意でよく考えていない口調だが、明らかに腹立たしいことばを交える）と、明白な悪意のある人種差別との区別をめざしていた。労働党の内規と苦情処理手続きの改革や、規律の問題について法的な助言をする相談役の指名、党職員の民族的多様性を向上させるいくつかの方法も、建設的に提案されていた。

イギリス国内最大のユダヤ人共同組織〈英国ユダヤ人代表者委員会〉も、「シャミ・チャクラバティが注意深くわれわれのコミュニティを研究、理解し、われわれの懸案事項に称賛すべきスピードで取り組んだことに感謝する」と正式に発表した。[*24]

これほど重要な報告書が出たからには、徹底した議論が不可欠だった。だが実際には、公開にともなって悲惨なことが起きた。

チャクラバティの報告書が公開されたのは、二〇一六年六月三〇日、EUの国民投票の一週間後で、コービン党首体制に対する労働党内のクーデタ熱がもっとも高まっていたときだった。ロンドン市内ストランドにあるサボイ・プレースに、全国メディアの記者など多数の聴衆を集めておこなわれたのだが、その場で、黒人の反レイシストのベテラン活動家マーク・ワズワースが、反コービン派議員の除名を求めるパンフレットを配ったことで台なしになった。受け取ったテレグラフ紙の記者のひとりが、それを反コービン派でユダヤ人の労働党国会議員ルース・スミースに渡した。ワズワースはさらに、チャクラバティが非白人の記者からの質問を受けつけなかったことを責め、スミースが右派の新聞と「手に手を取り合っている」と非難して、居合わせたほかの国会議員たちを激怒させた。スミース自身は涙を流して退席した。

ワズワースは労働党の評判を落としたということで二年後に除名されるが、すでに被害が生じたあとだった。この一件は、チャクラバティ報告に暗い影を投げかけただけでなく、もうひとつの現象に拍車をかけた――労働党左派のなかに「反ユダヤ主義危機は、コービン・プロジェクトを頓挫させるために捏造された手段だ」と声高に主張する一派が台頭したのだ。彼らは、党首事務局がこの陰謀に屈して党員を見殺しにするという風評を広めた。コービン派にありがちな受け身の姿勢と、左派のあちこちに見られる反ユダヤ主義への盲点を利用して、彼らは勢力を拡大した。

この新興の一派で目立っていたのは、昔ながらの活動家たちだった。多くはブレア時代に党員証を破り捨て、コービンの運動の盛り上がりとともに復党して、集会などではよく怒った口調で執拗に若い党員たちを叱りつけていた。その典型例は活動家のジャッキー・ウォーカーで、ユダヤ人を「おもに砂糖と奴隷貿易で儲けた金融業者」と表現し、「ユダヤ人のホロコーストがあったからといって、シオニストがやりたいことをやれるわけではない」と論じ、労働党の反ユダヤ主義の研修中に、なぜ学校などのユダヤ人の組織には厳重な警備が必要なのかと質問したり、ホロコースト記念日はユダヤ人の犠牲者だけ追悼しているという（誤った）主張をしたりして、最終的に労働党から除名された[*25]（ウォーカーを擁護する人たちは、この件は親パレスチナの活動家に対する魔女狩りだったと言うかもしれないが、労働党で取り沙汰されたほとんどの反ユダヤ主義のスキャンダルの例にもれず、彼女の攻撃的なコメントは明らかにパレスチナとはなんの関係もなかった）。

散発的に起きるこうした炎上は政治的な困難と損害をもたらし、多様な政見を持つユダヤ人たちを苦しめることになったが、それも前触れにすぎなかった。ほぼ二年後の二〇一八年春、ミア・ワンの壁画の論争による事態の再燃と、コービンの党首事務局のまとまりのない対応によって、後戻りのできない一連の出来事が生じたのだ。

◆―◆

ミア・ワンの壁画に関するコービンのコメントに改めて苦情が寄せられ、党首事務局が不器用な自己弁護をしたことで、騒ぎは雪だるま式に大きくなった。もはや壁画の問題だけでなく、左派の反ユダヤ主義全般について党内外から批判が巻き起こるなか、〈英国ユダヤ人代表者委員会〉と〈ユダヤ人指導者会議〉は数百人規模のデモを実行した。数十名の労働党国会議員も含む群衆が国会議事堂の外で「もうたくさん」という横断幕を掲げたのだ。なかには、コービンの辞任を求めるユダヤ系の抗議者もいた。

数日後、全国執行委員会（NEC）のコービン派のメンバーで、その調停委員会の議長でもあったクリスティン・ショークロフトが辞任した。オンラインで反ユダヤ主義の投稿をシェアした地方議員候補を弁護したことが判明し、党首事務局から圧力をかけられたからだった（当の候補は記者たちのまえで、「ホロコーストの全面否定を含む問題の記事を〝議論のために〟フェイスブックでシェアしたが、自分はその内容に賛成しない」と答えた）。ショークロフトは、その候補の党員資格停止の裏には一部「政治的な理由」があったと弁護していた（ただのちに、投稿をしっかり読んでいなかったと認めた）。

じつのところ、その候補はずっとまえに資格停止になってしかるべきだったが、二〇一七年夏当時の書記長イアン・マクニコルのもとで働いていた職員は、調査通知を出しただけだった。それを抜きにしても、彼が地方議員として立候補するのを認めるべきだと提案したショークロフトは、反ユダヤ主義への対処より党派的忠誠を優先させたと見られてもしかたがなかった。

さらに二〇一八年四月の初め、ルシアナ・バージャーがミア・ワン壁画の論争に新たな注目を集めて一週間ほどたったあとで、サンデー・タイムズ紙が「発覚：ジェレミー・コービンのヘイト工場」という見出しの記事を掲載した。それは、コービンを支持するフェイスブックの複数のグループに投稿された、反ユダヤ主義を含むさまざまなレイシストによるコメントを紹介した記事で、そのグループのなかにはコービンのスタッフも何人かいた。[*26]

これは、同時に複数の見方をすることが大切な典型例、そうしないとどうなるか、できないとどうなるか、がわかる典型例だった。何万ものフォロワーを持つ「私たちはジェレミー・コービンを支持します」というグループにコービンのスタッフがいることは、なんら驚くにはあたらない。何万も投稿されるコメントの多くに彼らが気づかないことも充分ありうる。ましてレイシストのコメントはそのごく一部だ。それでも、反ユダヤ主義のコメントの投稿者が、誰であれコービン支持者を名乗る者だったというのは、時期に関係なく深刻な問題だ。

あるグループの設立運営者はミューザビル・アリという労働党員で、一七世紀のオリバー・クロムウェルの時代から現代まで、戦争の裏にはユダヤ人がいたと告発する「ユダヤ人によるイギリス人虐殺の年表」というブログをシェアしていた。[*27]「そのグループには、『ユダヤ人はクソだ。触るなら手を洗わなきゃならない』といった投稿があった。彼らはホロコースト否定論をシェアし、ユダヤ人が世界を支配している、あらゆる戦争の裏にユダヤ人がいると主張していた」と、〈モメンタム〉のソーシャルメディア担当者ハリー・ヘイボールは愕然として言った。

こうした例が増えるにつれ、党首としてなんらかの対処をすべきだという圧力が強まった。コービンは三月二六日にユダヤ人指導者たちに宛てて、「どこに存在しようと反ユダヤ主義を根絶する覚悟」だという手紙を書いた。「労働党内で反ユダヤ主義が表面化しても、たんに数個の腐ったリンゴの問題として片づけられることがあまりにも多い」という認識を示し、ホロコースト否定論者に向けて直接非難もした。そして、「労働運動のなかで何が反ユダヤ主義の構成要素となるのか、さらに深い理解が必要です」と続け、「イスラエルの政権に対する批判に、新しい形態の反ユダヤ主義が織りこまれています」と認めた。

イブニング・スタンダード紙に彼の名前で発表された記事では、さらに進んで、「少数の党員と支持者が反ユダヤ主義の考えや態度を示しているという不快な事実を直視し、もっと早く効果的に取り組んで対処する必要がある」と述べた。このときコービンは、アドルフ・ヒトラーへの共感を含む反ユダヤ主義の例をいくつかあげながら、一部の人々が親パレスチナの運動に惹かれる理由は、「ユダヤ人への敵意を『世間体のいい』環境で表明する機会を与えてくれるから」であり、「資本主義と帝国主義を、少数の見えないエリートの陰謀の産物と見なす」人々もいる、とつけ加えた。[*28]

だが、ここにはいまやおなじみの問題があった。こうした対応はどれも、個別の危機が生じたときのあわただしいその場しのぎだった。どれも誠実で善良だったものの、反ユダヤ主義にどう対処するかということについて、党首事務局には一貫した戦略がなかった。そのうえ、こうした対応で素直に謝罪する語調は、この問題に関してコービン自身が公に見せてきた態度と矛盾していた。これまでのコービンは生涯貫いてきた反人種差別を盾に、もっと怒って自己弁護することが多かったのだ。ほかの不正義に対しては心からの情熱や感情を示すことができるだけに、反ユダヤ主義に対する彼の反応はなおさら目立った。

反人種差別はコービンのアイデンティティの核である。生涯をつうじて抑圧と闘ってきたと信じていて、それを誇りに思っている。だから、レイシスト呼ばわりされたことは、本人にとって大きなトラウマの原因になった。「個人レベルでは、彼は本当に途方に暮れていた」とスー・ルークスは言う。彼女はイズリントンで長くコービンと働き、ハヌカー［訳注：ユダヤ暦の九月末から一〇月初めにかけておこなわれる冬祭り］のメッセージなど、ユダヤ関連の動画の台本作りでチームに協力していた。「誰かから反ユダヤ主義だと言われるなんて夢にも思っていなかったから、打ちのめされていた」。しかし、コービンにもっとも近しい人々も認めるように、それが彼の判断を誤らせた。「ジェレミーにしても、こんなことは問題ではないとか、ただの中傷だとは思っていなかったはずだ」とジョン・ランズマンは言う。「それでも、彼はこの件がユダヤ人に及ぼす影響を過小評価していた」

イブニング・スタンダード紙に記事を出す代わりに、コービンは「演説すべきだった」とアンドリュー・フィッシャーは考える。「公式に『わかりました、早急に対応します』と言うべきだった。けれど、ジェレミーはこのことにあまり感情的に入れこんでいなかった」。じつは、ある左派のユダヤ系知識人（匿名希望）がコービンのために演説原稿を書いていた。「すばらしい原稿だった。文句なしにすばらしかった」とコービンの主要な協力者のひとりは言う。「でも、ジェレミーはその演説を拒みつづけた。この件のあらゆることについて、すごく腹を立てていたから。『どうしてこの件で弁解しなきゃならないんだ。信じられない！』とね。考えうるなかで最高の顧問団がついていたというのに。しまいに彼らも苛立って、『われわれにどうしろというんだ』となって、ひたすら絶望的だった」

実際、ジューイッシュ・クロニクル紙は、コービンが党首になってまもなく、同じユダヤ系知識人がコービンの名前で書いた記事の掲載を提案していたが、実現はしなかった。彼のために書かれたさまざまな演説原稿のなかに、あるライターが反ユダヤ主義に関する謝罪文を挿入したときなど、コービンは目に見えて立腹した。「メディアはこればっかりだ、というのが彼の口癖だった」とひとりの補佐は言う。「そのせいで、私たちもみなこればっかりになった」

コービンはとりわけ、イスラモフォビア（イスラム嫌悪）に比べて反ユダヤ主義が過度に注目されるのはおかしいと不満をぶつけていた。どんなときにもコービンを擁護する妻のローラ・アルバレスも、彼が不当に吊し上げられていると感じ、まわりの補佐がもっと批判をはね返すべきだと考えていた。ときには綱引きが始まった。ミルンのチームがコービンの家に行って、反ユダヤ主義に関する動画を撮影しようとすると、アルバレスが加わって台本を書き換えようとするのだ。

ほかの多くの党員もそうだが、コービンにとって、人種差別にまみれた張本人たちから激しく非難されるのは、腹立たしいなどということばではすまなかった。二〇一〇年代、保守党政権は反移民にどっぷり浸かり、ウィンドラッシュ世代から医療と住宅を奪い、綿密な計画のように見える手順で彼らを国外追放した。保守党のもっとも著名なムスリム国会議員サイーダ・ワルシ女性男爵も、党が組織的なイスラム憎悪に陥り、「草の根党員から党のトップまでイスラム憎悪があまねく存在する」と非難していた。[*29]

また、二〇一八年九月、保守党の欧州議会議員たちは、ヨーロッパで飛び抜けて反ユダヤ主義の体制であるハンガリー極右政権の擁護に賛成票を投じた。保守党政府と共生関係にある右派の報道機関も、移民やイスラム教徒、難民といったマイノリティを毎日のように揶揄していた。そんな彼らから人種差別について公然と非難されるのは、コービンにも草の根の支持者たちにも耐えがたいことだったのだ。

とはいえ、そのどれも言いわけにはならないし、なってはいけなかった。反ユダヤ主義は深刻な問題であり、多くのユダヤ人を残酷に傷つけていた。「問題がここまで感情的なレベルになると、かなりしんどい」とコービンの上級補佐のひとりがオフレコで話してくれた。「これは誰にでも起きることだが、たいていの政治家には、『あなたが責められているのは、こういう理由からだ。処理は私にまかせてくれ』と握手して言ってくれる人間がいる。それでも事が感情的になると、解決はかなりむずかしい」

「本来対処のプロセスを管理しなければならない労働党本部の失敗はあったけれど、私たちは反ユダヤ主義の問題について運用面でできるだけのことはした」と首席補佐官のキャリー・マーフィは言う。「うまくいかなかったのは政治的な部分だった。ジェレミーが力を注げなかったから」

◆

二〇一八年八月、ミルンとマーフィは、カムデンのロンドンユダヤ博物館に人々を集めてコービンに演説をさせる手配をした。そこで反ユダヤ主義を退け、ユダヤの文化と宗教行事を守ると宣言する予定だったが、世に知られた博物館側に問題がないわけではなかった。著名なユダヤ人たちが、この演説はパフォーマンスだとして中止を求め、裏から圧力をかけていたのだ。[*30]

当日が近づくにつれ、博物館は会の開催をためらうようになった。コービンも同様だった。反ユダヤ主義危機を切り抜けようとして大失敗になることを怖れたのだ。集中砲火を浴びるのではないか、公の場で反ユダヤ主義者だと非難されるのではないか、と。コービンはいつもの方法で不快感を表明した——争いを避けようとするときや、したくないことがあるときに彼がよくやる職務離脱(AWOL)だ。事務局に来ないし、電話にも出なくなった。

コービンの協力者から聞いた話によると、問題は「シェイマス・ミルンがあらかじめジェレミーの了解を得ずに話を進めたこと」だった。コービンは「あの演説が気に入っていなかった。ときにまわりの人々はパニックを起こす。シェイマスは最後の最後まで動かない人だ。何もないかと思っていると、いきなり論説や演説が出てくる」。あとでわかったことだが、コービンは信頼するユダヤ人の同志たちに助言を求め、彼らから、時間をかけて適切に考えた演説でないと事態は悪化するだけだと言われていた。コービンはさらし者のように攻撃されることを怖れ、結局この計画は流れて、演説はおこなわれなかった。

一方、キャリー・マーフィは、イギリスのユダヤ人のなかでも飛び抜けて有名なビジネスマンに相談していた。エルサレム・ポスト紙に「疑いなくイギリスのユダヤ民族を代表するリーダー」と書かれたマイケル・レビー卿だ。貧しい移民のユダヤ人家族の息子として生まれ、音楽業界で大きな富を築いたレビー卿は、トニー・ブレア党首の時代に労働党と提携していたから、コービンの政治に賛成しても責められるいわれはない。イギリスのユダヤ人社会と対話したければ、どうしてもレビー卿の力を借りる必要があった。彼は〈ジューイッシュ・フリー・スクール〉（この種の学校としてはかつて世界最大規模）校長、〈ジューイッシュ・ケア〉（イギリスのユダヤ人に対する最大の公的介護の提供組織）会長、〈ジューイッシュ・ラッズ・アンド・ガールズ・ブリゲード〉（ユダヤ人の若者の全国組織）会長でもあった。

じつはコービンが党首になった最初の年、まだ反ユダヤ主義危機が大問題になっていない時期に、レビー卿はコービンと二者会談したあと、労働党支持の著名なユダヤ人一二名も招いて食事会を催していた。そのとき、上院の個室でコービンは、何人もの話し手がさまざまな話題をくり出すのに耳を傾けた。ホロコースト教育トラストのCEOは「ショアー」［訳注：「ホロコースト」のヘブライ語］について論じ、ユダヤ学生連合の会長は学校内の状況について説明した。しかし、コービンの事務局からのフォローアップはなかった。

二〇一八年春、反ユダヤ主義危機が労働党を消耗させるようになると、キャリー・マーフィは彼女なりの誠意からレビー卿に近づいた。ひと月に一度、彼と会い、ときには食事をともにした。党書記長ジェニー・フォーンビーをともなうこともあった。マーフィはレビー卿に、党首事務局から何をしてもらいたいか、何をする必要があるかと尋ねた。「私が取り組めるものもあれば、取り組めないものもあった」と彼女は語る。

建設的な会合にするために、レビー卿は党首事務局が〈ジューイッシュ・ケア〉の陽気な元CEO、サイモン・モリスと協力していくことを勧めた。モリスはコービンの左派急進主義には賛成しないが、党首が誰だろうと労働党の繁栄を願う熱心な支持者だった。

二〇一八年六月下旬、意欲的なキャリー・マーフィとすでに数回会っていたモリスは、コービン、シェイマス・ミルン、アンドリュー・フィッシャーらを含む党首事務局の会合に出席した。出だしは好調だった。〈ジューイッシュ・ケア〉はコービンの選挙区に介護施設を開いており、コービンは公的介護について心から理解を示しながら、生き生きと話した。だが、会話が反ユダヤ主義のことになると雰囲気はがらりと変わった。

モリスは会合のまえに、協力の条件は主張しないでほしいと頼まれていた。落胆するかもしれないからという配慮だったが、それでも彼は最初にひとつだけ提案した――コービンのイスラエル訪問である。彼の記憶に新しいのは、ウィリアム王子によるイスラエル、パレスチナ自治区、ヨルダン初訪問だった。王子はラマラのパレスチナ難民キャンプも訪ね、イギリス王室でヨルダン川西岸の占領地を訪ねた最初の人になった。モリスは、反ユダヤ主義が在英ユダヤ人にとってどうしてここまで繊細な問題になったのかを説明し、コービンがイスラエルを訪問すれば、パレスチナ人と彼らの苦闘を見捨てるのではなく、イスラエルという国が存在する権利を認めるというわかりやすいサインになると言った。コービンは公式に二国共存の解決策を支持しているから、訪問によって立場がぶれることはない。公式のホロコースト記念館であるヤドヴァシムも見学すれば、ユダヤ人のトラウマに深い理解を示したことにもなる、とモリスは主張した。

しかしコービンは、もめごとの種があるようなむずかしい会話の際にいつもすることをした。距離を置き、急に話題を変えたり、現実離れしたことを言ったりしたのだ。それでも会合はそこそこ友好的な雰囲気で終わり、党首事務局内にモリスの席が設けられ、新しい地位の給与も決まって、職務記述書に署名がなされたが、コービンはその後モリスと話し合わず、気まずい会話を避けるために身を隠す常套手段に出た。結局、モリスがその地位につくことはなかった。

「イスラエル訪問が条件なら、筋が通っているとは言えない」とコービンの協力者のひとりは、コービンが以前イスラエルとパレスチナの両方を訪ねたことを指摘して言った。「ユダヤ人であることと、イスラエルの政府や国家の存在は、かならずしも直結しない。私たちはずっとそう言いつづけてきたのだから」。これはきわめて正当な主張だろう。しかし労働党の党首は自分でこのような主張をせず、またしてもユダヤ人コミュニティに近づく機会を逃したのだ。

もうひとり、この件にかかわった人物が、レビー卿の息子ダニエルだった。彼は著名な政治学者で、アメリカの進歩的なユダヤ人組織〈Jストリート〉のようなシンクタンクで働き、イスラエルによるパレスチナ占領とイスラエル政府を厳しく批判していた。父親のレビー卿とちがって、彼の政見はコービンの党首事務局に近く、労働党と反ユダヤ主義について含蓄の多い考え抜かれた記事を書いていた。たとえば、労働党党首事務局は「対応が遅くぎこちない」、また「共感に欠けるか、反ユダヤ主義と闘う情熱を伝えきれていない」が、名高いユダヤ人指導者たちがコービンを排除する決意を固めているのは「大きなまちがい」だと指摘した。さらに、コービンは「この国のユダヤ人の生活にとって深刻な脅威である」というユダヤ系有力紙の論調や、コービンをイノック・パウエル〔訳注：一九六八年に、移民流入を止める人種関連法を提案した国会議員〕になぞらえた元首席ラビのジョナサン・サックスも批判した。*31

言い換えれば、ダニエル・レビーはまさにコービンが耳を傾けるべき、建設的で思慮深い意見の持ち主だった。たとえふたりのあいだに多少の見解不一致があったとしてもである。ところが、コービンは彼と会うことに興味を示さなかった。「レビーは『ブレアの銀行家』と見なされ、〈英国ユダヤ人代表者委員会〉の人たちと知り合いで、非常に成功したビジネスマンでもあったから、ジェレミーは会おうともしなかった」とコービンの最年長の協力者のひとりは言う。「ダニエルと会ってみてくれと私は頼んだが、それもまた読みちがいだった。ジェレミーは耳を貸そうともしなかったよ」

キャリー・マーフィの弁護をするなら、レビー卿に近い人々は、マーフィは問題の解決を心から望んでいたが、なぜかそれがうまくいかないようだったと見ている。二〇一八年夏の終わりごろ、ジョン・マクドネルがレビー卿に電話をかけて、「これの解決に力添えできる人は数えるほどしかいないが、あなたはそのひとりだ」と言ったとき、レビー卿の返答はそっけなかった。「力添えできればと思うが、ジェレミーが党首のうちは解決できない」。マクドネル自身も、党首が積極的に問題に取り組もうとしないことにくり返し憤慨していた。

ときにちぐはぐなコービンの対応の原因には、自分はすでにユダヤ人コミュニティと緊密な関係を築いているという思いこみもあったかもしれない。何十年ものあいだ、反戦や親パレスチナの運動をつうじて、ユダヤ人の活動家たちとデモをしたり、組織を作ったりしてきたからだ。二〇一七年には、彼らの一部が〈ジューイッシュ・ボイス・フォー・レイバー（ＪＶＬ）〉を創設した。これは臆面もなくコービンを応援する組織で、会員数は約一二〇〇人になっていた（が、その三分の二が実際にはユダヤ人ではなかった）。

しかし、そこには根本的な問題があった。ＪＶＬの立場は、労働党と左派のなかに反ユダヤ主義は見られるものの、「あらゆる証拠から判断して、この問題は社会の残りの問題と比べれば小さい」というもので、さらに、反ユダヤ主義危機はイスラエルの批判者を黙らせ、コービンの党首事務局を弱らせることを狙って「意図的に作られた」としていた。彼らはまた、〈英国ユダヤ人代表者委員会〉や彼らの考えるユダヤ系エスタブリッシュメントを激しく批判していた。

こうしたＪＶＬの態度は、コービンの熱心な支持者を含むほとんどのユダヤ人の立場とは相容れなかった。リムッド・フェスティバル（有力なユダヤ系慈善団体が毎年開催するイベント）で、ジョン・ランズマンは、「ＪＶＬは小さいだけでなく、ユダヤ人コミュニティとは実質的なつながりがいっさいない組織だ」と演説した。[*32] この演説にＪＶＬ側は憤激した。「ひどい言われ方だった」と彼らは私に語った。「まちがった種類のユダヤ人だと切り捨てられた」。しかし、ＪＶＬに対するこの見方はいまだに広くユダヤ人コミュニティに残っている。二度の党首選でコービンを応援し、ほかの機会でもコービン支持を公言しているジャーナリストで著作家のレイチェル・シャビはこう説明する。「多くのユダヤ人に話を聞いてみると、彼らはＪＶＬに対して、『どうしてあんなつまらない団体が労働党内で特別待遇されているのだ』と苛立っている。ＪＶＬはみんなのマスコットになった。反ユダヤ主義に対するみんなのアリバイにね。『反ユダヤ主義はそういうものではないとＪＶＬが考えているなら、ちがうんだろう』というわけ」

一方、ＪＶＬの幹部は、イスラエルに批判的なユダヤ人に対する魔女狩りが存在すると考え、反ユダヤ主義の容疑で多くのユダヤ人が労働党の党員資格停止処分を受けたことに立腹していた。「黒人が黒人を差別したなんて非難されることはないでしょう？　そう考えれば、これは異常事態です」とＪＶＬ共同会長のジェニー・マンソンは私に言った。だが、ＪＶＬがますます自分たちの考えに凝り固まったのはまちがいない。二〇一九年二月、書記長のグリン・セッカーは宣言した。「いま起きているのは、反ユダヤ主義を大々的に誤用する運動だ。私は自分の家族とパートナーの家族をホロコーストで滅ぼされた人間として言う……こういう告発は、労働党執行部の信用を落とすためにでっちあげられている」[*33]

ＪＶＬの立場はユダヤ人のひとつの正当な意見を代表しているから、党として対応しなければならないのは確かだが、問題は、コービンがほかのユダヤ人の意見にあまり興味を示さなかったことだった。たとえば〈ユダヤ人労働運動（ＪＬＭ）〉とのかかわり方にも、よりよい戦略が必要だった。この団体は疑問の余地なく、圧倒的に労働党党首事務局に敵意を抱いていたものの、減ってきた労働党支持のユダヤ人がもっとも多く集まっている組織だった。コービンは二〇一七年一二月にＪＬＭのハヌカーのパーティに参加し、新年にはその会長とも個人的に会っている。ローラ・マリーも彼らと定期的に会っていたが、二〇一八年春に反ユダヤ主義危機が高まると、ＪＬＭは党首事務局とも党本部とも連絡をとろうとしなくなった。

そのうえ、ＪＶＬが実質上、ほかの大きなユダヤ人コミュニティとの対話を積極的に阻害することになった。あるとき、ローラ・マリーはユダヤ人の組織と個人を幅広く招待して円卓討論会をおこなうよう指示された。広く関心は集まっていた。だが、ＪＶＬが来ると知った招待組織がひとつずつ参加を辞退しはじめ、最終的にはＪＶＬだけになった。円卓討論会はジューイッシュ・クロニクル紙で公告されていたから、ＪＶ

Lだけで実施されれば印象はかなり悪い。マリーはキャンセルしようとしたが、マーフィとコービンがあくまで開催を主張した（コービンの別の協力者はこの見方に強く反対する。コービンは主要なユダヤ人組織や個人がボイコットしたイベントが馬鹿げていることを理解していたと言うのだ。「これじゃ円卓（テーブル）ではなく便座（スツール）になる」と冗談まで言い、事務局に討論会のキャンセルを指示したらしい）。

「明らかに親コービンで親パレスチナだが、反ユダヤ主義に対して労働党はもっと何かすべきだ」と考えるほかのユダヤ人たちの声は無視された。マイケル・セガロフは若い左派のジャーナリストで活動家だ。二〇一二年に初めて私が会ったとき、彼は同世代の左派の大多数と同じように、労働党を回復不能に右寄りで新自由主義の政党と見なして強く反対していた。二〇一五年にようやくコービンを支えるために労働党に入ったのだ。しかし、コービンの秘書官エイミー・ジャクソンがセガロフを顧問に引き入れようとしたときには、ある幹部が、セガロフは「まちがった政治的信条」を持っていると指摘して退けた。結局、手を差し伸べたのはアンドリュー・フィッシャーで、ときどき彼に助言を求めるようになった。

〈モメンタム〉創設者のジョン・ランズマンは、党首事務局から頼りにされ、反ユダヤ主義の問題でもコービンを公に弁護したり、労働党が真剣に取り組んでいることを示したい場に派遣されたりするようになったが、彼自身、ソーシャルメディアでたびたび激しい中傷の攻撃を受けた。その一部は明らかに反ユダヤ主義的な内容だった。「いま思うと、一ユダヤ人として党を守るために利用されていた。だけど、その後は梯子をはずされた」と私に語る。「私がラジオとかテレビに出まくって党を擁護するから彼らは喜んでいたが、それ以降はなんの支援もないよ」

　コービンの側近の多くが指摘するとおり、ひとつの問題は、コービンが政治家としての経歴のほぼすべてで、自分とだいたい意見が同じ人たちと話すのに慣れていたという点だ。そのため、自分の意見に真っ向から反対する人や、政治活動に敵意をむき出しにする人に立ち向かう技術も、意欲もなかった。〈英国ユダヤ人代表者委員会〉の指導者層はまぎれもなく後者だった。

例によってコービンには戦略が欠けていた。ローラ・マリーはその戦略を立てようと、四月二五日にコービンと補佐たちが〈英国ユダヤ人代表者委員会〉と話し合う機会を設けた。党首周辺が先方の要求をすべて受け入れられないまでも、なんらかの妥協点は見いだせるのではないかと期待して。マリーは妥協点をいくつも考えて文書にまとめた。たとえば、労働党内に反ユダヤ主義の事例がないか監視して〈委員会〉に報告する独立のオンブズマンを作りたいという〈委員会〉側の要求に対しては、労働党のほうから〈委員会〉に毎月か四半期ごとに最新の反ユダヤ主義の事例を報告することを提案した。だが、マリーの提案はことごとく無視された。コービンたちは差し出すものがほとんどないまま会合に臨んだ。

〈委員会〉の何人かが議題にイスラエルを持ちこんだことも、事をややこしくした。あるユダヤ人はコービンに、どうしてイスラエルについてポジティブなことを何も言わないのか、たとえば、アラブ人もユダヤ人も平等に治療する病院を褒めてもいいではないか、と問いかけた。別のユダヤ人が、労働党の一部の党員はイスラエル建国を受け入れられないのだと言い放ったときには、ミルンが「イスラエルは、正確に言うと国家ではない。最終的に発生したのは民族浄化だった」と言った。これは、反ユダヤ主義に集中して立ち向かう会合においては、とうてい生産的なコメントではない。コービンはさらに、イスラエルを訪問しますかとも訊かれ、あいまいな返答をした。しかし彼の支持者の多くは、訪問すると答えても失うものはなかったし、イスラエル行きをパレスチナの占領地訪問と組み合わせてもよかったと考えた。後日〈委員会〉は、会合に失望したという書簡を公開し、その後二度と会合は開かれなかった。*34

◆―――◆

同じ二〇一八年の夏、事態は悪化して、ふたつの主要な火種が労働党の大きな政治的トラウマになった。二〇一六年一二月一二日、労働党と当時の政権は、〈国際ホロコースト記憶同盟（ＩＨＲＡ）〉が七カ月前にブダペストで考案した「反ユダヤ主義」の実用的定義を採用していた。定義そのものに議論を呼びそうな点はない。「反ユダヤ主義とは、ユダヤ人に対するひとつの見方であり、ユダヤ人への憎悪というかたちで現れることがある。言語的、物理的な反ユダヤ主義の表現は、ユダヤ人または非ユダヤ人の個人や彼らの財産、ユダヤ人のコミュニティや宗教施設に向けられる」。この定義には一一の例がついているが、そのほとんどもやはり議論を引き起こすものではない。たとえば、「急進的なイデオロギーや過激主義的な宗教観のもと、ユダヤ人を殺したり傷つけたりすることを呼びかけ、支援し、あるいは正当化すること」や、「ユダヤ人の個人や団体がおこなった現実または想像上の悪事、場合によっては非ユダヤ人の行為について、その責任をユダヤ人全体に負わせて非難すること」などだ。[*35]

しかし、ふたつの例に関しては、複数の親パレスチナの団体から懸念の声があがった。ひとつは、「イスラエル国の存在はレイシストの企てであるなどと主張して、ユダヤ人の民族自決権を否定すること」、もうひとつは、「ほかの民主主義国家に期待も要求もされない行動をイスラエルに求める二重基準を用いないこと」だ。

二〇一八年秋、私はパレスチナ人がどうしてこれらをひどく心配しているのか理解しようと、イギリス系パレスチナ人の弁護士サルマ・カルミ＝アユーブと会った。彼女によると、第一の例について親パレスチナの活動家は、「イスラエル国について話すこと、また、パレスチナの立場から見てイスラエルがレイシストな取り組みである可能性や、そうだとすればその具体的な問題点について論じることが禁じられる」事態につながるのではないかと怖れていた。

これは至極もっともな懸念に思われる。パレスチナ人は当然ながら、自分たちの経験を自由に語っていいと感じるべきだ。一九四八年以降、彼らは民族自決権を奪われ、イスラエル建国とともに排除され、ヨルダン川西岸の土地は盗まれている。二〇一八年に成立したイスラエルのいわゆる「国民国家法」は、イスラエルでユダヤ人だけが自決権を持つと定め、アラブ系少数民族の権利を縮小して、野党からはアパルトヘイトに近いレイシストの法律だと非難されている。[*36]

第二の例についてはどうか。イスラエルを国際法にしたがわせるための圧力行動を呼びかける「ボイコット、投資撤収、制裁」運動への反論に使われることを心配していたカルミ＝アユーブのことばを借りれば、「人権を侵害しているすべての国でボイコットをしないと、二重基準を適用しているから反ユダヤ主義だと責められる」というのだ。

二〇一八年八月、在英パレスチナ大使のマニュエル・ハッサシアン教授は、さらに力をこめて訴えた。「イスラエル建国の歴史的文脈を真剣に理解しようとする人なら誰でも、シオニストのテロリスト民兵組織によって七五万人のパレスチナ人が民族的に浄化され、パレスチナの五〇〇の村が破壊されたことを知るでしょう。これをレイシストの所業と定義しないことのほうがむずかしい」。パレスチナ人に関してはこのような議論がなされていて、たいてい当のパレスチナ人は議論に加えられていないのが実情なのだ。

こうした懸念を表明したのは、親パレスチナの活動家だけではなかった。反ユダヤ主義研究の〈ピアーズ・インスティテュート〉理事デイビッド・フェルドマンは、ＩＨＲＡの定義の主要な文言は「当惑するほど不正確」だと断定し、「全体的な効果として、イスラエルの批判者に、反ユダヤ主義でないことを自己証明するという重荷を課す危険性」があると指摘した。[*37]

これは政治的信条にかかわらず、国会議員みなに注目された問題だった。たとえば、当時熱心な反コービン派の労働党議員だったチュカ・ウムンナは、議会の超党派の内務特別委員会を代表して、「全体的にはこの定義を受け入れるが、追加事項として、イスラエルとパレスチナに関する議論においては言論の自由が保証されることを明確にするよう求める。ただし、どんな議論にも反ユダヤ主義が入りこまないようにする」と述べた。具体的には、「反ユダヤ主義的な意図が新たに証明されないかぎり、イスラエル政府を批判することは反ユダヤ主義ではない」、「反ユダヤ主義的な意図が新たに証明されないかぎり、イスラエル政府に対して世界じゅうの独裁国家や独裁政権より高い基準を適用したり、イスラエル政府の政策や行動に特別な関心を抱いたりすることは、反ユダヤ主義ではない」といった点が強く打ち出された。[*38] ＩＨＲＡ総会自体も、これは「法的拘束力のない定義」であることを強調し、あげた例も不動ではなく、「ＩＨＲＡの活動を導くために、このような例が説明に役立つ」と明言していた。

ＩＨＲＡの例には、とくにパレスチナ人の視点から正当な批判もあった。パレスチナの大義を熱心に擁護するコービンは彼らに賛成したが、労働党にはこの議論にしっかり加わる政治的資本も余裕もなく、親パレスチナの声はおおむねメディアから排除されていた。「反ユダヤ主義だと責められている党が、これから反ユダヤ主義を定義します、ユダヤ人の学者の国際団体が合意した定義よりわれわれの案のほうがすぐれています、と言ったとしたら、そんな馬鹿げた話はないだろう」とアンドリュー・フィッシャーはげんなりして言った。フィッシャー自身は、労働党は最初からＩＨＲＡの定義を採用すべきだと主張していた。

二〇一六年一二月、シェイマス・ミルンが労働党はＩＨＲＡの定義を受け入れると報道機関に説明した。そして二〇一八年七月、ＩＨＲＡの定義を採用した党則を新たに設けたが、例示はみずからのガイドラインに置き換えた。「ＩＨＲＡの参考例から一部引用した」と説明はしたものの、とくに議論の的になったふたつの例はガイドラインからはずしていた。[*39]

ＩＨＲＡの例を完全に採用するようコービンの説得を試みた数人の近しい人々は、この件に関する彼の頑固さに絶望した。そのひとりが〈ユナイト〉のレン・マクラスキーだった。「それがジェレミーという人間だから」とマクラスキーは私のまえでため息をついた。「信念を持った心の広い男がいて、生まれてからずっと自分がしたいことを口にできてい

〈ユナイト〉書記長、レン・マクラスキー

た。ひどい意見だと他人が言えば、批判を受け止め、自己弁護していた。それが突然、政党のトップに立つと、自分の意見を党の方針に合わせなければならない。勝手に自分の意見を言って、喜んで批判を受け、喜んで自己弁護するとは言えなくなる。党首になったらそれはできないから」

全体をつうじて、完全採用にもっとも強く反対したのはミルンだった。彼は一生続く主義としてパレスチナの大義を支持している。また個人的には、次のような考えがあった。もしＩＨＲＡの定義をそのまま採用したら、コービンの敵対者が彼やミルンの過去のコメントをしらみつぶしに検索して、これこれが定義に反していると公式に苦情を申し立てる。そうなると党則に沿った手続きが始まり、党首やミルンが資格停止になってコービンが党首を辞任する事態にもなりかねない。コービンがおりた場合、副党首のトム・ワトソンが党首にくり上がって、党内の左派を追放するだろう。

しかし、アンドリュー・フィッシャーが指摘したように、これは的はずれだ。党の全国執行委員会（ＮＥＣ）の過半数は親コービン派だし、書記長のジェニー・フォーンビーは筋金入りの党内左派だから、そのような動きを放置するわけがなかった。

二〇一八年の初夏、国会内で開かれたＩＨＲＡに関する労働党上層部の話し合いでは、七番目の例の後半の文言について、ミルンと、影の法務相になっていたシャミ・チャクラバティの意見が対立した。「イスラエルの国家の存在はレイシスト的な取り組みであると主張すること」は反ユダヤ主義に相当する、という文言だ。ミルンに言わせると、これはそもそも問題だった。この表現はあまりにもこみ入って微妙なので、反シオニストの同調者や、人種差別されていると考えるパレスチナ人が誰であろうと標的になる、という説明だった。この問題部分によって、もとよりあいまいな条項の意味は簡単に失われ、パレスチナ人が一九四八年の民族浄化を含む自分たちの差別や、イスラエル内の故郷に戻ることを禁じられている差別について話すことができなくなってしまう。つまり、一方に対する差別、虐待、偏見をなくそうとすると、もう一方に対する差別、虐待、偏見になりかねない。多くのパレスチナ人が共感する議論は存在しているのに、ＩＨＲＡ

の例のなかにはほとんど取りこまれていない、と。

これにチャクラバティは反論した。例にある「イスラエルの国家」という表現は「イスラエル国」とはちがって、あらゆる仮説上のイスラエルを指している。正しい解釈のためにはそこがきわめて重要だと彼女は考えていた。だがミルンが再度反対し、ふたりのやりとりはますます険悪になった。「同意できない」とチャクラバティは怒って答えた。「もうこのプロジェクト全体をやめてしまえばいいわ」

上層部での衝突は、もちろんこれだけではなかった。別の話し合いでは、アンドリュー・フィッシャーがIHRAの例の完全採用を提案すると、この問題に関してはほとんど表立って発言しなかったキャリー・マーフィが、労働党がパレスチナ人を見捨てたと思われる危険性があると警告した。

コービンの秘書官エイミー・ジャクソンは、コービンが何をしようが言おうが、NECにはIHRAの定義と例示をもれなく完全に採択できる過半数の党員がいると彼に指摘した。しかし、ミルンに後押しされたコービンは引き下がらず、IHRAの定義をそのまま受け入れれば、労働党内でイスラエルを批判する者全員に大きな悪影響がある、ひどい場合には彼らの党追放につながるという見方を変えなかった。

労働党がイスラエルの批判者を黙らせるためにIHRAを用いているという考えについては、ある上級補佐が「この党がイスラエル政府の行動を批判できなくなるような立場を選ぶと思う?」と一蹴した。「とにかく本当にひどい攻撃を受けた夏だった。そしてあれは彼の愚かな判断ミスだった」

何をおいてもコービンが立ち止まって考えたのは、NECのなかで重要な親コービン派のふたり、ジョン・ランズマンとリア・ウルフソンがユダヤ人で、IHRAの例の完全採用に賛成投票する決意を固めていたことだった。しかし結局、ほかの点では政治的に同調していたユダヤ人たちを敵にまわすことになってしまった。

これもまた、コービンが妥協すべきところで妥協しなかった悪い例だ。労働党がIHRAの定義を受け入れることは避けられなかったのだから、執行部としては優柔不断にふらふらするより先手を取って認めてしまうほうがよかった。あいまいな態度を続けたことで、本来避けることもできた人々の怒りをあちこちでかきたて、有効な議論もできず、最終的にIHRAの立場を認めても得点にならなかった。それでも得たものは――なんだろう？

◆―――◆

不運がまだ足りないかのように、その夏には事態がさらにエスカレートした。七月なかば、ブレグジットがらみの一連の投票のあとで、また別のユダヤ人の著名国会議員マーガレット・ホッジがIHRAの定義問題について怒り、コービンを激しく責めたてたのだ。下院の議長席のうしろで、「あなたはクソ反ユダヤ主義でレイシストよ。党内に私みたいな人間がいないほうがいいと思っていることを証明したの」とコービンに怒鳴ったと言われている（本人は罵倒語については否定）。

コービンの表向きの反応は、「あなたがそんなふうに感じているのは残念だ」[*40]と穏やかだったが、内心では激怒していた。ホッジとコービンは古くからの知り合いで、あまり仲がいいとは言えなかった。ホッジはコービンの選挙区イズリントンで長く議員を務め、しばらく町議会を率いていたが、ふたりはそこで対立したのだ。ホッジはさらに、二〇一六年のコービンの不信任投票も支援していた。

ホッジとの口論の直後、社会主義の著作家マイク・マークシーの追悼イベントに向かう途中で、コービンが動揺していることに友人たちは気づいた。まわりから見れば、ホッジの攻撃は、新聞がコービンをレイシストで反ユダヤ主義者だと非難する解禁期の宣言にほかならなかった。なぜなら、新聞社の弁護士たちは、何を書こうとこの労働党首は訴訟を起こさないと結論していたからだ。「あれでコービンの語られ方の潮目が大きく変わった」と上級補佐のひとりは言う。

ところが、コービンよりも党首事務局のほうがかえって強硬になった。コービンが相手の謝罪を求めたのに対し、キャリー・マーフィはホッジの党員資格停止を含む党としての懲戒対応を求める決意だった。これには首席院内幹事のニック・ブラウンもジョン・マクドネルも反対し、シェイマス・ミルンは著名なユダヤ人国会議員に罰則を科したら世論がどうなるかをひそかに心配した。しかし、書記長のジェニー・フォーンビーがホッジに調査通知を出した。こうして完全に自己破滅的な運動が始まった。

その間、ニック・ブラウンはコービンとホッジの対話を実現させようとした。あいだに立ったのがジョン・マクドネルで、年一回の休暇でノーフォーク・ブローズに向かう途中でホッジに電話をかけ、和解はできないかと持ちかけた。ふたりは一九八〇年代にホッジがロンドン自治体協議会の議長、マクドネルが事務総長だったときからの知り合いだった。ホッジは彼に、この件はすでに弁護士にまかせてあると告げた。ただ、コービンとの話し合いを拒否するわけではないし、執行部の主導で小委員会を立ち上げ、国内のユダヤ人とパレスチナ人の両方を招いてＩＨＲＡの問題解決のために助言してもらったらどうだろうと提案した。

それなのに、続く数日間、コービンは仲間からの電話に出ず、メッセージにも返答しなかった。夏のあいだじゅう、マクドネルら労働党幹部がコービンにホッジとの和解と握手をうながし、国内のユダヤ人とパレスチナ人が共同で問題解決の助言をする小委員会の設置を求めたものの、コービンは「彼女が謝罪しないかぎりそんなことはしない。和解などありえない」の一点張りだった。コービンが真剣に腹を立てていたのはたしかだが、マーフィが裏で焚きつけていると考える人もいた。ランズマンは党の重鎮たちに、この失敗で執行部は瓦解しかねないとひそかに警告していたが、当たらずとも遠からずだった。

事態の悪化は止まらなかった。二〇一八年七月二三日、「組閣に備える」影の内閣の日帰り研修旅行で、参加者たちは、全面謝罪があったときにのみ懲戒措置を取り下げるという新たな手紙を、マーフィがホッジに出そうとしていることを知った。緊急会合が開かれるとコービンが呼ばれ、ミルン、マーフィ、フィッシャー、そしてコービンの息子のセブが同席した。マクドネルがこの手紙に強く反対し、コービンも同意したようだったが、会合後、同じ日のうちに手紙は送付された。

マクドネルはキャリー・マーフィに激怒した。コービンを甘やかしすぎていると考えたのだ。しかしマーフィは、ホッジの主張に傷つき怒ったコービンが懲戒措置を強行しているのであって、自分にできることはないと応じた。マクドネルはこの行動を止めるように、公の場で党に訴えた。ホッジを公党から除名するような動きを少しでも見せれば、国会議員が一度に大勢離党する怖れがあったからだ。高まる緊張を和らげようと、ホッジは「善良な心」の持ち主だと擁護した。[*41] するとコービンは、マクドネルが裏でホッジと相談していると勘ぐって腹を立て、長年の旧友と話をしなくなった。マクドネルのほうも口を閉ざし、何週間も党首事務局と連絡をとろうとしなかった。

国会は夏の休会中だったので、労働党のほとんどの調査員は一日五時間の仕事をTシャツと半ズボン姿でこなしていたが、党首事務局は、長年にわたってコービンがおこなってきた出張や会合、演説についてしつこく尋ねるメディアの総攻撃を受けていた。「みんなが感情的に暗い場所にいた」とキャリー・マーフィは言う。そのときコービンは、一九八五年のイスラエル軍の空爆で犠牲になった無実の人々を追悼する式典に参加したが、式典中、一九七二年夏のミュンヘン・オリンピックでの残虐なテロ行為に加わったとされるパレスチナ人に花輪を捧げていた。なかでも目立ったのは、二〇一四年のチュニジア訪問だった。

「彼らは絶えず調べつづけていた」とひとりの補佐は言う。「どのくらいまえからかはわからないが、すべて掘り返してこれを見つけたにちがいない」。党首事務局のスタッフは、二〇年以上にわたる出張のファイル、手紙、メール、領収書などを何日もかけて精査したが、キャリー・マーフィによると、コービンは「その夏のほとんどのあいだ、スタッフから距離を置いていた」。「誇らしい反レイシスト活動家だった人が人種差別だと責められたのだから、胸が張り裂けそうになって当然よ。だから麻痺して動けなかった。ある意味、何か求められていることをしたら、反ユダヤ主義だからそうせざるをえなかったんだと人々に思われてしまうような状況だったから。彼は反ユダヤ主義ではない。そんな要素はひとつもないと私は思うけど、彼としても、人々をもっと信頼していれば行動する勇気が持てたかもしれない」

最高に調子がいいときでも、コービンの予定にはメディアが報道できるような告知やストーリーが欠けていたが、コミュニケーション戦略が完全に崩壊しているように見えたこの時期には、その空白を埋める「反ユダヤ主義」という明確なストーリーができた。ある新聞記事のための短いインタビューでは、一一分が反ユダヤ主義の話題に費やされた。「あれはひどかった。本当にひどかった」とコービンに付き添った補佐のひとりは思い出す。「彼は弁解しているように見えるし聞こえた。あらゆる方向から党の立場が批判されていたから。暑苦しい夏で、攻撃がやむときはなかった」

予想できたことだが、マーガレット・ホッジの件もＩＨＲＡの件も屈辱的な譲歩で終わった。八月、彼女に対する懲戒措置は、コービンが要求したホッジの謝罪もないままひそかに取り下げられた。九月初めには、ＩＨＲＡの定義と例について話し合うためにＮＥＣが開かれ、コービンはミルンが書いた声明を発表した。記者団に対しては事前に、これは定義を明確にするためにＮＥＣで決議される追加の文書だと説明していた。

その声明は、ユダヤ人と団結して反ユダヤ主義と闘うことを約束し、ＩＨＲＡの定義と例は「イスラエル・パレスチナ間の紛争に関する表現の自由を奪わず」、「イスラエルをほかの国と同等に扱うことや、イスラエルの行動を国際法の基準に照らして調査することを人種差別と考えてはならず」、「イスラエルと、その政策や建国をめぐる状況を、差別的な影響力を考慮して人種差別と表現することも、イスラエル・パレスチナ間の紛争について別の解決策を支持することも、反ユダヤ主義と見なすべきではない」と強調していた。

その前日、ミルンは、文書を採択するには人数が足りないと言われていたが、すでに記者たちへの早めの説明も終わっていたことから、コービンはかまわずＮＥＣに持ちこんで、みなのまえで読み上げた。やがて出席者の過半数が採択に反対していることが明らかになると、会合は突然一時休止となり、再開後にコービンが、先ほどの声明は投票で採択するつもりはなかったと言いわけしただけで終わった。「あまりにも屈辱的で馬鹿げていた」とひとりの補佐は言った。「あれでみなの心に、ジェレミーが問題なのだと刷りこまれた」

通常なら、国会の閉会期は野党がイギリス国民に自分たちの政策を売りこむ恰好の機会になる。だが、この夏の出来事は労働党執行部を傷つけ、分裂させただけでなく、このせいで国内のユダヤ人は労働党に対する不信感と怒りをさらに募らせた。そして一般の国民は、どことなくぎこちない内紛の気配を感じ取り、労働党における反ユダヤ主義の問題をきちんと理解している人は少なかったにもかかわらず、この党はどうも見苦しく胡散臭い、という印象を抱くことになったのだった。

◆

ストーリーはもうひとつあった。マーガレット・ホッジを懲らしめようとする熱心さときわめて対照的に、執行部は労働党内での反ユダヤ主義の事例への対応が著しく遅いと非難されていた。その非難は当を得ている。だが私から見ると、責任はコービンのまわりだけでなく、二〇一八年三月まで党書記長のイアン・マクニコルが率いていた、おおむね反コービン派の党組織にもあった。その間、二〇一六年なかばに報告されたチャクラバティ調査の勧告は実行されず、新聞に漏洩した報告書によると、ジョン・マクドネルが再三うながしたにもかかわらず、労働党のガバナンス・法務部（GLU）は寄せられた苦情にほとんど対処していなかった。

のちに党内調査で判明したところでは、二〇一六年一一月一日〜二〇一八年二月一九日に持ち込まれた三〇〇件以上の苦情のうち、調査されたのはわずか三四件だけだった。この怠慢は、「能力不足とずさんな管理、加えて、派閥的利益がないときに規律を強化するのは、ほかの業務と比べて優先度もモチベーションも低いこと」に由来した可能性がある、と報告書は考察している（ただし、GLUの元スタッフは報告書の内容を否定している。「これはコービン党首時代の末期に、党首事務局の不作為を正当化するためにおこなわれた調査であり……党の過去の劣悪な記録を集中的に選んで報告している」と）。*42 この期間に反ユダヤ主義関連で党員資格停止処分を受けたのはわずか一〇名、調査通知の発行は二四件。少なくとも一七〇件が反ユダヤ主義の調査に値すると認定されたのに、何も調査がおこなわれなかった。

そのうち何件かは本当に深刻だった。ある党員は、ホロコースト否定を指示するコメントを投稿し、ユダヤ人を「ゴキブリ」と呼び、「ユダヤ人が言うことは何ひとつ信用しない」と宣言し、「ユダヤ人は白人ジェノサイド組織を作ったことを認めている」という投稿をシェアしていた。これなどは自動的に党員資格停止になるべきだが、資格停止が党内で議論された形跡はなく、代わりにGLUは問題の党員に調査通知を出し、たんに調査がおこなわれていることを知らせただけだった。

また、労働党の報告書によれば、党内の反ユダヤ主義に対抗するグループ〈レイバー・アゲンスト・アンティセミティズム（LAAS）〉がGLUに違反を申告した二六件のうち、少なくとも二二件は、無根拠できわめて悪質な反ユダヤ主義のコメントや、反ユダヤ主義の情報をシェアしていて、党員資格停止処分に相当した。そこには露骨なホロコースト否定や陰謀論が含まれ、たとえばある者は「私見を述べればユダヤ人は大嫌いで、地上の害虫でありクソだと思う」と言い、別の者は「私はホロコースト否定論者だ」と明記したうえ、「イスラエルは、偉大な銀行強盗アメリカの恥ずべき小さな売春婦」「シオニストが西洋のメディアを支配していた」などと書いていた。「非ユダヤ人はユダヤ人の奴隷」と題した動画をシャアした者もいれば、悪名高いホロコースト否定論者であるデイビッド・アービングの資料をシェアして「商標登録ホロコーストと死者六〇〇万人の嘘」という記事を宣伝した者もいた。

これらの事例では、除名に向けた第一段階として即座に党員資格停止がおこなわれるべきだが、そうした処分はなかった。

GLUはその気になれば動けた。実際、二〇一五年と一六年の党首選の期間中には、コービンを支持する党員を追放するために働きすぎるほど働いた。緑の党に投票したというような本当に些末な理由で除名することも多々あった。ところが、でたらめだらけのきわめて忌まわしい反ユダヤ主義には、それと同じ緊急性がなかったようだ。労働党の報告書にある「党本部に、過度に党派的な雰囲気が蔓延していた」という結論に同意しないのはむずかしい。

労働党本部で反コービン派だった職員たちはのちに、コービンの党首事務局が反ユダヤ主義の問題に介入してきたせいで、本部は反ユダヤ主義と非難された党員にしかるべき行動をとれなかったと公言した。しかし、現存する証拠から見て党首事務局が実際に介入したのは、おもに次のふたつの理由からだった。

まず、世間の注目を浴びた事例に早急な解決が必要だったから。たとえば、ケン・リビングストンや、〈モメンタム〉副会長ジャッキー・ウォーカーの事例については、たびたび党首事務局のスタッフからGLUに対処を要求していた。二〇一七年一〇月一七日にステークホルダー管理者のローラ・マリーが出したメールでは、GLUの部長にこれらを含むいくつかの事例の最新情報を求め、NECによる公聴会の日程と最終決定の日付を確認している。さらにつけ加えて、「こうした事例の調査が始まるまでに長い時間がかかっているので、〈ユダヤ人労働運動〉が苛立っています。労働党が対処しないかぎり、党とユダヤ人コミュニティとの信頼の再構築に取りかかることはむずかしいと感じているからです」とも書いている。

コービン自身による介入も、まさに同じ理由からだった。二〇一八年二月、彼は党書記長イアン・マクニコルに、「現在のプロセスは遅すぎて、党が対処しなければならない懲戒事例の量に追いついていないのは明らかだ」が、「NECに検討してもらう懲戒手続きの変更がいまだに何も提案されていない」と通知した。チャクラバティの勧告をGLUが実行できていないことに不満を募らせたコービンは、「われわれが反ユダヤ主義の問題に真剣に取り組んでいないというユダヤ人の声が、党内のあちこちから聞こえてくるのは本当に心配だ」とつけ加えた。NECのメンバーふたりが、LAASの苦情への対処はどうなっているのかとマクニコルに尋ねたこともあったが、それも党の官僚機構が進捗について偽っているのではないかと疑っていたからだった。

コービンの党首事務局が介入した二番目の理由は、GLUのスタッフから支援の依頼があったからだ。イアン・マクニコルが二〇一八年初めに書記長を辞任し、後任がまだ決まっていなかったころ、スタッフのひとりがローラ・マリーとエイミー・ジャクソンに、「いつも支援をありがとうございます。おふたりの情報は本当に有益でした」と書き送り、将来「さらに行動が必要なときには、その都度相談させてください」と提案した。別のスタッフも「それはとてもいい考え」だと同意し、マリーは次のように返事した。「当面そうするのがいちばんだと思います。この問題を解決することはますます緊急になってきたので、もっと人手を使ってプロセスを早めることが必要です。私も手伝います」。つまり党首事務局は、反ユダヤ主義への対処を妨げるどころか早めるために介入したのだ。その週の党員資格停止処分は二倍になり、GLUが党首事務局に関与を求めた件数も、一週間で二〇一七年全体の半分にのぼった。

コービンの事務局のトップであるキャリー・マーフィが、そもそもこの件に関してどうしてGLUのスタッフが事務局にメールを送ってくるのかと問い質したのは、その三日後だ。「苦情は通常こんなふうに党首事務局には来ない」と彼女は書いた。「どうしていまこの形式で送られてくるの?」、「誰がこの変更を許可したの?」と尋ね、「何かまちがっている」と続けた。

このメールのやりとりは、のちにイギリスの多くのメディアによって、党首事務局が反ユダヤ主義対応に不当に介入した証拠だと報道されたが、実際に起きていたことはその逆だった。「(GLUの)スタッフが私たちに、『この人を資格停止にすべきですか』といった内容のメールをCCで送ってくるようになった」とローラ・マリーは私に語った。「そこで私たちは誠実に、『はい、明らかに資格停止にすべきです』と答えた。それが不当な介入として報道機関にリークされたの」

二〇一八年三月、イアン・マクニコルに代わって、コービン派を公言するジェニー・フォーンビーが党書記長になった。彼女は反ユダヤ主義への対処を固く決意していたが、その努力は同年夏のIHRAの定義問題などによって、さっそく行きづまった。改革が遅かったのは、スタッフの入れ替えに時間がかかったせいもあるが、すでにユダヤ人コミュニティの団体がコービンの党執行部を信用していなかったことや、彼女自身が乳がんと闘っていたことも影響した。

ほどなくフォーンビーは、労働党で働く最年長のユダヤ人だったダン・シンプソンを排除したことで集中砲火を浴びる。シンプソンは党の旧体制に属したほかのスタッフとともに、すでに退職願を出し、充分な報酬ももらって、退職するまで働いていたのだが、その彼を即座に職場から追い払ったのだ。理由は、たんにマクニコルの支持者のひとりから勧められたということだけだった。メディアの見出しは労働党最年長のユダヤ人職員の排除をこぞって非難し、フォーンビーは労働党国会議員団との最初の対面で、この措置に憤った議員たちに罵られた。

とはいえ、フォーンビーのもとで非常に重要な変化が起きた。それまでどういうわけか存在しなかった、苦情処理の包括的な体制が始動したのだ。特別に組織された聴聞部会が、それまでの年四回ではなく毎月相談を受け、著しい偏見が見られた場合には該当者を党から追放できる権限を与えられたことで、反ユダヤ主義の事例の処理がはかどるようになった。独立の法廷弁護士がひとり雇われて部会に助言し、全国のあらゆる反ユダヤ主義の苦情が調査されるよう党則も改定された。

また、ソーシャルメディアの検索を支援するツールが導入されて、スタッフによる調査も様変わりした。たんに新たな苦情が入るのを待って対応するのではなく、自分たちのほうから調査を進められるようになったのだ。フェイスブック上の労働党支持のグループと、そこにいる主要人物の反ユダヤ主義に関する過去の記事がフェイスブックに通報された。反ユダヤ主義と告発された人物をひとりずつ調べるのには時間がかかるが、改革によってリモート調査が可能になり、[*43] その結果、状況が改善された。

反ユダヤ主義で党から追放されたメンバーは、二〇一八年には一〇名、二〇一七年には一名だったのに対し、二〇一九年は四五名になった（このほか、調査手続きのあいだに一〇四名が離党した）。二〇一九年九月にさらに改革が進んだあとでは、二カ月で二〇一八年全体の二倍の党員が除名された。聴聞部会は二〇一九年に反ユダヤ主義に関連した二七四件（二〇一七年の一〇倍以上）の聞き取りをおこない、同年内に二九六名の党員が反ユダヤ主義を理由に資格停止処分となった。前年より二〇〇名近く多い数である。

さらに、党首事務局にも大きな動きが見られた。ユダヤ人の上級職であるジェイムズ・シュナイダーが、党員の教育資料として『反ユダヤ主義の居場所はない』と題する八ページのパンフレットを作成し、「少数の労働党員が反ユダヤ主義的な見解を持ち、それよりはるかに多くの党員が反ユダヤ主義的な固定観念や陰謀論を理解していない」ことを認めたのだ。

しかし二〇一九年五月には、平等人権委員会［訳注：二〇〇六年の平等法にもとづいて設置された独立行政委員会］から、組織的な反ユダヤ主義がないかどうか名指しで調査を求められた。これは壊滅的な打撃だった。

深刻なミスはまだ続いた。ガバナンス・法務部に指名された労働党議員のトマス・ガーディナーは、一部の同僚によると、反ユダヤ主義の問題について適切な判断ができないと考えられていた。たとえば、ダビデの星のタトゥーが入ったエイリアンが自由の女神の顔に張りついている画像に「今年見たなかでいちばん正確な写真！」というコメントを添えてシェアした労働党員への対応が悪名高い。ガーディナーは、その画像は「反ユダヤ人ではなく反イスラエル」と見なした。私に言わせれば明らかに馬鹿げているし、ほかのスタッフからも不満の声を聞いた。

フォーンビーが書記長を引き継いだあと、ガーディナーは反ユダヤ主義の苦情処理を改善しようと支援してはいたが、緊急だという意識が足りず、とくに末端のスタッフが改革を提案したときにはわざと仕事を遅らせていたという。改革を実現しようと積極的に動いていたのは、党首事務局だと彼らは感じていた。

ガーディナー自身は、一連の出来事と彼の行動に対するこうした解釈に強く異議を唱え、「事実とはまったく異なる」、「まるで意味をなさない」と私に言った。二〇一九年の年次総会では「非常に大きな改革」を主導したし、それは二〇一九年の春に提案されて党に認められた最初の改革だった、と。

全体的に見れば、党首事務局も含め、労働党は反ユダヤ主義に立ち向かうメンバーの活動を支援しきれなかった。党首事務局のローラ・マリーと報道担当チームのジョージー・ロバートソンは、党内で高まる一方の危機に対処しようと懸命に努力した。二〇一九年春には、ふたりで反ユダヤ主義対策の提案書を作成し、ジェニー・フォーンビーとキャリー・マーフィに提出した。マリーとロバートソンは、この件で進展がないことによって「新たなデマや分断が次々と生じる」危険性があり、「党に多大な損害をもたらしかねない」と指摘しつつ、一連の詳細な改革案を示した。たとえば、包括的な政治教育プログラム、労働党が支援するソーシャルメディアのフォーラムで反ユダヤ主義に取り組む計画、「具体的な事例について一貫性のあるすばやい決定と解決を図る方法」などだ。

よく練られた、建設的で共感できる提案だった。マリーとロバートソンはこれらの実現に向けて、通常の勤務時間外で働くとまで申し出ていた。この問題に関して労働党が落ちた穴の大きさを考えれば、ふつうは、党の上層部はふたりの提案をありがたく受け入れるだろうと思うのではないか。

だが、そうはならなかった。キャリー・マーフィがやったのは、メールで怒りの報告をすることだった。「私はこの一年、ローラ・マリーの仕事量を管理するのに必死でした。ところが彼女は反ユダヤ主義に執着し、完全にバランスを欠いてしまった。この問題に関する彼女の判断や見解は心配材料です」とし、その結果、「ほかの非白人コミュニティの団体や個人とのつながりが失われ、障がい者団体や婦人団体にもほとんど影響力がなくなった」とも書いた。マーフィはあくまでマリーとロバートソンの燃え尽き症候群が心配だったからだと主張するが、ごく控えめに言っても、このメールのことば遣いは不適切だった（現在のマーフィは、国内のイスラム教徒に手を差し伸べる活動まで及ばないのが心配だったのは確かだが、マリーは「群を抜いた働きぶりで、すばらしい職員」だと断言している）。

さらにマーフィのメールには、ロバートソンが「みずから興味を覚えた仕事しかしない」と書かれていた。「すると彼女の選択肢は、もちろん反ユダヤ主義に関するメディア管理にかぎられます。ふたりの提言は、熱心な職員による前向きな活動のように見えて、実際はまったくちがう。より大きな問題の症状にすぎないのです。ふたりは自分勝手に働いていると考えるスタッフもいます」

マリー自身が認めるように、二〇一八年三月になるまで、〈ユダヤ人労働運動〉や〈英国ユダヤ人代表者委員会〉に関連する業務は、彼女の仕事全体の一〇パーセント前後だったが、三月以降は九五パーセントにふくれあがった。ただ、それは彼女の責任ではないだろう。ほかの人たちの対処の失敗が「大きな問題の爆発」につながったのだ。マリーは想定外の副次効果に対応していたにすぎない。

◆―◆

反ユダヤ主義に関してリーダーシップが発揮されなかったことで、党内には真空状態が生じ、そこを埋める恰好で、「この問題はコービンにはどうしようもない、労働党は差別主義者に屈服した」と考える党員が増えてきた。一般的に言えば、陰謀論に近い考え方だ。これに腹を立てた党幹部は、陰で彼らを「おかしな連中」と呼んでいた。しかしここでの真の問題は、ほかの多くの場合と同様、リーダーシップの欠如だった。

労働党のある報道担当が言ったように、コービンは「これをすべて言いがかりだと考えていた党員に、それはちがう、反ユダヤ主義は現実の問題だと示す」必要があった。「ユダヤ人はマイノリティのなかでは人数が少なく、党内で最大の集団でもないが、反ユダヤ主義を否定したり軽んじたりすると事態は悪化する」と。コービンもその場しのぎで（多くは書面で）そう明言することはあったが、「それでは不充分だった。党首事務局から継続的に党員を説得する活動があるべきだったのに、政治教育は結局おこなわれなかった」。

労働党の活動の見通しが立たないなか、草の根の運動組織〈モメンタム〉は、みずから反ユダヤ主義対策に乗り出すことにした。ソーシャルメディアに登場する反ユダヤ主義者に声をあげ、〈ユダヤ人労働運動〉と協力して、反ユダヤ主義者とされるジャーナリストのデイビッド・アイクらに共同で抗議し、反ユダヤ主義に関する政治教育ビデオを五本制作したのだ。そのひとつはロスチャイルド家にまつわる陰謀論を取り扱っており、ソーシャルメディアで二〇〇万回再生された。

だが、〈モメンタム〉は自分たちの活動に対して労働党の党首事務局から支援がないと感じていた。またソーシャルメディアで、反ユダヤ主義の申し立てを中傷キャンペーンと切り捨てる親コービン派の国会議員が増えていることにも不満を抱いていた。そうした議員がいるワッツアップのグループには、党首事務局の幹部も何人か含まれていた。

「彼らは、反ユダヤ主義に対抗しようとする活動を妨げ、黙らせるために、そうしたハイレベルの人物の投稿を引用していた」と労働党の親コービン派のある職員は言う。「党首事務局は、左派として反ユダヤ主義に対抗する〈モメンタム〉の活動を後押ししなかった。むしろ、『反ユダヤ主義は真の問題ではなく、ジョン・ランズマンはシオニストの道化役だ』という考えを広めるほうに加担していた」。そのため、〈モメンタム〉が反ユダヤ主義に対抗するために投稿したソーシャルメディアの内容は、労働党内の「おかしな連中」によって攻撃されることが多かった。

もし、そうした「おかしな連中」に王がいたとすれば、それはクリス・ウィリアムソンだった。彼は二〇一〇年にダービー・ノース地区から選出された労働党国会議員で、政治家としての経歴は左派ではない。ダービー市議会議長として、民営化に近いプライベート・ファイナンス・イニシアティブ［訳注：公共事業の積極的な民間企業委託政策］を実行し、統治のために保守党と手を組んでいた。[*44] 二〇一〇年の党首選では、ダイアン・アボット、ジョン・マクドネルといった左派の候補者を支援せず、最終的な勝者のエド・ミリバンドを推したが、リビアの戦争や、西欧諸国による二〇一四年のイラクの空爆を支持し、コービニズムとはとうてい相容れない二〇一三年の保守党の勤労福祉政策にも反対票を投じなかった。

ところが二〇一五年に議席を失ったのを機に、ウィリアムソンは革命家として生まれ変わったらしく、新しい政治的見解の象徴として、ツイッターのプロフィール画像もフィデル・カストロとネルソン・マンデラになった。

二〇一七年の総選挙で勝利したウィリアムソンは下院に復活し、みずからを党員の擁護者と位置づけた。

労働党の民主化を進める「民主主義の地方巡業」に乗り出し、各選挙区の労働党支部を訪ねてまわって、同僚の国会議員たちを怒らせたりもした。彼らから見れば、それは反コービン派の議員を落選させようとする「除外の地方巡業」だったからだ。一方、党首に対するさまざまな妨害行為に立腹していた一部の草の根の党員たちは、ウィリアムソンを圧倒的に支持した。

しかし、反ユダヤ主義危機でウィリアムソンが果たした役割は有害だった。労働党の反ユダヤ主義への取り組みに関する報告書から引用すれば、彼は「広く攻撃的と見なされ、ユダヤ人を苦しめるような一連の行動をとった」。反ユダヤ主義にかかわるさまざまな理由で追放された党員をつねづね支持していただけでなく、ベネズエラについて書いていたホロコースト否定論者の投稿をリツイートし、「ユダヤ人には薄汚い盗人という評判がある」と言ったイスラエル系アメリカ人著者のミコ・ペレドと会えてうれしかったとか、言論の自由により労働党員は「ホロコーストがあったか、なかったか」と問うことが可能であるべきだとツイートしていたのだ。[*45]

労働党の報道担当から証拠を示されても、ウィリアムソンはそうしたツイートを削除しようとしなかった。それればかりか、執拗な反ユダヤ主義的言動で告発され（本人は否定したが）、イズリントン市議会に出入り禁止となったジャズ・ミュージシャンのジラッド・アツモンを支持するツイートをした（こちらはのちにしぶしぶ削除）。また、二〇一八年一〇月二七日、ピッツバーグのシナゴーグで銃乱射事件が起きたときには、「ワオ、これは驚いた」とツイートし、〈英国ユダヤ人代表者委員会〉会長への攻撃をシェアして、やはり削除要請に応じなかった。コービンが全国執行委員会（NEC）に出席していたときに、労働党本部の外でおこなわれた抗議デモに参加し、党首事務局を激怒させたこともある。

二〇一九年の初めには下院の会議室を予約し、廊下の先でコービンが反ユダヤ主義について労働党議員団に演説している時間に合わせて、党員資格停止処分を受けたジャッキー・ウォーカーとイベントを開催した。そして、それは事実かとエイミー・ジャクソンに問い質された際には、「事実かどうか、あなたが自分で調べればいい」と挑発的に答えた。

キャリー・マーフィを含む党首事務局幹部は、頼むから問題発言はやめてくれ、追放された党員との討論会もしないでくれと再三ウィリアムソンに訴え、彼が党に多大な政治的被害をもたらしていることを強調したが、ウィリアムソンは聞く耳を持たず、逆に「われわれが走りつづければ、彼らは追いつづけるだけだ」と説教した。二〇一九年二月、ウィリアムソンが、労働党は「あまりに弁解がましい」という過激な演説をすると、ついに堪忍袋の緒が切れたジェニー・フォーンビーは彼を資格停止処分にした。だが四カ月後、NECの聴聞部会の判断で党に復帰したことで、ますます物議をかもした。

こうしてウィリアムソンは、党首事務局が怒りと苛立ちを募らせる元凶になった。コービンも、まわりの年長の補佐たちによると、陰では彼を「馬鹿」と呼び、ウィリアムソンが「あの腐った口を閉じる」ことを願っていたという。ふだん温厚な彼にしては非常に辛辣なことばだ。労働党のある顧問に言わせると、「クリス・ウィリアムソンの擁護はたったひとりの女性が受け持っていた」――キャリー・マーフィだ（ただし、当初はウィリアムソンを右派の労働党国会議員への対抗勢力と見なしていた彼女も、徐々にコービンのほかの側近と意見を同じくし、ウィリアムソンは傲慢でエゴに動かされる危険な存在だと考えるようになった）。

労働党党首がノースウェストを訪問すると、ウィリアムソンの資格停止解除のニュースが暗く広がっていた。怒ったコービンはまわりの補佐に、どうしてそんな決定をしたのだと詰め寄った。二日後、コービンの承認を得て、ウィリアムソンはふたたび資格停止となったが、それで終わりではなかった。

ウィリアムソンの行動が党首事務局に深刻な問題を与えていることを、コービンが直接本人に一度も伝えなかったことに対して、労働党幹部は失望した。そのせいで、ウィリアムソンはフォーンビーから叱責されても、党首の意志に反して行動しているわけではないと抗弁することができた。彼をめぐる騒動はいつまでも終わらず、二〇一九年の総選挙運動まで続いて、著しい損害を及ぼした。

コービンに恨みを抱く仇敵たちの不当な攻撃が、反ユダヤ主義という深刻な問題に誠実に対処しようとする左派の活動を困難にしたことはまちがいない。二〇一九年春、ブレア派の国会議員シボーン・マクドナーが、BBCラジオ4のインタビューで、反ユダヤ主義は「彼らの（コービンの）政治、ハードな左派の政策の重要な一部」だと述べた。「資本家と対立し、ユダヤ人は金融業者であり資本家だから。ゆえにユダヤ人が嫌いというわけ」。司会者が「言い換えると、反資本主義の前提として反ユダヤ主義があるということですか？」と訊くと、マクドナーは肯定した。「ええ、全員というわけではありませんが、その種の……DNAは存在します」[*46]

コービンのチームが金融危機からの一〇年を扱った動画を制作したときにも、問題が発生した。コービンはそこで「危機をもたらした人たちはいま、私のことを脅威だと言います。彼らは正しい」と言い添えたのだ。すると、この発言について、ジューイッシュ・クロニクル紙編集長で熱烈な反コービン派のスティーブン・ポラードが、こうツイートした。「これをツイートするかどうか迷った。ぜったいありえないという思いが消えなかったから。とても信じられなかった。だが、考えれば考えるほど、それが真実に見えてきた。つまり、彼は『ほらほら、私が誰を指しているかわかるだろう？』と言っているのだ。そう、私にはわかる。そしてぞっとする」[*47]

マクドナーもポラードも、反ユダヤ主義を左派によるあらゆる資本主義批判と結びつけようとした。ほんのひと握りのエリートへの富と権力の集中を非難したり、現在の金融システムに金融危機の責任を問うたりすることは、反ユダヤ主義の偏見の現れであるというわけだ。これに対して、コービン支持の左派はますます、反ユダヤ主義の告発は党首事務局に対するただの言いがかりにすぎないという主張を強めた。この悪循環は誰の利益にもならなかった。ユダヤ人をいっそう傷つけ、苦しめながら、とりわけコービンのイメージ悪化につながった。

反ユダヤ主義の正しい内容に関して、労働党内の重要人物の教育と理解が不足していたことが、ここでも浮き彫りになった。たとえば、元左派の急先鋒デレク・ハットン。一九八〇年代なかば、リバプール市議会の副議長だったハットンは、資格停止処分明けの二日後にまた反ユダヤ主義の発言で党員資格を停止された。二〇一二年にイスラエルがガザ地区を攻撃した際にも、「少しでも人間らしい心のあるユダヤ人なら、イスラエルによる無慈悲な殺人に反対の声をあげるべきだ」とツイートした。シェイマス・ミルンはこれを、イスラエル国家の行動の責任をユダヤ人全体に負わせる典型的な反ユダヤ主義だと指摘して、ハットンを資格停止処分にすべきだと明言した。

しかしキャリー・マーフィは最初、当惑しただけだった。何が問題なのかわからなかったのだ。カトリック教徒の彼女は、たとえばカトリック教会内での暴力に対して反対の声をあげろと教徒に呼びかけることは悪質な偏見と言えるのだろうかと訊いた。「彼女はそういう考えを教えこまれていた」とある補佐は言った。「だから理解できなかったのだ」

労働党の反ユダヤ主義危機はまったく気の滅入る出来事だった。歴史的に見て、左派の思想と闘争の発展に重要な役割を果たしたマイノリティとの関係は、コービンが党首になるまえから緊張をはらんでいたが、彼のもとで壊滅的に損なわれたのだ。なお悪いことに、それは止めようと思えば止められた。コービンの政治に反対する不誠実な人たちの活動はあったものの、究極的には党執行部が大きなミスをくり返した。そこにはふたつの原因がある——戦略の欠如と、人々の感情への配慮不足だ。党執行部は最初から、反ユダヤ主義には無条件で反対すると表明し、パレスチナの大義をもっと声高に支持すべきだった。

コービンと大多数の労働党員が反ユダヤ主義を忌み嫌っていることは、強調しておかなければならない。グロテスクな反ユダヤ主義思想を他人に語ったり、反ユダヤ主義的な話題を弄(もてあそ)んだりしていたのはごく少数で、その少数派がユダヤ人コミュニティを激怒させたのだ。歴史を見れば、彼らが自分たちに向けられる偏見を怖れるのは当然だ。

反ユダヤ主義危機はコービンを「標的にしたい」メディアの完全なる捏造だったとか、反ユダヤ主義の実態は反ユダヤ人ではなく反イスラエルなのだと主張して、この問題自体を否定する党員もいたが、彼らの主張はさらに恐怖と不安をあおった。意図的ではなかったのかもしれないが、こうした態度は「パレスチナの正義と自由」という目標を後退させるだけだった。

コービンの労働党は大きな損害をこうむった。この危機は何カ月もメディアで報じられ、途切れなくいつまでも続き、イギリス国民の意識を根本的に変えてしまった。ポジティブで希望にあふれていたコービニズムが、有害で不吉なものと見られるようになったのだ。ある世論調査によると、イギリス国民は、労働党員の平均三四パーセントが反ユダヤ主義の苦情を受けていると考えていた。これは実際の合計の三〇〇倍以上だ。

コービン自身の感情的なダメージも続いた。明るさと超然とした態度が減り、怒りやすく、言いわけがましくなった。反ユダヤ主義に関する党幹部との打ち合わせでも心ここにあらずで、意味不明の返答をしたり、携帯電話をいじったりしていた。長年誇ってきた反レイシストとしての信用に泥をかけられて怒り、傷ついたせいで、反ユダヤ主義の議論に身が入らず、心を閉ざしているのではないか。まわりの者たちは次第にそんな心配をするようになった。

「ジェレミーは、体の中身をごっそり抜かれてしまったのではないかと思う」とコービンの協力者のひとりは語った。コービンのゆっくりとした崩壊が、そのころの党の動きを象徴していた。ブレグジット、反ユダヤ主義、コミュニケーション戦略と、いろいろなところで党首事務局内の人間関係がぎくしゃくしはじめた。すべてがバラバラになりかけていた。

8 「嘘と言いわけの猛吹雪（ブリザード）」

テリーザ・メイの保守党政府は、長く「ゾンビ政権」と言われていた。ゾンビは多大な被害をもたらし、退治するのはむずかしいが、それもついに二〇一九年五月二三日に実施された欧州議会選挙をもって終わった。この選挙で保守党は八・八パーセントというみじめな票数しか得られず、翌日、テリーザ・メイが首相官邸前で涙ながらに辞意を表明したのだ。

保守党内で何カ月も噂されていた後継者争いがついに幕を開けた。数カ月前まで、首相になりたいボリス・ジョンソンの長年の夢はついえたように見えていた。ほとんどの保守党国会議員は、程度の差こそあれ、彼をいかさま師だと考えていた。無能な怠け者、高い地位には向いていない歩く失敗製造機だと。

ところがポピュリズムの時代になったいま、彼らは、ファラージ的なものとコービン的なものの両方を押し返せるジョンソンだけが有望な候補者だと考えるようになった。ほどなくジョンソンの勝利はほぼ不可避であることが明らかになる。新しい保守党党首と首相が発表されるまでに、労働党執行部には六〇日の準備期間があったが、彼らの反応はまとまっていなかった。

労働党自身の欧州議会選挙運動はお笑い種だった。党のブレグジット計画を押し売りしながら、政府の取り決めを変えさせようともせず、総選挙に訴えるわけでもなく、「国民投票の意見を支持する」と宣言したのだ。とんでもない妥協だった。「本当に、クソがつくほどみじめだった」とコービンの報道チームのひとり、ジャック・マッケンナは振り返る。「ブレグジットの妥協は掛け値なしの支離滅裂だった。毎週、足がずぶずぶと流砂にはまっていく感じがした」。選挙結果はテリーザ・メイの保守党にとって悲惨だったが、労働党にとっても同じくらい嘆かわしかった。労働党の得票率はわずか一三・六パーセント。いちばんの勝者はナイジェル・ファラージのブレグジット党で、得票率三〇・五パーセントは、ほんの七カ月前に設立されたことを考えると驚異的な成功だった。次点は自由民主党で、消滅寸前だった状況を押し戻して一九・六パーセントという得票率だった。

選挙結果に衝撃を受けたコービンは、とりわけ自由民主党の躍進を憂慮した［訳注：自由民主党はEU残留を支持］。欧州議会選挙の運動期間中に、近づく労働党の大敗を怖れた彼は、衝動的に二度目の国民投票を約束し、シェイマス・ミルンを大いに残念がらせていた。五月二七日月曜日、党幹部の電話会議でもコービンは、ブレグジットの膠着状態を打破しようというあらゆる試みが失敗した以上、党員の意思を尊重して、労働党はいかなる状況でも二回目の国民投票を支持すると宣言した。影の大臣のひとりによると、このときミルンが割りこんで、ここはこの議論にふさわしい場所ではないと言い、「コービンを小学生のように黙らせた」。

まわりの親ブレグジット派の圧力でコービンが意見を変えたことで、ブレグジットに関する労働党の公式の立場はますますあいまいになった。さらに翌週になると、コービンは「どんな交渉状況でも国民投票を支持する」という強気の態度を変えて、総選挙を呼びかけるようになり、国民投票はかなり優先順位の低い次の策となった。

ひとつ明らかなことがあった――欧州議会選挙は、労働党にわずかながら残っていたブレグジット妥協案を完全に焼き払ったのだ。〈ユーガブ〉の世論調査によると、労働党員のわずか四五パーセントしか自分の党に投票していなかった[*1]。ニュー・レイバーの元スピン・ドクター、アラステア・キャンベルも、全国ネットのテレビ番組で自由民主党に投票したと言い放ち、当然ながら党から追放された。この追放は、コービンに知らされないうちに党書記長ジェニー・フォーンビーが指示した措置だったが、結果としてキャンベルは、大多数の労働党員が支持するEU残留の殉教者になった（彼は自身の発言がどういう事態を招くか、まちがいなく知っていた。党則の一部はニュー・レイバー時代に作られていたからだ）。

#expelmetoo（私も追放して）のタグがツイッターでトレンドになり、私個人にも、「二度の党首選ではコービンを支持したが、欧州議会選挙ではブレグジットに抗議するために自由民主党か緑の党に投票した」というメッセージが殺到した。キャンベルの追放をようやく知ったコービンは激怒した。強硬で権威主義的な処分は、彼が望む党の民主主義的方針に反すると思ったからだ。影の財務相ジョン・マクドネルも同じ考えだった。キャンベルの処分で、まったく不必要だった闘いが始まり、結局それは政敵を利することになるとマクドネルは考えていた。

私から見て、これがどこに行き着くかは明らかだった。労働党はいつものように大騒ぎを始めた。今回は党員の抵抗がきっかけで、いかなる状況においても二回目の国民投票を支持するという不可避の結論に向かっている。そして、その過程で起きる大騒動はなんの政治的得点にもならない。

私は過去三年間、国民投票の結果を受け入れるよう労働党に強く求めてきたが、もはや避けられないであろう事態に屈服するしかないと思った。絶望して書いたコラムのなかで、二回目の国民投票は労働党にとって悪手だが、可能な唯一の選択肢だと説明した。[*2] すると、レン・マクラスキーから、会わないかという声がかかった。私は多少の不安とともにそれに応じた。マクラスキーの組合〈ユナイト〉は、二回目の国民投票を支持するという労働党の方針転換に最後まで強硬に反対していた。しかし、〈ユナイト〉本部の向かいにあるイタリア料理店の静かな席で会ったマクラスキーは、妥協点を探ろうという態度だった。

マクラスキーと〈ユナイト〉による状況分析は、労働党執行部とはちがった。彼らに言わせれば、欧州議会選挙の結果は核心からそれていた。投票率はたったの三七・二パーセントで、投票した人たちは労働党と保守党に抗議していたのだ。総選挙ではそんな結果がくり返されるはずはない、と。さらに、残留派の労働党支持層が自由民主党と緑の党に流れたことばかり話題になっているなか、〈ユナイト〉は、労働党が握っていたウェイクフィールド、バーンズリー、ドンカスターの選挙区でブレグジット党が躍進したことに注目していた。マクラスキーに言わせれば、欧州議会選挙の結果を見た労働党の反応は純粋なパニックだった。「私は驚いたよ。きみ自身も含めて、誰であれあのまったく無用で無意味な選挙に注意を払うのには本当に驚いた」と彼は言った。「パニックを起こさず落ち着いてくれと、みんなをなだめなければならなかった」

とはいえ、労働党のダッシュボードには警告ランプがついた。全国世論調査の支持率は壊滅的で、ある調査では二〇パーセント、これはほぼ自由民主党と同じで、緑の党のわずか二倍だった。唯一の慰めは、与党が五位の八・八パーセントだったことだが、これもたいした慰めにはならなかった。メイの退陣が近づいたことで保守党の支持率は明らかに回復途上にあり、先頭に立ったボリス・ジョンソンのブレグジット・ポピュリズムによって、ブレグジット党が得た二六パーセントの支持を大きく侵食する勢いだったからだ。[*3] 言い換えれば、保守党は欧州議会選挙の大敗を受けて進路を大幅に変えつつあった。

一方、労働党はちがった。ジェイムズ・シュナイダーが私に語ったように、「ブレグジットへの対処について党内の合意がなかった。ブレグジットに対処できないでいて、どうやってジョンソンに対処する？」

◆―――◆

七月二三日、ロンドンのクイーン・エリザベス・センターで保守党の党首選がおこなわれ、避けられない結論が出た――ボリス・ジョンソンが党首、そしてイギリスの新しい首相になったのだ。国会の労働党首の執務室ではシェイマス・ミルンが、くり返し流れるジョンソンの首相就任の映像を見ながら「まずい、まずい」とつぶやきつづけていた。新しい投資計画の発表のなかで、「忘れられた人々、町の隅に取り残された人々の訴えについに応える」ことを宣言するジョンソンの就任演説を食い入るように見つめて、ミルンは「彼がわれわれの公約をすべて盗んでいる」と心配した。国民投票での離脱派勝利の立役者と広く認識されていたドミニク・カミングスが、ジョンソンの首席特別顧問になると発表されると、労働党党首の執務室の雰囲気はますます暗くなった。いつもは落ち着いているミルンが動転していた。

その七月、首相に就任したジョンソンは信頼できないという評判で、不正直と嘘の記録を打ち立て、人種差別、同性愛嫌悪（ホモフォビア）、偏見の過去もあって、世論調査では史上もっとも人気のない新首相だったが、それでも労働党執行部はジョンソンの勝利のヘッドライトに照らし出されて凍りついていた。現状への対処について絶望的に分裂していて、それが外にも表れていた。

「ジョンソンが就任した七月末には、たいへんな責任放棄があった」と労働党の政策・調査担当責任者のマイク・ハチェットは振り返る。労働党の政策・調査チームは、ジョンソンのほうがメイよりはるかに引きずりおろしにくいという認識のもと、すでに何カ月もこのときのために準備していた。「そうとうくわしく分析して、労働党は『ボリスは信用できない』を打ち出すべきだと結論していた。そのことをしっかり印象づけるために、最初はジェレミーに派手な演説をしてもらって、流れを作ってもらう必要があった」

しかし、ミルンのナンバーツーであるアンジュラ・シンによると、「ジョンソンの個人的、政治的な失敗の説明と、ジェレミーの対応策をまとめた攻撃案はあったけれど、それを一貫して実行する計画がなかった」。ミルン自身は、さまざまなメディア対策をめぐる哲学的議論の泥沼にはまって麻痺したようになり、その間に貴重な時間が失われてしまった。

そして、ジョンソンの勝利に対するコービンの反応を動画にするという初期の計画は、突然中止された。その代わりに、党議長のイアン・レイブリーがプレスリリースで労働党の返答を発表した。これには一応、理屈がある。レイブリーはまぎれもなく労働者階級の国会議員で、国民投票の結果を断固支持する離脱派だったからだ。つまりそれは、ジョンソンの生まれてまもないポピュリズムに対する解毒剤だった。

だが、党首のチームが知っていた（あるいは、知っているべきだった）ように、ニュースではそのように取り上げられなかった。ほとんど誰も聞いたことがない政治家からのプレスリリースは世の中に広がらなかった。コービンのスピーチライターのふたり、アレックス・ナンズとジョス・マクドナルドは焦り、ガーディアン紙に目立つ論説を出すことについてミルンの了解を得たが、コービンに連絡がつかなかったせいで、党首名が入った記事にはならなかった。結局それは、翌日夕方のガーディアン紙のウェブ版に掲載されたが、紙版には掲載されなかった。

驚いたことに、イギリスの新しい保守政権への対応策を相談するためにコービンの執行部が集まったのは、ボリス・ジョンソンが首相に就任した七月二四日当日の午後二時だった。

その間、公共放送に登場した労働党の政治家たちは、新首相に関して七つのポイントに絞って話すよう指示されたが、ジョンソンの不誠実と大企業とのつながりを示す事例は含まれず、新閣僚を攻撃する文言もなく、例によって複雑すぎてわかりにくかった。その結果、さまざまな人がさまざまなことを言って、そこらじゅうにメッセージがあふれた。「ジョンソンには計画がない」という労働党のぼんやりした訴えは、首相官邸から次々と出てくる発表で打ち消されたのだ。

オンラインでの労働党の対応も同様に弱々しく、世間に伝わらなかった。ついにコービン自身が乗り出して動画を作成した。内容はよかったものの、いつものように発表が遅すぎ、明確なメッセージに欠けていた。ジョンソンは七月二五日に国会で首相として初めての演説をおこない、新内閣の基本方針を説明した。コービンにとっては、首相官邸の新しい住人の印象を人々の心に焼きつける絶好のチャンスで、実際にそうしたが、補佐たちが望んだとおりではなかった。ＢＢＣが見出しに使った彼のことばの引用は、「コービン：彼（ジョンソン）は勇気と大胆さと野心があると言うが、わが国に腕を振りまわすような大言壮語は必要ない」だった。「勇気と大胆さ」のくり返しはジョンソンを利するだけだったし、いまどき「腕を振りまわすような大言壮語」などという言いまわしを誰が使うだろう。

一方のジョンソンは、労働党党首に対する保守党の新しい戦略を大いに楽しんでいた。彼はコービンを、顧問のアドバイスに振りまわされる優柔不断でとらえどころのない日和見主義者として描き出したのだ。ジョンソンは「(コービンは) 友人たちに捕まり、喉を切られて、プログラムし直されました」とまくしたてた。「いまや残留派になっている……ころころと変わる彼のキャリアで、これは最大の犠牲を払う変節になるでしょう」。ジョンソン自身がスーパーカメレオン男であることを考えると、含蓄の多いことばだ。それでも彼は労働党の傷口に塩を塗った。

コービンからの有効な反論はなかったようだ。ジョンソン時代が始まってたっぷり五日後に、ついにスカイ・ニュースのインタビューを受けたときには、労働党党首はなんの大きな手土産もなく、総選挙を呼びかけるのが精いっぱいだった。総選挙はその時点で唯一合理的な提案に思えた。世論調査での労働党の支持率は低かったが、ナイジェル・ファラージのブレグジット党の躍進のおかげで保守党の支持率も低かったからだ。さらに、労働党内で絶望的に意見が分裂しているブレグジットについて語るより、選挙を呼びかけるほうがましだった。問題は、政治に疲れた国民がもう選挙などしたくないと思っていたことだった。

そうしてできた空隙を、ジョンソンは都合よく埋めることができた。メイの失敗した政権の閣僚を追放し、メイの取り決めを放棄してブレグジット投票者の歓心を買い、学校、病院、警察への投資を優先させて、新たなスタートを切ったことを演出した。

「ジョンソンを批判するためにわれわれはどんな努力をした?」と労働党の補佐のひとりはいまだに怒って問いかける。「夏のあいだに彼が政策の大枠を固め、主要な公約をまとめて総選挙に向けた運動を始めたとき、われわれの対抗策はなんだった? 労働党は沈黙していた。夏のあいだじゅうジョンソンに放送の独占を許してしまった。警察についても病院についても、労働党からの対案はほとんどなかった。本当に憂慮すべき事態だった」

どうしてこれほどの好機が壊滅的に見逃されてしまったのか。親切な言い方をすれば、ジョンソンは定義するのがむずかしい政治家だ。かつてはもっとも広い意味でのジャーナリストだったが、不誠実を理由に二度（一度は新聞の編集長から、もう一度は保守党党首から）解雇された。主張のなさを露呈したのは、ブレグジットに関する二〇一六年の国民投票のまえだった。ジョンソンは新聞のコラムを二本書き、一本は残留支持、もう一本は離脱支持で、その後なんとなく離脱寄りになった。過度の同性愛嫌悪、イスラム嫌悪、総じてレイシスト的な言動の記録にいたっては、これほど有名な現代イギリスの政治家でほかに類を見ない。ところが、こうした汚名はすぐに忘れられたようだった。どれも彼の政治家としての経歴を傷つけなかった。

疲労感もあった。ジョンソンのチームができたてで闘いに備えていたのに対し、コービンのチームは、ひとりの補佐に言わせると、「クソ疲れていた」のだ。四年にわたる党内外の終わりなき闘争でくたびれ果てていた。コービンのチームのアキレス腱（のひとつ）である戦略的計画の深刻な欠如が、二〇一九年五月の地方選挙で全面的に現れてもいた。執行部は労働党の報道担当チームに高齢者をターゲットにするよう命じたが、それは戦略ではなく要望だった。いつもながら世論調査にもとづく方針は示されず、具体的にどういう人々に何を訴えるのか、特定のグループごとにメッセージの伝え方はどうするのかといった議論はなかった。

そのころの労働党の活動は、手短に言って、派閥だらけで分裂、混乱していた。二〇一九年夏に党首事務局に加わった補佐のひとりは、事前にあれこれ否定的な噂を聞いて覚悟していたが、それでもショックを受けた。事務所は半分空（から）で、ところどころ補佐が席について夜中まで働いている。スタッフもバラバラに出勤してきて夕方五時には帰る。やる気のなさが充満していた。

「将来の生き残りをかけて闘っている場所には見えなかった」とその補佐は語った。ボリス・ジョンソンが首相に就任したばかりの時期でそれだったという。ある上級スタッフは毎晩会議で酔っぱらい、毎日ひどい二日酔いだった。

国会が膠着状態となり、ボリス・ジョンソンが必死で過半数を確保して地位を固めようとしているうちに、遠くにぼんやり総選挙が見えてきた。

その年の秋に選挙がおこなわれそうな雲行きになっていたが、だとしたら九月の労働党大会が、徐々に疑問を抱きはじめた大衆に党のあり方を示す最後のチャンスだった。しかし大会のわずか一週間前になっても、ミルンのチームはきわめて重要な統一スローガンさえまとめていなかった。フォーカス・グループや世論調査を何週間もくり返していたにもかかわらずだ（ほかに何をしていたかは知る由もない）。苛立った会議主催者に懇願されて、ジョン・マクドネルがミルンに電話をかけたが、ミルンはまだ迷っていた。マクドネルは怒って、コミュニケーションの最高責任者に早く何か選べと言った。結局ミルンのチームは、記憶に残る二〇一七年のスローガン「少数ではなく多数のために」を古臭いと考え、「特権よりも人々」という弱々しいスローガンを選んだ。これはあまりにも訴求力がなく、すぐに放棄されて不吉な前兆となった。

この後退が完全な混乱に陥るきっかけがもうひとつあった。それまで内外の敵との数々の闘いのなかで、コービンのトップチームはだいたい仲間としてまとまっていた。合意できない点はあっても、ひとつのチームに属しているという意識はあったのだ。それが二〇一九年夏には崩れていた。もちろんコービンのチームの三本柱、フィッシャー、マーフィ、ミルンがまだ立っているかぎりは、すべてが失われたわけではなかった。「まるで古代ローマの三頭政治だった。オクタビアヌス、マルクス・アントニウス、レピドゥスのように」とクライブ・ルイスは言った。「ところが、柱の一本が倒れたんだ」

じつのところ、政策責任者のアンドリュー・フィッシャーとミルンとの関係は最初から張りつめていたが、その夏とうとう、そこにヒビが入ったのだ。ある意味で避けようのないことだったが、原因はブレグジットだった。労働党には二回目の国民投票を支持する以外、選択肢はないと信じるフィッシャーが、ミルン、マーフィと対立した。とはいえ、ほかの理由もあった。フィッシャーは機能不全の党運営で長年奮闘してきたが、もう我慢の限界だった。

私は、二一歳で大学を卒業したてだった二〇〇〇年代なかばに、初めてフィッシャーのそばで働いたとき、彼の能力の高さに驚き、怖じ気づきさえした。一〇年以上にわたって同僚たちの評価も同じだった。「アンドリュー・フィッシャーは一時間で途方もない量の文章を書くことができる。驚くべき才能だ」とスピーチライターのアレックス・ナンズは振り返った。「ずば抜けていた」とほかの幹部も同意する。「まるで機械のようだった。仕事は信じられないような出来ばえだし、人の話もよく聞いた」。そのフィッシャーが九月なかば、党大会の一週間前に、選挙戦略のワッツアップ・グループに宛てて、いつものように流暢な連絡文を書いた。それは彼の辞意を告げる内容だった。

彼のメッセージは完全な絶望の表明で、害をもたらす無能の最新事例を並べることから始まった——彼が作成した演説原稿が急にキャンセルになり、なんの予告もなくパンフレットが廃止され、会議の標語はなく、フォーカス・グループと世論調査に何万ポンドも費やしたのに成果はゼロだった（「最終成果物がなく」「あるのは嘘と言いわけの猛吹雪（ブリザード）だけだった」）。党首のために用意した極秘の文書は広く回覧され、彼の知らないうちに二度、政策の骨子がメディアにリークされた。

「これらのどれかひとつでも、去る理由に充分なりえました」とフィッシャーは書いた。「すべてが三、四年前に起きたのであれば、去る理由にはならなかったでしょう。すべてが昨日起きたから去るわけでもありません。しかし、プロ意識や能力や人間としての品格に欠けることが次々と起きて、もはや毎日耐えようとは思えなくなったのです。いくつかの問題は長い時間をかけて解決しようとしましたが、私には無理でした。そして昨日、永遠に無理だということがわかったのです」。この文章はわずか一週間後にリークされ、サンデー・タイムズ紙の一面を飾った。

キャリー・マーフィと彼女の補佐たちは、フィッシャーの文章に激怒した。彼らから見れば、フィッシャーの文章の真の標的はどこまでも優柔不断なコービンであり、党首に無理やりミルンかフィッシャーを選ば

力尽きたアンドリュー・フィッシャー（右）

せる狙いがあった。マーフィは私に「アンドリューのワッツアップのメッセージは、コービン・プロジェクトの中心に杭を打ちこんだの。コービンやほかの人たちを大勢のまえにさらすようなやり方で批判した、とんでもない行為だった」と語った。

だが、標的はまったくコービンではなかった。フィッシャーが批判したのは、圧倒的にミルンだった。フィッシャーはもう耐えられないと思っていた。コービンに選択を迫ろうとしたわけではないが、コービン・プロジェクトは存亡の危機にあると明確に、忖度なく説明する必要があると考えたのだ。

労働党にとってまたもや悲惨な夏の終わりが近づくころ、フィッシャーの辞意は決定的な一撃になったように見えた。コービンがもっとも信頼していた顧問のふたり、ミルンとフィッシャーのあいだの溝が深まり、党運営はがたつき、ブレグジットの文化戦争がますます熱を帯びるにつれ、コービン自身も動揺していた。もとから決して強くはなかった影の内閣全体の規律が、崩壊しはじめていた。

党内のどこを見ても不和だらけだった。ブレグジットに関する決定的な意見の対立で、ジョン・トリケットとジョン・マクドネルがたびたび口論になり、党議長イアン・レイブリーと党の選挙運動責任者ナイル・スークーとの関係も破綻し、アンドリュー・フィッシャーとコービンの秘書官エイミー・ジャクソンも衝突していた。一方、副党首のトム・ワトソンとキア・スターマーは、どちらも明らかに強硬な姿勢で執行部をEU残留に向かわせようとし、キャリー・マーフィとエイミー・ジャクソンは、スターマーを影のブレグジット担当相からはずすようコービンに働きかけていた。[*4]

幹部が全国放送番組に出て、党執行部の正式な立場にはしたがわない、新たにブレグジットの国民投票がおこなわれるなら残留を支持すると言いきることもあった。かつてレン・マクラスキーが次期労働党党首として推した影の外相エミリー・ソーンベリーは、残留派の集会とデモに、青いドレスと黄色の星のついたネックレスというEU旗の装いで参加して右派メディアを喜ばせた。「影の外相エミリー・ソーンベリーは昨夜、ブレグジットに対する党の方針をどうやら完全に無視して、クビにしてみろとジェレミー・コービンに挑戦した」とタイムズ紙は書きたてた。*5

こうしたフロントベンチの議員たちの行動は、コービンの上級補佐にとってまちがいなく頭痛の種だった。マスコミ通でリベラル系のメディアに親和性のある議員たちが、党執行部が発信する内容をことごとく打ち消す。残留派の影の閣僚が党内の合意を超えてどんどん発言し、国民に叩かれて党首事務局が説明する。そんなことが続き、メッセージが入り乱れて、左派の有権者は当惑するばかりだった。

◆

その年の九月下旬、ブライトンで開かれた労働党大会で、内紛はあからさまな戦闘状態となった。会議前夜の二〇日金曜日、私は一件のメッセージを受け取った。週末の全国執行委員会（NEC）の会合で、ジョン・ランズマンが副党首の地位を廃止する動議を強力に推し進める予定だという（のちに誰かがふざけて、「トム・ワトソンを廃止する」動議だったと表現した）。それはやりすぎだと思った私は、コービンに近い上級幹部に連絡してみたが、何も知らないという返事だった。ところがそれは現実となり、党大会はにわかに、キャリー・マーフィがかつての上司のワトソンに対する恨みを晴らす場になりそうな気配だった。

そこまでの一週間、党首事務局とすっかり疎遠になって影の内閣の閣議にもめったに顔を出さなくなっていたワトソンは、党の方針に背きすぎていた。それに先立つブライトンでの労働組合会議で、コービンが労働党の最新のブレグジット対策を説明したときもそうだった。今回も「信頼できる離脱の選択肢」を含む国民投票を認めながら、党としては離脱にも残留にもコミットしないというややこしい対策だったが、ワトソンはロンドンで独自に演説をおこない、労働党は残留を支持すると主張した。その内容は事前に各方面に説明していたものの、コービンのチームには相談していなかった。噂を聞きつけたチームは演説をやめるようワトソンに要望したのだが、ワトソンの助手からやめるのはもう「手遅れ」ですという取りすました答えが返ってきただけだった。

知らせを聞いたコービンは激昂した。副党首は当然の権利として影の内閣に入るので、コービンもそこからワトソンをはずすことはできなかったが、影のデジタル・文化・メディア・スポーツ担当相は辞めてもらうつもりだとただちに宣言した。かつてワトソンのオフィスマネジャーで、いまや彼の大敵となったマーフィも、コービンの提案を強く支持し、補佐たちにすぐ実行に移すよう命じた。

党が分裂してしまうのをなんとか防ごうと、マクドネルが事態の沈静化に乗り出した。彼は、ワトソンを辞めさせたら残留運動の殉教者になってしまう、とコービンに訴えた。追加でもうひとり女性の副党首を指名するなど、ワトソンの力を弱める方策も議論されたが、コービンは反民主的な措置には慎重だった。「ちょっとポル・ポト［訳注：カンボジアの元首相。粛清、虐殺をくり返した］的じゃないか」というわけだ。

夕方にはコービンの怒りも多少おさまってきた。マクドネルは、ワトソンを罰しないようさらに説得しようとした。影の大臣の優先事項は、何をおいても党をひとつにまとめることだ。とくに総選挙の可能性が高まっているときにいちばん避けたいのは、また内戦を始めることだった。コービンも同様に党内の対立は避けたかったので、対応を変えようかという気になってきた。

しかしキャリー・マーフィから見れば、コービンはマクドネルに操縦されていた。だから、「わたしたちはジョンのためではなく、あなたのために働いているんです」と党首にずばりと言った。彼女は、内心ワトソンを追い払いたいコービンをマクドネルが邪魔していると考えていた。するとコービンは、手詰まりになったときの常として、また雲隠れした。大会が近づき、ワトソン問題を相談するためにマーフィが連絡をとろうしても、コービンは電話をかけてこなかった。ついに九月二〇日金曜の朝、ふたりは会って、マーフィがコービンにワトソンの職位を廃止する方法について説明した。役職ならワトソン自身が出席しなくてもNECで廃止できる。これで一件落着というわけだった。

正午に、マーフィはジョン・ランズマンにメッセージを送った。彼と、〈ユナイト〉の代表としてNECに参加するジム・ケネディに会いたいという内容だった。午後三時、海辺の赤煉瓦のメトロポール・ホテルで、彼女はワトソンの役職廃止を進めるよう、ふたりに正式に依頼した。私が初めてこの件について知ったのは、この時点だった。その後、マーフィはまたランズマンに連絡し、コービンの気が変わったが、そちらは自分のほうでなんとかすると伝えた。ランズマンは、作戦を中止するとは言われなかった。

マーフィは、たんにワトソンをはずしたかったのではなく、自分としてはその先を考えていたのだと強調する。ワトソン自身も次の悲惨な総選挙で議席を失うと確信して、いずれにしろ執行部から去るつもりだったのだ、と。真偽はともかく、党大会をまえにうろたえて何もしないコービンを尻目に、ワトソンの解任計画は着々と進んでいた。だが、それは結局失敗する。否決に全体の三分の二の賛成を必要とするその決定について、NEC議長は、金曜には審議せず、翌日に先送りすると宣言した。その後の大騒ぎと、さらに労働党国会議員が辞めるという噂のなかで、コービンは翌朝、副党首の役職を廃止するのではなく「見直す」という動議を提出した。マーフィは、コービンが廃止に同意しなかったのは、ジョン・マクドネルが圧力をかけて心変わりさせたからだとまわりに語った。

解任がなくなって会議には暗い影が差した。その週末、ランズマンを見かけたワトソンは、道の向かい側から「狙いをはずした殺し屋！」と呼びかけた。事態が落ち着いたあと、コービンはこの件について怒り、「これじゃ学生自治会じゃないか」と言い捨てた。ソーシャルメディア担当責任者のジャック・ボンドに語ったところによると、幹部チームにも「ある地位にいる人間が嫌いだからといって、その地位を廃止するわけにはいかない。それは民主主義ではない」と言ったそうだ。

会議では、ブレグジットに関して党内の二派が対立したことから、出席者たちはふたつの選択肢を示されて投票することになった。どちらも残留を選択できる二回目の国民投票には賛成するが、一方が労働党の中立を主張しているのに対し、もう一方はイギリスのEU残留のために運動すべきだというものだった（党執行部のほかのメンバーと同じように、フィッシャーもマーフィも前者を後押ししたが、全体の文言については同意に至るまで激しく対立した）。

労働党支持の労働組合のなかで二番目に大きな〈ユニゾン〉は、残留の動議を支持すると表明していた。〈ユナイト〉のレン・マクラスキーは激怒して、彼らはほかの組合に対して「汚いことをしている」と個人的に非難した。GMB（全国都市一般労働組合）の幹部が言うには、「振り返ると、すべてはコービンのあと誰が党首になるかという後継者争いにかかわっていた。つまり、キア・スターマーにかかわっていたのだ。キアはわれわれを残留派にしたがり、〈ユニゾン〉もそれを応援することにした。全部そこにつながっていた」。出席者の多くから見て、コービンの運命は決まっていたようなものだった。

とはいえ、紛糾の原因は〈ユニゾン〉だけではなかった。会議参加者がほとんど直感的には残留派だったのに対し、キャリー・マーフィと〈ユナイト〉は反撃に出た。マクラスキーは次々と小さな会合をまわって、残留の動議を投票で否決するよう参加者を説得していき、マーフィは党大会のメイン会場で明確な行動をとった。

投票当日、参加者たちは二回目の国民投票を支持したが、無条件の残留は認めなかった。マーフィは主会場に「おお、ジェレミー・コービン！」のコールが湧き起こるのを満足げに見ていた。しかし、投票のあいだじゅうコービン自身はどこかに引っこんでいて、ほとんど姿が見えなかった。

コービンが不機嫌であることについては、全員の意見が一致した。明らかに党内の分裂の影響だった。禅僧のような態度は消えた。一年前からストレスが原因とも言われた目の病気を患っていて、いつにも増して事務局に顔を出さなくなった。たまに現れても、「かならず不機嫌だとわかった。着ることを禁じられた緑のスーツをいつも着ていたから」とマーフィの協力者は言う。「彼がそれを着ていれば、あれこれしろと命じる人たちに腹を立てているという意味だった。消極的に着ることもあれば、攻撃的に着ることもあった」。マーフィ寄りの別の人物によると、「彼はいっそう扱いにくくなった。『みんな、私をハチャメチャなよぼよぼ爺さんだと思いたいんだろう。だったらこっちも好きにやらせてもらう』と考えていたようだ」

ほかの多くの人々はコービンのことを心配し、四年間ありとあらゆる攻撃を受けたせいで、心身の不調に陥っているのではないかと怖れた。「もうたくさんという気分だったんだろうね、あの信じられないくらい立派な人が」とある影の大臣は言う。「神経衰弱になってたのかもしれない。あらゆる方面から非難されるし、彼の家族に向けられた批判は政治史上類を見ないほどだった。唯一あれに匹敵するのは、アーサー・スカーギルと全国炭鉱労働組合くらいだろう。絶望的な時期だった。本当に絶望的だった」

コービンに近い筋の意見では、そのころには彼はマーフィとミルンを見かぎって、結局いちばん古くからの政治的同志であるマクドネルとアボットの意見にしたがうようになっていた。「二〇一九年の党大会までに、ジェレミーはミルンとマーフィに心底うんざりしていた」とコービン派の影の大臣は私に語った。「トム・ワトソン追放の馬鹿げた失敗と、アンドリュー・フィッシャーの文章のサンデー・タイムズ紙への漏洩が決定的だった」

だがこの時点で、マーフィとミルンがコービンを守るために築いた防御壁は、どうやら完全に彼を支配するようになっていた。コービンの電話にかけたのにマーフィの側近のエイミー・ジャクソンが出てきたり、ショートメッセージを返したりすることもあった。「あの頃の党首事務局に起きていたことを正直に言えば、厳しい検閲ネットワークだった」とコービン派の最長老のひとりは言う。「ジェレミーは完全に支配権を失っていたのだ」

一方、マーフィとミルンはともに、自分はコービンの命令にしたがい、彼の意思を実行しただけだと強調した。自分は革命前のロシアの皇帝(ツァーリ)に仕えた顧問のように見られがちだが(吹き寄せられた雪のように真っ白な皇帝がまちがったことをするはずがなく、もし政府による不正があったとすれば、それは邪悪で有害な顧問たちのせいだという根強い信奉があった)、実際はちがうと主張した。たとえみずから望んだとしても、完全に独立した行動がとれるわけがない、コービン自身の意向に沿わない仕事はやりようがないではないか、と。

マーフィの主要な協力者だったマーシャ＝ジェイン・トンプソンはこう言った。「もちろんキャリーは党の意思決定をするメンバーのひとりだった。でも、最終決定をするのはジェレミーよ……キャリーはその決定を彼の代わりに実行した。『これをしてほしい、あれをしてほしい』と言うのはジェレミーで、手配はキャリーにまかせていたの」。だが、党首事務局の多くの人の目から見て、それは事実ではなかった。むしろマーフィがコービンの明言した要求を超える行動をとることが多く、彼の反応がなければ先に進んでいいという許可と解釈していた。

もっと厳しい見方をする人もいる。マーフィのもとでコービンに相談することなく意思決定がなされ、その極端な例が、頓挫したワトソン追放の動きだったというのだ。コービン派のある影の大臣が思い出したエピソードがある。スタッフのひとりが、自分たちはコービンの指示を受けて行動しているとマーフィに伝えると、彼女は「これは左派の総意です。たったひとりのリーダーがいるわけではないの」と答えたという。

イベント担当チームの別の補佐は、コービンのマーフィに対する信頼はすでにかなり揺らいでいたが、ワトソンの騒動で完全に消滅したと証言する。「彼にとって唯一大事なものは信頼」と彼女は言う。「極右の政治家でも、ジェレミーが信頼しているかぎり人間関係を築くことができる」。ただ、だからといってコービンに責任がないわけではない、と彼女は続けた。関係が悪化したのは「ジェレミーのせいでもあるから。決して彼女と対決しなかったから」

ある幹部から聞いた話では、マーフィは、コービンが充分リーダーシップを発揮していない、決断力がない、とよくこぼしていたという。その点は彼女が正しい。「とはいえ、そこにできた空間に自分の意見を押しこんでいいということにはならない」と彼はつけ加えた。「マーフィはそうしていた」

党首事務局のスタッフからの囂々（ごうごう）たる非難を信じるなら、マーフィ配下の事務局はしばしば混乱し、険悪な雰囲気になった。二〇一八年一一月にチームで出かけたラフバラへの研修旅行では、スタッフが募らせていた不満が爆発した。コービンの個人秘書だったイラム・アワンがそこにいなかったからだ。彼女はキャリー・マーフィの判断で党員資格停止になっていた。何が起きたかについて執行部は口が重く、たんに「きわめて深刻な事態」で、アワンは「プロジェクト全体を危険にさらした」と言うだけだ。真相は藪の中である。

国会で働く人はみな、保安部門の審査を受けて通行証を取得しなければならないが、アワンの通行証はなかなか発行されなかったので、マーフィもミルンもコービンも、当局の反イスラムの偏見が影響しているのではないかと疑っていた。だが、通常数週間で認められる通行証が九カ月出ていないことがメディアにもれると、[*6]事務局の上層部は、国会の運営当局か政府、または保安部門のどれかが関与していると考えるようになった。同じ月、サンデー・タイムズ紙に、コービンが「国の安全保障に関する質疑応答中に、イギリスに対するテロの脅威について保安局（ＭＩ５）長官から説明を受けるために呼び出された」という記事が掲載された。[*7]実際そのころ、労働党党首とＭＩ５長官のアンドリュー・パーカーの会合に向けた交渉が水面化で進んでいたが、記事はまるで世間のことを何も知らない腕白な小学生のコービンが、人生の真実について教えられるといった書き方だった。そこで党首事務局はＭＩ５に宛てて、アワンに通行証が発行されないことを憂慮するという手紙を作成し、それまでの経緯をメディアに説明するとともに、サンデー・タイムズ紙に反論する声明を出した。

仄聞するところ、こういうことが起きたらしい。キャリー・マーフィがアワンを連れて国会敷地内で保安部会と会合し、通行証が出ない理由を尋ねたところ、保安担当者は、アワンには家族に関して微妙な問題があるのではないかと問うた。それでマーフィは、アワンとふたりだけで相談したいから一度席をはずしてほしいと彼らに頼んだ。マーフィの協力者たちによると、そのときアワンは、自分の兄弟が過激派とつながっていて、ひとりはシリアにいると認めたという。アワンは親族の行動で自分が不利に扱われたことに腹を立てていたが、部屋に戻ってきた保安担当者たちは彼女の説明を受け入れ、正直にすべて話してくれればそれでいい、あなたに迷惑をかけるつもりはないと強調した。誠実な上司たちは、イスラム嫌悪が遅延に関係していると心から信じていたが、アワンが兄弟の重要な情報を明かしていなかったことで怒りが広がった。

その後のＭＩ５と秘密情報部（ＭＩ６）との会合では、アワンがコービンの個人秘書として出席者を決めた。幹部たちが驚いたことに、彼女はみずから出席し、シニア・チームにいた政務秘書のエイミー・ジャクソンをはずした。ＭＩ５のアンドリュー・パーカーとの会合では議論の三分の二に割りこみ、ＭＩ５がイスラム主義者のテロ行為を取り締まるのと同じ熱心さで極右主義者の活動に取り組んでいない、として長官を責めたと言われる。まっとうな議論ではあるが、それは政治家の議題であって、個人秘書が口を出すべきことではない。アワンはその後、怒ってマーフィに噛みつき、党首の命令なら受けるけれど首席補佐官に命令されるいわれはないと言ったこともあるという。

一方、アワンに近い人たちの意見はまったく異なり、彼女の兄弟は過激主義者とはなんら関係ないと主張する。兄弟はたんに保守的なイスラム教徒で、つねに社会で汚名を着せられている。通行証が出ない本当の理由はイスラム嫌悪だと彼らは信じていた。アワン自身も党首事務局の上層部にそのような説明をしたが、のちにそれが不利に使われたと後悔することになった。

本人に言わせれば、自分はリベラルなイスラム教徒であり、イスラム教徒ではない白人男性と結婚している。たしかに兄弟のひとりはシリアに行ったが、ジャーナリストとしてだ。アワンのまわりの人たちによると、マーフィは事務局のスタッフに、兄弟は過激派組織ＩＳＩＳの支持者だと言ったらしいが（マーフィは否定している）、いずれにせよ、それはまったく事実無根だと彼らは強調する。

保安部門との会合への出席についてもアワンは、コービンと直接話して反対されなかった、コービンの許可を得たうえで参加したのだし、実際の会合でも余計な発言をするなと誰かから注意されることはなかったと言った。たとえ余計な発言をしたのだとしても、それで党員資格停止処分になるのはおかしい、と。彼女は停止処分の二日前に、マーフィに対して正式な苦情の申し立てをしようかとまわりに相談していた。理由は職場でのいじめ行為と、彼女の流産に関連した不適切なコメントだった（マーフィはこれを否定し、同僚たちにアワンは体の具合が悪いから親切にしてあげてと言ったと主張している）。アワン側の人たちから見れば、マーフィはアワンに抗議されることが気に入らず、彼女を排除する機会をうかがっていただけということになる。

真相はどうあれ、アワンのこの事件は党首事務局の運営に関してスタッフが次々と不満をもらすきっかけになった。彼らは国会敷地内の党首事務局から目の届かないところに集まり、恨みつらみを話し合った。そして、すでにマーフィ配下にある（と彼らは信じていた）人事部や、一二月三日に開かれる合同労働組合委員会に苦情を提出すると報復が怖いので（反コービン派が多いし、労働組合の会合からはリークが生じやすかった）、数名のスタッフが匿名の手紙を書き、党首事務局の同僚二五名がそれを支持することにした。その内容は「労働者の権利を核とする社会主義運動」の価値観に反して、上層部による「スタッフへのいじめや脅し」が蔓延しているというものだった。上層部は「スタッフを互いに対立させたり、苦情になりそうな事柄をあえて探してスタッフ同士が苦情を言い合う状況を作るなど、スタッフの苦情を武器に用いて、分断的で有害な」職場文化を育てている。

手紙はさらに、同僚に関する嘘や「女性党員の外見や服装について本人のまえでコメントする性差別行動」、「上級管理チームが匿名性を無視して党規違反や苦情の事例を議論すること」、「自分たちは無実であると推定すること」などについて上層部を非難していた。同じ上層部が「建設的な批判やフィードバックをしばしば個人攻撃と見なすこと」も告発した。手紙では終始「上層部」ということばが用いられたが、作成者がほぼ共通して念頭に置いていたのはマーフィだった。

この手紙はしばらく公表されなかった。何よりコービン・プロジェクトに懸命に取り組んできたスタッフは、国会でブレグジットをめぐる論戦が本格化しているむずかしい時期にトラブルを抱えたくなかったのだ。しかしクリスマスの直前、党首事務局の組合の代表が手紙のコピーを三人の幹部——マーフィ、ミルン、フィッシャー——に直接手渡した。マーフィはすぐに代表を小さな会議室に連れていき、この手紙はでたらめも甚だしい、完全にナンセンス、すべて大嘘で、スタッフの大多数はこんな告発を支持しないなどと一〇分間怒鳴りつけた。

二〇一九年一月、コービンはマーフィ、ミルン、フィッシャー、アンジュラ・シン、ナイル・スークーを呼んで幹部会議を開き、この手紙について話し合った。マーフィは闘争心をむき出しにした。彼女が知るかぎり不満を抱いているのは少数派であり、彼らは管理されることに耐えられないだけだと言うと、匿名希望のもうひとりの幹部が賛成した。『多くの労働党スタッフはどんな管理にも耐えられない』ということだった。「党首事務局の一部のスタッフは、『われわれがいちばんよく知っている。われわれは活動家だから誰よりも事情にくわしい』という考え方をする。頼まれたことをしないわけではないから、傍目にはわかりにくいけれど、何かを実現しようとすると、ひどくエネルギーを使う消耗戦になる。彼らは傲慢で、ある種のやり方で管理されることを好まない」

だとしても、職場の人間関係を良好に保つことは、スタッフではなく管理者の責任である。労働者のための党であればなおさらだ。それなのにこの事務局は、一対一の面談はおろかスタッフの適切な評価もしなかった。「献身的な社会主義者の職場だったはずが、みんな怖くて苦情を申し立てることもできなかった」と補佐のひとりは言う。「だから、匿名の手紙という手段をとらざるをえなかったんだけど、無視するのは簡単だ。もともとうまくいくわけがない」

事務局の運営はますます分断されて二極化し、スタッフの不満も無視できないほどになっていった。二〇一九年六月、インフレに追いついていない賃金の引き上げを求めて、労働党の全職員がストライキに訴えようとしたが、マーフィに近い者たちが、組合不支持の手紙に職員の署名を集めようとした。党首とマーフィ自身が組合活動にとりわけ深くかかわってきたことを思うと驚きの行動だが、それはさらに対立を招いただけだった。七月初め、職員の労働組合の支部が、執行部を非難する動議をほぼ全会一致で可決した。それは、職員が管理プロセスに異議を唱えることを禁じ、「組合に不満を持ちこむとメディアへのリークにつながると示唆することによって、組合員を代表する支部役員の能力を」奪おうとしているという非難だった。

動議はこの告発を「最大限真剣に扱う」ことを要求していた。「われわれの組合支部や職場代表に対するいかなる攻撃も、労働者としてのわれわれ一人ひとり、そしてその権利への攻撃である」。しかし、マーフィと彼女の同調者たちはあくまで反論しつづけた。「みんなの彼女に対する態度は本当にひどかった」と選挙運動・イベント担当責任者だったマーシャ＝ジェイン・トンプソンは振り返る。「あの人たちはごろつきのように見せたかったようだけど、彼女はぜんぜんちがった。たんに、はっきりとものを言う女性だっただけよ」。トンプソンに言わせれば、問題の告発は、要するにただの「性差別」であり、それ以外の何ものでもなかった。

同じ夏、以前はまったく親しくなかったジョン・マクドネルとダイアン・アボットが連携して、マーフィを首席補佐官の地位から労働党本部に異動させるようコービンの説得を試みた。同時にシェイマス・ミルンからも運用上の責任を奪い、政治顧問にする提案だった。フィンズベリー・パークのオフィスで話し合ったときには、コービンも同意した様子で、アンドリュー・フィッシャーに翌日連絡して詳細を検討させると約束した。部屋から出たあと、アボットはマクドネルに「感触はとてもよかったわね。すごく前向きだった。これで新しい夜明けが来る」と言った。しかしマクドネルはそれほど楽観的ではなく、「二四時間後にどうなっているか見てみよう」と応じた。結局、コービンはきまじめにいつもの姿をくらます態度に出て、何日も電話に応答せず、マーフィは事務局に残ることになった。

とはいえ、同年九月の党大会でのワトソンをめぐる騒動のあと、マーフィはあまりにも大きな問題になり、さすがのコービンも無視するわけにはいかなくなった。新人議員だったころからのつき合いのジャック・ボンドと、かつて長く個人秘書を努めていたニコレット・ピーターセンから党首事務局内の雰囲気を聞いたコービンは、大いに悩んだ。これと決めたことを断固として推し進めるマーフィの強引さが、党首とのあいだに摩擦を生じるようになってきていたこともある。

「ジェレミーは、プレッシャーを感じたときのキャリーの態度が威圧的すぎると感じていた」と上級補佐のひとりは言う。「彼にあんな話し方をしても無駄だ。黙りこんでしまうだけだから。キャリーは感情的になりすぎる、とジェレミーは思っていた」。そのうえ、上級職のなかで何かと理由を見つけてはいちばんコービンのそばにいたがるのもマーフィだった。「彼女はジェレミーに一日一〇回は報告していた。ときにはいかにも官僚主義的な書類にサインを求めたりして。ジェレミーはそういう仕事はしない。好きじゃないんだ」

ついに一〇月初め、コービンは思いきって決断する。そこで起きたのは宮廷革命だった。スペインで休暇中だったマーフィは帰国を求められた。コービンの執務室に入ると、党首とその横にマクドネルがいた。話しはじめたのはマクドネルで、マーフィには党首事務局から労働党本部に異動して総選挙の準備をしてもらいたいと言った。するとマーフィは「とても興味深いけれど、私はあなたではなくてジェレミーの下で働いているの」と切り返した。マクドネルはコービンのほうを向き、「話してやってくれ、ジェレミー」と言った。いつもながら争いを嫌うコービンはほとんどしゃべらなかった。

マクドネルはマーフィに少し部屋から出てもらえないかと頼み、マーフィが一度出たあとまた呼ばれてなかに戻ると、今度はコービンがもごもごと、サー・ボブ・カースレイクと話してほしいと言った。カースレイクはかつて行政機関の長で、マクドネルと長年親しく、党首事務局の運営に関する調査を依頼されていた。マーフィはコービンの手を取って言った。「私にここを去ってサウスサイドで働いてほしいなら、そうするわ。だから、私の目を見てそう言って」。コービンは彼女と目を合わさず、カースレイクと話してほしいとくり返した。

その直後の事務局内の打ち合わせで、コービンはチームの面々に、マーフィは本部に異動して、まちがいなく近づいている総選挙の準備をすることになったと告げた。人が変わったようになって「初めて自信に満ちていた」と出席したチームのひとりは言う。「あとにも先にも、あんな彼は見たことがなかった」

かくして、今度はマクドネルが運転席についた。二〇一七年の総選挙以降、マクドネルは以前持っていた権力の多くを失い、自分の意見は組織のなかで無視されていると感じていた。党首事務局との関係は事実上断たれ、ミルンがまわりの人間に言った表現を借りれば、「引きこもって、ふてくされている」状態だったが、アンドリュー・フィッシャーに説得されて、もう一度表舞台に立った。コービンは政治的な必要性から、また長年の同志に頼ることになったのだ。

マクドネルは自分の役割をトラブルシューティングと考えていた。党運営を安定させ、コービンを援護し、がたつく事務局の迷走を防ぎ、政府に示す政策をなんとか策定する。一方、カースレイクは、マーフィの後任にヘレン・リアドン・ボンドをあてた。彼女は元上級公務員で、建設業者と清掃員の夫妻の娘としてケンティッシュ・タウンの公営住宅で育ったという、生粋の労働者階級の出身だった。生まれてからずっと労働党支持で、どの党派にも属さず、きわめて有能なリアドン・ボンドは、コービンの事務局が長いあいだ待ち望んでいた人材であり、さっそく集中して状況の打開に取りかかった。

だが、マーフィも黙っていなかった。異動させられたことに失望しきっていた彼女から見れば、コービンだけでなくマクドネルからも蹴られたのだ。しかも、いまやそのマクドネルが実権を握っている。自分は二〇一六年夏の危うい党運営を安定させ、党首を内なる敵から守って、コービン・プロジェクトの継続に決然と身を捧げてきた、と心から信じていた。怒ったマーフィは反撃し、首席補佐官の地位をふたたび要求するところまでこぎつけて、党首事務局内で彼女に完全な忠誠を誓う八人の仲間から支持を得た。リアドン・ボンドはもう手いっぱいだった。党首事務局が一体となって機能しはじめるのには半年かかるとコービンに報告したが、結局、その半年は訪れないことになる。

マーフィ、ミルンやその取り巻きから見れば、「マクドネルのクーデタ」（人事異動を命じたのは党首なのだが）はブレグジットと密接に結びついており、労働党は雪崩を打って残留支持政党になりそうだった。事務局内の仕事はすべて見直され、各チームの職員はひとりずつカースレイクと面談したが、ある職員が私に語ったところでは、同席したカースレイクの同僚がEU旗をかたどったブレスレットをつけていたことから、「まるで党首事務局が〈ピープルズ・ヴォート〉運動に乗っ取られたようだった」（その話をアンドリュー・フィッシャーにすると、彼は手を振って憶測を退けた。「完全な陰謀論で、不誠実なでたらめだよ。当時、事務局内で〈ピープルズ・ヴォート〉にかかわっていた人間は、文字どおりひとりもいなかったのだから。誰がそんなことを？　くだらない」）

◆

九月初め、取り決めなし（ノー・ディール）のブレグジットを阻止するために、国会の議事を支配しようと労働党が立ち上がり、そこに野党が結集すると、ジョンソンは総選挙を提案した。全野党はブレグジットが左右する選挙に反対だったし、政府は窮地に追いこまれていると考えていたので、ジョンソンの提案を否決したが、引き延ばせるのがせいぜいここまでなのは明らかだった。「『邪悪な保守党政府はできるだけ早く進みたがっているが、われわれは止まれと要求している』と野党が主張するのはかなりむずかしかった」と首席院内幹事のニック・ブラウンは私に言った。労働党はさらに、新しい強敵にも立ち向かわなければならなくなった。

ボリス・ジョンソンと狡猾な上級顧問ドミニク・カミングスに、古いルールは通用しなかった。ルールブックが気に入らなければ破り捨てるだけだ。その年の八月、コービンの元広報官マット・ザーブ＝カズンは、ダウニング街に登用されたカミングスからメールを受け取った。一度家に来てビールでも飲まないかという誘いだった。コービンのチームの考え方が知りたかったのか、カミングスの動機がなんであれ、その会合はザーブ＝カズンにとって得るものが多かった。

カミングスは、いまや熱烈なブレグジット推進派になったとして、保守党内の反乱分子に対する処遇の計画をあけすけに語った。国会でノー・ディール・ブレグジットの動議に反対した保守党議員は次の総選挙で公認候補にしないという。政府の行動が国会で阻止されるようなら、ふたつの策のうちどちらかをとる。ひとつめは、ブレグジットの締め切り後の一一月一日に総選挙をおこなう。そうすればイギリスのEU加盟は期限切れとなり、自動的に取り決めなしでの脱退となる。ふたつめは、一〇月三〇日に総選挙をおこない、有権者には、保守党への一票は二四時間以内に発生するブレグジットへの一票ですと説明する。

コービニズムは本来イギリス政治において、反体制、反エスタブリッシュメントの役割を担うはずだった。ところがいまや、その服をジョンソンとカミングスが着ていた。保守党の新しい売り文句は「国民対国会」だった。二〇一六年の国民投票で示された人々の意思が、恥知らずで時代遅れの政治エリートたちによって意図的に妨害されているというわけだ。これこそ、ミルンやほかの補佐たちが怖れていたこと、それでいて有効な対策を立てられなかった攻め筋だった。

実質的に考えれば、この主張は意味をなさない。イギリスは議会民主主義の国なのだから、国民投票の結果であれしっかり下院で議論しなければならない。それこそブレグジット派のよく言う「国家主権」を取り戻すということだろう。それに国民投票の一年後には、イギリスの有権者が選んだ国会議員の過半数はノー・ディール・ブレグジットに反対していた。

だが、政治では事実より感情が優先する。そしてカミングスはおそらくそのときイギリスの政治の前線にいた誰よりも国民感情を理解していた。労働党執行部はテリーザ・メイ政権末期の数カ月、国会での論戦で保守党に勝ってきたが、それは犠牲をともなう苦しい勝利だった。国民は国会での駆け引きや、いつまでもブレグジット地獄から抜け出せないことにうんざりし、嫌気がさしていて、離脱派の選挙区の多くの有権者は、政府が論戦で負けるたびに、たんにまた三年半前の民主的な投票結果の執行が妨害されたと感じていた。

ジョンソンとカミングスは、労働党が理解していなかったことを理解していた。そして、容赦なかった。カミングスがザーブ＝カズンに言ったことは本当で、九月初め、野党とともにノー・ディールを阻止する動議に賛成した保守党国会議員二一名は即座に党から追放された。そのなかには元財務省のフィリップ・ハモンドや、ウィンストン・チャーチルの孫のニコラス・ソームズもいた。また、首相の弟は閣僚を辞任し、保守党国会議員も辞めると宣言した。

ジョンソンの勢いは何があっても止まりそうになく、労働党執行部はそれをうらやましく眺めていた。コービニズムはメディアでつねに権威主義的、スターリン主義的なカルトとして描かれたが、実際には、コービンが党首になってからの四年半で公認をはずされた労働党国会議員はひとりもいなかった。それに対し、ジョンソンは保守党党首になって数週間のうちに、いわゆる「リベラル」な党員を大量追放したのだ。それは大きな賭けであり、国民には彼がブレグジットより党内規律を優先させていることを示すかたちになった。

造反した二一名を追放することで、ボリス・ジョンソンは下院でのきわどい過半数を失った。そこで野党は新しい計画を議論した。たんに不信任投票でジョンソンを首相の座からおろし、新しい移行政府を作ってノー・ディールを阻止し、二〇二〇年に総選挙、場合によっては国民投票を実施すればいいではないか？もしジョンソンが強制的に辞任となれば、法律の要請により野党第一党の党首コービンが首相となる。この見通しにコービンはがぜん元気になり、議論をリードした。「彼は大まかな同盟を作り上げた。あれはまちがいなく彼の功績だった」とアンジュラ・シンは言う。「あの会合では本当にすばらしい働きをしていたわ」

ただ、計画を実行するには、ほかの野党の全議員と、今回追放された保守党議員数名の支持が必要だった。

問題は自由民主党（近年、労働党から離れたチュカ・ウムンナらの勢力があった）で、チェンジＵＫもいっさいコービンとかかわろうとしなかった。ジョン・マクドネルも心のなかでは、この提案に労働党議員団の賛成を確保することすらむずかしいのではないかと思っていた。結局、ブレグジットの期限は延長されないまま、国会内での権謀術数は続いたが、それは労働党に有利に働かなかった。

二〇一七年の総選挙でのコービンは扇動的な反乱者であり、主義主張の人だった。それがいまや策士、陰謀家、国会のエスタブリッシュメントの一部と見なされていた。コービンの得意分野を考えれば現実からほど遠いが、そのイメージは消えなかった。国会での怒りの答弁や、自宅の外に駐車して待つ記者たちに食ってかかるところなど、短気を起こした場面の動画がそこらじゅうにあふれた。

こうしたことすべてがコービンをさらに追いつめ、世論調査の支持率は悲惨なまでに落ちこんだ。しかし不思議なことに彼のチームは、すさまじい支持率低下を人生のたんなる事実のように受け入れていた。戦略的に国民の認識を向上させる方策の議論はなきに等しかった。そのこと自体が、最初からあきらめている証拠に見えた。

それでもまだ足りないかのように、労働党執行部と残留派の運動は、もうひとつ致命的な推定をしていた――ボリス・ジョンソンは、前任者のテリーザ・メイが出して失敗した提案よりましなブレグジットの条件を引き出せないだろう、と。あとから考えると、これは基本的なまちがいだった。ぎりぎりで国会の過半数を確保していたメイ政権は、北アイルランドの民主統一党（ＤＵＰ）に頭が上がらず、ＤＵＰは北アイルランドをイギリスのほかの地域から分離する関税の境界線ができることに反対していた。だが、ジョンソンはそもそも、ＤＵＰに頼らなければならないハング・パーラメントを運営する気はなかった。二一名の保守党国会議員を追放して過半数割れしたからには、いずれにしろ首相の座に長くとどまることはできない。だから保守党とＤＵＰの連携をアイリッシュ海に捨てることができ、実際にそうした。一〇月なかば、ジョンソンが離脱協定についてＥＵと合意に達したと聞いたシェイマス・ミルンは、「ありえない。できるわけがない」と否定したが、合意はできていたのだ。

一〇月三一日のブレグジットの期限に向けて、政府は全力でその取り決めの実行に取り組み、同じ週に国会で新しいEU離脱協定の決議をおこなおうとした。ここ数カ月、国会の雰囲気は圧力鍋のようだったが、それが爆発しようとしていた。議員たちは政府の動議を否決し、ジョンソンに二〇二〇年一月末までの期限延長の交渉を押しつけた。

労働党のある補佐は、同僚たちが事務局の外で喜び騒いでいたのを憶えている。しかしその補佐自身は、この国会でのゲームが国にどういう影響を及ぼすかがわかりすぎるほどわかって、絶望を感じた。「われわれはあの決議で、社会主義政府ができるチャンスをつぶしてしまった。相手の術中にはまって、保守党が望むメッセージを発してしまったのだ——われわれはエスタブリッシュメントだ、と」

過去二年間、猛烈に総選挙を要求してきたにもかかわらず、労働党はジョンソンが首相になってから国民の総意を問うことに抵抗してきた。議会を解散すればイギリスはノー・ディールの混沌に放りこまれるというのが理由だった。ブレグジットの崖っぷちが遠ざかって、その差し迫った脅威は消えたかに見えたが、それと同時に、ジョンソンが望む総選挙を押しとどめる労働党の理屈も成り立たなくなっていた。

9 崩壊

二〇一九年秋、バラバラになった労働党執行部と労働党国会議員団のなかにひとつ共通認識があったとすれば、それは「ブレグジットを争点にしてボリス・ジョンソンのルールで総選挙に突入するのは、非常にまずい」ということだった。自分たちが弱い分野を争点にして選挙を戦わないことは、当然ながら政治の鉄則である。

ブレグジットは保守党の票を固めた。国家、主権、「タフであること」にかかわる問題であり、どれも右派のポピュリストの大好物だったからだ。労働党が総選挙に反対する表向きの理由はノー・ディール・ブレグジットの脅威を避けるということだったが、実際には労働党ならではの事情もあった。九月なかばに、選挙運動・データ処理チームが世論調査の恐ろしい数字を弾き出していたのだ。結果は、保守党が過半数を一五〇席近く上まわるという不吉なものだった。とはいえ、総選挙を避けようという労働党の言いわけはもう通用しない。野党連合のなかでも重要なスコットランド国民党（SNP）が総選挙支持にまわったので、なおさらだった。

一〇月二二日、ボリス・ジョンソンのブレグジット案は第二読会〔訳注：下院での法案検討の段階。第二読会のあと、関係委員会、下院本会議、第三読会を経て上院に上げられる〕を通過した。労働党執行部としては、国の一世代分の未来を決め、左派の政治的後退を止められる選挙運動を緊急に始めるべきときだった——ふつうなら、そう考えただろう。

◆

一〇月のあいだじゅう、ブレグジットに対する労働党主要議員の不甲斐なさに苛立った労働組合の書記長たちは、党首事務局で何度も会合をおこなったが、その多くはまとまりを欠いた集まりだった。たとえばレン・マクラスキーが党首事務局の会議室で議長を務め、コービンと、選り抜きの組合代表たちと、マクドネルが出席した会があった。話し合いは雑然として緊迫感もないなか、突然コービンがみなにお茶を淹れると言いだし、席を立って準備しはじめた。マクラスキーは、そのとき話していた〈ユニゾン〉書記長デイブ・プレンティスに割りこんで重々しく言った。「デイブ、ちょっと待ってくれ。ジェレミーがお茶を淹れに立ったから、席に戻るまで待つんだ」

コービンはそんなやりとりには気づかない様子で、のんびり支度をしていた。そのうえ、電話線に足を引っかけてスピーカーフォンによる参加者を締め出し、さらには出席していた労働組合代表のひとりに話しかけて、自分の元補佐のギャビン・シブソープはどうしているかとまったく関係のない質問をした。すべてコービンの平常運転だった。欠点になるほど鷹揚で、みなを平等に扱う。ふつうの状況なら微笑ましいが、この危機的な状況にあってはじつに腹立たしかった。

次の会合に集まった労働組合のリーダーたちは、政治家がひとりも出席していないことに気づいた。コービンの首席補佐官ヘレン・リアドン・ボンドは恥じ入り、アンドリュー・フィッシャーは、電話で参加していたほかの労働組合幹部が次々といなくなるので、そのたびに会合を仕切り直さなければならなかった。そのときの会合に参加していたひとりは言う。「総選挙をすべきかどうか決めようという集まりが、コメディ映画シリーズ『キャリー・オン』の一作のように感じられた。あれほどのまとまりのなさとハチャメチャぶりは、まさにあの映画だったよ」

ただ、これもコービンのいつもの逃げの戦略だった。どうすべきかわからなかったのだろう。影の内閣にも党首事務局にも、楽観論から完全な恐怖までの幅広い意見があった。エミリー・ソーンベリーら残留派は、ジョンソンが出す条件で戦うしかない総選挙には断固反対という立場で、党としては二回目の国民投票をあくまで要求すべきだと主張していた。一方、ほかの議員たち、とりわけキャリー・マーフィと彼女のチームは、総選挙で国民の総意を問うべきだと熱心に唱えていた。党議長のイアン・レイブリーが、圧倒的に総選挙に反対している労働党国会議員団の週一回の会合に送られ、「われわれは過去に例を見ないほど総選挙の準備ができている」と強気で宣言したが、ほとんどの議員は信じなかった（その後レイブリーは、自分で自分の首を絞めたようなものだったと同僚にもらした）。

影の内閣の定期閣議は沈鬱な雰囲気で、出席者は感情的だった。多くの閣僚は心配していた。まず、暗く寒い冬の選挙は戸別訪問や大規模集会といった労働党の得意な戦術に不利に働く。さらに、保守党がめざしている一二月一二日という選挙日は、労働党支持の有権者の連帯で重要な位置を占める学生層がクリスマス休暇で実家に移動中となり、これも得票への打撃となる。コービン自身は、例によって総選挙支持と断固拒否とのあいだで揺れ動いていた。

その間、ほかの野党は少しずつ前進していた。ジョン・マクドネルは、スコットランド国民党（ＳＮＰ）下院院内総務のイアン・ブラックフォードと毎日のように話し、良好な関係を保っていたが、ブラックフォードはＳＮＰが総選挙を支持することをはっきり伝えていた。そして労働党がためらっているうちに、業を煮やしたＳＮＰは残留派の最右翼である自由民主党に接近した。

一〇月二六日土曜日、リアドン・ボンドが会議通話をしていると、自由民主党の党首ジョー・スウィンソンから電話がかかってきた。午前一一時にＳＮＰと共同で総選挙を呼びかけるという。ただし、選挙日は一二月一二日ではなく九日として、大学の学期中に入れる。リアドン・ボンドはスウィンソンの能天気ぶりにショックを受けた。「どうしてそんなことをするの？」とすぐに言い返した。「それこそ保守党の思う壺じゃない」

そのとき自由民主党は混乱して、スウィンソンが次の首相候補になると思いこんでいた。彼女自身もそう信じていた節があり、自由民主党は「少し浮動票が動けば数百議席を獲得する」と主張していた。[*1]「無効」政策（二回目の国民投票すらせずにブレグジットを撤回するという主張。これは離脱派はもちろん残留派の大多数も、反民主主義的な暴挙と見なしていた）を唱えつつ、スウィンソンはジョンソンだけでなく、驚くべきことにコービンに対しても強烈な毒舌をふるった。どうこう言っても、自由民主党は二〇一〇年に保守党と緊縮財政の連立政権を作っている。スウィンソンの態度は、保守党から奪える票数に党の命運がかかっていると信じていればこそだった。しかし、その保守党の浮動票は、「彼女の党がいかなる状況でも労働党政権を支えない」と有権者が確信しないかぎり動かなかった。いずれにせよ、ＳＮＰと自由民主党が総選挙を支持したからには、実質上、労働党が拒否しつづける道は残されていなかった。

党首事務局には、二〇一七年の総選挙の魔法がもう一度実現すると信じている人たちもいた。二〇一七年当時、選挙運動が始まった時点で保守党はもっとリードしていた。ある世論調査では支持率四八パーセントで、労働党の推定支持率の二倍だったし、テリーザ・メイは絶大な人気を誇っていた。だが蓋を開けてみれば労働党が大勝して、下院に絶対多数政党がいなくなった。

今回、コービンは悲惨なまでに不人気だが、ほかの要素も加味しなければならない。ジョンソンにはメイの初期ほどの熱狂的人気はなく、保守党と労働党の支持率の差も二〇一七年に比べればかなり少ない。選挙放送に関する規制やコービンの選挙運動中の熱意、労働党の大規模な人海戦術、それにヘマをしがちなジョンソンという条件が加われば、歴史がくり返されることもあるのでは？　民主統一党（ＤＵＰ）がまた保守党政権に加わることはないだろうから、改めてハング・パーラメントができたとしてもジョンソンはいなくなる。

とはいえ、保守党がそれほどみじめな選挙運動をするとは考えられなかった。コービンのマイナスイメージも、二〇一七年には定着する暇がなかったが、すでにしっかり根づいている。ブレグジットによる社会の二極化も、当時とは比較にならないほど進んでいた。そしてもちろん、労働党の党首事務局には一致団結したチームがなかった。

一〇月二九日の夕方、私も含めた左派の評論家の集団が党首事務局の会議机を囲み、来る総選挙についてジョン・マクドネルの説明を受けた。それは恥じらいもなく急進的な計画だった。その会議のまえに野党は、一六歳と一七歳のイギリス人とEU諸国民に選挙権を与えるという純粋に選挙のためだけの政府の一行法案を修正しようとしたが、彼らの提案はすべて退けられていた。さらに気候危機に取り組み、生活水準を向上させようという労働党の「グリーン産業革命」計画について議論が紛糾したところで、総選挙をするか否かを決める投票開始のベルが鳴ったのだった。議場から出てきたマクドネルは幽霊に取り憑かれたようだった。ほどなく保守党が議案を通したことが明らかになった。こうして、賛成四三八票、反対二〇票で、一二月一二日の総選挙実施が可決された。

労働党は五週間で党を立て直して選挙に勝利しなければならない。みなの気持ちを高めようという痛々しい努力で私は会議机を叩いたが、ほとんどの労働党議員は絶望していた。彼らの多くは崖っぷちに行進している気分だった。

◆―――◆

最初から、どうしようもなく分裂した労働党執行部には明確な選挙戦略がなかった。戦略を立てたことなど一度もなかったのだ。二〇一九年のあいだじゅう、コービンやミルン、アンドリュー・マレーら幹部を含めた戦略会議らしきものが開かれていたが、ただ話すだけで何も結論を出さない見苦しい集まりになっていた。コービンも集中していないことが多く、携帯電話をいじったりして、よくまわりの人間を苛立たせた。真剣な会話もめったにしなかった。

くり返し起きた問題は、党首が何を考えているのか、彼のチームにもなかなかわからないことだった。それも道理で、どうやらコービン自身にもよくわかっていなかったのだ。発言するとしても短く、しばしば矛盾していて、補佐たちのあいだでも結論の解釈が一致しなかった。国際問題に関する提言を議論しはじめると態度も変わって、目を輝かせながらラテンアメリカの社会的正義から中東の平和まで幅広く論じたが、それらは総選挙の争点ではなかった。総選挙の実施が宣言されるまでに労働党党首は打ち合わせに疲れきり、二カ月前からすべてキャンセルするようになっていた。

証言によると、選挙戦略はどこにあるのかとリアドン・ボンドに訊かれたミルンは、「何もかも書き留めているわけではない。事態はあまりにも流動的だ。一日ごとの政治に対処しなければならないんだ」とすまして答えたという。だが、ミルンの同僚たちは何カ月ものあいだ、選挙運動の台本や有権者への明確なメッセージ、選挙戦略を彼に要求していた。四月には、アンドリュー・グウィンとイアン・レイブリーが共同議長に選出された会で、ジョン・マクドネルがミルンにそのことを明言した。このとき、首席戦略コミュニケーション顧問は七月までにみなに配ると約束したが、結局実現しなかった。

いつまでたっても選挙戦略が出てこないので、アンドリュー・マレーが（キャリー・マーフィに背中を押されて）中心となり、「総選挙戦略」と題する一〇ページの文書をまとめた。「運命の労働党政権」と意欲的な副題のついたこの文書が回覧されたのは、ジョンソンが首相になる数週間前だった。労働党は次の総選挙を「変化の選挙」と定義し、その「変化の主体」になる必要がある、とマレーは書いた。大規模動員で二〇一七年の精神をよみがえらせ、「楽観論と決意と熱意」を取り戻そう、と。

文書は計画の主たる障害もあげていた。保守党の新党首はテリーザ・メイの悲惨なマニフェストを引き継がず、減税を提案するだろう。そうなると、党首も政策も変わりばえのしない労働党は「新しい驚き」ではなくなる。メイの後継者は緊縮財政の終了を宣言し、財政支出を増やして、コービンの主要な優位点をゼロにしてしまう、とマレーは予言し、党として特定の不正義に取り組むのではなく、社会全体をどうやっていい方向に変えるかということに集中すべきだと助言していた。

そのためには、「社会を消耗させ分断する、究極的には見かけ倒しの『文化戦争』」はこれまで以上に避けなければならない。つまり、ブレグジットの罠にはまってはいけない。ブレグジットに関する労働党のメッセージは「混乱し、矛盾している」ので、どちらを向いてもトラブルに巻きこまれると、文書は警告していた。国民投票の結果を受け入れれば、残留支持の政党に票が流れてしまうし、適切に残留を支持しても保守党やブレグジット党への票の大量流出が生じる。なんとかして議論の流れを変える必要があった――残留派に対しては労働党の進歩的な社会政策を強調し、離脱派に対しては国内で産業が空洞化した地域への対処を打ち出すのだ。しかしマレーの文書は、党が解決不能の混乱のなかにあることを反映して、さまざまな問題に答えるというより、それらを提示するだけにとどまっていた。

その夏の終わり、ミルンが文書を手直しし、コービンの労働党は改めて「エスタブリッシュメントとエリートに対する真の挑戦者」になるべきだと論じた。総選挙が事実上の二回目の国民投票になることを怖れて、ミルンは文書に、来る選挙は「『離脱か残留か』の闘いではなく、『少数ではなく多数』の闘いにしなければならない」と書いた。労働党の敵は、コービンの党を「くたびれて古臭く、絶望的に分裂していて、優柔不断、有害、極端」と印象づける一方、ジョンソンは「フレッシュで楽観的、決断力があり、行動指向」だと打ち出す。そして、右派のポピュリストにブレグジット発効と緊縮財政終了と減税をセットで提供するはずだ。だから労働党としては、ジョンソンの保守党が不誠実で、自分たち富裕層のための政治をしていることを示さなければならない。それに対して労働党は誠実に約束を果たし、エリートたちに挑戦する、と。

「われわれの目標は、過半数の議席を勝ち取ることでなければならない」と文書は大胆に宣言していた。

なかった。

「そして選挙運動のすべては、その目標に向かっていなければならない」。党の資源をどこに割り当てるかということも含めてである。ここまではいい。だが、これはあくまで方針の説明書であり、詳細な戦略企画書ではなかった。一般論だらけで、党の存立にかかわる疑問に、あいまいでありきたりの答えしか与えていなかった。

ミルンの弁護をするなら、彼は一貫して避けようのない現実を指摘していた。労働党支持で離脱派の有権者は少数かもしれないが、彼らは地方の選挙区に集中していて、労働党が総選挙で勝つとしたらぜったいに維持しなければならない層だった。一方、熱心な残留派は党にとって安全な都会に集中していた。ミルンのこの認識は正しかったが、積極的な草の根の運動に支えられた誇らしい民主主義の政党として、党員が国民投票のやり直しを求めていることにどう対応するか、という問題を解決しようという動きは見せなかった。

九月末にはミルンがまた別の文書を作成したが、これも美辞麗句のくり返しで、具体的な戦略はほとんどなかった。当時、ある上級補佐は私に、「もしこれを解読して、大見出しになるようなメッセージやなんらかの戦略が見つかったら教えてくれ」と言った。文書を見たリアドン・ボンドも、ミルンのスタッフのいるまえで力なく笑い、「これを役員会議に持っていったら、大声で笑われるわ」と言った。

議会解散五日後の一一月一一日、ミルンは五九九語の「一連の流れ」を書き上げた。それは運動を三つの「段階」に分けていた。第一段階は「岐路に立つわが国――現在の課題」で、保守党政権のもとで億万長者がいっそう富を蓄え、強力な利益集団が地球温暖化を加速させ、保守党と自由民主党がブレグジットで国を二分していることにふれた。第二段階は「変化の闘いに勝利する」で、保守党による緊縮財政終了の約束は当てにならず、保守党のもとでのブレグジットは人権と社会保障の急減を招く。これに対して、労働党の最終提案にしたがえば半年でブレグジットの問題を解決できる、と説いた。そして第三段階の「われわれが作る未来」では、グリーン産業革命、国有化、住宅供給計画などの主要な政策の概要を説明していた。どれもすばらしく聞こえはいいが、概念のレベルにとどまっていて、実体に欠けていた。

どんな政治運動でも、その中心にスローガンがある。それによって運動全体のストーリーが決まり、政策や演説が単発のバラバラな内容にならず、ひとつの包括的なテーマに沿う。二〇一七年の総選挙で労働党が掲げた「少数ではなく多数のために」というスローガンは驚くほど効果的だった。富裕層や大企業に課税して公共サービスに投資しよう、私立学校への付加価値税免除を撤廃して広く学校給食を無料化しようといった政策は、スローガンの趣旨にぴたりと当てはまっていた。

二〇一九年のこの選挙でも、ミルンと彼のチームは新しいスローガンの必要を切実に感じていた。それは当然だが、きわめて強力なスローガンでなければ意味はない。世論調査やフォーカス・グループによる調査では、「ブレグジット反対――代わりにイギリスの再構築を」が北部とミッドランズの離脱寄りの女性に好意的に受け止められたようだが、結局、新しいスローガンは「真の変化のとき」に決まった。ターゲットは、みずからを変化の志願者として打ち出しているボリス・ジョンソンだ。もちろん、ジョンソンが「変化」などというのはでまかせだった。過去九年にわたって政権についている保守党の顔なのだから。意義のある（少なくとも有権者が理解しているはずの）真の変化は、野党が政府を作り、ジョンソンが支持、賛成した政策を捨てることで実現するものだろう。しかし、労働党のスローガンは複雑で抽象的すぎ、保守党の率直で具体的な「ブレグジットをやりきる」には敵わなかった。

「あのスローガンで戦略を立てるなら、どんなふうに真の変化なのかを示さなければならない」とアンドリュー・フィッシャーは説明した。言い換えれば、あらゆる政策と告知、与党に対する攻撃は、その中心的なテーマと結びついていなければならない。なのに、そこがきちんと検討されなかった、とフィッシャーは言う。時間ばかりかかってしまい、気づいたときには、省略形の「真の変化」、「あなたの側に」、「あなたのポケットにお金を」、そして人気の高い昔の「少数ではなく多数のために」といった数々のスローガンの使いまわしになっていた。

五週間の選挙運動の三週間目に、ジョン・マクドネルは労働党の主要なメッセージをはっきりさせようと、党本部で選挙戦略会議を開いた。彼がホワイトボードにそれらを書いているあいだに、マーフィはドアに鍵をかけ、全員がメッセージに同意するまで部屋から出られないようにすると宣言したが、結局しっかりした結論は出なかった。

選挙運動の開始時、詳細な戦略とコミュニケーションの計画がないなかで、アンドリュー・フィッシャーはすでに辞意を表明し、年末には事務局を去ることになっていたが、選挙運動責任者のナイル・スークーと話し合い、個々の政策や、活動スケジュールと主要テーマを網羅した基本的な「グリッド」を作って運動全体をまとめる任務を引き受けた。

大きな問題は、マーフィであれ、リアドン・ボンドや、ミルンや、マクドネルであれ、主導権を握るトップの人物がはっきりしないこと、そして上級管理チームが分裂していることだった。「みなに合意ができていなかったし、キッチンに料理人が多すぎた。チーム内の緊張が高まって、それぞれが自分の仕事に閉じこもっていた」と上級補佐のひとりは言う。「政治活動では、政策、コミュニケーション、戦略を別々に運用することはできない。すべてをひとつに統合しながら、互いに情報のやりとりをしなければいけないのだ。あの選挙運動は党内の分裂の産物だった」

驚くべきことに、コービン・プロジェクトの生死が決まる選挙運動で、「選挙チームはすごくギクシャクしていた」とアンジュラ・シンは語る。「調整がむずかしくて、みんな自分の小さな仕事だけをしていた。それは戦略にも、運用上の決定にも言えた」

運用の破綻がどこよりもはっきり現れたのは、労働党の党首自身に何も計画がなかったことだった。コービンがアキレス腱と見なされて、またしてもメディアの総攻撃を受けることは明白だったにもかかわらず、対処する戦略が何もないのは異常事態だった。「対処はむずかしかった。みんなジェレミーが大好きで、すばらしい人だと思っていたから」と労働党のある報道担当は言う。「ジェレミーに対するメディアの仕打ちはあまりにも不公平だった。でも、彼のまわりの人たちは反撃方法を見つけられなかったの。この問題は大きくて、むずかしすぎた」

さまざまな有権者層を特定する努力も、あまり見られなかった。なけなしの計画の中心は「九九パーセント戦略」と呼ばれるもので、自己防衛的に党の既存の議席を守ろうとするより、ほとんどすべての選挙区で勝つ、あるいは少なくとも六〇〇～六五〇議席を視野に入れているかのように闘うべきだとしていた。この極端に野心的な計画をぶち上げたキャリー・マーフィは、党内のスタッフ会合で「私たちが行かないところはない」と宣言した。

ナイル・スクーのように、もっと防御寄りの戦略を立てようとする人たちもいた。党がすでに持っている議席に資源をまわして、それらが保守党に流れるのを防ぎ、基礎が固まったら、そこから徐々に野心的になろうという考え方だ。しかし、二〇一七年の総選挙では非協力的な職員の慎重な進め方のせいで党が政権を握るだけの票を得られなかったと考えるミルンは、スクーらの意見を相手にせず、マーフィも「すでにある議席を失うはずがない」と反論した。今回、党本部を支配していた彼らは、その立場を利用する気満々だった。

「九九パーセント戦略」はコービンの発案だったとマーフィは主張するが、真偽はさておき、メッセージと戦略はミルンとマーフィの責任範囲だった。マーフィの影響力は党首事務局を去ったあともほとんど変わっていなかった。首席補佐官の肩書きも残っていたので、彼女は選挙運動の調整でも大きな役割を果たしていた。だが、ここまで野心的な選挙運動は、やはり現実離れしていた。それは、二〇一七年の総選挙というテンプレートをまったく異なる政治状況に当てはめ、コービンが有権者に対して二年前と同じ訴求力を持っていると想定していた。ブレグジットをめぐる争いも、反ユダヤ主義危機も、まるでなかったかのように。ある影の閣僚など、労働党に好意的でない〈ユーガブ〉の現地世論調査を「調査員が保守党のまわし者」だという理由で切り捨てた。

戦略がないだけではない。この総選挙運動では、爆発しそうな個人間の恨みつらみから党首事務局特有の混沌に至るまで、コービン・プロジェクトのあらゆる断層線があらわになった。労働党の「グリッド」が総選挙の告示前から外部にもれていたのも、労働党本部の敵意が消えていない証拠だった。グリッドは一から見直すことになり、新しいグリッドに手を加えることができるのは、セキュリティを理由として、ほぼマーフィだけだった。マーフィ自身が議長を務めるグリッドの会合は、彼女とそのチームが引きこもっている党本部で開かれたため、多くの職員のあいだに「じつはグリッドは存在しない」という無根拠の陰謀論も生まれた。

そうしてできた新しいそのグリッドは、選挙運動にまったく適していなかった。コービンの毎日の遊説スケジュールに集中しているせいで、新しい政策の発表がコービンの登場と結びついてしまっており、結局、散発的で盛りだくさんな内容を有権者に押しつけるだけで、どの政策もしっかり理解してもらえなかった。「三つか四つの中心的なテーマに絞るべきだった」とスピーチライターのアレックス・ナンズは言う。「運動期間全体をつうじて、そうしたテーマを演説や政策発表で何度も訴えながら発展させるべきだった。たとえば、サッチャーによって破壊された地域に巨大な雇用を生み出すグリーン・ニュー・ディールなんかをね」。言い換えれば、コービンの訪問よりテーマを優先させるべきだったのだ。コービンの登場は、発表した政策を売りこむためのものであって、グリッドの原動力ではない。「信じられなかったよ」とある党幹部は言う。「戦略はどこにある？　今週伝える大きなメッセージは？　誰が表に立つ？　何もわからなかった」

広報担当者は手探りで動くしかなかった。そのひとりは、「毎日コービンがどこへ行くのかもわからなかった」と言う。日々のグリッドは二四〜七二時間前にならないと知らされず、ときには党首自身も面食らうほどだった。コービンのスピーチライターは、重要な演説のまえでも数日の猶予しか与えられず、せいぜい二四時間というときさえあった。事前にコービンの動きを知りえないことも多かった。

一一月末のサザンプトンでの演説では、テーマを知らされたのが前日の夜（ちなみにそれは環境政策だった）で、スピーチライターたちはやむなく徹夜で党首の演説原稿を書き上げた。驚くにはあたらないが、準備時間が短いせいで、演説内容の最終承認は信じがたいほどいいかげんになり、総選挙の期間中に求められる厳格なファクトチェックやメッセージの吟味からはほど遠くなった。最終承認がないことすらあり、戦略担当から主要な文言を指定されるはずのスピーチライターが、みずから即興でメッセージを考えたりもした。それは本来彼らの仕事ではない。

一〇月末に労働党がバタシーでおこなった選挙運動開始集会の演説で、コービンは「少数の特権階級」を痛烈に批判し、われわれはどちらの味方につくのかと問いかけた。ウェストミンスター公爵のような信用ならない地主か、必死で生きている借地人か。億万長者マイク・アシュリーのような悪いボスか、いまのシフトの仕事を失いたくないあまり職場のトイレで出産する労働者か。ルパート・マードックのような大金持ちのメディア帝王か、社会の大多数の人々か……。アメリカ民主党のバーニー・サンダースにヒントを得た効果的なフレーズだったが、ほんの前日に作成された原稿で、完全にその場しのぎだった。

これもときに息が詰まりそうになるマーフィ采配のひとつの表れだが、コービン自身もスケジュール帳を持つことを許されず、自分がどこへ向かっているのかわからないことがあった。一日の活動予定を示した「作戦メモ」は、前日の夜遅くなるまで完成しなかった。何日もまえから党首に予定が説明されていた二〇一七年とは大ちがいだ。あるときコービンは、運動中の移動バスのなかで眼鏡をゆっくりとはずし、補佐のひとりに、「明日の予定がどうなってるかも知らないんだ」ともらした。おまけに彼の一日の活動時間は長かった。帰宅するのは夜中の一時や二時で、翌朝六時には次の場所へ移動していた。

二〇一七年には、大群衆が「おお、ジェレミー・コービン！」と声をそろえる光景が、盛り上がる運動の強烈な視覚的表現になった。だが、寒く湿ったイギリスの冬にそういうスタイルの運動を再現することは、言うまでもなくむずかしい。

コービンは、スコットランドの小さな集団を相手に運動を開始した。イングランドやウェールズの周辺地域のイベントでは、一〇〇人の活動家に演説して自撮り写真の要望に応じることもよくあったが、往復四時間以上かかることもまれではない。コービンのチームの多くの面々は、これが時間の有効な使い方だろうかと訝り、コービンも腹を立てた。毎日のスケジュールが過密で、移動その他の手配が複雑になりがちだったのだ。「どうしてこんなことをしている？」といつもまわりに訊いていた。「どうせ間に合わないのに、なぜこんなことをする？」と。イベントに数時間遅れで到着することもざらで、一度到着すると、コービンをそこから引っ張りだすことは困難だった。彼は何よりも支持者の話を聞き、彼らに話しかけることを楽しんだからだ。それでも、運動の規模がだんだん大きくなるのなら救われたが、そうはならなかった。「寒いし暗い。冬だ」がいつもの言いわけだった。天気のせいにしていたのだ。

無理もないことだが、コービンはスケジュールに苛立ちを募らせた。選挙運動が終わるころには、党書記長補佐、イベント企画の責任者でマーフィの主要な協力者だったマーシャ＝ジェイン・トンプソンに、怒りをぶつけた。運動最終日の予定がどうやらまったく決まっていないことに憤慨し、トンプソンに、ツアーバスに同乗している場合ではない、党本部でイベントの計画をまとめることに集中すべきだと明言したのだ。それでも彼女が集合場所に現れると、党本部に帰れと言い渡した。傷つき怒ったトンプソンは命令にしたがい、その後いっさい姿を見せなかった。困難な時期にコービンの士気を保つには欠かせない存在になっていた妻のローラ・アルバレスも、ストレスを感じ、記者たちがいるまえで党首の補佐たちに怒りをあらわにすることがあった。

さらに、コービンを「彼らしく」見せることにも失敗した。二〇一七年には彼のイベント担当チームが難なくそれをなしとげた。真摯で人間的で思いやりがあって、小学校の生徒たちにマイケル・ローゼンの『きょうはみんなでクマがりだ』（評論社）を熱心に読み聞かせ、見習いの大工たちに会って労働党の住宅供給政策を説明しているところなどがよく見られたものだ。ところが二〇一九年、コービンの主要なイメージは演壇に立ってプロンプターで演説を読み上げている姿だった。「あれはジェレミーじゃなかった」と広報担当だったひとりは言う。「私たちは彼の強みを打ち出すことがまったくできなかった」。暴落するコービン個人の支持率と、運動中の彼に押し寄せる攻撃を考えると、それはとりわけ問題だった。

そのうえ今回、メディアの猛攻はさらに悪意に満ちていた。[*2] 選挙運動が始まって何週間かたつと、労働党の幹部たちは、「放送コードが適用されるのはいつ？」と暗い冗談を交わした。その流れはＢＢＣの手ちがいという「点滴注射」で加速した。すべてが保守党を擁護する内容だったのだ。たとえば、世界大戦の戦没者を追悼するリメンブランス・サンデー式典での献花で、元保守党員のジャーナリスト、ピーター・オボーンは、「ボサボサ髪のジョンソンは慰霊碑に赤い花輪を捧げるという失態を演じた」と言った。同じことをコービンがしていたら、メディアにこてんぱんに叩かれていただろう（もちろん、この種のことはすでに四年前、セント・ポール大聖堂での国歌斉唱事件で彼の身に降りかかっていたが）。このときのジョンソンの画像が人目にふれることはなかった（少なくともＢＢＣでは）。オボーン曰く、二〇一六年の「緑の花輪を捧げる、はるかに賢明なジョンソン」の画像に差し替えられたからだ。ＢＢＣは、手ちがいだったと説明した。

「手ちがい」は続いた。ジョンソンがＢＢＣの『クエスチョン・タイム』で観客に嘲笑われたときには、拍手喝采だけが映るように映像が編集された。ＢＢＣのベテラン司会者たちは、ドミニク・カミングスから与えられた文言を、精査も質問もせずにそのまままくり返し放送した。[*3] ひとつ言いまちがえたり、ひとつフレーズをでっちあげたりするのは「不手際」ですませられるが、それを次々とやれば「不注意」と言わざるをえない。まして選挙運動期間という、ことさら注意を要する時期のことだ。しかし、かばいようがないことに、労働党のコミュニケーション担当チームは、こうした「手ちがい」に反証をあげて視聴者に正しく伝えることができなかった。たいてい対処をまかされるのはジョン・マクドネルで、彼は担当チームを叱りつけて動かしたり、ときにはみずから放送局に電話をかけて訂正を迫ったりしていた。

悲しいエピソードがある。保守党のスピン・ドクターの情報を完全に鵜呑みにした放送局の記者たちが、労働党の活動家が保守党顧問の顔面を殴りつけたと報じた。それはまったくのデマだったが、選挙期間中には二件の暴力事件があった。どちらも労働党の七〇代の活動家に対する攻撃で、ひとりは顎の骨折の疑いで病院に運ばれ、[*4]襲撃者にマルキストと罵られたもうひとりは、肋骨を折った疑いがあった。[*5]だが、このふたつの事件がメディアに大きく取り上げられることはなかった。

ゴードン・ブラウンのあまり目立たない顧問だったイアン・オースティンは、その後、労働党国会議員になっていたが、二〇一九年二月に離党すると、ニュースに出つづけて有権者に保守党への投票を呼びかけた。ブラウンの元側近に言わせると、オースティンは「ゴリゴリの右派」だった。にもかかわらず、ベテラン記者たちは、労働党に忠誠を尽くしてきたが幻滅し、党をぶち壊す兵器になったと描写した。彼が保守党への投票を呼びかけて署名した手紙は、主要な議席を持つ選挙区の有権者に広く配られた。オースティンが推薦した議員のなかには、女性に対する男性の暴力に取り組む議案が提出された際に議事妨害をしたと言われる、保守党極右のフィリップ・デイビーズもいた。[*6]一方、保守党の元首相ジョン・メイジャーが、彼自身の党に対抗して戦っている元保守党の候補たちに投票するよう訴えたときには、メディアはほとんど報じなかった。[*7]

同じことは、ふたりの党首の報道についても言えた。とくにブレグジットと反ユダヤ主義に関するコービンへの一斉個人攻撃は、ジョンソンの人種差別、イスラム嫌悪、同性愛嫌悪に目をつぶっていたことを考えると、納得がいかない。同様に、ジョンソンはメディアに登場する際の条件をたびたび変更したり、ときには結局現れなかったりもしたが、そうした逃げ腰の態度がしっかり問題にされることもなかった。どの批判も長続きせず、テフロン加工のジョンソンには何もこびりつかなかったのだ。

コービンは、五年近くの容赦ない連続攻撃に消耗していて、メディアに立ち向かう抵抗力があるとはとうてい言えない状態だった。「彼は自信を失っていた」とごく身近な協力者のひとりは言う。大きなインタビューのまえになると、よくストレスを抱え、不機嫌になった。それは運動が進むにつれて悪化した。とりわけ反ユダヤ主義がらみの質問をされると、目に見えて表情が翳(かげ)った。

もとよりコービンは、大きなインタビューや討論会に備えるのが得意ではなかった。その種の準備を選挙運動から注意をそらすものと見なしがちで、好きでも信用してもいない人が交じった補佐たちと部屋にこもることを、時間の有効な使い方と見なさなかった。「準備チームの人数を減らしたの。数字や事実を押しつけて賢さをひけらかす大勢の人たちに囲まれている、とジェレミーが感じないように」とアンジュラ・シンは言った。「彼が緊張せず、充分な説明を受けながらリラックスしていられるように集中して取り組んだ。厳しいスケジュールのなかでやりくりするのは、たいていむずかしかったわ」

労働党の選挙運動のスケジュールが過密だったことを考えると、コービンのコミュニケーション担当チームが充分まえもって説明できなかった（ミルンの許可が遅れたせい）のは、きわめて重大な問題だった。補佐たちは列車、車、公民館、学校と、場所を問わずに一〇分ほどでコービンに説明した。党首の生活リズムを管理し、どういうときに気分がよくて話を聞ける状態か、またどういうときにそうでないかを理解しようとも努めた。

コービンは集中できないことが多かった。世論調査で否定的なことを聞くのが大嫌いで、「世論調査については、もういいかげん黙っておいてくれるといいんだが」とよく言っていた。列車内ではノートをぼんやりとめくり、何も頭に入っていないようだった。何年もまえの反戦デモで会ったような人たちからメッセージや電話などがひっきりなしに入ってきた。相変わらず毎日の出会いから慰めを得ていて、車掌や、チームの隣に坐った乗客、ときおり近づいてきていっしょに自撮りをしたがる若者たちとかならず話そうとした。平和な時間をすごそうとイヤフォンをつけて外界を遮断し、クラシック音楽を聴いたり、海外小説を読んだりして、ブリーフィングを受けたくないことをはっきりと示すこともあった。

一一月下旬、BBCの猛犬インタビュアー、アンドリュー・ニールによる長時間のインタビューがおこなわれた。これは、どんな党首にとっても最難関だった。ボリス・ジョンソンはうまくこの罠から逃れていたので、コービンも出演する必要はなかったのだが、二〇一七年にコービンがこの大きな野獣を相手に善戦したことをミルンが指摘した。

ニールにとって、テレビの生放送で政治家と話すことはキツネ狩りのようなもので、コービンは最高の獲物だった。アンドリュー・フィッシャーはこのインタビューがいかに重要かを知っていたので、その日の大半をコービンへのブリーフィングに費やす予定だった。幸先は悪かった。コービンが自身の選挙区イズリントン・ノースで選挙運動をしていたため、現れるのが二時間遅れたのだ。そのうえフィッシャーと彼のチームがいくら説明しても、数字や事実が頭に入らなかった。当然ながら、インタビューは悲惨なできだった。党内の反ユダヤ主義について過去に何度も謝罪しているのに、コービンはなぜか放送中に謝罪することを拒み、ニールがそれをうながすと癇癪を起こした。

労働党は選挙前の討論会に大いに期待していた。二〇一七年の総選挙では、討論会がコービンの印象を変えて重要な役割を果たしたからだ。しかもジョンソンは、偉そうな態度のわりに討論はうまくなく、毎回落ち着きがなく、話を途中で終わらせたり、神経質そうに労働党党首の体に腕をまわしたりした。だが、ここでもコービンのチームは準備に手を焼いた。くり返し生じる問題は、要するに、この党首の才能が事前に合意した文言を読み上げることにはない、という点にあった。[*8] 討論会のあとの世論調査は、毎回同点か引き分けだった。労働党の支持率が暴落しているときにそれではまったく不充分だが、コービンは終わったあと元気を取り戻していた。もし状況がちがっていれば、その気分回復も何かの役に立ったのだが。

コービンと執行部は、敵対的なマスメディアに対抗して各地で運動をくり広げる労働党の五〇万人の活動家たちを称えたが、彼らはたびたび幻滅させられた。カリスマ的な経済学者ファイザ・シャヒーンもそのひとりだ。彼は、ロンドン北東部のチンフォード・アンド・ウッドフォード・グリーン選挙区で労働党のために立ち上がった。社会保障制度への攻撃の立案者である保守党のイアン・ダンカン・スミスが議席を持つ選挙区である。

シャヒーンの運動は人気を呼び、熱を帯びた。ロンドンじゅう、あるいはその外からも活動家が集まり、一種のコミュニティの雰囲気が生まれた。「でも、労働党はすっかり機能停止状態だった」とシャヒーンは言う。たとえば彼女のチームは、五〇〇〇〜六〇〇〇人いる新規登録の有権者のリストを、選挙当日まで渡してもらえなかった。ダイレクトメールの発送も間に合わず、多くの有権者は郵便投票をすませたあとで受け取った。選挙区で浮動票の取りこみを図るフェイスブックのキャンペーンも仕掛けられなかった。さらに、労働党のパンフレットそのものが「本当にゴミだった。方向性がまったくないの。本当にまったく」とシャヒーンは振り返る。これは国じゅうで言われたことだった。

二〇一七年の総選挙では、ソーシャルメディアが決定的な役割を果たした。そこで今回も、世評の高いソーシャルメディア担当責任者ジャック・ボンドのもとで動画が作成され、何百万回も再生されたが、フェイスブックのアルゴリズムの変更もあって、労働党のコンテンツが急拡散することはなかった。一方、保守党のソーシャルメディア対策は劇的に改善され、労働党のテクニックを盗んだと言われるほどだった。

労働党の公式サイトのコンテンツのシェアや動画の閲覧数は二〇一七年のレベルに至らなかったものの、コービンの選挙運動でも、草の根組織〈モメンタム〉のソーシャルメディア・キャンペーンでも、到達した人数は前回の総選挙より多かった。しかし、二年半前とは格段にちがう状況があった。労働党が一貫したメッセージを出せないのに対し、保守党は「ブレグジットをやりきる」、病院を増やす、警官を増やす、といったフレーズをしつこくくり返して印象づけることができたのだ。人々をはっとさせるような明確なメッセージがなければ、世界最高のソーシャル・キャンペーンをやったところで勝機はない。

そして、政策の問題があった。二〇一七年の総選挙のまえには、労働党の国内政策の集中的な運動が、にわかにメディアで好意的に取り上げられた。選挙運動中に党外にもれたマニフェストは結果的にメディアに広がり、その政策に信じられないほど人気が出た。だが、この二〇一七年の経験が「ポジティブな報道を得る方法がわかったような雰囲気を作り出した。つまり政策を発表すればいい、となったの」と経済政策の責任者だったメアリー・ロバートソンは説明する。

メディア露出のために政策を次々と打ち出すこの「依存症」は、二〇一八年もずっと続いた。コービンの演説があるたびに、コミュニケーション担当チームは「今度は何がある？　新しい政策が必要だ」と要望した。しかし見返りは減ってきた。労働党が必死で争点をブレグジットからそらそうとした二〇一九年、政策への依存はそれまでになく強まっていたが、今回はその基礎となるストーリーやビジョンがなかった。

とはいえ、「全国に光ファイバー網による無料のブロードバンドを提供する」という労働党の公約が、政策の「垂れ流し」の典型例とされたのは、あまりにも不公平な見方だろう。三七［訳注：二〇二二年現在は三八］の先進工業国が加盟する国際機関ＯＥＣＤ（経済協力開発機構）によると、韓国の建物の九八パーセントが完全に光ファイバーでカバーされているのに対し、イギリスは一〇パーセントにも満たない。*9 市場競争で効率化が進みコストは削減できるはずなのに、資源の重複は六二億ポンド（約九六一〇億円）にのぼった。*10 道路や鉄道網と同じくらいインターネットにも依存している社会で、これは大きな問題だ。

とくにジョン・マクドネルは、国じゅうのさまざまな集会でブロードバンド不足が地域への投資の足枷になっていると聞き、この問題をよく理解していたので、この問題を労働党の経済政策の柱にした。ブロードバンドが普及すれば在宅勤務が増え、通勤のプレッシャーが減ることから、これは環境政策でもあった。労働党はブロードバンドを、二一世紀の基本的な公共財と見なしていたのだ。

一一月なかば、労働党が完全光ファイバー網ブロードバンドの全国無料提供を初めて発表したときには、好反応を得た。何百万という人々がＢＢＣからのプッシュ通知でこの政策を知らされ、国民の議題はいっときブレグジットから離れて、あらゆるメディアで知識人やコメンテーターがブロードバンド政策を論じることになった。活動家たちはワクワクした。「政治的に手が届くものを推すという、二〇一七年の精神の再現に思われた」とジョス・マクドナルドは振り返る。だが、この政策を労働党の報道担当チームが初めて耳にしたのは、発表の前日だった。問題はここだ。国民の興味や需要がまだない分野について、なぜ必要なのかという基礎的な説明もないまま主要な新政策を打ち出せば、アンドリュー・フィッシャーが言うとおり、「人々の興味を惹かない。実際にそうなった」。

発案のもととなる一貫したストーリーがないために、この政策は主流からはずれ、適当にでっちあげたようにすら見えた。本来なら選挙の一年半前から全国的な運動をくり広げ、イギリスのブロードバンドのインフラがまったく不充分であることに焦点を当てて、経済的、環境的、人的にそれを改善する道筋を示すべきだった。

発表のタイミングもよくなかった。国民保健サービス（NHS）が記録上最悪の救急外来件数を発表する前日だったのだ。BBCの『ニュースナイト』に出演して、二六〇億ポンド（約四兆三〇〇〇億円）のNHS救済計画を発表する予定だった影の保健相ジョナサン・アッシュワースは、いつの間にか代わりにブロードバンドについて話していた。正しい政策だったがタイミングが悪く、準備もなかった。

レン・マクラスキーに言わせれば、労働者階級の地域で支持されたとはとうてい言えない無料ブロードバンドへの何十億ポンドもの投資は、馬鹿げたジョークに思えた。「誰もが絶望を口にしていた。あらゆる種類の政策でブレグジットを人々の心から締め出して、初めて希望が生まれ、人々も政策に興味を示す」と彼は私に語った。「ところが、あのブロードバンド政策は正反対だった。みんな馬鹿げてると思ったよ」

一週間後の一一月二一日、コービンはバーミンガムで党のマニフェストを発表した。公共サービスの国有化、学費廃止、二五歳未満の国民に対するバス運賃の無料化、大規模な住宅建設計画、莫大な額の公共投資といった改革政策の寄せ集めのなかに、ブロードバンド政策も含まれていた。世論調査では、それらはすべてイギリス国民に好評なアイデアだった。労働党のマニフェストの発表後に保守党が独自におこなった世論調査とフォーカス・グループ調査によれば、支持が労働党に流れ、いくつかの議席について保守党のリードは四パーセントにまで縮まっていた。[*11]

労働党は四〇〇〇億ポンド（約六二兆円）の投資を約束していた。保守党がその計画を財政上無責任だと非難することは目に見えていたので（彼らの常套手段だから）、計画はすべてコスト計算されていることを示すために、マニフェストには「グレーブック」と呼ばれる文書がついていた。問題は、その作成にたずさわった人々が居心地の悪さを感じたことだった。「忠誠心が足りない感じもするけれど、グレーブックを全体として見たとき、あの想定期間内にマニフェストを実行できるとは思えなかった」とひとりの幹部は言う。「私は党のために本気で取り組んでいるが、あのときにはできる気がしなかった。あれだけの資本支出を五年の会期中に決定できるということが信じられなかったんだ」

もうひとつ、世論の問題があった。ほとんどの人にとって、四〇〇〇億ポンドという数字はありえないほど大きく抽象的だった。党首事務局はメディアの評論家や地域社会のリーダーたちに、この投資額はいずれ細かく分類して目に見えるかたちにすると説明した。具体的な項目にどう使うかを明らかにする、と。実際、各選挙区向けのマニフェストや、地域ごとの雇用創出政策も作られたが、発表のしかたがまずく、人々のあいだに浸透しなかった。

ある上級スタッフは地元の学校の理事だったが、理事会で熱心な労働党支持の授業補佐から厳しく非難された。「悲惨よ」とスタッフたちは言った。「毎朝起きて、何億何兆という話をするだけだった。私は筋金入りの労働党支持者だけど、何が起きているのかわかっている人はひとりもいない」

この場当たり的なバラバラの手法で犠牲になったもののひとつが、グリーン産業革命だった。これは策定に途方もない労力がかかった政策で、気候危機に対処する計画を打ち出しつつ、同時にイギリスを変革し、新たな熟練職を創出して国民の生活水準を向上させる、労働党の珠玉の政策になる可能性を秘めていた。住宅は高エネルギー効率の基準を満たすように改良され、光熱費が下がるとともに二酸化炭素の排出が減る。公共交通機関、とくにバス路線が拡充、近代化され、利用しやすい料金になる。そして再生可能エネルギーの革命が起きる。ところが、グリーン政策はほとんどメディアのレーダーに引っかからなかった。「私たちのグリーン政策について、報道記事はひとつも出なかった」と、この分野の第一人者カースティ・メジャーは言った。「でもそれは党の責任でもある。事前の告知も説明も不充分だったし、売りこむ政策の中心にも持ってこなかったのだから」

労働党の選挙運動は政策の垂れ流しに陥った。「そういう言い方もできるだろうが、それは文字どおりほかに何もなかったからだ」とフィッシャーは言う。「戦略も、計画も、テーマも、ストーリーもなかった」。記者たちの受信箱には、新しくすばらしいアイデアを発表する労働党のプレスリリースがたまっていくばかりで、どれひとつ消化する時間がなかった。たとえば一一月二五日には、二〇一一年の年金支給年齢の変更で損害をこうむった一部の女性に補償金を出すといきなり宣言した。一九五〇年代前半に生まれた女性（WASPI（国の年金の不公平に反対する女性）という団体の名にちなんで、「WASPI女性」とも呼ばれる）に、資格が失われた一週間につき一〇〇ポンド（約一万五五〇〇円）を支払うという政策で、対象者は二六〇万人にのぼった。最高額を三万一三〇〇ポンド（約四八五万一五〇〇円）として、平均支払額はひとり一万五三八〇ポンド（約二三八万三九〇〇円）、合計すると五八〇億ポンド（約八兆九九〇〇億円）の追加支出になる予定だった。

公平を期して言えば、この政策にはそれなりの理由がある。世論調査で労働党は高齢層の支持獲得に苦労していて、これは彼らを取りこむ一策だったのだ。とはいえ、捨て鉢だったことは否めない。「運動のそのころになると、とにかく何かしなければならなかった」とマクドネルは認めた。「WASPI女性のために長年運動してきて、たくさん支持も得ていたのに、支出規模が大きいせいで、いともたやすく攻撃されてしまった」。そして問題を指摘した。「政策をひとつずつつなぐ明確なストーリーがあれば、そうした批判は免れていただろう」。レン・マクラスキーも、この選挙運動をこきおろす。「あれは、労働者階級の世界に住んだことのない人々が決定した政策のごた混ぜだった」

だが、労働党に最大のダメージを与えたのは、ブレグジットに対処できなかったことだった。実際には一一月一一日に選挙は終わっていたのかもしれない。この日、ブレグジット党が、保守党の議席のある選挙区での候補者をすべておろし、労働党の議席を奪うことに全力を集中すると宣言したのだ。つまり、保守党の票がそのまま残る一方で、労働党の票は割れる。

それでも、選挙運動にあと一カ月を残したその時点では、労働党の勝機はゼロではなかった。ジョー・スウィンソンのもとで明白に残留派になっていた自由民主党が、壊滅的な選挙運動をしていたからだ。スウィンソンは、ブレグジットをキャンセルする計画について、ごく穏当な精査にも耐えられずに自滅していた。だから、労働党が残留支持者のかなりの票を取り戻す道は開けていた。ところが、ここでもコービンのチームは、ごまかすという選択肢しかないと考えた。二度目の国民投票について中立を保つというコービンの宣言には、事態を悪化させるより修正する方法を探る「公正な仲裁者」として、しっかりした理論的な裏づけがあった。にもかかわらず、彼は弱くて優柔不断だというそれまでの見方を強化するだけに終わったのだ。

コービンにも見せ場はあった。一一月の終わり近く、労働党が伝統的に強い話題に議論を持っていこうと、大胆にも記者会見を開いたときだった。コービンはNHSがトランプ政権に「売りに出される」という内容の未編集の文書を派手に振りまわした。事実はそれよりもう少し複雑だったが、コービンの態度は堂々として見事だった。ある補佐は、コービンは「やりきった」と言った。しかし、労働党が試みたほかのすべてのことと同様に、これも浸透しなかった。

五週間にわたってコービンの支持率は改善し、労働党の世論調査結果もしかりだった。これは重要なポイントだ。政界の常識では、選挙運動期間中に世論調査の数字はあまり動かないからだ。しかし、何年もの攻撃が人々の印象に焼きついていたせいで、そもそも出発点がかなり低かった。イベント担当のフランキー・リーチは、選挙の二日前、カンブリア州カーライルのパブ〈ロイヤル・スコット〉にいたときのことを憶えている。コービンが隣の部屋で、テレビ放送される演説をしていた。リーチはパブのほかの客に交じってテレビを見ていたが、コービンが話しはじめると客たちが反応し、ビールのジョッキを手に保守党の攻撃文句をくり返した。「そのとき初めて、これはまずいことになると思ったわ。まわりの人たちは離脱に投票した北部の労働者階級で、労働党は彼らを失っていた」。彼女は、党首がバブルのなかにいて、外の世界の敵意から守られていたと認めた。「あのパブでは、労働党に対するポジティブなことばを聞かなかった」

コービンもそれはわかっていた。投票日が近づき、最後に支持を訴える動画を撮影したあとで、彼はソーシャルメディア担当責任者のジャック・ボンドと、ノース・ロンドンのアーチウェイのカフェで会った。明らかに何か言いたそうだが、なかなか本題に入らなかった。困難な話題を切り出すときには、相手が側近でもよくそうなるのだ。ようやく自分のひどい支持率について話したコービンは、当惑してボンドに訊いた。

「どうしてだと思う?」

◆

選挙運動の最後の二週間で、イングランド北部とミッドランズの「赤壁の戦い」では労働党がおそらく惨敗することが、党内の戦略家たちにも見えてきた。どちらもはるか昔からつねに労働党に投票し、党も安心して頼りにしてきた地域である。とはいえ、ナイル・スークーの世論調査で最初から予測されていた事態だから、驚きではなかった。あらゆることが、労働党の大敗を示唆していた。

アッシュフィールドへの戸別訪問活動で、ニューヨーク・タイムズ紙の記者が、元国会議員のグロリア・デ・ピエロと彼女の後継者の労働党候補に同行した。ある家のドアを叩くと、出てきたのは小学校の教師で、ブレグジットについては金輪際話したくない、と言った。それでもイギリスがいまだに離脱していないことは「腹が立つ」、残留に投票していた（夫は離脱に投票）。そのあと会話が学校予算の不当な削減に及ぶと、まさしく不当だと強く同意したが、前回は労働党に投票したものの、今回はどうしようか迷っていると答えた。デ・ピエロと後継者は礼を述べて次に向かったが、ニューヨーク・タイムズの記者がもう一度戻って確かめると、その教師は保守党に投票するつもりだと打ち明けた。「それでわかったの」とデ・ピエロ。「わからないと答える人たちは私たちに投票しない、と」

そういう「わからない」人は大勢いた。「六〇代、七〇代、そして元炭鉱労働者だった人たちが初めて保守党に投票しようとしていた」とデ・ピエロは続ける。「みんな楽しんでいたわけじゃないの。ボリス・ジョンソンが好きだとか、保守党員になった気分だとは、誰も言わなかった」。それでも彼らは保守党に投票したのだ。

離脱に賛成した人が多い、労働党支持の中心地でも同じことが起きていた。かつて炭鉱の町だったワンズベック選挙区で、イアン・レイブリーは投票動向を探った。一九八四〜八五年の炭鉱労働者ストライキで解雇された親しい友人に、労働党のプラカードを自宅の庭に立ててくれないかと頼むと、その友人は断ってこう言った。「喧嘩をするつもりはない。あんたのことは大好きだが、労働党には裏切られたから」。レイブリーは次々と家を訪問したが、多くの人はどこに投票するか言おうとしなかった。返答に困るか、家族の過去の投票を恥ずかしく思っていた。「そうなるのはわかっていたけれど、あそこまでの規模だとは思わなかった」とレイブリーは私に語った。「ブレグジットの竜巻が押し寄せてくると感じた」

ミッドランズのバセットロー選挙区で戸別訪問をしたジョナサン・アッシュワースは、さらに厳しい状況に直面した。かつて労働党に投票していた人が不支持にまわった場合、申しわけなさそうにアイコンタクトを避けることが多かったのに、今回はちがった。アッシュワースのまえで堂々と、これまでずっと労働党に投票してきたが今回は保守党にすると言いきったのだ。困惑の表情はいっさいなかった。

最後の二日は、コービン自身の動きもよくなかった。過密スケジュールで疲れていて、天気も最悪だった。選挙前日、コービンはすべての出番に遅刻した。イースト・ロンドンのホクストン選挙区で開かれた最後の集会は場所の選定が悪く、天井が低いうえ、ほとんどの聴衆からステージが見えなかった。暗澹たる選挙運動に似つかわしいクライマックスだった。

この不運な選挙運動全体を通して、村や町、都市にいる何千何万もの活動家が、ひどく寒くて暗い雨の夜や週末に身を粉にして働いた。社会から不正、貧困、搾取をなくそうという大義を心から信じていればこそだった。一二月一二日、彼らは労働党がさらなる窮状に陥ることを防ごうと、膨大な人数で活動しつづけたが、立ち向かう政治的な逆風はあまりにも強すぎた。

◆

選挙当日、政治家は放送電波を使うことができないので、することがほとんどなくなったチームの多くは持ち場を離れて、ほかの草の根の活動家たちと家々をまわった。「二〇一七年のような感じはまったくなかった」とアンドリュー・フィッシャーは認める。

彼らは投票所の外にできた列とか、盛んに出歩いている活動家たちといった、ポジティブなサインを探した。コービン自身もみずからのイズリントン・ノース選挙区でドアをノックしていった。ときには感動的な場面もあった。小学生の集団が労働党党首の姿を見つけて学校の窓辺に集まり、「労働党！　労働党！」と声をそろえたのだ。

投票終了の一時間前、シェイマス・ミルンが車でコービンに会いにいく途中で、ウェストミンスターにいるスコットランド国民党（ＳＮＰ）党首イアン・ブラックフォードから電話がかかってきた。選挙管理官の報告では、絶対多数を得る政党はなさそうだということだった。ミルンは「いったいどこからそんな話を聞いた？」とぶっきらぼうに答えた。政府を作る交渉を始めようと持ちかけるブラックフォードに、ミルンは言った。「役に立つのならこちらも交渉したいが、その可能性はなさそうだ」。ミルンにも、労働党が勝たないことはかなりまえからわかっていたのだ。

出口調査が発表される一〇時の少しまえ、コービンと彼の妻、ミルン、アンドリュー・フィッシャー、ヘレン・リアドン・ボンドは、コービンの選挙区の中心部にある慈善団体〈フリーダム・フロム・トーチャー〉の会議室にこぢんまりと集まっていた。同じロンドンのビクトリアにある労働党本部では、職員たちがテレビのまえに陣取り、ジャック・ボンドはそこで、「勝利して公正な国を築くために休みなく選挙運動をしてくれた」支持者に感謝するコービンの最後のツイートを投稿していた。

出口調査の結果が明らかになり、保守党の三六八議席に対して労働党はわずか一九一議席という予想が報じられた。大惨事と言っていい。労働党が二〇〇議席を割りこんだことは一九三五年以来なかったのだ。ほんの小さな慰めは、最終結果がそこまで悲惨ではなかったことだ——保守党三六五議席、労働党二〇二議席。保守党は下院で全野党より八〇議席多い過半数を獲得し、マーガレット・サッチャーの一九八七年の地滑り的勝利以降、最大の差がついた。労働党の党首事務局でもっとも悲観的だった人々でさえ、ここまでの惨敗は予測していなかった。

党首のまわりは静まりかえった。コービンは、「まいったな」と言った。小さな孫が彼に抱きつき、「だいじょうぶ？」と訊いた。コービンは、「よくない日もある。乗りきれるさ」と言うと、ほかのスタッフたちに会いに部屋から出ていった。彼はすっかり落胆して「全投票の数え直しを要求しなきゃ」と冗談を言った。そのあと泣いている補佐たちを抱き寄せ、前向きに考えようと励まし、記者会見へと向かうと、国じゅうの報道機関が詰めかけた会場で、党首を辞任すると発表した。

労働党本部では、沈黙のなかにすすり泣きと罵りのことばが交じり、職員たちが涙を浮かべて歩きまわっていた。しばらくするとコービンが到着し、机から机をまわって、感謝のことばをかけながら、みなをハグした。「とても人間味があった。演出抜きのやりとりだった」と報道担当のジャック・マッケンナは語る。「やらなきゃいけないからやるというのは、ジェレミーらしくない。みんなの肩を抱いて、なぜとか何とか、細かいことは訊かなかった」。しかし、打ちひしがれた多くの職員にとって、この悲しみに匹敵するのは身近な人との死別くらいだった。

コービンの後継者にすぐ当てはまりそうな人物、彼の思想を受け継ぐ指導者は見当たらなかった。選挙運動が進むにつれ、キャリー・マーフィとエイミー・ジャクソンは大敗を見越して、ダラムで精力的に活動している三二歳のローラ・ピドコックを後継に立てる下準備を始めた。だが、開票の早い段階でピドコックも議席を失ったことが伝えられた。前回の八七九二票差の優位はあとかたもなく消え、下院の歴史上初めてダラム・ノース・ウェスト選挙区の代表が保守党となった。

保守党の新しい議員たちが続々と誇らしげに国会に入っていく選挙後の数週間は、コービンの絶望したスタッフたちにとって悪夢のようだった。「あの光景は永遠に目に焼きついて離れないと思う。労働党の中心選挙区で勝利した保守党の議員たちが新しいスーツを着て、就任式のために並んでいたところは」とジャック・マッケンナは言う。

二年半前、コービニズムは日の出の勢いだった。長く埋もれていた左派の思想や政策が新たな常識のように語られていた。一方の保守党は大打撃を受けて混乱していた。それがもう遠い昔のように思えた。労働党は粉砕された。五年に及ぶブレグジットをめぐる争いは、家族や地域社会を分断し、二大政党を一時期、存立の危機に追いやった。政治制度そのものがよろめいて崩壊しかかった。それがいまや新しい安定の時代に入ったようだった。ただしそれは、改めて勝利した右派の安定だった。

総選挙から五日後の一二月一七日、コービンは労働党の国会議員団のまえに立ち、敗北の責任を認めて謝罪した。国会議員たちは彼に思うさま怒りをぶつけた。外の廊下では、別の議員たちが次の一手を画策しはじめた。その翌日、トニー・ブレアが、労働党はコービンの「誤ったイデオロギー」をただちに放棄すべきだとうながした。

クリスマスが来て、ジョンソンの保守党は見渡すかぎりの領地を支配する王のようだった。自慢げな新聞の見出しが並び、タイムズ紙は「イギリスは楽観主義の波に乗って新年を迎える」と書きたてた。迫りくるブレグジット、保守党の大勝利と労働党の大敗北に関する熱狂的な記事の陰に隠れて、ほとんどの人は気づかなかったが、そこには中国武漢で発生した謎の病で約三〇人が倒れたという一報がまぎれこんでいた。[*12]

結論——秩序なき世界で

「一五分の遅刻だ」。ピーター・マンデルソンは目も上げずに私に言った。眼鏡を鼻にひっかけて、あらかじめ準備した手書きのメモをじっと見ている。トニー・ブレア、ゴードン・ブラウンとともにニュー・レイバーを築いて支えたこの政権の中心人物は、一〇年前にブレアの元戦略広報部長ベンジャミン・ウェグ＝プロサーと共同設立した企業向けコンサルティング会社〈グローバル・カウンセル〉を設立した。いま、彼はそのメリルボーン本社の贅沢な会議室に坐っている。そう、たしかに私は遅刻した。そのことを謝り、いくらか恐縮して席につく。

二〇二〇年三月四日。イギリスは徐々に不安が増す幕間にいた。ジェレミー・コービンの労働党が総選挙でボリス・ジョンソンのブレグジット派ポピュリストによって葬られてから三カ月とたっておらず、新型コロナウイルスの大流行の脅威に遅まきながら気づいたジョンソン政権が、国全体のロックダウンを発動するまでに三週間もなかった。私がマンデルソンの事務所に自転車で向かっているそのときにも、首席医務官のクリス・ウィッティ教授が記者会見で、「いくらかの死者」が出ると警告していた。嵐が近づきつつあるが、まだ遠くで雷が鳴っているだけ。旧世界は安泰で、勝利に酔う保守党政権が支配していた。彼らは新たに獲得した権力に満足しきって、ほかのことは何も気にしていないようだった。

マンデルソン——またの名を、キング・オブ・スピン（情報操作の王）、プリンス・オブ・ダークネス、などなど——の態度はユニークだ。陽気な茶目っ気のなかに脅しが混じっている。この会見も即興ではやりたくないようだ。評決を下す裁判官よろしく、目のまえのメモを注意深く読みはじめた。「まず、私の考えでは、これを五年単位ではなく一〇年単位で見るべきだということを指摘したい」。怒りを抑えている。「私見では、労働党にとって失われた一〇年だった。ひとりではなく、ふたりのリーダーによる政治的実験に時間がむなしく費やされた。実験結果は予見できたと思う。ふたりのリーダーは、そもそもうまくいかないプロジェクトを成功させようとしていたのだ」

マンデルソンの評価では、エド・ミリバンドとジェレミー・コービンはともに、労働党の「選挙に勝てるマシンを、おんぼろフォード・コルティナのようなものに変えてしまった」。ときどき眼鏡の上から私に視線を送りながら彼は続けた。コービンは最初から失敗する運命だった、と。

マンデルソンいわく、それは人々が彼にチャンスを与えようとしなかったからではない。党のなかで完全な権力を握っていたのだから。原因はそこではなく、コービンが党首の職務に向いていなかったこと、広く世の人々に訴え、有権者を大きなひとつの集団にまとめられなかったことにある。そしていまや妄想まみれのコービン派は、選挙に失敗した責任をブレグジットに転嫁している。ブレグジットはアリバイにはならない。大敗の本当の原因は、コービンと彼のチームだ。コービンは自分の国を、愛する対象、誇らしく思う対象として語らず、伝統的な労働党支持者を遠ざけてしまった。同時に、「すでに裕福で、さらに裕福になりたい意欲的な南部の労働者階級と、取り残されて不満を抱いている北部の労働者階級の有権者を、同じくらい失ってしまった」。

「いまの経済システムは、従業員や出資者より、株主や企業幹部の利益に傾きすぎていて、バランスを取り戻すことが必要だ」というコービンの主張にはたしかに一理ある、とマンデルソンも認める。だが、彼の見解によると、コービンには実行可能な改革案や解決策がなかった。コービンの分析には、実現できる計画がともなわなかった。多くの人の目から見て、コービンは首相にふさわしくなかったということだ。危機に弱く、国の安全保障に興味がないと見られていた。彼の急進主義に惹かれた人々も、その「現実性や具体性」は信じておらず、「どことなく疑問を抱いていた」。だから二〇一九年の総選挙で何百万という有権者の支持が得られなかった。彼が首相では心許ないということで、自由民主党の支持すら得られなかった。コービンは政権を奪うことより労働党を支配することに関心があり、選挙に勝つためのスキルを持っていなかった――マンデルソンはそう結論した。まわりのスタッフにも、選挙に必要な経験が完全に欠けていた。そして何よりも「コービンが労働者階級を理想主義的、イデオロギー的にとらえ、その独自の見方で人々に接したことで、結局、労働者階級は労働党ではなくジョンソンに投票することになった」。

コービンの党内外の敵にとっては、以上のマンデルソンの痛烈な批判が、この時期の労働党について唯一信用できる正当な解釈である。彼らから見れば、あれは自己満足の時期であり、無秩序と無能力と不寛容な派閥争いが共存する、反ユダヤ主義で道徳的にも退廃した幼稚なユートピア主義の時期なのだ。予想よりは遅れたが、選挙で大敗し、右派のポピュリズムと結びついた扇動的なジョンソンと保守党政権が余裕綽々で過半数を握ったのは、避けられない結果だった。この結果に苦しめられるのは、労働党がその声を代表しようとした人々、左派がもっとも擁護しようとした人々だ。そう考えれば、コービニズムは例外的な逸脱、無意味な悲劇であり、政治の舞台から追放されて当然だった。

しかし、この説明にはいくらでも反論できる。ジェレミー・コービンは労働党の党首選で二度、圧倒的な勝利を収めた。どちらも事実上の公開予備選挙で、対立候補は文句の言いようもなかった。労働党のほかの勢力は政治的、知的に疲弊して、社会が激変している時期に一貫したビジョンや説得力のあるアイデアを示せなかった。二〇一五年から一七年にかけて、コービンはイギリスじゅうに広まった政治的不満を吸い上げた。そうする能力と意欲があって、信頼できる主流の政治家はほかにいなかった。

長く一般議員の地位に甘んじていたことを考えると、たしかにコービンに伝統的なリーダーシップのスキルが欠けていることは否めないが、それほどまでに党首にふさわしくないなら、コービンに一度ならず二度も負けた労働党の対立候補たちはどうなるのだろう。コービンが台頭するまで、真に進歩的な原則を本気で取り入れようとした党首候補はほとんどいなかったのだ。代わりに目についたのは、絶望的な道徳の崩壊だった。

労働党はすでに、失業手当や障がい者手当の受給者を怠惰で無責任と見なす保守党の「いじめ」に加わっていた。二〇一五年の総選挙のあと、労働者階級を代表するために作られた党が、低所得世帯への在職給付を実質的に削減する保守党の福祉法案の通過を阻止しようとしなかったのだ。あのとき、労働党はなんのために存在したのか。権力の幻想のために、スーパーマーケットの従業員や、清掃員、バス運転手、通学路横断監視員、そして彼らの子どもたちの生活水準を犠牲にするのなら、労働党が存在する意味がどこにある？　政権をめざして何をしようというのだろう。

コービンの敵対者の傾向は、おのおのの政治家としてのキャリアが墜落炎上したあと、どういう仕事についたかによってうかがい知ることができる。労働党内の右派への和睦の印としてコービンの最初の影の内閣に入ったマイケル・ダガーは、二〇一九年、〈ベッティング・アンド・ゲーミング・カウンシル〉の最高責任者、言い換えれば、ギャンブルに関してイギリスでもっとも影響力のあるロビイストになった。[*1] コービンが党首に選出されるまえの数カ月間に影の大臣を務めたクリス・レスリーは、二〇二〇年七月、債権回収の事業者団体〈クレジット・サービス協会〉の最高責任者に任命された。レスリーと同じく中道政党チェンジUKの創設者のひとりであるアンジェラ・スミスは、マードック傘下の報道機関で労働党の水道国有化の方針を痛烈に批判したことがあったが、[*2] 同じ二〇二〇年七月に水道事業の私企業に就職した。

この七月は、チェンジUKの「同窓生」にとって大当たりの月だった。チュカ・ウムンナも大手広報企業〈エデルマン〉に入った。[*3] 同社は、〈ウォルマート〉への労働組合からの批判に対抗するPR活動を請け負い、論争を呼んでいるキーストーンXLパイプライン［訳注：カナダ・アルバータ州のオイルサンドからネブラスカ州経由でメキシコ湾岸の製油所まで原油を運ぶパイプライン」建設プロジェクトを支援し[*4]、マードック帝国が電話の盗聴で非難されたときに対処を依頼された企業だ[*5]。こうした人々は、そもそもなぜ労働党にいたのだろう。党を去ったあと、大企業やギャンブラーや債権回収業者の擁護者になった人たちの心に、社会的不正に対する怒りが燃え上がったことが一度でもあっただろうか。

◆

二〇一五年にコービンが圧倒的支持を得て党首になったのは、希望に満ち、楽観的で大胆なビジョンを提示したからだ。それは、昔なら誰も驚きもしなかった考えを含む社会民主主義の二一世紀版だった――法人税も所得税の最高税率も、マーガレット・サッチャーが首相だった時期の大半より低く、国有化の計画も一九七〇年代のイギリスより限定されていた。実際、コービンの主要な政策のほとんどは、公益事業の国有化から大学の学費の無償化まで、ヨーロッパやその他の国々で運用に成功しているものばかりだった。そうした政策の人気が高いことは世論調査でも示されていて、それらを二〇一九年総選挙で労働党に投票しなかった理由にあげた人はわずかだった。しかし、労働党のエリートたちは、どれほど穏健な社会民主主義でも毛嫌いし、政治的にあいまいな状況のほうを好む。

今日、コービンに反対する多くの人の考え方は、トニー・ブレアが西欧やアメリカの似たような思考の政治指導者たちと連携してイギリスで勝利していた一九九〇年代後半の考え方から抜け出せなくなっている。たんに「ブレアリズム」のマントをはおることで、選挙に勝つ魔法の公式を引き継いだ気になり、ブレアリズムが、いまある課題への答えになると信じているのだ。感染症がグローバル経済の中心で爆発するまえでさえ、一九九〇年代後半の政治はまったく異なる宇宙、さらに言えば、すでに現実からかけ離れた幻想のようだった。金融資本主義のバブルが永遠の経済成長と生活水準を保証してくれ、当時の言い方を借りれば、上げ潮がすべての船を持ち上げてくれるという幻想。実際には、二〇〇八年の金融危機とその後の厳罰さながらの緊縮財政政策がすべてを変えた。緊縮財政が政治を変え、右派ポピュリズム、新左派、市民ナショナリズムの台頭をうながし、世代間に前代未聞の分断を生み出していた。社会の真の対立は、富と権力を持つ人々と持たない人々のあいだにあると考えるなら、これは掛け値なしにむずかしい課題だ。

今日のイギリスでは、一九〇万人の年金生活者が貧困に苦しんでいる。富裕国のなかでは恥ずかしいまでに高い貧困率だ。とはいえ、歴代政権は彼らを保護することが多く、年金生活者の生活水準はそれなりに守られ、改善する場合すらあった。「トリプルロック」によって国民年金が毎年上昇し、高齢層の持ち家が広がって（感染症の流行まで）住宅価格が上がり、量的緩和が資産価格や株価を押し上げていたからだ。

政府が高齢層に注力するのは驚きではない。彼らは有権者全体の四分の一を占めるだけでなく、もっとも投票熱心な層である。移民からＬＧＢＴＱの権利やイスラム教徒などの問題に至るまで、高齢層が社会的にもっとも保守的であることを考えると、労働党が一九九七年以降、年金生活者の過半数を獲得できていないことも、同じくらい驚くにあたらない。その年以来、総選挙のたびにこの層における保守党のリードが広がっている。

前例のない生活水準の低下、住宅危機の増加、学生の借金、公共サービスの大縮小、生活保障の大削減、そして深く根づいた進歩主義の社会的価値観への攻撃などに苦しめられてきたのは、もっと若い世代であり、いちばんコービン派の炎に引き寄せられたのも彼らだった。コービニズムは若年層から過去最大の支持を得る一方で、高齢層を類のない規模で離反させた——コービニズムの成功と失敗を一文で言えばそうなる。左派の最大のジレンマは、いかにして高齢層の支持を得ながら、彼らの子や孫の希望と期待を裏切らないかだ。

コービン・プロジェクトに反対する人々は、左派が自明の失敗をブレグジットのせいにしたと主張する。たしかにコービンの労働党は、イギリスの戦後もっとも深刻な政治危機に対処しようとしながらも、保守党のほうがブレグジットの悪影響を受けるだろうと高慢に考えていた。だが時の経過とともに、とりわけ二〇一七年の総選挙のあとは、ブレグジットが政治から酸素を吸い上げ、国の政論でほかの話題を取り上げる余地がほとんどなくなった。誠意と確信の人というコービンならではの大きな長所が、この時期に失われてしまったのだ。

党首事務局のブレグジット対応を批判しつつ、あれよりはるかに組織立った戦略的な行動をとっても同じくらい苦戦しただろうと考えることは可能だ。保守党との政策の差が少なく、かつEU残留を説く熱心なブレア派が労働党を率いていたら、さらに悲惨な敗北になっていたことはまちがいない。当時の労働党の戦略家シェイマス・ミルンの責任は重いが、離脱派の年配の労働者階級が労働党から離れていくのを怖れたのはよくわかる。

選挙当日の世論調査によれば、二〇一九年の総選挙で労働党を捨てた人の理由の三四パーセントは「ブレグジットを実行するため」、一八パーセントは「ブレグジットを止めるため」で、ほかの政策にふれたのはわずか一〇パーセント、コービン自身を理由としたのは五パーセントだった。保守党に鞍替えした人の七一パーセントはブレグジットを希望し、政策ゆえに移行した人はたったの六パーセントだった。[*6] 残留派と離脱派の争いは、文化的アイデンティティより富と権力の再配分に重点を置いた政治方針にとって毒となることが、ブレグジットで明らかになったのだ。これは、左派が真剣に取り組まなければならない問題である。

コービン・プロジェクトは、ひと昔前に始まっていた長期的な流れの影響も受けた。国会議員と活動家の連合組織〈レイバー・トゥゲザー〉の選挙後の分析によると、イングランド北部とミッドランズの脱工業化地域で高齢化する、おもに白人の労働党支持層が、次第に保守党支持に置き換わっていたのだ。ブレグジットをきっかけにその進行が早まり、コービニズムは充分対応できなかった。

コービン自身も、あらゆるメディアから容赦のない個人攻撃を受けた。労働党の一部の国会議員と党組織のそれなりの部分までがその攻撃を支援し、扇動すらした。彼らはコービンのもとで自分たちの党が失敗することを積極的に望んでいた。それは過去に例を見ない党内外からの一斉砲撃だった。もっとも、そのどれもコービニズムの運営やコミュニケーション、そしてとくに戦略の失敗の言いわけにはならない。二〇一七年の総選挙後、労働党が政権を握るチャンスは充分あった。過去二〇年で最多の議席を獲得し、一九四五年以来最大の得票率の伸びを記録していたのだから。選挙で掲げた斬新な政策も幅広く支持されていた。選挙後の熱を帯びた数カ月は、コービンが首相になるだろうという国民のコンセンサスが確かにあったのだ。現に、世論調査の労働党の支持率は二〇一九年前半まで四〇パーセント前後だった。

過半数の議席を獲得するための明確な戦略があれば、労働党は総選挙後の気運の高まりをしっかり活かすことができただろう。労働党に一票投じそうな有権者はおおむね離脱派だったので、ブレグジットによって事態がややこしくなったのは確かだが、いずれにしろ、労働党から明確で一貫した長期的な戦略は出てこなかった。最初から計画は即席で、起きた出来事にあとから対応する防御的なものだった。党首事務局の自己満足も、ある意味でそれに拍車をかけた。二〇一七年の選挙で党内の反対派がまちがっていたと証明したことで、全体の方針が正しいと信じ、調整や修正はほとんど必要ないと考えてしまったのだ。内部に矛盾を抱えた保守党は自滅するだろうという思いこみもあった。

二〇一九年には、労働党執行部はブレグジットに関する分裂で機能不全になっていた。それがイギリス社会全体の二極化の反映だったからといって、彼らが犯したふたつの大きなあやまちを免責することにはならない。第一のあやまちは、ボリス・ジョンソンが首相になる際に、なんら行動を起こせなかったこと。何カ月もまえから予測できたのに、労働党が有意義な計画を立てていなかったせいで、ジョンソンは、上級顧問のドミニク・カミングスと好きなように自分を定義することができた。第二のあやまちは、トップチームが対立で崩壊し、悲惨なまでに戦略と説明がなくなってしまったことだ。

ほぼあらゆる点で中途半端だった反ユダヤ主義対策にも、同じことが言える。初期のような明確な戦略があれば、反ユダヤ主義に関する党内の苦情処理のプロセスを強化し、ユダヤ教徒のコミュニティに手を差し伸べるスピーチや活動をおこない、同時に、反ユダヤ主義に結びつく陰謀論者の考え方や、無知、偏見についての党員教育を徹底できていただろう。だが実際は、ここでも防御的、断片的な対応で、全体としてまったく不充分だった。コービンの政敵はつねにこの問題を利用し、仮借なくコービニズムに泥を塗るのに使ったが、執行部がもっとすばやく、深く、積極的に動いて、反ユダヤ主義と闘う本物の決意と共感を示していれば、攻撃は局所にとどまって、はるかに効果薄だったはずだ。

コービン自身はどうだったか？　労働党党首をしぶしぶ引き受けた男に対して、歴史はまちがいなく、いま世間に広まっている評価よりずっと親切な評価を下すだろう。コービンが不正を心の底から嫌い、搾取や抑圧、偏見、人種差別、暴力のない世界を築きたいという熱い思いで行動していたことは、彼をよく知る人なら疑いもしない。その思いやり、心の広さ、自分の信念に賛成する人にも反対する人にも平等に惜しみなく示す人間的な温かさについては、党首選に立つまえから、支持者も批判者も同意していた。その個人的な資質ゆえに、二〇一五年夏の党首選では、彼の政治に反対する一部の労働党議員もコービンを候補に推したのだ。どんな状況でも、たとえ極端に挑発されたときでさえ、コービンが個人攻撃を徹底して避けるのは、その人間的価値の表れだった。彼は常人なら倒れてしまうような批判の嵐を耐え抜いた。揺るぎない誠意の持ち主だった。

とはいえ、バランスのとれた見方をするなら、コービンは失敗を認めなければならない。政治家としてのキャリアの大半を一般議員ですごしたために、従来型のリーダーにはある経験やスキルが不足していた。対立を嫌う性格は魅力的だが（彼を恐ろしいデマゴーグと見なした人はほとんどいなかった）、どっちつかずの印象を与えがちで、ときにリーダーとしての意図や方針が見えないことがあった。主要な政治問題でだいたい意見が一致している左派の集団と長くつき合ってきたので、猛烈に反対する人々との会話には苦労した。ほかの点では称賛に値する誠意も、反ユダヤ主義に関して、労働党の迷走が長引いた一因と言える。断固たる行動をとって長年の仲間と対立することを避けたからだ。

一般議員時代のコービンの段取りの悪さは語り種だ。野党の党首になると、段取りはまわりの補佐にまかされたが、彼らがどんな失敗をしようと、最終的な責任はコービンにある。持ち前の頑固さで、それまで誰も経験したことがないような全方位からの攻撃を生き延びたものの、同じ頑固さのせいで自己防衛過剰となり、協力者たちの記憶に長く残る独善的な内向きの精神も生まれた。思い出してもらいたいのだが、コービンは権力を欲した政治家ではなかった。党首選に立ったのは義務感からであって、決して勝てると思っていたからではない。生涯正しいと信じてきた目標を追求し、実現するために党首をめざしたのだ。

二〇一七年と二〇一九年の総選挙のあいだに、左派の政策を推し進める別の党首を立てたほうがよかったのではないか？　それは後知恵の質問だ。一九九七年の総選挙以来、最多の議席を得た労働党党首がどうして辞めなければならないのだろう。コービンの労働党があれほど痛ましい地点から出発して、テリーザ・メイが決行した二〇一七年の総選挙で好結果を残したことは、のちのちまで影響した。一度できたなら、なぜもう一度できない？　と思ったとしても無理はない。

誰が党首だろうと、ブレグジットは同じ政治的打撃を与えたのではないか？　この種の仮定を検証する方法はない。それでも、長らく労働党左派の表看板だったジョン・マクドネルが結局党首にならなかったのは、左派全体にとっての悲劇だろう。党員がマクドネルに投票したかどうか、また、コービンの擁護者の多くが信じているように、コービンの人格にかかわる何かが決定的な勝因だったのかどうかも検証のしようがない。マクドネルは戦後の労働党を代表する重鎮であり、労働者階級の独学者、政界の本物の知識人のひとりだ。そして、社会を改革し、不正を克服するために、左派は真剣に集中して「賞品」たる政権を手にしなければならないと理解していた。マクドネルは労働党の失われた指導者でありつづけるだろう。

◆―――◆

二〇一九年の敗北を受けて、労働党員は新しい党首を選んだ。党員はおおまかに三つに分かれた。三分の一は、誰であれ左派の候補者に投票する人々。別の三分の一は、左派以外なら誰でもいい人々。まんなかの三分の一は浮動票だが、不正を激しく嫌悪し、とにかく保守党を政権から追い払いたい人々。キア・スターマーがこの中間層にいちばんうまく訴え、当然ながら圧倒的な勝利を収めた。彼らの価値観や信念から大きく離れない有能で有望な候補だと、この集団を説得することができたからだ。

そうなると、コービニズムが残したものは何だったのか。ピーター・マンデルソンの考えに近い人々が位置づけたいように、あれは労働党の歴史からの逸脱であり、途方もない自己耽溺と道徳的退廃の一時期だったのか？　おそらくちがう。

党首選の活動中、スターマーは、「二〇一七年のマニフェストをわれわれの基本文書とすべきです。あの急進主義が国じゅうにもたらした希望は本物だった」と宣言した。そして掲げた一〇の誓いには、富裕層と大企業に対する増税、公共投資、学費免除、国有化、違法な戦争の禁止、保守党の無慈悲な社会保障制度の置換、移民の権利の擁護などが含まれていた。コービンが出るまえだったら、このような考えはどうしようもなく無邪気で非現実的だと非難されていただろう。社会民主主義の基本中の基本の信条がこうしてまた採用されたこと自体が、政治的な遺産である。

「われわれは直近の労働党政権を無意味だと考えない。同様に、この四年間も無意味だとは考えない」とスターマーは言った。それが彼の民主主義的な任務の基礎となる。だとすれば、労働党の新しい主流派が決して緊縮財政に与せず、さまざまな手当の受給者を蔑まず、移民を悪者扱いしないことが、コービニズムの遺産である。

スターマーの執行部がこの約束を守りつづけるかどうかはわからない。これからも労働党にとどまる人々は、それらが確実に実現されるように闘うべきだ。しかし、変革に向けた闘いは政党のなかだけにとどまらない。二〇二〇年五月下旬、アメリカでジョージ・フロイドが警官に殺されたことをきっかけに、制度的な人種差別に抗議するブラック・ライブズ・マター（ＢＬＭ）の運動が世界に広がった。このほか、労働者の権利、気候変動、公共投資、社会保障制度、福祉政策、平和といったさまざまな大義について、議会を動かす追加の闘争、具体的には、権力者が無視できないくらい大規模で強力な大衆活動が主役に躍り出なければならない。

新型コロナウイルスの時代とこれからの時代、本書で考察した議論やアイデアは、私たちが築きたい未来や、さらに数世代の未来にとって、ますます重要になってくる。コービン時代の遺産のひとつは、左派がもはや「何に反対するか」だけでなく、「何に賛成するか」で定義されるようになったことだ。彼らは、新しい世界の姿を真剣に議論するシンクタンクや経済学者や知識人らの新しいエコシステムを育て、週四日労働、グリーン産業革命、職場と経済の民主化といったアイデアをたくさん蓄えている。

二〇一九年の総選挙後わずか三カ月あまりで、イギリス社会はパンデミックによるシャットダウンを余儀なくされた。ウイルスの時代の兆しが見られたころ、「ボリスはリベラルな自由市場を救うために、ただちに社会主義を支持せよ」とテレグラフ紙が一喝した。国の労働人口の半数の賃金を肩代わりするなど、平時ではもっとも劇的な財政支出の拡大をおこなうこと以外に、保守党政権に選択肢がなかったことはまちがいない。

だがそれは、失敗した資本主義の既存モデルを維持するための計画であって、よりよい方策の基礎を築こうとする動きではなかった。もしコービンが首相になっていれば、貧困との闘いに始まって、手頃な公共住宅の提供や学費の無料化まで、いま苦労していて不安定な人々の生活を変えていたことだろう。グリーン産業革命が実現すれば、気候危機への対処となり、高度な技術を要する仕事が生まれ、国民の生活水準が上がったはずだ。さらに重要なのは、それらすべてが前代未聞の国家的なトラウマに強要されたのではなく、確信をもって実行されたであろうことだ。

ところが、イギリスはボリス・ジョンソンという右派の食わせ者を押しつけられた。虚言癖があり、権力の追求を唯一の行動原則とし、イスラム教徒やゲイの人々に対する偏見を助長する人物を。彼の政権は世界でも類を見ないほど悲惨なウイルス対策をおこなった（あれを「対策」と呼べればだが）。迅速で果断な行動をとれば、経済（多くの決定において人の命より優先されるようだ）に甚大な被害を与えてしまうと怖れたからだ。イギリスが緊縮財政と自由市場のドグマのせいで空疎化するはるかまえから、こうした国の未曾有の危機に絶望的に対応できなくなっていたという事情もある。その結果、多くは高齢のイギリス人が何万人も亡くなるという犠牲が避けられなかった。

世界大恐慌以来もっとも深刻な経済危機が訪れたいま、社会的に公正な世界が現れる保証はどこにもない。一九三〇年代の経済的混乱はファシズムにつながった。一九七〇年代にはサッチャー派とレーガン派の反革命が起きた。そして今日、私たちは右派の権威主義的なポピュリズムの亡霊につきまとわれている。今後、富と権力の大胆な再配分をし、繁栄するエリートより大多数の庶民の要望や向上心を満たすような社会を支持する人々が、活力と説得力のある選択肢を示さないかぎり、ポピュリズムはますます力を持つ。

現在のパンデミックは、第二次世界大戦にたとえられることがある。粗雑な対比もあるとはいえ、注目すべきは、対戦が終わった一九四五年に、保守党のチャーチル首相が率いていた既存の政権が総選挙で大敗し、社会改革をめざす労働党政権に置き換わったことだ。労働党アトリーの新政権は、古い現状維持の政策を打破して、財政の新しい配分や、社会保障制度、NHS、国有化、国家の介入を進めた。戦争には勝った、今度は平和を勝ち取るときだ、と労働党は訴えたのだった。

コービニズムが何かを示したとしたら、何世代も体験したことがないほど生活水準が低下しているいまの時代に、人々は大胆な解決策を求めているということだ。のちに振り返れば、「今回のパンデミックは、人類の存在自体を脅かすはるかに大きな危機である気候変動の予行演習にすぎなかった」と言われるだろう。気候危機を回避するには、われわれの社会・経済制度の抜本的な変革が必要になる。

コービニズムの興隆につながった社会の不正は、正されるどころかますます横行している。富裕国が自国民に安全と幸福を提供できないかぎり、徹底的な解決策への要求は消えない。いくら国が繁栄しても、自分や家族に快適で充実した生活は約束されない、と何百万もの人々が思っているかぎり、地球温暖化が人類の文明にとって脅威であるかぎり、要求は続くのだ。新型コロナウイルスは、イギリスでも世界のほかの地域でも、厳しい社会の現実をいっそうむき出しにした――あと請求書一枚で困窮に陥る人が何百万人もいるという現実を。自営業や非正規雇用の労働者は安定した生活基盤が得られず、福祉政策は慢性的に不充分で、個人の賃借人は家主に好きにされ、公的介護やヘルスケアのサービスはバラバラで、人手と資金の不足に悩んでいる。

こういう病態のない新しい社会を、いっしょに作れないだろうか――これがコービニズムとその多くの支持者たちの願いだった。

いまもそう信じつづけている人は、当時の成功と失敗、得られたものやあやまちから学ばなければならない。苦い失敗を認めたからといって、新しい社会を築こうという強い意志を捨てることにはならない。問題の隅のほうだけ調整して、不正の見た目だけを取り繕う政治的悲観論に屈するわけでもない。

むしろ逆だ。失敗から学ぶことは、新しい世界を真剣に作り上げる決意の表れなのだ。これほど多くの不正が人間のかぎりない潜在能力と共存しているなかで、新しい世界を築くことは、ユートピア的な夢でも自己満足の幻想でもない。

それは、人類に残されたただひとつの希望だ。

エピローグ（二〇二一年の付記）

私がこの本を書いたのは、失望を深めたり、運命論を広めたりするためではない。その反対だ。本書に決定的な目的がひとつあるとすれば、それはコービン・プロジェクトが昔もいまも基本的に健全だと論じることである。

このプロジェクトは、現代イギリスの特徴である不正と不平等に対するただひとつの首尾一貫した実行可能な解決策であり、一時期は、政治権力に本物の打撃を与えたと広く認識された。そして当然、イギリスのエスタブリッシュメントから返り討ちに遭い、悪意に満ちたその攻撃で大きな被害をこうむった。

だが同時に、コービン・プロジェクトのまちがいも検証することが重要だ。くり返しになるが、だからといって、その政治的な意味合いや重要性を考慮しないということではない。今日、この思想は私たちの日常生活にかつてないほど深くかかわっているからこその検証だ。

これを書いている時点で、一〇万人を超えるイギリス人が新型コロナウイルスで亡くなっている。世界的に見ても、イギリスは死者数が並はずれて多い国のひとつで、三度目の全国規模のロックダウンをおこなっているところだ。ＮＨＳは処理能力を超え、毎日一〇〇〇人以上が亡くなり、経済は急激に悪化して、国民が抱える苦悩は計り知れない。この深刻な結果は、新型コロナウイルスの国内流行で避けられなかったわけではなく、むしろコービニズムと正反対のイデオロギーが自然に行き着く先だったと考えられる。イギリスの災難はボリス・ジョンソンの保守党政権の無能さの問題ではない（少なくとも、原因はそれだけではない）。いまの政権も、そのまえの歴代保守党政権も、緊縮財政政策によって個人のいざというときの蓄えを減らし、自分たちの利権に悪影響が出ることを怖れた。タイミングの遅いロックダウンをくり返したのもそのせいだ。人々が自主隔離してウイルスを他者に移さないための充分な疾病手当も、より広く言えば潤沢な社会保障制度も提供できていない。検査と追跡のシステムがしっかりしていれば、感染者と濃厚接触者を特定して、度重なるロックダウンを未然に防げたはずだが、政府はそれをいいかげんな民間業者に委託し、結果的に台なしにして、二二〇億ポンド（約三兆四一〇〇億円）の税金を無駄遣いした。

二〇二〇年春の最初のロックダウンでは、政府の閣僚が毎週木曜の夜、エッセンシャルワーカーに拍手を送った。彼らの賃金や職務内容、労働条件に長年攻撃を仕掛けてきたにもかかわらずだ。

二〇二〇年末には、財務相が公共部門の多くの労働者の給与を凍結（実質的には給与カット）する意向を示した。パンデミックのあいだ、まさにそうした人々が、個人的に大きな危険を冒してほかの人の命を救い、国をまえに進ませていたというのに。

要するに、イギリスの惨状はたんなる無能の結果ではなく、人の命よりビジネス上の利益を優先させた帰結だったのだ。かりに政府の説明を受け入れるとしても、その戦略は失敗だった。他国と比べてもイギリスの感染者数や死者数はほぼ最悪で、経済的打撃も世界最大級だった。経済を本当に脅かすのはつねに公衆衛生の危機であって、その解決のためにとるさまざまな手段ではないからだ。

今日、大ざっぱに「コービニズム」と表現される思想やビジョンを支持する人たちは、少なくとも比喩上、手近の溝に飛びこんで死ぬべきだということになっているが、左派など見たくもないという人ほどがっかりすることになるだろう。コービニズムを動かした社会的・経済的欠陥は消えていない。それどころか、今回のパンデミックでそれらの不正はいっそうはびこり、目立つようになった。対抗措置として思いがけない活動にたずさわるようになった人々は、悪者扱いされているように感じ、ときには打ち負かされるが、いまある社会悪がなくなる世界を築こうという彼らの決意と努力は、まったく衰えていない。

これから紹介するのは、コービン党首（というより彼が支持して体現した考え）に情熱をかきたてられた人たちの記録だ。彼らのような人は何千、何万といて、その大きな集団が、混乱する国に希望を与えている。

◆―――◆

番組が終わったとき、ミシェル・ドレルのパートナーは笑いながら彼女のほうを向いて、「馬鹿だな！　恥ずかしいことをして」とからかった。まわりにいた一部の番組参加視聴者は彼女に悪意に満ちた視線をよこし、別の数人はまっすぐ近づいてきて、よくぞ言ってくれたと感謝した。それは『クエスチョン・タイム』というBBCの看板政治討論番組でのこと、二〇一五年一〇月なかば、ジェレミー・コービンが労働党の党首選で大勝利を収めてから一カ月後のことだった。それまで保守党に投票してきたドレルは、ドーバーで収録された『クエスチョン・タイム』に隣町のフォークストンから参加し、パネリストだった当時の保守党政府の閣僚アンバー・ラッドに、こらえてきた怒りを爆発させたのだった。

それまで、ドレルの家族は政治に無関心だった。「家族を政治化させたのは私」と彼女は語る。二〇一〇年代の初め、彼女の生活には浮き沈みがあった――ほとんどは沈むほうだったが。「モノポリーの盤上より悪い状況だって父に言われたことがある」。子どもが四人いるシングルマザーで、長年コールセンターで働いていたが、突然、余剰人員として解雇された。それまでの安定した生活が崩れ、大きなショックを受けた。どこにも行く当てがなく、貯金も底をついて仕事も見つからない。一年半の失業でついに所得補助金に頼るようになり、神経衰弱を患った。

「緊縮財政が始まってすぐのころだった」と彼女は言う。「あのころ緊縮財政については何もわかってなかったけど」。保守党に投票していたせいで、日々の情報は主流メディア（たとえば、サン紙）から得ていたという。「彼らの宣伝文句やスローガンが記憶に残るの。それに引っ張られて、本当は何もわからないまま、こっちのほうがいいと思っていた。とくに調べもせずにね。ふつうの女性はみんなそうよ。そうやって情報を仕入れて、ただ投票していた」

ドレルが初めておかしいと思い、裏切られたと感じたのは、二〇一五年、デイビッド・キャメロンの保守党主導政府がタックスクレジット減額の計画を発表したときだ。経済的に不安定な時期が続いたせいで、つねに金銭関係の不安をぬぐえなかった。『クエスチョン・タイム』への参加は、抑えていた感情を吐露するチャンスだった。労働党は国の経済安全保障にとって脅威だとアンバー・ラッドが主張すると、ドレルは思わず叫んだ（「何を言っているのかも考えなかった。ただもう、ことばがあふれ出したの」）――これまで保守党に投票してきたのは「あなたたちが私と家族のためになることをしてくれると思ったから」なのに、「死ぬほど一生懸命」働いても生活は楽にならず、家賃も払えないほどだった。そのうえ今度はタックスクレジットまで取り上げようとしている。「恥を知りなさい！」と。

翌朝六時、ドレルは番組のプロデューサーからの電話で起こされた。彼女の発言がかなりの騒ぎになっているという。そこから二日間、ドレルの電話は鳴りやまなかった。メディア、友人たち、親戚、何年も話したことすらなかった人々……。ある記者など、彼女の自宅のまえで張りこんで直接話を聞こうとした。「ごくふつうの人間だったのに、いきなりあれほどのスポットライトを浴びると怖くなるというか、圧倒される思いだった」と彼女は振り返る。

一週間ほどたって、労働党の影の大臣ジョン・マクドネルの新しい補佐になったジョー・ライルが、ドレルに連絡をとった。ライルと話したあと、マクドネルが電話に出て、いま困っていることはないか、支援は必要かと訊いてきた。彼女の地元の保守党議員も、失った票をなんとか取り戻そうと電話や手紙の攻勢をかけてきていた。会ってもいいとドレルは答えたが、いざ日時を決めようとすると、保守党議員はどこも予定で埋まっているようで、実現しなかった。

ドレルはいろいろ勉強を始めた。たとえばロバート・トレッセルの古典 *The Ragged-Trousered Philanthropists*（ぼろぼろのズボンの博愛主義者たち）や、光栄なことに私の最初の著作『チャヴ：弱者を敵視する社会』（海と月社）を読んだ。「二三歳のときに、社会主義とは何かと訊かれていたら、共産主義のプロパガンダだと答えたでしょうね。『隠れアカ』だと。共産主義、社会主義、新自由主義の区別もつかなかったと思う。新自由主義の説明なんてとうていできなかった！」

それでも、『クエスチョン・タイム』に参加する数カ月前、コービンが初めて党首選に立ったときには、興味が湧いたという。よく見るしゃれたスーツではなく、コービンの着古した茶色の上着は、温和な地理の教師を思わせた。「あらら、機械が壊れて変わったものが出てきた、と思ったわ。爽やかな風が吹きこんだみたいで、気分がよくなった。彼のことや政策についてはあまり知らなかったけど、どこかちがうのはわかった。それで話を聞いてみると、心に響くようなことを言ってたの」

二〇一六年一月、ドレルは国会内の事務所にマクドネルを訪ね、人々、社会、国を助けたいと伝えた。ふたりは意気投合し、一週間後にマクドネルは彼女を政治集会に初めて連れていった。それは、コービンの政策を支持するために草の根の活動家たちが結成した〈モメンタム〉の集会だった。テレビで見た人たちがドレルに気づき、指差してささやきはじめたので、彼女は萎縮し、怖くなったが、そのうちみなそれぞれ自分の話をしてくれるようになって、胸を打たれた。たとえば、ある若い医師は、翌日に全国規模のストライキに参加すると言った。ドレルは会場を去りながら、自分が自分でないような気がして、まわりに溶けこめただろうかと考えたが、偏見や迷いは消えていた。その年の四月二六日、若い医師たちがストライキを決行した日に、彼女は労働党に加わった。

二〇一七年四月に急遽発表された解散総選挙は、ドレルには試練となった。前回の総選挙のあと、地元の労働党後援会（CLP）はほとんど崩壊していた。ただひとりいた労働党議員（とCLP書記長だったドレルの夫〉の脱会が、彼女の新たな政治拠点の深刻な分断を象徴していた。そんなとき、地元の〈モメンタム〉の活動家たちが、CLPの復活に力を貸してくれないかと連絡してきた。ドレルは了承し、活動を再開したCLPは労働党の選挙運動で主要な役割を果たした。コービンが党首になるまえ、フォークストン・アンド・ハイド選挙区では、労働党員の数は二〇〇〜三〇〇人程度で推移し、議席を確保するのはいつも保守党だった。ドレル自身も、労働党の存在に気づいていなかった。それが二〇一七年には、九〇〇人近くまで増えたのだ。

二〇一七年春、彼らは自分たちの選挙区をまわった。『クエスチョン・タイム』でドレルが批判したアンバー・ラッドのヘイスティングス・アンド・ライ選挙区など、近隣にも活動範囲を広げた。投票日の夜、保守党の議席が過半数を切り、ラッドも危うく議席を失いかけたことが発表されると、ドレルは有頂天になり、それまでの人生でいちばんいいことをしたと感じた。テレビ番組で叫ぶ代わりに運動にたずさわり、自分なりに役に立ったからだ。「大成功だった！　彼らをほとんど引きずりおろしたのよ。保守党とテリーザ・メイを！」

二〇一八年には、ドレルは集会の隅にいる存在から、積極的に活動する党員に変わっていた。自営業のメンバーとして労働組合〈ユニゾン〉に加わり、地元の労働組合協議会で働いた。さまざまな議論や討論に参加するようになったが、自分のことばを行動に移したかったし、そうする必要があった。

「大勢いる地元の仲間たちには、はっきりそう言っていたの。生粋の労働者階級の出身で、どんな政治も経験せずに育ち、人生で信じるイデオロギーもなく、短大や大学も出てなくて、あとから追いつこうとしている人間にとって、いまの世の中は意味をなさないことがあるって。意味をなすようにみずから乗りこんで、自分の手でなんとかしなきゃいけないの。労働者階級の人たちのために変化をもたらしたいなら、労働者階級の政治家を出さないと。だから私は、口で言うだけじゃなくて行動した。市議会議員に立候補して、同僚のために必死でがんばったの。人生であのときほど歩いたことはなかったわ」

パンフレットや横断幕に自分の名前が載ることも含めて、すべては現実でないような気がしたが、二〇一九年五月、ドレルは選挙で勝利して労働党の地方議員になった。「本当に、心の底からうれしかったし、それまでしてきたことの正しさが認められたとも思った。ときに立ち止まって、自分に言い聞かせなければならないこともあったから。五年前から考えると、とても長い旅だった。たくさん学び、いろいろ経験して、いまの私に変わった。夫に言わせると、私はもう最初にデートした相手じゃないって」

たまに「インポスター症候群」［訳註：必要以上に自分の能力や実績を卑下してしまう心理傾向］に悩まされることはあるものの、ドレルは経済的な不安定と精神的な病の暗い日々で失った自信を取り戻し、昨年、ついにフォークストン市長になった。

しかし、二〇一九年総選挙の労働党の大敗とその後のわびしい政治の冬の時代を経て、ドレルのような人々はどうなったか？　「私にとって、あの運動は最初から『コービニズム』じゃなかった。一〇〇パーセント社会主義よ。ジェレミー自身もよく『社会主義』と言っていたでしょう。別に悪いことばではない。私にとっては、それが彼の遺産。この国や世界じゅうのほかの国々で社会主義がまだしっかり息づいているということが」

トニー・ベンはよく、人間の心にはつねにふたつの炎が燃えていると言った。不正に対する怒りの炎と、よりよい世界に対する希望の炎だ。コービンの時代は、ドレルにふたつの炎を目覚めさせた。「私は最初から社会主義者だった。昔はそれがわからなかっただけ。教育も受けていなかったし、わかるような育てられ方もしていなかったから」。それが彼女の言う「コービンの遺産」だ。

ドレルから見て、コービンの社会主義は前向きだ。「クレメント・アトリーの社会主義とも、『ぼろぼろのズボンの博愛主義者たち』の社会主義ともちがう。いまの社会主義よ。政治というのは、いまにかかわることだから」。テレビの生放送番組で不満をぶつけた保守党支持者から、生まれ育った町の社会主義の市長になったドレルは、コービンから受け継いだものをこれからも生かしつづける決意でいる。

私がアッシュ・サルカールと初めてきちんと会話したのは、二〇一〇年の冬のことだった。その数週間前に、大学の授業料を三倍にした保守党・自由民主党連立政権に抗議する大規模な学生運動がイギリスじゅうで発生していた。私はユニバーシティ・コレッジ・ロンドンの歴史学の博士課程にいて、彼女は英文学の学部生だった。私たちは大勢の学生によるキャンパス内での占拠を実行したあと、ハックニーのアパートメントで開かれたにぎやかなパーティで話した。そのときから、アッシュが驚くほど聡明なのはわかっていた。ほぼ一〇年後にコービン時代が終わるころには、彼女は政治評論のスーパースターになっていた。

アッシュ・サルカールは、ノース・ロンドンのエンフィールド自治区で生まれ、同区東部のポンダーズ・エンドと南のトッテナムのあいだで育った。幼少期のいちばんの思い出は、移民たちとのつき合いだった。隣はジャマイカから来た家族、道の向かい側には、トルコ系キプロス人、イタリア人、そして「頭のおかしい（極右の）イギリス国民党の人たち」がいた。

祖母バンダナ・アーメッドは現在のバングラデシュ出身で、一七歳のときにコルカタから単身イギリスに渡ってきた。家族には反植民地主義の誇らしい歴史があり、彼女自身の父親とおばは反英の暴動に加わった（父親は投獄された）。イギリスで教育を受けつづけたかった祖母は、一九五〇年代なかばから病院の清掃員として働き、BBCワールドサービスで働いていたアッシュの祖父と出会った。祖父の家族は完全なエスタブリッシュメント（判事が多数いる家系）だった。

結婚後しばらく、若い娘（アッシュの母親）も含めた彼らの生活は恵まれていた。夫が当時の東パキスタンの外交業務につくと、家族は北京、東京、カラチ、テヘラン、その他世界の多くの都市の外交官宿舎を転々とした。しかし結局夫妻は別れ、アッシュの祖母と母親は厳しい経済状況に置かれた。

アッシュの母親は、長じてソーシャルワーカーになる訓練を受けた。そしてアッシュが生まれたばかりのころに離婚した。子どもたちは祖母に育てられ、家族は困窮に陥って、何度も引っ越しを余儀なくされた。だが母親はわが子に、教育には人を解放する力があるという信念を吹きこんだ。政治はまわりじゅうにあった。母親をよく訪ねてくる友人の多くは、一九七〇~八〇年代のロンドンの黒人解放闘争に参加していた。地元トッテナムの急進派の国会議員バーニー・グラントは、「アンクル・バーニー」として知られていた。母親は娘のアッシュを投票所に連れていって、投票のあとで大きなスイカを買ってくれた。「スイカと労働党がずっと結びついていた」とアッシュは振り返る。「母が刷りこんだパブロフ的な条件反射ね。労働党に投票すれば、ご褒美がもらえるという」

二〇〇三年のイラク侵攻は、若いアッシュの人格形成のきっかけになった。政治家がなぜ、大半のイギリス人が知らない国の爆撃が国民みなを安全にすると言い張るのか、理解できなかった。だから学生の反戦運動に参加し、授業をサボってロンドン中央の通りをデモ行進した。メトロ紙に載ったアッシュと友人たちの写真を見た学年主任は、「本当に歯科矯正医のところに行ったのかね?」とアッシュが口にした言いわけを疑った。

二〇〇八年にイスラエルが「キャスト・レッド」作戦でガザ地区を攻撃すると、シックス・フォーム[訳注:イギリスの中等教育の最後の二学年。通常一六~一八歳]だった彼女は、ロンドンの街中で抗議をしている若い有色人種の男たちを警察が荒っぽく制圧するのを見た。「人種差別的な取り締まりと、テロとの戦いが結びついたところを見たの」と彼女は回想する。二〇一〇年の大学占拠のまえは、「まわりの影響でなんとなく社会主義者だったけど、圧倒的に関心を持っていた政治問題は、イギリスの外交政策だった」。学生運動の敗北は、イギリスのほかの多くの若者たちと同様に、彼女にとっても政治的な成長の機会になった。「あの失敗と失望のつらい思いが、党首になったコービンとマクドネルを取り巻くエネルギーに変わった」

学費引き上げに抗議する闘争でアッシュが知り合った友人ふたり、ジェイムズ・バトラーとアーロン・バスターニが〈ノバラ・メディア〉という報道発信局を創設し、まずラジオ番組で政治に関する議論や討論を放送した。アッシュは熱心に聞いていたが、〈ノバラ〉は人種関連の政治を理解しているのだろうかとも思った。とはいえ、みずから放送に加わるほどの自信はなく、二〇一五年、ボルティモアから広がったブラック・ライブズ・マター運動の際に、ようやく一歩を踏み出して〈ノバラ〉のポッドキャストに登場した。当時は大学で修士号を取得し、パブで働いていたが、次に何をすべきかわからなかった。「ＩＴＮ〔訳注：独立放送公社テレビニュース〕のスタジオの向かいのパブで働く不機嫌なバーテンダーだった。記者たちがよく入ってきて、クリスマス・パーティのあとで吐いてたわ」

その後、コービン党首の誕生に前後して、テレビの出演依頼に応じるようになった。ミレニアル世代は雇用可能かというテーマで呼ばれたこともあったが、そのころはコービン支持の評論家として知られていたわけではなく、議会政治に対する懐疑心も残っていた。

コービンの動きが重要だと認識したのは、二〇一七年六月の解散総選挙のあとだった。「政治的な潔癖症というか、自分が思う政治と完全に一致するプロジェクトでないかぎり手は出さないでおこうという考えだった」と彼女は説明する。「でも、テリーザ・メイ政権が過半数を切ったとき、『すごい。たくさんの人の状況をよくするチャンスが来た』と思った。資金がいちばん必要な地域社会からお金が吸い上げられるのを見てきたから、ここでお金の蛇口を開けて、イギリスが他国を爆撃するのをやめさせたいと思った。私にとってこのふたつ、お金の蛇口と爆撃中止の象徴がコービンだったの」。彼女がコービン支持者としてテレビによく出るようになったのは、メディアに関する訓練を受けるまえだったが、その率直な話しぶりと、誰もが納得する本物らしさは、とくに政治の表舞台から疎外されていた若者たちに強い印象を残した。タイムズ紙の見出しには、「アッシュ・サルカール、イギリスでもっとも声の大きなコービニスタ」と書かれた。「アッシュ・サルカールは急進左派の看板娘になった――コービンでも手なずけられない」

二〇一八年七月なかば、私も含めた親コービン派がドナルド・トランプの訪英に対する大規模な抗議活動を計画した際、アッシュがテレビ番組で抗議者を弁護したことがある。このときＩＴＶの司会者ピアーズ・モーガンは彼女をやりこめようと偽善者呼ばわりし、アッシュの「ヒーロー」であるバラク・オバマも移民を国外追放したではないかと指摘した。白熱した口論のなかで、彼女は「私は共産主義者よ、馬鹿！」と言い返してしまう。抗議者たちに悪いことをしたと恥入り、涙ながらにスタジオをあとにしたアッシュは、私に謝罪の電話をかけてきた。謝ることなどまったく不要で馬鹿げていると私ははっきり伝えたが、彼女はしょげかえって帰宅し、寝た。

そして目覚めると、前日のテレビ出演がセンセーションを巻き起こしていた。動画がインターネットで大拡散し、何百万回と試聴されて、あとを追うようにティーン・ヴォーグ誌など多くの雑誌がマルクス主義を特集したのだ。翌日には多くのデモ参加者が、「私は共産主義者よ、馬鹿！」と書いた手作りのプラカードを掲げた。

「自分は社会主義者ではなく共産主義者だと言う理由は、国家が衰えてなくなればいいと思っているから。私にとってそれが究極のゴールなの」と彼女は説明する。「だからこそ、みんなが反応したんでしょう。メディアは『偽善的なリベラルがトランプを不公平に狙い撃ちしている』と決めつけたけど、私は『くだらないこと言わないで。私は共産主義者なんだから』と言って、それがみんなに刺さったの」

そのころには、アッシュは〈ノバラ〉でいちばんの有名人になっていた。彼らは組織を拡大する方法を相談した。その時期、左派の大きな社会現象になっていたコービニズムは、〈ノバラ〉の核となる視聴者層と重なっていた。ひとつは「人生経験を積んで世の中のことを知り尽くし、サッチャリズムを生き延びた旧来の労働組合員たち。もうひとつは借金を抱えた都会暮らしの若者たち」だ。だから〈ノバラ〉がコービニズムを真剣に受け止めたのも驚きではない。「私たちがやろうとしているのは、不労所得資本主義に苦しめられている人々、とくに若者たちの意見を形作ること。そしてまた、彼らの意見で形作られること。経済から締め出された一世代に訴えるの。それがコービン前に私たちが存在し、コービン中に育ち、コービン後にも育ちつづける理由だから」

二〇一九年一二月、ブレグジットの迷走と解散総選挙による経済的打撃にもかかわらず、〈ノバラ〉は過去最大規模になった。だが、アッシュはそのころコービンを支持していた左派の失敗を振り返る。「教訓を得た。私たちはジェレミー・コービンその人を必要としなくなるほど大きくも、強くもなれなかったし、速くも動けなかった」。ひとりの人物に頼るというのは、致命的な問題だ。スパーズ〔訳註：サッカーチーム、トッテナム・ホットスパーの愛称〕の熱烈なファンでもある彼女は言う。「強いチームを作りたければ、花形ストライカーのまわりのポジションに、足首を故障しがちな選手を配置してもダメでしょう？　チームとしてあらゆる方向をカバーしなければ。選手はたくさん必要……私たちは過酷な選挙政治に対して準備不足だった。とりわけ左派にとっては過酷だった。『資本の力に対抗しよう。市場はもう私たちの生活を保障してくれない』と主張するわけだから。当然叩かれる、きわめて戦略的で手際がよくて反応が速いリーダーでないと太刀打ちできない。コービンには人としてすばらしい点がたくさんあったけど、そういう資質はなかった。逆にそういう資質があるなら、誠実で私たちの希望の星となるようなコービンではなくなった。たぶんそこが致命的な皮肉ね！」

アッシュ自身は、マルクス主義とグライム・ミュージックに造詣が深く、広く話題になる知識人として運動にかかわり、借金、手頃な住宅の不足、就労の不安定、生活水準の低迷に苦しむ世代の怒りをはっきりと代弁しつづけている。口さがない人々が、コービニズムにかかわるすべては死に絶えたとどれほど信じていようと、進歩主義の社会を求める経済的に不安定な世代の声が届かない状況があるかぎり、現状維持以外の有効な選択肢への期待は消えない。アッシュのような主張者はさらに現れることだろう。

コービニズムが到来するまえ、エマ・リーズとアダム・クルーグはともに教師としてスペインで新しい生活を始める計画だった。リーズはブリストルで育ち、両親は政治に積極的ではなかったが、「健全な価値観を持つ」人たちだったという。クルーグはノース・ロンドンのケンティッシュ・タウンで生まれ、アッシュと同じく、学校を休んでイラク戦争反対のデモに参加した。そのとき友人の一五歳の女子がむき出しの背中を警棒で殴られるのを見たことが、いつまでも忘れられなかった。

教師になってバーミンガムに移り住んでからは、いっしょに金融危機の衝撃と保守党の緊縮財政の結果を目の当たりにした。目標と成績表に固執する政府が、子どもたちの健全な生活に与えた損害も見た。腹をすかせて登校してくる子どものために食べ物を買わなければならなかったこと、家計に余裕がなくてアタマジラミを放置している子どもの治療をしたことを憶えている。

そうした経験から、彼らはたんに上っ面の修正ではなく、体制そのものを変えることを望むようになった。二〇一五年の総選挙で労働党が敗れたときには、ともにひどく気落ちした。「結局、労働党は保守党が五年間してきた主張、つまり労働党の浪費が金融危機をもたらしたという主張に反論しないまま選挙に突入したわけでしょう?」とリーズは言う。同僚の教師や授業補佐、低賃金の清掃員に至るまでが保守党の宣伝文句をくり返しているのを聞いて、情けなくなった。

そんなふたりにとって、コービンの党首選への立候補は、待ち望んでいた瞬間だった。「信じられないくらい希望に満ちて、前向きで楽観的な出来事だったよ。あんな連帯感はイギリスでそれまで経験したことがなかった」とクルーグは言う。「あらゆる職業の人たちが、いまより公平な社会を築こうという目標を共有して、みんなで力を合わせていた」

ふたりはボランティアとして、コービンの芸術政策を紹介する選挙運動のイベントを手伝ってほしいと言われた。政治、コメディ、ライブ音楽が一体となったイベントで、大勢の多種多様な若者たちで埋め尽くされた会場が、選挙運動全体のサブテーマである「新しいタイプの政治」の証になりはじめた。

リーズとクルーグはほどなく確信した。コービンが党首になろうとなるまいと、ここに注ぎこまれるエネルギーをなんらかの組織的活動に結びつけ、労働党と社会を変えていかなければならない、と。すでにバルセロナへの移住計画は進んでおり、アパートメントの賃貸料の頭金も支払い、フェリーのチケットも予約していたが、彼らは芸術イベントでボランティアとして働いたあと、イギリスに残って一部は社会運動、一部は左派の集団となる新しい組織の設立にたずさわってほしいと頼まれていた。

そして紹介されたのが、ベテランの社会活動家ジョン・ランズマンだった。ランズマンの労働党左派とのかかわりは、一九七〇年代までさかのぼる。コービンの党首選が始まるやいなや、彼は、新しい労働党左派の運動を立ち上げたいという野望に突き動かされ、コービンの支持者全員のデータを集めた。当初はコービンの勝利はなさそうだという見通しだったので、ランズマンの目的は、勝ちそうな候補者の党運営にプレッシャーをかけることだった。しかし情勢が変わるにつれ、新組織の公式目標と性質も変わった。

昔の労働党左派と同じように、ランズマンは労働党内で派閥的な抗争を仕掛けることに慣れていた。だが、ジェイムズ・シュナイダー（元記者で、のちにコービンの幹部チームに加わる）とともに〈モメンタム〉の設立スタッフとなったリーズとクルーグは、成功するにはオープンで包括的な一般参加型の組織にする必要があると信じていた。労働党の文化を変え、社会主義的政策を組織的に後押しする体制を作るためには、すでに党内にいる新たな草の根の活動家たちの意欲を活用したかった。

「労働党にはもっと広い社会を代表してもらいたかった。とくに主流派の政治から忘れられがちな人々を」とクルーグは言う。労働党の魂の闘いと選挙戦で勝つためには、運動を組織化して、政治に活発に参加する人の数を増やしつづけなければならない。彼らの対立する狙いを調整するようにうながしたのはジョン・マクドネルで、その結果生じたのが〈モメンタム〉として知られた運動、リーズの言う「政略結婚」だった。〈モメンタム〉は、それぞれの力の合計より大きくなった。「〈モメンタム〉は奇妙なかたちで発生した。そして私たちよりも大きな存在になったの」とリーズは振り返る。「歴史が私たちの双肩にかかっていると感じた。〈モメンタム〉にはイギリスの政治を変える潜在的な力があると信じるしかなかった。労働党を変え、政治のやり方を変える力があるってね」

オフィスは賃貸で人手も資金もないなか（設立当時は家具すらなかった）、リーズ、クルーグ、シュナイダーはボランティアの運動を組織し、国じゅうの地域社会に生まれた集団のネットワークを作ることに尽力した。その結果、さまざまな経験を持つあらゆる年代のボランティアが集まったが、多くは正式に政治を経験していない一〇代の若者だった。たとえばピノチェト政権のチリから逃げてきた難民の息子、サンティアゴ・ベル・ブラッドフォード。彼は建設現場で働いていたが、拡大する一方のボランティアのチームを管理し、全国的な活動の運営をするようになった。

二〇一五年一〇月に設立してからわずか二カ月で、〈モメンタム〉は全国規模の有権者登録キャンペーン「民主主義ＳＯＳ」を展開し、国内の活動家たちから何台もバスを借りて、オールダム・ウェスト・アンド・ロイトン選挙区の補欠選挙で戸別訪問を実施した。ロビイング活動のためのデジタルプラットフォームも一から作って、そこから三万人が地元の国会議員にシリアでの軍事行動について抗議した。

二〇一七年にリーズとクルーグがスタッフからはずれたとき、〈モメンタム〉はスタッフを二五名ほど抱えるプロフェッショナルな運営団体になっていた。二〇一七年の解散総選挙ではその価値が存分に発揮された。リーズとクルーグは〈モメンタム〉の外から、政治教育と芸術文化のフェスティバル「変容した世界」の開催に協力した。労働党の年次党大会と並行して企画されたこのイベントは、年間を通してイギリスじゅうの地元で開かれるフェスティバルの種となった。

あれから数年、新型コロナウイルスが世界を震撼させているなか、ふたりはスペイン南部のバレンシアから私に話しかけている。現在は、二〇一六年のアメリカ大統領選でバーニー・サンダースのスタッフだった人たちと組んで、これまでの経験や知識を共有し、社会運動や労働組合、進歩的なリーダーの世代を支援するボランティアベースの運動を企画運営している。〈モメンタム〉も、いまは沈黙しているかもしれないが、まだ存在し、かつて先頭に立って掲げた使命を果たそうとしつづけている。

◆―――◆

コービンが初めて党首になったとき、匿名の影の大臣が記者に、今後かならず訪れる抗争は「激烈で、左派は三〇年封印されるか、党から追放される」と言ったのは3章でも述べた。事実そうなるかどうかはまだわからないが、労働党が壊滅的に敗北し、無敵の党首がいた高みから左派が急転落したあとでも、あの時代の希望や夢は消えていない。

どんな問題があったにせよ、コービンの政治プロジェクトは多くの人を勇気づけ、勇気づけられた人はいつまでも陰に隠れていなかった。イギリスという国が何百万という自国民に不安定で困難な生活を強いるかぎり、何百万という人々の労働から生まれた富がごく一部のエリートの銀行口座に集中しているかぎり、そして世界が気候危機と経済ショックに脅かされるかぎり、彼らの雄弁で勇気ある声は社会に響きつづけるだろう。

謝辞

これは書きやすい本ではなかった。「豊かな社会には不正をなくす方法と能力がある」と信じていたわれわれにとって、二〇一九年一二月一二日の総選挙での労働党の大敗は、終わりなきホラー映画のなかに囚われてしまったかのように感じられた。長年、政治の二極化が激しさを増して関係者全員が疲れ果てていたところへ、これである。

だがもちろん、ひと息ついている暇はない。私は本書の大部分を、パンデミック後の強制的な国のロックダウンのあいだに書いた。世界じゅうで何十万もの人々が亡くなり、経済が崩壊し、人間の通常の活動が制限された時期である。ヒトの歴史には希望と楽観主義の時代もたくさんあったが、誰もが知るとおり、いまはちがう。

大勢のかたの手助け、支援、アドバイスに感謝したい。私よりはるかにつらいストレスを受けていた人も少なくなかった。いつものように、特別に謝意を捧げたい相手がふたりいる。まず、私の疲れ知らずの編集者、トム・ペン。高名な著者に編集を担当してもらえる書き手はまれだ。どうか彼の気宇壮大な著書を読んでいただきたい。彼が本書を最後まで編集したかったことはまちがいない。あいにくそれは叶わなかったが、彼の知性、細部をとらえる驚くべき目、私をはるかに凌駕する文章、思いやり、そして何より忍耐力のおかげで、この本を世に出すことができた。いつもながら成功は共有する一方で、まちがいがあれば、すべて私ひとりの責任だ。もうひとりは、私の著作エージェントのアンドリュー・ゴードンだ。一〇年前になんら合理的な理由もなく私に賭けてくれた。その揺るぎない支援と指導と知恵には恩義以上のものを感じている。このふたりがいなければ、私はいましていることをしていなかった。永遠にありがたく思う。

ベラ・クーニャは、あきれるほど差し迫った依頼で見事に校閲の仕事をしてくれた。永遠の謝罪と感謝を捧げる。〈アレン・レイン〉のすばらしい上級編集マネジャー、リチャード・デューギッドは、前作のときと同じようにすべてを調整してくれた。本書の広報に関しては、偉大なイザベル・ブレイクとジュリー・ウーンにとてもお世話になった。あなたがたの並はずれた仕事には、どれほど感謝してもしきれない。

ジョージ、本当にいろいろなことを我慢してくれた。困難な時期に無条件の愛情を注いでくれたことを、ここでもきちんと記しておきたい。

過去数年にわたって、友人たちからの支援、連帯感、愛情に恵まれてきた。多難なときにこうした友人がいることを誇らしく思う。彼らの多くが本書の一部を読み、編集や変更を提案してくれたことにかぎりなく感謝する。ニック・ベイカー、ダン・ボーモント、アレックス・ビークロフト、ジャック・ボンド、ジェイムズ・バトラー、シャミ・チャクラバティ、アンドリュー・フィッシャー、ベッキー・ガーディナー、ジェフ・インゴールド、エレノア・ジョーンズ、リア・クライツマン、ジョシュ・リー、クライブ・ルイス、デビー・リンスキー、ジョージー・ロング、ローリー・マクイーン、カースティ・メジャー、レオン・マーシャル、ジョス・マクドナルド、デイビッド・モズリー、エリー・メイ・オヘイガン、トム・ピーターズ、ニック・ポープ、ジョージー・ロバートソン、ジョー・ライル、アッシュ・サルカール、リッキー・パワー・サイード、ジェイムズ・シュナイダー、マイケル・セガロフ、レイチェル・シャビ、ファイザ・シャヒーン、ジョナサン・シェイニン、メイブ・シアロー、ステファン・スミス、ジョン・ストーン、ジョー・トッド、マイケル・ウォーカー、アビ・ウィルキンソン、マット・ザーブ=カズン、ありがとう。

父のロブ・ジョーンズは、私の前書と本書のあいだに亡くなった。私はすべてを父と、母のルース・エイレットに負っている。不正に反対するこの燃えるような情熱は、両親から受け継いだ。私たちはまだ社会主義を勝ち取っていないけれど、いつかきっと勝ち取る。

そして最後に、ここ数年で活動に参加した若者たちにとくに感謝したい。彼らの多くはいま、へとへとに疲れ、自信を失って、うんざりしているかもしれない。けれども、次世代の若者ほど私に希望を与えてくれるものはない。年上の連中がどんな失敗を犯そうと、われわれ全員を救ってくれるのは私自身より若い人たちだと、いままで以上に確信している。不正、搾取、抑圧、偏見、そして暴力のない世界を築くために、過去のまちがいから学び、しかし勇気と決意と責任感を失わないでほしい。

その後――

ジェレミー・コービンは、二〇二〇年一〇月に労働党の党員資格を停止され、二〇二四年五月に除名された。

オーウェン・ジョーンズも、二〇二四年三月に労働党の党籍を返上。

そして二〇二四年七月に行なわれた総選挙において、

コービンは無所属の独立候補として立候補し、当選。

ジョーンズは緑の党や無所属の候補者を支持し、善戦した。

＊12 https://www.independent.co.uk/news/world/asia/china-illness-outbreak-sars-pneumonia-sick-virus-wuhan-health-a9265506.html

結論——秩序なき世界で

＊1 https://bettingandgamingcouncil.com/news/chief-executive/

＊2 https://www.thetimes.co.uk/article/labour-mp-savages-partys-water-policy-5ksdz6zpd

＊3 https://www.ft.com/content/00170888-ec98-4d12-ba5e-458e7bf8b5bc

＊4 https://www.theguardian.com/environment/2014/nov/18/revealed-keystone-companys-pr-blitz-to-safeguard-its-backup-plan

＊5 https://www.theguardian.com/media/2011/jul/14/phone-hacking-rupert-murdoch

＊6 https://static1.squarespace.com/static/5db0ca668552dd5ab1168a91/t/5df3b3521678ca75389801cf/1576252248629/Reasons-OmPoll-13-12-2019.pdf

＊42 https://labourlist.org/2020/04/internal-report-lays-bare-poor-handling-of-complaints-by-labour/; https://news.sky.com/story/labour-antisemitism-investigation-will-not-be-sent-to-equality-commission-11972071
＊43 https://jewishnews.timesofisrael.com/opinion-jennie-formby-chief-rabbi-can-criticise-but-heres-why-hes-wrong/
＊44 https://www.politicshome.com/thehouse/article/chris-williamson-its-like-all-my-christmases-have-come-together--the-sort-of-labour-party-i-dreamed-about
＊45 https://www.thejc.com/news/uk-news/corbyn-pictured-with-man-who-called-for-labour-members-to-be-able-to-question-holocaust-1.470194
＊46 https://labourlist.org/2019/03/siobhain-mcdonagh-links-anti-capitalism-to-antisemitism-in-labour/
＊47 https://twitter.com/jewdas/status/1041264401448423429

8「嘘と言いわけの猛吹雪（ブリザード）」

＊1 https://yougov.co.uk/topics/politics/articles-reports/2019/05/30/if-everyone-revealed-how-they-voted-last-week-labo
＊2 https://www.theguardian.com/commentisfree/2019/may/27/second-referendum-labour-corbyn-leave-remain-tories
＊3 https://yougov.co.uk/topics/politics/articles-reports/2019/06/07/voting-intention-brex-26-lab-20-lib-dem-20-con-18-
＊4 https://www.theguardian.com/politics/2019/aug/27/labour-is-the-party-of-remain-says-keir-starmer-brexit; https://www.theguardian.com/politics/2019/sep/10/tom-watson-to-break-labours-uneasy-truce-over-brexit
＊5 https://www.standard.co.uk/news/crime/labour-activist-in-70s-may-have-cracked-ribs-after-being-attacked-while-campaigning-in-herefordshire-a4296331.html
＊6 https://www.huffingtonpost.co.uk/entry/jeremy-corbyn-westminster-security-pass_uk_5b98088de4b0511db3e6c1e6?utm_hp_ref=uk-homepage
＊7 https://www.thetimes.co.uk/article/mi5-head-andrew-parker-summons-jeremy-corbyn-for-facts-of-life-talk-on-terror-vwxncthlf

9 崩壊

＊1 https://www.theguardian.com/politics/2019/oct/30/lib-dems-could-win-hundreds-more-seats-in-election-says-swinson
＊2 https://theconversation.com/election-coverage-thanks-to-brexit-labour-had-a-media-mountain-to-climb-129099
＊3 https://www.theguardian.com/commentisfree/2019/dec/03/election-coverage-bbc-tories
＊4 https://www.theguardian.com/uk-news/2019/nov/25/labour-condemns-attacks-on-two-canvassers-in-their-70s
＊5 https://www.standard.co.uk/news/crime/labour-activist-in-70s-may-have-cracked-ribs-after-being-attacked-while-campaigning-in-herefordshire-a4296331.html
＊6 https://www.buzzfeed.com/alexwickham/a-former-labour-mp-has-endorsed-one-of-the-most-right-wing
＊7 https://www.theguardian.com/commentisfree/2019/dec/06/john-major-conservative-general-election-vote-head-heart
＊8 https://www.bloomberg.com/news/articles/2019-11-20/corbyn-holds-johnson-to-draw-in-debate-u-k-campaign-trail
＊9 https://www.theguardian.com/politics/2019/nov/15/labour-full-fibre-broadband-is-the-uk-lagging-behind-other-countries
＊10 Ibid.; https://www.theguardian.com/commentisfree/2019/nov/17/labour-broadband-election-victories-housing-schools-hospitals
＊11 https://www.ft.com/content/ab3692b0-2317-11ea-92da-f0c92e957a96

＊15 https://www.theguardian.com/world/2014/feb/18/israel-boycott-movement-antisemitic-netanyahu

＊16 https://www.thejc.com/news/uk-news/huge-majority-of-british-jews-will-vote-tory-jc-poll-reveals-1.66001

＊17 https://www.thejc.com/news/uk-news/labour-was-catastrophic-on-israel-says-shadow-cabinet-member-michael-dugher-1.66832

＊18 https://www.independent.co.uk/news/uk/politics/maureen-lipman-says-she-cant-vote-labour-while-ed-miliband-is-leader-9827294.html

＊19 例として: https://edm.parliament.uk/early-day-motion/26545/combatting-antisemitism

＊20 https://www.spectator.co.uk/article/is-jeremy-corbyn-really-anti-semitic/

＊21 https://www.theguardian.com/politics/2016/jul/04/jeremy-corbyn-says-he-regrets-calling-hamas-and-hezbollah-friends

＊22 https://www.bbc.co.uk/news/uk-england-beds-bucks-herts-36009544; https://www.telegraph.co.uk/news/2016/05/02/labour-councillor-suspended-after-calling-for-jews-in-israel-to/

＊23 https://www.theguardian.com/commentisfree/2016/jun/30/labour-antisemitism-report-shami-chakrabarti-jeremy-corbyn

＊24 https://bod.org.uk/bod-news/reaction-to-shami-chakrabarti-report/

＊25 https://www.theguardian.com/politics/2019/mar/27/labour-expels-jackie-walker-for-leaked-antisemitism-comments

＊26 https://www.thetimes.co.uk/article/exposed-jeremy-corbyns-hate-factory-kkh55kpgx

＊27 https://jewishnews.timesofisrael.com/musabbir-ali/

＊28 https://www.standard.co.uk/comment/comment/jeremy-corbyn-what-i-m-doing-to-banish-antisemitism-from-the-labour-party-a3821961.html

＊29 https://www.businessinsider.com/islamophobia-scandal-conservative-party-goes-right-up-to-the-top-baroness-warsi-interview-2018-6?r=US&IR=T

＊30 https://www.telegraph.co.uk/politics/2018/08/03/jewish-museum-bars-corbyn-speech-stunt-labour-mps-threaten-quit/

＊31 https://www.prospectmagazine.co.uk/magazine/the-jewish-community-must-not-become-a-sacrificial-pawn-in-labours-war

＊32 https://www.thejc.com/news/uk-news/jon-lansman-faces-sceptical-audience-at-limmud-1.474283

＊33 https://www.thejc.com/news/uk/jewish-voice-for-labour-secretary-says-antisemitism-allegations-are-made-up-1.480714

＊34 https://www.bod.org.uk/statement-following-board-of-deputies-and-jewish-leadership-council-meeting-with-jeremy-corbyn/

＊35 https://www.holocaustremembrance.com/working-definition-antisemitism

＊36 https://www.independent.co.uk/news/world/middle-east/israel-jewish-nation-state-law-passed-arabs-segregation-protests-benjamin-netanyahu-a8454196.html

＊37 https://www.theguardian.com/politics/2018/apr/28/labour-antisemitism-talks-six-key-sticking-points

＊38 https://labourlist.org/2016/10/chuka-umunna-clause-iv-tells-us-to-live-in-solidarity-tolerance-and-respect-but-labour-has-failed-to-deliver/

＊39 https://cst.org.uk/public/data/file/5/0/NEC%20code%20of%20conduct%20Antisemitism.pdf

＊40 https://www.huffingtonpost.co.uk/entry/jeremy-corbyn-told-by-veteran-jewish-mp-youre-a-fucking-racist-and-anti-semite-margaret-hodge_uk_5b4e34cbe4b0fd5c73bfe020?dh

＊41 https://www.theguardian.com/politics/2018/jul/22/labour-should-drop-action-against-margaret-hodge-mcdonnell milker-cow

＊18 https://www.thetimes.co.uk/edition/news/voters-turn-away-from-eu-as-trust-in-cameron-slides-jlct2rdck; https://www.telegraph.co.uk/news/2016/06/16/eu-referendum-leave-supporters-trust-ordinary-common-sense-than/

＊19 https://www.theguardian.com/uk-news/2016/may/26/net-migration-to-uk-nears-peak-fewer-britons-emigrate

＊20 https://www.electoralcommission.org.uk/who-we-are-and-what-we-do/elections-and-referendums/past-elections-and-referendums/eu-referendum/report-23-june-2016-referendum-uks-membership-european-union

＊21 https://inews.co.uk/opinion/chuka-umunna-wes-streeting-labour-remainers-will-vote-trigger-article-50-529708

＊22 https://labourlist.org/2017/07/seema-malhotra-it-is-more-complicated-than-class-and-brexit-labour-needs-a-one-nation-consensus-to-win-again/

＊23 http://statsforlefties.blogspot.com/2018/11/do-i-stay-or-do-i-go-labours-brexit.html

＊24 https://www.theguardian.com/politics/2017/feb/21/peter-mandelson-i-try-to-undermine-jeremy-corbyn-every-day

＊25 https://labourlist.org/2017/10/tim-bale-inside-labours-massive-membership-base/

＊26 https://labourlist.org/2016/11/watson-mocks-lib-dem-brexit-deniers-and-vows-labour-will-not-disrespect-public-by-trying-to-overturn-eu-vote/

＊27 https://labourlist.org/2019/01/labour-is-ready-to-bring-leave-and-remain-voters-together-corbyns-full-speech-on-brexit/

＊28 https://www.telegraph.co.uk/politics/2019/04/08/exclusive-britons-split-middle-no-deal-no-brexit-telegraph-poll/

＊29 https://yougov.co.uk/topics/politics/articles-reports/2019/05/13/voting-intention-conservatives-24-labour-24-8-9-ma

＊30 https://yougov.co.uk/politics/articles/22390-brexit-indecisiveness-seriously-damaging-corbyn

7 反ユダヤ主義危機

＊1 https://www.theguardian.com/news/2020/feb/06/antisemitic-incidents-hit-new-high-in-2019-according-to-study

＊2 https://www.oxfordchabad.org/templates/articlecco_cdo/aid/922682/jewish/Anti-SemitismSymposium.htm

＊3 https://www.marxists.org/archive/marx/works/1844/jewish-question/

＊4 'Introduction' in Michael Bakunin, *Statism and Anarchy* (ed. Marshall Shatz, Cambridge University Press, 1990), p. xxx

＊5 David Patterson, *Anti-Semitism and its Metaphysical Origins* (Cambridge University Press, 2015), p. 127

＊6 Robert S. Wistrich, *From Ambivalence to Betrayal: The Left, the Jews and Israel* (University of Nebraska Press, 2012), p. 205

＊7 George Bornstein, *The Colors of Zion: Blacks, Jews, and Irish from 1845 to 1945* (Harvard University Press, 2011), p. 25

＊8 ジョージ・オーウェル著、ピーター・デイヴィソン編、高儀進訳『ジョージ・オーウェル日記』（白水社）

＊9 Youssef Chaitani, *Dissension Among Allies: Ernest Bevin's Palestine Policy* (Sadiq Books, 2002), p. 123

＊10 https://www.independent.co.uk/news/uk/politics/nancy-astor-statue-theresa-may-boris-johnson-antisemitism-plymouth-a9226106.html

＊11 Louise London, *Whitehall and the Jews, 1933–1948: British Immigration Policy* (Cambridge University Press, 2000), p. 106

＊12 https://forward.com/schmooze/349771/the-5-most-anti-semitic-things-roald-dahl-ever-said/

＊13 https://www.newstatesman.com/2012/05/britains-last-anti-jewish-riots

＊14 https://fullfact.org/news/are-majority-british-jews-zionists/

*12 https://www.ipsos.com/ipsos-mori/en-uk/how-britain-voted-2015
*13 https://www.independent.co.uk/news/uk/politics/election-uk-turnout-voters-registration-labour-tories-record-numbers-a7777931.html
*14 https://www.ons.gov.uk/peoplepopulationandcommunity/personalandhouseholdfinances/incomeandwealth/bulletins/householddisposableincomeandinequality/financialyearending2017
*15 https://www.telegraph.co.uk/news/2017/05/11/labour-mps-reject-jeremy-corbyns-manifesto-theresa-may-warns/
*16 https://www.mirror.co.uk/news/politics/poll-shows-people-love-labours-10404216
*17 https://www.telegraph.co.uk/news/2017/08/24/conservative-donors-handed-theresa-may-record-25-million-fight/
*18 https://twitter.com/MichaelLCrick/status/872158950896144385
*19 https://blogs.lse.ac.uk/politicsandpolicy/constituency-visits-impact-on-ge2017/
*20 http://blogs.lse.ac.uk/politicsandpolicy/explaining-labours-facebook-success/
*21 https://issuu.com/conservativeparty/docs/ge2017_manifesto_a5_digital/10
*22 http://www.hulldailymail.co.uk/news/hull-east-yorkshire-news/jeremy-corbyn-gets-rock-star-91728
*23 https://www.bbc.co.uk/news/uk-32806520
*24 http://www.independent.co.uk/news/uk/politics/jeremy-corbyn-foreign-terror-links-uk-public-agree-latest-poll-labour-policies-a7764476.html
*25 https://www.independent.co.uk/news/uk/politics/corbyn-election-results-votes-away-prime-minister-theresa-may-hung-parliament-a7782581.html

6 ブレグジット・バンダースナッチ

*1 http://www.conservativemanifesto.com/1970/1970-conservative-manifesto.shtml
*2 Mark Baimbridge, Philip Whyman and Andrew Mullen, *The 1975 Referendum on Europe – Volume 2: Current Analysis and Lessons* (Imprint Academic, 2006), p. 88
*3 Vernon Bogdanor, *The People and the Party System: The Referendum and Electoral Reform in British Politics* (Cambridge University Press, 2009), p. 35
*4 Robert Saunders, *Yes to Europe!* (Cambridge University Press, 2018), p. 260
*5 https://www.margaretthatcher.org/document/107332
*6 http://news.bbc.co.uk/1/hi/uk_politics/1032999.stm
*7 https://www.theguardian.com/politics/2015/jul/25/jeremy-corbyn-draws-fire-position-future-britain-eu-membership
*8 https://www.theguardian.com/politics/2015/jul/11/david-cameron-employment-law-opt-out-eu-membership-renegotiation
*9 https://www.theguardian.com/commentisfree/2015/jul/14/left-reject-eu-greece-eurosceptic
*10 https://twitter.com/hendopolis/status/638453468383084544/photo/1
*11 https://www.theguardian.com/politics/2014/oct/16/alan-johnson-labour-antidote-ukip
*12 https://www.theguardian.com/business/2015/feb/23/uk-wages-to-rise-above-inflation-for-2015-study-shows
*13 https://www.businessinsider.com/uk-wages-gdp-and-inequality-2016-3?r=US&IR=T
*14 https://www.telegraph.co.uk/news/uknews/immigration/8449324/David-Cameron-migration-threatens-our-way-of-life.html
*15 https://www.bbc.co.uk/news/av/uk-politics-eu-referendum-36506163/corbyn-i-m-seven-out-of-10-on-eu
*16 http://www.ukpol.co.uk/jeremy-corbyn-2016-speech-on-the-eu-2/
*17 https://www.bbc.co.uk/news/av/uk-politics-eu-referendum-36437136/boris-johnson-auctions-off-a-beautiful-

＊21 https://www.independent.co.uk/news/uk/politics/thousands-of-jeremy-corbyn-supporters-march-on-parliament-against-labour-party-leadership-challenge-a7106511.html

＊22 https://twitter.com/aliceperryuk/status/753663563546451969

＊23 https://www.theguardian.com/politics/2016/jul/20/owen-smith-i-have-never-advocated-privatisation-of-the-nhs

＊24 https://www.mirror.co.uk/news/uk-news/listen-moment-owen-smith-made-8759470

＊25 https://esrcpartymembersproject.org/wp-content/uploads/2016/07/yougov-labourselectorate-30-august-2016-times.pdf

4 機能不全

＊1 https://news.sky.com/story/corbyns-cabinet-chaos-the-inside-story-10346377

＊2 https://www.theguardian.com/commentisfree/2014/oct/29/counterweight-us-power-global-necessity-conflicts-spread

＊3 https://www.theguardian.com/politics/2018/apr/14/labour-and-tories-level-corbyn-popularity-wanes-poll

＊4 https://www.independent.co.uk/news/uk/politics/john-mcdonnell-defends-jeremy-corbyn-russia-response-nerve-agent-a8261946.html

＊5 https://www.theguardian.com/politics/2018/mar/11/labour-mps-should-not-appear-on-russia-today-says-john-mcdonnell

＊6 https://www.theguardian.com/media/greenslade/2017/jan/18/theresa-mays-brexit-speech-what-the-national-newspapers-say

＊7 https://medium.com/@OwenJones84/questions-all-jeremy-corbyn-supporters-need-to-answer-b3e82ace7ed3

＊8 https://www.theguardian.com/commentisfree/2017/mar/01/corbyn-staying-not-good-enough

＊9 https://www.telegraph.co.uk/news/2017/02/09/clive-lewis-sounds-support-challenge-jeremy-corbyn-labour-leader/

＊10 https://www.vice.com/en_uk/article/69w7np/glastonbury-dispatches-tom-watson-mp

5 選挙の進め方

＊1 http://www.mirror.co.uk/news/politics/tories-open-up-24-point-10259681

＊2 http://www.politico.eu/article/jeremy-corbyn-less-popular-than-donald-trump-poll/?utm_content=bufferd8e5c&utm_medium=social&utm_source=twitter.com&utm_campaign=buffer

＊3 https://www.li.com/activities/publications/public-opinion-in-the-post-brexit-era-economic-attitudes-in-modern-britain

＊4 https://www.ipsos.com/sites/default/files/ct/news/documents/2018-05/global_advisor_socialism_survey.pdf

＊5 https://www.margaretthatcher.org/document/104475

＊6 https://www.theguardian.com/politics/2017/apr/20/election-result-not-a-foregone-conclusion-insists-jeremy-corbyn

＊7 https://www.theguardian.com/commentisfree/2017/sep/25/jeremy-corbyn-power-labour-brexit

＊8 https://www.independent.co.uk/voices/local-election-2017-latest-analysis-john-curtice-tory-landslide-general-election-a7720801.html

＊9 https://www.theguardian.com/politics/2017/may/08/tim-farron-margaret-thatcher-poster-childhood-bedroom-itv-interview

＊10 https://www.bbc.co.uk/news/uk-politics-39761746

＊11 https://www.theguardian.com/politics/2017/may/16/tim-farron-says-hes-pro-choice-after-2007-interview-emerges

＊14 https://www.theguardian.com/politics/video/2015/jul/22/tony-blair-jeremy-corbyn-labour-leadership-video

＊15 https://www.telegraph.co.uk/news/politics/labour/11741861/How-you-can-help-Jeremy-Corbyn-win-and-destroy-the-Labour-Party.html

＊16 https://www.telegraph.co.uk/news/general-election-2015/politics-blog/11680016/Why-Tories-should-join-Labour-and-back-Jeremy-Corbyn.html

＊17 https://www.telegraph.co.uk/finance/economics/11776925/A-Corbyn-victory-in-the-Labour-leadership-battle-would-be-a-disaster.html

＊18 https://www.telegraph.co.uk/news/politics/labour/11767152/Tories-dont-vote-for-Jeremy-Corbyn.-It-wont-end-well.html

3「野蛮な闘いになる」――内部抗争

＊1 https://www.mirror.co.uk/news/uk-news/heres-what-jeremy-corbyn-really-6438877

＊2 https://pressgazette.co.uk/sun-and-mail-online-both-take-down-stories-claiming-jeremy-corbyn-was-dancing-a-jig-on-way-to-cenotaph/

＊3 https://www.businessinsider.com/the-ridiculous-ways-the-media-misrepresents-jeremy-corbyn-2015-12

＊4 http://www.lse.ac.uk/media-and-communications/assets/documents/research/projects/corbyn/Cobyn-Report.pdf

＊5 https://www.theguardian.com/media/2016/may/12/bbc-bias-labour-sir-michael-lyons

＊6 https://www.opendemocracy.net/en/opendemocracyuk/were-labours-antisemitism-failures-really-corbyns-fault/

＊7 https://www.independent.co.uk/news/uk/politics/diane-abbott-abuse-female-mps-trolling-racism-sexism-almost-half-total-amnesty-poll-a7931126.html

＊8 https://www.telegraph.co.uk/news/politics/labour/11764159/Jeremy-Corbyn-faces-coup-plot-if-he-wins-Labour-leadership.html

＊9 https://www.thetimes.co.uk/article/plot-to-oust-corbyn-on-day-one-2jk7cw8rrkn

＊10 https://www.theguardian.com/politics/2015/aug/20/jeremy-corbyns-honeymoon-period-will-last-until-local-elections

＊11 https://www.newstatesman.com/politics/2015/08/owen-jones-right-are-mocking-jeremy-corbyn-because-secretly-they-fear-him

＊12 https://twitter.com/shamindernahal/status/644214378296905728

＊13 https://www.independent.co.uk/news/uk/politics/temporary-nationalisation-of-threatened-tata-steel-plants-is-an-option-minister-confirms-a6959201.html

＊14 https://www.theguardian.com/society/2016/jan/23/poll-junior-doctors-support

＊15 https://www.telegraph.co.uk/news/politics/Jeremy_Corbyn/12021973/Jeremy-Corbyn-faces-humiliation-as-more-than-100-Labour-MPs-plan-to-defy-leader-over-Syria-air-strikes.html

＊16 https://www.independent.co.uk/news/uk/politics/saudi-arabia-yemen-labour-mps-debate-bombing-intervention-woodcock-a7382706.html

＊17 https://www.telegraph.co.uk/news/2016/11/30/pmqs-jeremy-corbyn-takes-theresa-may-asconservatives-edge-towards/

＊18 https://yougov.co.uk/topics/politics/articles-reports/2016/06/30/labour-members-corbyn-post-brexit

＊19 https://www.huffingtonpost.co.uk/entry/jeremy-corbyn-parliamentary-labour-party-plp-meeting-told-to-quit-margaret-hodge-alan-johnson_uk_5771819ee4b08d2c5639bfc0

＊20 https://www.theguardian.com/commentisfree/2016/jun/29/labour-mps-vs-corbyn-war-party-members-tories-brexit

＊16 https://www.theguardian.com/society/2020/jan/20/youth-services-suffer-70-funding-cut-in-less-than-a-decade
＊17 http://news.bbc.co.uk/1/hi/uk_politics/2289017.stm
＊18 https://www.indymedia.org.uk/en/2003/09/277888.html
＊19 https://www.telegraph.co.uk/news/uknews/1562023/Tories-vow-to-match-Labour-spending.html
＊20 https://www.theguardian.com/politics/2009/sep/15/george-osborne-speech-full-text
＊21 https://www.theguardian.com/politics/2010/mar/25/alistair-darling-cut-deeper-margaret-thatcher
＊22 https://www.theguardian.com/politics/2009/sep/18/nick-clegg-liberal-democrats-spending
＊23 http://www.telegraph.co.uk/news/politics/labour/4248254/MP-suspended-for-picking-up-mace-during-Heathrow-debate.html
＊24 https://www.theguardian.com/politics/2009/apr/21/g20-protest-video-police
＊25 https://www.indymedia.org.uk/en/2011/03/474954.html
＊26 https://www.theguardian.com/politics/2010/may/07/polling-queues-hundreds-unable-vote
＊27 https://www.politics.co.uk/news/2011/12/20/uk-uncut-vindicated-commons-report-backs-protest-group
＊28 https://www.ft.com/content/b189980a-19a5-11e9-9e64-d150b3105d21
＊29 https://www.ucu.org.uk/article/10342/Value-of-university-staff-pay-has-plummeted-in-last-decade-employers-own-research-reveals
＊30 https://www.theguardian.com/education/2019/mar/21/england-universities-in-deficit-figures-financial-pressure
＊31 https://www.bbc.co.uk/news/business-46459694
＊32 https://www.theguardian.com/uk/2010/dec/15/jody-mcintyre-protester-dragged-from-wheelchair; https://www.bbc.co.uk/news/uk-england-london-11967098
＊33 https://publications.parliament.uk/pa/cm201012/cmhansrd/cm101213/debtext/101213-0001.htm
＊34 https://www.pressgazette.co.uk/journalist-shiv-malik-injured-by-police-baton/
＊35 https://www.telegraph.co.uk/education/educationnews/8213287/Len-McCluskey-head-of-Britains-biggest-union-praises-magnificent-student-protest-movement.html

2 焼け跡からよみがえる

＊1 https://www.theguardian.com/commentisfree/2010/aug/29/ed-miliband-labour-leadership-change
＊2 https://labourlist.org/2010/08/the-growth-deniers-ed-balls-full-speech/
＊3 https://www.theguardian.com/politics/2011/sep/27/ed-miliband-speech-labour-conference
＊4 https://www.bbc.co.uk/news/business-11153166
＊5 https://yougov.co.uk/news/2015/11/25/conservative-blame-spending-cuts/
＊6 https://www.theguardian.com/politics/2015/may/30/chris-leslie-interview-labour-shadow-chancellor-election
＊7 https://blogs.lse.ac.uk/brexit/2020/04/03/three-years-in-hell-fintan-otoole-on-the-disastrous-corbyn-effect/
＊8 https://www.youtube.com/watch?v=JaxApp3kkVI
＊9 https://twitter.com/lukeakehurst/status/606154157318356993
＊10 https://www.facebook.com/NafsiyatTherapy/videos/jeremy-corbyn-speaking-at-the-islington-refugee-week-celebration-on-the-16th-of-/5934998466529709/?locale=ms_MY
＊11 https://www.theguardian.com/politics/2015/jun/15/labour-leftwinger-jeremy-corbyn-wins-place-on-ballot-for-leadership
＊12 https://www.thetimes.co.uk/article/social-media-could-blow-apart-labours-race-qhhz8360fx3
＊13 https://www.telegraph.co.uk/news/politics/11745648/Labour-behaving-like-a-petulant-child-warns-Chuka-Umunna.html

注

はじめに――混乱する国

＊1 https://www.nursingtimes.net/news/policies-and-guidance/nurses-deliver-scrap-the-cap-pay-petition-to-downing-street-20-10-2017/

＊2 https://www.theguardian.com/politics/2018/sep/23/welfare-spending-uk-poorest-austerity-frank-field

＊3 https://www.ifs.org.uk/publications/14370; https://www.theguardian.com/books/2019/dec/06/britain-has-closed-almost-800-libraries-since-2010-figures-show; https://www.theguardian.com/uk-news/2019/may/07/cuts-england-museums-london-cliff-edge; https://www.thetimes.com/uk/politics/article/leisure-centres-close-as-spending-on-council-run-sports-facilities-plunges-6tqg7gxmb https://www.cnp.org.uk/stop-cuts; https://www.theguardian.com/society/2019/jan/28/councils-say-more-arts-cuts-inevitable-amid-rising-social-care-need

＊4 https://www.theguardian.com/business/2020/apr/20/british-households-face-disposable-income-fall-of-515-per-month

＊5 https://www.mirror.co.uk/news/uk-news/uk-food-banks-see-demand-22088998

＊6 https://covid19.public-inquiry.uk/wp-content/uploads/2023/07/22163653/INQ000184097.pdf

＊7 https://www.imperial.ac.uk/news/198155/neil-ferguson-talks-modelling-lockdown-scientific/

＊8 https://www.itv.com/goodmorningbritain/articles/locking-down-a-week-earlier-could-resulted-in-less-than-10-000-deaths-former

1 コービン以前

＊1 James Curran and Jean Seaton, *Power Without Responsibility: Press, Broadcasting and the Internet in Britain* (Routledge, 2009), p. 143

＊2 Tony Benn, *The Benn Diaries* (Hutchinson, 1995), p. 388

＊3 マーク・フィッシャー著、セバスチャン・ブロイ、河南瑠莉 訳『資本主義リアリズム：「この道しかない」のか?』(堀之内出版)

＊4 http://www.politicsresources.net/area/uk/man/lab74feb.htm

＊5 https://www.theguardian.com/politics/2014/mar/16/tony-benn-1980-interview-loss-thatcher-surrender-defeat-labour

＊6 Mark Fisher, Capitalist Realism: Is There No Alternative? (O Books, 2009), p. 2

＊7 https://assets.publishing.service.gov.uk/government/uploads/system/uploads/attachment_data/file/805268/trade-union-membership-2018-statistical-bulletin.pdf

＊8 http://www.bbc.co.uk/news/av/uk-politics-22073434/tony-blair-my-job-was-to-build-on-some-thatcher-policies

＊9 https://www.theguardian.com/politics/2001/oct/02/labourconference.labour6

＊10 https://www.telegraph.co.uk/news/politics/2475301/Labour-membership-falls-to-historic-low.html

＊11 http://news.bbc.co.uk/1/hi/uk_politics/4422086.stm

＊12 http://www.johnmcdonnell.org.uk/2007/02/new-labour-privatises-probation-and.html

＊13 https://www.trustforlondon.org.uk/data/boroughs/islington-poverty-and-inequality-indicators/

＊14 https://www.ft.com/content/363af3be-1236-11e8-940e-08320fc2a277

＊15 https://www.theguardian.com/money/2018/feb/16/homeownership-among-young-adults-collapsed-institute-fiscal-studies

---

訳出に際しては、
『候補者ジェレミー・コービン：「反貧困」から首相への道』
（アレックス・ナンズ 著、藤澤みどり、荒井雅子、坂野正明 訳／岩波書店）
を参考にさせていただきました。

本文および表紙写真提供
p312：GettyImages
他はすべてAlamy/Cynet Photo

少数ではなく多数のために
イギリス左派、理想への挑戦の軌跡

2024年 9月6日　初版第1刷発行

著者
オーウェン・ジョーンズ
訳者
依田卓巳
編集協力
藤井久美子
装幀
Y&y
印刷
萩原印刷株式会社
発行所
有限会社海と月社
〒180-0003　東京都武蔵野市吉祥寺南町2-25-14-105
電話0422-26-9031　FAX0422-26-9032
http://www.umitotsuki.co.jp

定価はカバーに表示してあります。
乱丁本・落丁本はお取り替えいたします。

ISBN978-4-903212-86-9

弊社刊行物等の最新情報は以下で随時お知らせしています。
ツイッター　@umitotsuki
フェイスブック　www.facebook.com/umitotsuki
インスタグラム　@umitotsukisha